The Elements of Corporate Law

# 会社法要説
## 【第2版】

落合誠一

有斐閣

# 第 2 版はしがき

　本書は，会社法の基本的な考え方，すなわち，会社法の基本的論理を示すことを主眼としており，この点は，初版と変わりはない。若干，敷衍すると，会社を場とするさまざまなステークホルダーの利益をよりよく実現するためには，経営者は，剰余権者である株主利益の最大化を図ること（株主利益最大化原則）を目的に経営を行うべきであり，したがって，会社法という法ルールの体系も，この原則を中核として構成されるべきである。本書は，この株主利益最大化原則を会社法の基本構造に据えたうえでの理論的な体系を提示するものである。その意味で1つの会社法観の提示が主目的であるから，解釈論の網羅的かつ詳細な展開よりも，会社法のあるべき構造的な理解を示すことに重点を置いた。

　第2版においては，初版刊行後の状況を考慮しつつ次の通りの増補・補訂を行っている。

　第1に，平成26年（2014年）会社法改正の内容を取り込むのみならず，近時の新しい動きであるコーポレートガバナンス・コード，日本版スチュワードシップ・コード，経済産業省のガバナンス関連の研究会報告書（伊藤レポートも含む）等についても必要な範囲で言及した。要するに，最新の状況が分かるように全体的なアップツーデイトを図った。

　第2に，言及すべき判例・学説を見直し，とりわけ最上級審の重要判例は，極力取り込むように努めた。判例と学説の展開は，会社法の発展の原動力であり，また実務において多大の影響力を有する最上級審の判例を知ることは，その当否を含めて会社法の理解に不可欠だからである。

　第3に，会社法は，現代の経済社会における重要なインフラストラクチャーの一部であり，会社法を理解するためには，現代の経済社会の理解がその前提となる。そのためには，第一線の実務の現状を知るとともに，関係諸科学の知

見の活用も必要となる。そこで，これまでの独立社外取締役・監査役等の実務経験を踏まえるとともに，エージェンシー理論のみならず，例えば，株主資本コスト，負債コスト，資本資産評価モデル（CAPM），効率的市場仮説等にも言及することとした。

　第2版がなるにあたっては，有斐閣・書籍編集第1部の藤木雄氏の献身に負うところが大きい。最後に，同氏に対して衷心からの感謝の意を表するものである。

　　　2016年10月

落 合　誠 一

# 初版はしがき

## 1 本書のねらい

　本書は，会社法，とりわけ株式会社に関する法ルールの基本的なポイントをできるだけ簡潔に説明することにより，会社法という法ルールの全体像を示すものである。すなわち，個別の法ルールの細部に焦点をあてるのではなく，会社法ルール全体の基本的な構造（会社法の基本的な論理）を明らかにするものである。その意味で本書は，これから会社法を学ぼうとする方々にも，また一応会社法を勉強した方々にも有益であると考えている。

　まず，これから会社法を学ぼうとする方々にとっては，はじめから会社法の細部の問題に取り組むよりも，最初に全体的な基本的な構造を把握し，会社法の基本的な論理の理解を踏まえたうえで，細部の問題に入っていくのが適切だからである。そのため本書は，その各章の冒頭においてその章で理解すべき基本的目標をそれぞれ示したうえで叙述を進めているから，それに従って各章を読み進めば，おのずと会社法の基本的な全体構造が容易に理解できることになる。いわば本書は，会社法という複雑で，しかし大変興味ある法分野を学ぼうとする方々の頼りになる道案内になるものと信じている。

　次に，会社法を一応勉強した方々にとっては，会社法の基本的な構造についてそれなりの認識ができているから，自己のその認識と本書とを突き合わせつつ，自らの頭でさらにもう一度考えてみることをすれば，会社法の基本的な理解がより一層進むはずである。いうまでもなく会社法の基本構造をどう理解するかは，学問的にそれ自体大きな問題であり，単一のものに必ずしも収斂しているものでもない。そこで本書と自己の理解が異なる場合には，そのいずれがより妥当かをその都度あらためて考え直して欲しい。古人のいう通り，学ぶのみで思うことがなければ，本当の理解は得られないのであり，そうした作業を根気よく積み重ねることによってのみ，本当の意味での会社法の理解が可能となるからである。

## 2　法規範としての会社法の基本構造

それでは，会社法の基本構造はどのようなものとして理解すべきか。詳細は，もちろん本書の各章に譲るが，大要，私は，次のように考えている。

そもそも会社の社会的な存在意義は，新たな富をわれわれの社会にもたらすことにある（会社の営利性）。そうだとすれば，会社に関する法ルールは，会社がその社会的な存在意義を極力発揮できるためのものでなければならない（効率性の確保のための会社法）。しかし利益さえ生み出せば，それでよいわけではない。会社も社会的な存在である以上，われわれの社会が大切にする価値，とりわけ社会規範は尊重されねばならないから，会社法ルールは，それにも十分配慮したものである必要がある（公正性の確保のための会社法）。したがって，会社法は，効率性と公正性の確保というその2大目的を達成するのにふさわしい法規範の体系でなければならないのである。

ここで注意すべきは，会社法は，事実の世界ではなく，実定法規範の世界に属するものである。実定法規範とは，あくまでも人間が考えたものであり，また作り出すものでもある。ここは，人間が勝手には作り出せない自然科学の法則とは大きく異なるのであり，それゆえに一貫した論理のもとに統一的な法体系の構築が可能となるのである。したがって，会社法も，効率性と公正性の確保のための一貫した統一的な法体系として自覚的かつ目的的に創造されるべきであり，またそうでなければならないのである。それだからこそ，われわれは，会社法の立法を構想し，またその解釈を論じる意義があるのである。

## 3　会社法の基本構造と本書の構成

会社法は，このように効率性と公正性を確保するための法システムとして自覚的かつ目的的に構成されねばならないから，本書においても，現行の会社法がこの2つの要請にどのように応えているかに焦点をあてた説明を心掛けている。

具体的には，まず，効率性の確保の点については，第1に，会社とは，株主，債権者，従業員等の様々なステークホルダーがそれぞれ自己の利益実現を目指して様々な取引をする場にすぎず，会社自体に固有の価値はなく，大切なのは，

あくまでもステークホルダーであることである。第2に，各ステークホルダー間は，新しい富を創出するとの目的においては共通であるから，どのステークホルダーに会社経営を委ねれば，その共通の目的達成がより容易になるかを考えねばならない。そのためには，まず，会社を場とする様々なステークホルダーのそれぞれの利害状況がどのようなものかを知らなければならない。次には，すべてのステークホルダーが会社の経営を委ねてよいと納得できるステークホルダーは，誰なのかを定める必要がある。そして本書では，会社法の1つの重要な法原則として株主利益最大化原則があるとの立場である（第3章）。なぜなら，株主というステークホルダーは，会社が利益をあげたとしても，まず従業員，債権者の満足を優先的にはかるのであり，それでもなお剰余があれば，はじめて株主がその剰余を得るという地位にあるのであり，そのことを前提としたうえで主張される原則である。したがって，決して株主の一人勝ちを定める法原則ではないことに注意する必要がある。このことを中核とする効率性の確保の要請に基づく会社法ルールの説明は，主に本書の第2章から第4章において取り扱われることになる。

次に，公正性の確保の要請についてはどうか。会社という取引の場がゴーイングコンサーンして維持し続けるためには，会社を場とする取引参加者であるステークホルダーが，その参加により満足を得ることが不可欠である。もし会社が，特定のステークホルダーのみが常に一人勝ちするような場になるとすれば，他のステークホルダーは，当然，その取引の場から離脱するはずであり，また参加もしなくなる。そうなれば，会社は，ゴーイングコンサーンして存続し得なくなる。すなわち，会社が永続的に発展するためには，自己の利益のみをはかり，他のステークホルダーの利益を顧みない行動は，許されないのであり，このことが，まさに法規範としての公正性の確保の要請に他ならない。本書の第5章から第8章では，主としてこの要請に応える法ルールが取り上げられる。

ところで本書の冒頭にある第1章は，商法という学問分野における会社法の位置づけを主に説明している。これは，これから取り組む会社法が商法全体の中でいかなる位置にあるかを知る必要があるからである。また会社法ルールの目標は，効率性と公正性の確保であり，その目標を実現するための法体系が

会社法なのであるから，本書の第9章から第12章が取り上げる会社法ルールも，その目標に沿うものであるのはいうまでもない。

　最後に，本書は，有斐閣書籍編集部の土肥賢氏の長年にわたる強く暖かい励ましと上島美咲氏の献身的な作業がなければ，到底完成しなかったのであり，両氏に対して心から感謝の意を表したい。

　　2010年10月

　　　　　　　　　　　　　　　　　　　　　　　　　落　合　誠　一

# 目　　次

## 第1章　商法における会社法の位置　　1

### 1　商法の意義 …………………………………………………………1
(1)　形式的意義の商法　1　　(2)　実質的意義の商法　2
(3)　企業法としての商法　3　　(4)　実質的意義の会社法　5

### 2　商法と会社法 ………………………………………………………5
(1)　商法の3分野　5　　(2)　企業組織法　6
(3)　企業取引法　6　　(4)　企業法総則　10

## 第2章　企業をめぐるステークホルダーと企業形態　　11

### 1　企業形態の現状 ……………………………………………………11

### 2　個人企業をめぐるステークホルダー ……………………………12
(1)　分析の視点　12
(2)　個人企業をめぐるステークホルダーの分析　15
(3)　所有者の利害状況　17　　(4)　債権者の利害状況　19
(5)　従業員の利害状況　20

### 3　団体企業をめぐるステークホルダー ……………………………23
(1)　総　　説　23　　(2)　所　有　者　23
(3)　債　権　者　24　　(4)　従　業　員　25
(5)　経　営　者　25

### 4　団体企業の基本的な法ルール ……………………………………25
(1)　民法上の組合　25　　(2)　匿名組合　26
(3)　会　　社　27

### 5　会社の種類 …………………………………………………………32
(1)　フォーマットとしての会社　32
(2)　合名会社　33　　(3)　合資会社　34
(4)　合同会社　34　　(5)　株式会社　34

vii

    6　会社の分類 …………………………………………………………35
        (1)　株式会社・持分会社　35　　(2)　物的会社・人的会社　35
        (3)　公開会社・閉鎖会社，公開的会社・閉鎖的会社　36
        (4)　大会社・中会社・小会社　39
        (5)　一般法上の会社・特別法上の会社　39

# 第3章　株式会社の存在意義と会社法の目的　　41

    1　総　説 ……………………………………………………………41
        (1)　自己利益の実現の場としての会社　41
        (2)　利害対立とその合理的調整の法ルール　42
        (3)　株式会社法の役割　43
    2　会社法の目的 ……………………………………………………43
        (1)　これまでの一般的な見解　43
        (2)　会社の社会的な存在意義　44
        (3)　会社のステークホルダー間の利害調整　46
    3　利害調整の指導原則法ルール …………………………………47
    4　株主利益最大化原則 ……………………………………………49
        (1)　株主利益最大化原則の意義　49
        (2)　原則の解釈　50　　(3)　原則の根拠　52
        (4)　原則に反対する見解の検討　54
        (5)　株式会社法の法ルールとしての株主利益最大化原則　57

# 第4章　株式会社法の基本原則　　59

    1　株主有限責任の原則 ……………………………………………59
        (1)　株主有限責任の原則の意義　59　　(2)　原則の根拠　60
        (3)　原則の例外としての法人格否認の法理　61
    2　株式自由譲渡性の原則 …………………………………………64
        (1)　株式自由譲渡性の原則の意義　64　　(2)　原則の根拠　65
        (3)　株式の譲渡手続等　66
    3　株式会社法の重要課題 …………………………………………67

(1)　コーポレート・ガバナンスの問題　67
　　　(2)　会社の資金調達および財務・剰余金分配等　69
　　　(3)　会社組織の変動　69　　(4)　会社グループ　70

## 第5章　コーポレート・ガバナンス——経営の決定と責任(1)　71

1　総　　説 ………………………………………………………71
　　　(1)　所有と経営の分離　71　　(2)　経営者の意義　72
　　　(3)　経営機関の概要　73　　(4)　代表機関　75
2　従来型の経営機関 ……………………………………………76
　　　(1)　取　締　役　76　　(2)　取締役会　80
　　　(3)　代表取締役　84
3　指名委員会等設置会社の経営機関…………………………87
　　　(1)　意　　義　87　　(2)　取締役　89
　　　(3)　取締役会　90　　(4)　執行役・代表執行役　91
4　監査等委員会設置会社…………………………………………92
5　コーポレートガバナンス・コード……………………………94
　　　(1)　意　　義　94　　(2)　主要な内容　94
　　　(3)　評　　価　97

## 第6章　コーポレート・ガバナンス——経営の決定と責任(2)　99

1　総　　説 ………………………………………………………99
　　　(1)　経営者の善管注意義務の意義　99
　　　(2)　経営判断の原則の意義　102
2　善管注意義務の具体的検討 …………………………………109
　　　(1)　序　109　　(2)　具体例　109
　　　(3)　若干の検討　112
3　経営判断の原則の具体的検討 ………………………………113
　　　(1)　序　113　　(2)　具体例　114
　　　(3)　若干の検討　116　　(4)　まとめ　118

4　株主利益と取締役の個人的利益との利益相反取引規制 ……………121
　　　　(1)　総　　説　121　　(2)　競業取引の規制　122
　　　　(3)　利益相反取引の規制　123
　　5　取締役の会社に対する責任の免除・軽減 ……………………………125
　　　　(1)　責任の免除　125　　(2)　責任の制限　126
　　6　取締役の第三者に対する責任 …………………………………………127
　　　　(1)　責任の性質　127　　(2)　責任の内容　128
　　7　D＆O保険 ………………………………………………………………130
　　　　(1)　総　　説　130　　(2)　若干の論点　131

## 第7章　コーポレート・ガバナンス——経営監督　　133

　　1　総　　説 …………………………………………………………………133
　　　　(1)　序　133
　　　　(2)　コーポレートガバナンス・コードのインパクト　135
　　2　従来型の経営管理 ………………………………………………………136
　　　　(1)　序　136　　(2)　取締役会　137
　　　　(3)　監査役会　138
　　3　指名委員会等設置会社 …………………………………………………145
　　　　(1)　経営監督の基本構造　145　　(2)　各委員会　148
　　4　監査等委員会設置会社 …………………………………………………149
　　　　(1)　意　　義　149　　(2)　取　締　役　151
　　　　(3)　監査等委員会　152
　　5　経営者の報酬規制 ………………………………………………………153
　　　　(1)　序　153　　(2)　新株予約権の付与（ストック・オプション）　154
　　　　(3)　報酬規制　155

## 第8章　コーポレート・ガバナンス——株主の役割　　159

　　1　株主の権利 ………………………………………………………………159
　　　　(1)　総　　説　159

　　　　(2)　株主の期待＝期待収益率＝資本コスト　*161*

　2　株主の経営への関与 ……………………………………………………*163*
　　　　(1)　総　　説　*163*　　(2)　株主総会　*165*

　3　株主の経営監督への関与 …………………………………………………*173*
　　　　(1)　総　　説　*173*　　(2)　株主の代表訴訟提起権　*174*
　　　　(3)　多重代表訴訟（特定責任追及訴訟）提起権　*179*

　4　株式市場の規律 ……………………………………………………………*182*
　　　　(1)　序　*182*　　(2)　株式市場の規律　*183*

## 第9章　会社の資金調達　　　　　　　　　　　　　　　　　　　*187*

　1　総　　説 ……………………………………………………………………*187*
　　　　(1)　概　　観　*187*　　(2)　金融商品取引法の規制　*188*

　2　株式発行による資金調達 …………………………………………………*190*
　　　　(1)　発行会社と投資家の需要　*190*　　(2)　種類株式　*190*
　　　　(3)　新株予約権　*194*　　(4)　新株発行の法ルール　*195*
　　　　(5)　自己株式処分　*201*

　3　社債による資金調達 ………………………………………………………*201*
　　　　(1)　社債の意義　*201*　　(2)　社債の法ルール　*202*
　　　　(3)　新株予約権付社債　*205*　　(4)　違法な社債発行　*206*

## 第10章　会社の財務・剰余金の配当等　　　　　　　　　　　　*209*

　1　会社の財務 …………………………………………………………………*209*
　　　　(1)　総　　説　*209*　　(2)　決算の流れ　*212*
　　　　(3)　計算書類　*214*　　(4)　資本金・準備金　*219*

　2　剰余金の配当等 ……………………………………………………………*221*
　　　　(1)　意　　義　*221*　　(2)　剰余金の配当　*222*
　　　　(3)　自己株式の有償取得　*224*
　　　　(4)　違法な剰余金の配当等に関する責任　*226*
　　　　(5)　期末に欠損が生じた場合の責任　*227*

## 第11章　会社組織の誕生と変動　　　*229*

1　設　　立 ……………………………………………………………*229*
　(1)　意　　義　*229*　　(2)　実体形成　*231*
　(3)　社員の確定　*234*　　(4)　会社の機関の具備　*234*
　(5)　社員の出資による会社財産形成　*235*
　(6)　払込み（出資）の仮装　*235*　　(7)　設立の登記等　*237*
　(8)　違法な設立・会社の不成立　*239*
　(9)　設立に関する民事責任　*239*

2　組織再編 ……………………………………………………………*240*
　(1)　総　　説　*240*　　(2)　事業の譲渡等　*241*
　(3)　会社の合併　*244*　　(4)　会社の分割　*247*
　(5)　株式交換・株式移転　*253*　　(6)　組織再編等の差止請求　*255*

3　企業買収等 …………………………………………………………*256*
　(1)　意　　義　*256*　　(2)　公開買付け　*256*
　(3)　支配株主の異動を伴う第三者割当て　*257*
　(4)　敵対的買収　*260*　　(5)　ＭＢＯ　*266*
　(6)　特別支配株主による株式等売渡請求等（キャッシュアウト）　*270*
　(7)　株式等買取請求権　*273*

4　定款変更 ……………………………………………………………*282*

5　組織変更 ……………………………………………………………*282*

6　解散・清算 …………………………………………………………*283*
　(1)　意　　義　*283*　　(2)　解散事由　*283*
　(3)　清　　算　*283*　　(4)　通常清算の基本的な流れ　*284*

## 第12章　会社グループの法規制　　　*285*

1　総　　説 ……………………………………………………………*285*

2　株式会社法ルールの現状 …………………………………………*286*
　(1)　会社グループの意義　*286*
　(2)　親子会社関係の法的ルール　*287*

3 解釈による対応問題 …………………………………………292
　(1) 子会社の少数株主保護　292　(2) 子会社の債権者保護　295
4 親会社株主の権利縮減 ……………………………………………296
　(1) 意　　義　296　(2) 平成 26 年会社法改正　297
5 会社グループ法規制の基本的方向 ………………………………298
　(1) グループ経営の効率性と法ルールとの相克　298
　(2) 子会社取締役のジレンマ　299
　(3) グループ全体の利益を目指す経営の方策　300

　事項索引　303
　判例索引　322

## 略 語 例

### 1 法令名の略語

会社法の条文は，原則として，条数のみを引用する。
それ以外の法令名の略語は，原則として，有斐閣『六法全書』の略語を用いた。

### 2 判例表示の略語

| | |
|---|---|
| 最大判（決） | 最高裁判所大法廷判決（決定） |
| 最　判（決） | 最高裁判所判決（決定） |
| 高　判（決） | 高等裁判所判決（決定） |
| 地　判（決） | 地方裁判所判決（決定） |

### 3 判例集・雑誌等の略語

| | |
|---|---|
| 民　集 | 最高裁判所民事判例集 |
| 刑　集 | 最高裁判所刑事判例集 |
| 裁判集民 | 最高裁判所裁判集　民事 |
| 金　判 | 金融・商事判例 |
| 判　時 | 判例時報 |
| 資料商事 | 資料版商事法務 |
| | |
| ジュリ | ジュリスト |
| 商　事 | 旬刊商事法務 |
| 法　教 | 法学教室 |

# 第1章　商法における会社法の位置

本章の目標は，学問としての商法全体の概観を行い，本書の対象である会社法の位置づけを知ることである。これから会社法という大きな法律の森を読者と共に探索するにあたって，会社法が属する商法の全体像を鳥瞰的に把握したうえで，会社法がどのような位置を占めるかを知ることは重要である。会社法を含む商法の森は，広大であるから，ともすればその全体像のなかでの位置づけを見失うことがないようにしなければならない。

## 1　商法の意義

### (1)　形式的意義の商法

　商法の勉強にあたって，最初に理解しなければならないのは，商法とは何かである。勉強の対象が明確になっていなければ，何を議論するか，また何を議論すべきかが分からないからである。これが，「商法の意義」というテーマの意味するところである。

　もちろん，これから検討しようとする商法は，悪質商法，マルチ商法というような場合の商売の方法という意味ではない。憲法，刑法，民法といった法分野の1つとしての商法である。そうすると，六法全書に載っている商法という名前の法律がすぐに思い浮かぶかもしれない。

　六法全書を開いて，「商法」という名前がついた法律をみると，「商法」（明治32年3月9日，法律第48号）とある。これは，明治32年3月9日に成立したその年の48番目の法律であることを示している。この「商法」という名前のついた法律は，一般に「商法典」といわれる。商法典が成立したのが明治32年（1899年）であるから，商法典ができてもう100年以上も経っている。もっとも，商法典は，そのすべてが明治32年当時のままであるわけではない。当然のことながら，商法典は，時代の進展に合わせるためにその後たびたび改正

がなされている。特に平成17年（2005年）には、本書の対象である会社法（平成17年法律第86号）が商法典から分離独立する形で成立し、また平成20年（2008年）には、保険法（平成20年法律第56号）が、同様に分離されて成立している。このように従来商法典が規律していた領域が、商法典とは別の単行法として分離独立して行く傾向が顕著になっている。

ところで現在の商法典の内容をみてみると、全体が3編で構成されており、第1編が「総則」、第2編が「商行為」、第3編が「海商」となっている。前述の通り、会社は、会社法が規律するし、また陸上保険契約は、保険法が規律するから、商法典からはそれらに関する規定は削除されている。商法の講義において商法といったときには、商法典を意味することがあり、その場合の商法を「形式的意義の商法」という。商法典は、その現代化作業を続けており、現代化された分野は、商法典から分離独立される傾向があり、その結果、商法典の規律領域が狭まっていきつつある。これは、商法の全面的現代化作業が進行中だからであるが、将来、その作業が終了したときに、商法典にまとめ直すか、独立の単行法の併存で行くかが、あらためて検討されるであろう。

## (2) 実質的意義の商法

ところで六法全書を開き、商法として分類されたところをみると、商法典のほかにもいろいろな法律（制定法）が含まれているのが分かる。例えば、「会社法」、「保険法」、「商業登記法」、「手形法」、「小切手法」、さらには「国際海上物品運送法」などいろいろある。このことは、いかなることを意味するのであろうか。少なくとも、商法といったときに、商法典のみならずその他の商事に関係するいろいろな法律を含めて商法と考える場合があることを示している[1]。つまり商法とは、形式的意義の商法、すなわち商法典だけを意味するのではなく、商事に関係するいろいろな法律も合わせて「商法」と呼ぶ場合があり、この場合の商法は、独立の学問分野としての商法を意味する。したがって、制定法である商法典を意味する形式的意義の商法と区別して、独立の学問分野をさ

---

[1] 少なくとも六法全書の編者は、商法には「商法典」以外の法律も含まれると考えているから、「商法典」以外の法律も商法に収録していると判断される。もっとも編者がその場合の商法を学問的にどう理解しているかは、その分類だけからは必ずしも明らかではない。

して「実質的意義の商法」という。

このようにみてくると，「商法」といった場合には，2つの意味があることがわかる。

1つは，形式的意義の商法であって，「商法」という名前のついた制定法である「商法典」を意味する。

もう1つは，「商法典」だけではなくそれに関係した一群の制定法を含んだ学問分野としての商法を意味する場合であり，これを「実質的意義の商法」という。後者の意味での商法は，理論的に考えられる学問としての「商法」であり，ここで使われている「実質的意義」とは，「理論的に存在する商法という独立した学問分野における」という意味，すなわち，独立した学問の対象として理論的に存在する商法を意味する。したがって，実質的意義の商法には，「商法典」のみならず，「会社法」をはじめとする学問として商法の範囲内に含まれるべきさまざまな制定法が入ってくることになる。

それでは，実質的意義の商法，すなわち独立した学問分野としての商法は，具体的にどのようなものなのか。この点を次に検討しよう。

## (3) 企業法としての商法

### (a) 商法の独自性

(i) 独立の学問分野と認められる条件　学問の対象としてある法分野が認められるためには，他の法分野から独立し，首尾一貫した理念のもとに体系化された法ルールの集合が存在する必要がある。換言すれば，独立の学問分野が成立するためには，単なる個々の断片的な法ルールの脈絡のない寄せ集めであってはならない。すなわち，第1に，首尾一貫した理念のもとに体系化された独立の法システムが存在すること，第2に，その法システムが既存の他の法分野から明確に区別できることの2点が必須となる。

(ii) 商法の場合　読者は，学問としての商法が成り立つことは当然であって，どうしてこのような議論をする必要があるのか，との疑問を感じるかもしれない。しかし，商法という学問分野の存在は，特に民法という学問分野との関係において大いに問題となるのであり，実は学問としての商法の独立性は相当な難問なのである。

### 第1章 商法における会社法の位置

なぜ難問なのか。ごく簡単にいえば，民法も商法も，いずれも私人間の法律関係を規律する法であるということにある。若干敷衍すると，法律は，公法（公の法）と私法（私の法）に大きく分類される。この分類によれば，国家対私人との法律関係を規律するのが公法，私人対私人の法律関係を規律するのが私法であり，民法も商法もいずれも私法に属することになる。そして，私法関係においては，伝統のある確立した法分野としての民法という学問分野が早くから認められてきている。そうだとすると，私人対私人の法律関係を規律する法分野としてすでに民法という学問分野が存在しているのに，なぜ民法のほかに商法という独自の学問分野が存在することになるのだろうか，という疑問が当然，生じるからである。

商法学者は，この疑問に答えるべく，民法とは別個の独自の法分野としての商法が成り立つ根拠をいろいろに議論してきた。すなわち，学問としての民法に対する商法の独自性の議論がそれである。この議論においては，商的色彩論等のさまざまな見解が主張されたが，だんだん企業に関する法であるとする見解（企業法説）が支配的となり，現在では，それが異論をみない状況にあり，そのゆえか商法の独自性に関する議論はほとんどなされなくなっている。

(b) 企業法説

実質的意義の商法は，企業に関する法であると理解する立場（企業法説）においては，そこでいう企業とは何を意味するかが当然に問題となる。この点については，企業の基本的特質は2点あり，そのいずれをも充たすものが企業であると考えるべきである。すなわち，企業は，第1に，現代の経済社会システムのなかで経済活動をする主体であるということである。第2に，企業の目的は，計画的・継続的に利益を取得してそれを企業の構成員に分配することである。

したがって，企業とは，現代の経済社会システムのなかで計画的・継続的に利益を取得し，その利益を自己または団体構成員に分配する目的で取引活動をする自然人または団体のことである。換言すれば，自己利益を実現しようとしてさまざまなステークホルダーが行動することにより形成される場が企業（現代的にいえばネットワークであり，経済学のFirm）であると考えることになる。以上の理解にたてば，実質的意義の商法とは，この意味での企業に関する法を意

味することになるのである（詳しくは，第2章で述べる）。

### (4) 実質的意義の会社法

このように形式的意義と実質的意義とを区別する考え方は，会社法についてもあてはまる。したがって，会社法という名前の制定法がある（「形式的意義の会社法」）が，それとは区別される学問としての会社法，すなわち，「実質的意義の会社法」があることになる。そして学問としての商法を企業法と把握する立場では，会社法は，企業間の取引に関する法（企業取引法）ではなく，企業組織に関する法であると理解される。本書の対象は，このように理解した意味での実質的意義の会社法である。そこで次に，企業法としての商法の全体的な構造を明らかにし，そこにおける会社法の位置を確認する。

## 2 商法と会社法

### (1) 商法の3分野

商法[2]は，これまで説明した意味での企業に関する法，すなわち企業法であると理解される。そして，企業法としての商法の対象は，さらに大きく3つの分野に分けることができる。

第1は，企業組織法であり，第2は，企業取引法であり，第3は，両方に共通する法ルールを扱う企業法総則である[3]。

以下，順次説明する。

---

[2] 実質的意義の商法を意味する。その理解については，本文で述べた通りであるが，より詳しい検討は，落合誠一「商法の意義」法教283号36頁以下（2004年）参照。これからは，「商法」について特に商法典を強調する必要がある場合に，「商法典」という言葉を用いる。

[3] かつては，企業組織法と企業取引法とは，別個の原理が貫徹していると考えられていた。すなわち，前者においては，強行法規が，後者においては，任意法規が，それぞれ支配的であるというのである。しかし現在では，両者にはそれほど原理的な相違があるわけではなく，むしろ両者はともに任意法規性（デフォルト・ルール）が原則となると考えるべきである。企業といっても，企業自体にそのステークホルダーの利益とは別個・独立の固有の価値があるわけではなく，企業とは，結局のところステークホルダー間の取引の場にすぎないからである（第3章1(1)参照）。

### (2) 企業組織法

　企業組織法は，企業の組織に関する法ルールを対象とする。企業には，個人企業から団体企業があり，団体企業には，民法上の組合から各種の会社までいろいろな種類がある。会社は，会社法が規定する株式会社，合名会社，合資会社，合同会社があり，株式会社を除く3つの会社を総称して持分会社という。有限会社法は，会社法が有限会社を株式会社に統合したため平成17年の会社法の成立により廃止された。しかし会社法施行の際に現に存在する有限会社は，自動的に会社法の規定による株式会社として存続するが，経過措置によりこれまでの有限会社法と同様の規制を受け，その商号中には有限会社という文字を用いなければならない（特例有限会社）。またかかる会社も，商号を株式会社に変更すれば，会社法の株式会社に関する規制を受けることになる。

　しかし，本書の検討においては，最も重要な株式会社が中心となる。個人企業と比較した場合のこれら各種の会社形態のメリット・デメリット等の問題は，第2章で取り扱い，第3章以下は，株式会社の検討にあてる。

### (3) 企業取引法

　(a) **意　義**　　企業がどんなに立派な内部組織を整えたとしても，なんらかのビジネス活動をしなければ，企業の目的である利益の獲得・分配は実現できない。企業は，ビジネスとしての取引活動をすることによって初めて利益をあげる機会が得られるからである。企業取引法は，こうした企業の取引活動に関する法ルールの総体を意味するものであり，企業組織法と並ぶ商法の重要分野を形成する。

　(b) **商法の企業取引規制**　　商法典は，企業取引のうちで重要なものについて一連の規制をおいている。第2編と第3編がそれにあたる。第2編では，商事売買取引，仲立取引，問屋[4]取引，運送取扱取引，陸上運送取引，倉庫取引などに関して，第3編では，海上運送取引や海上保険取引などに関して規制がおかれている。また陸上保険契約は，保険法の規律を受ける。

　さらに，商法典以外でも国際海上運送取引については，国際海上物品運送法

---

[4]　読み方は，「とんや」ではなく，「といや」である。

という特別な法律もある。国際航空運送取引については，ワルソー条約あるいはモントリオール条約がある。

#### (c) 企業取引規制の現状

(i) 時代遅れの規制　もっとも，商法典の企業取引規制には，金融取引や電気通信取引のような重要な企業取引に関する規定がなかったり，あるいは十分な規定が設けられていないことがある。われわれが日常的に利用する航空運送取引についても規定が存在しない。企業取引法は，企業組織法と比べて法改正あるいは新規立法がほとんどなされず，明治時代のままの規定も多く，全体的にみてアウト・オブ・デイトとなっている部分があまりにも目立つ。

この点は，諸外国でも同じかというと，先進諸外国は，企業取引法の現代化にも大いに力を注いでいる。例えば，ドイツは，1998年に運送取引，仲立取引，倉庫取引等に関する商法典の全面的な改正を実現させているのである[5]。わが国においては，これまでの商法の改正は，会社法に代表されるように企業組織法の改正に極端に傾斜しており，企業取引法をいかに全面的に現代化するかは，今後の重要な課題である。その意味で平成20年（2008年）の保険法の成立は，大いに歓迎すべきであるが，その余の分野は，依然として古色蒼然であり，立法の現代化作業のペースを加速することが強く望まれていたが，平成28年（2016年）になって法制審議会が運送・海商関係の改正要綱を採択した。これにより運送・海商関係の現代化がようやくできあがる状況となった。

(ii) 現代化の必要性

1) 任意法規性　企業組織法の頻繁な改正と比較して企業取引法の現代化が進まない理由として，企業取引法の大部分が任意法規であるということがよくいわれる。任意法規は，強行法規とは異なり，当事者は，それと異なることを決めることができる。例えば，商法は，遅延利息について民法が年5分としているのに対して年6分と規定している（商514条参照）が，この規定は任意規定なので，当事者は，年6分とは異なる利率を合意すれば，その合意は法律上有効とされる（もっとも利息制限法等の強行法規に反する合意はできないが）。

---

[5] 2013年には海商法の現代化もなされた。他方，わが国のこれまでの状況については，落合誠一「複合運送契約立法の基礎的考察」ジュリ1219号8頁（2002年）同「運送法の立法的課題」倉沢康一郎＝奥島孝康編『昭和商法学史』205頁（日本評論社，1996年）等参照。

したがって，商法の用意する規定が任意規定であれば，当事者はその定めと異なる合意ができるから，商法が規定する任意規定がいかにアウト・オブ・デイトなものになっていたとしても，実際上，企業取引活動において支障はないとも考えられるからである。

　確かに企業取引法の分野は，任意法規が多いのは事実であるが，最近では，特に消費者法の観点から一定の強行法規を導入する必要性があるといえる。この点は，前述のドイツにおける商法典改正においても十分意識されており，そのために改正がなされたともいえるのである。わが国の企業取引法は，消費者が一方の当事者となる取引が，企業取引において企業間取引にまさるとも劣らない重要性があるにもかかわらず，その配慮がほとんどない。実際にも任意法規であることを利用した，企業にのみ都合のよい取引も少なくなく，このことが，企業サイドから積極的に企業取引法の現代化の声があがらない理由とも思われる。この観点からすれば，消費者委員会が積極的に動くことが期待される。いずれにしてもそうした弊害を除去するための全面的な見直しが急務である[6]。企業と取引するわが国の消費者が，他の先進諸国の消費者と比較してより低い保護水準に甘んじなければならない理由はもとよりないはずだからである。

　企業取引法においては，原則的には任意法規性が好ましいとしても，それは，企業間取引の場合であり，消費者と企業との取引については，各企業取引の類型および消費者利益に配慮した現代化の必要性を否定する理由とはならない。また消費者契約法10条は，民法，商法の任意規定が適用される場合と比較して，信義誠実の原則に反して消費者の利益を一方的に害する場合は，その契約条項は無効となると定めており，この定めは，任意規定を適用する場合を消費者の不利益性判断の基準とすることを示している[7]。この観点からすると，商法の定める任意規定が現代の状況にマッチしていないものであることは，それを不利益性判断の基準とすることの当否すら問題となりかねないのであり，し

---

[6]　わが国も消費者契約を広く対象とする消費者契約法が平成12年にできたが，同法は，すべての事業者が守るべき最低限のルールを定めるものにすぎず，したがって具体的な各企業取引類型に即応した法ルールの整備は，企業取引法ルールの課題となる。

[7]　落合誠一『消費者契約法』144頁（有斐閣，2001年）参照。この際，10条においては，任意規定そのものではなく，任意規定の適用が不利益性判断の基準となることに注意が必要である。

たがって，その早急なアップ・ツー・デイトが求められるのである。

2）　取引発展の阻害という理由への反論　　企業取引法の規制を強行法規化すると，企業取引の進歩を阻害するから好ましくないとの主張もある。確かにそのような面があることは一般論としては否定できないが，それだからといって，企業取引法におけるわが国の消費者の保護水準が低くてよいことにはならない。

したがって，一定の合理的な範囲内において強行法規化することは当然の要請というべきである。

3）　約款による対応の問題　　わが国の企業取引法の規制がアウト・オブ・デイトとなっていることから，実務では，商法の定める規定によらずに主として約款を使って実際上の要請に対応している。この場合の第1の問題は，企業が一方的に作成する約款では，それが消費者の正当な利益を保護するものになっていることの保障がないことである。この問題は，前記1）および2）で述べたことが妥当する。

また，第2に，企業取引から生じ得るすべての問題について約款条項をもって対処するのは不可能である。そうすると，どうしても約款に定めていない問題が生じ，その場合には商法の任意規定の適用があり得ることになる。しかしもしその任意規定がアウト・オブ・デイトであると，その帰結は，明らかに妥当でなくなる。さらに，商法の任意規定を各企業取引類型にふさわしい内容で現代化しておけば，約款で対処しなければならない事項は大幅に減少するから，約款に関する取引費用の削減が期待できるし，当該企業取引の予見可能性・透明性が増大する。したがって，任意規定であっても，その現代化は大いにメリットがあるのである。

(d)　企業取引法に関する本書の対応　　企業取引法は，企業組織法と等しく重要であり，また大変興味ある分野である。企業取引法は，実務の創意と工夫により日々発展・変化しており，伝統的な取引類型にあっても，それは，現代に適合するよう改良されていく。他方，これまでにない全く新しい取引類型も誕生してきており，大変ダイナミックな分野である。本書は，会社法が対象なので，原則的に企業取引法の問題はとりあげない（今後刊行予定の『総則・商行為要説』参照）が，商法を勉強するのであれば，会社法だけではなく，企業取

第 1 章　商法における会社法の位置

引法についても是非興味を持って取り組んで欲しい。

### (4)　企業法総則

　商法においては，企業組織法と企業取引法とに共通する法ルールが存在する。したがって，それら法ルールは，まとめて検討するのが適当であり，これら法ルールは，「企業法総則」と呼ぶことができる。商法典も基本的に同様な考え方に基づき，商法全体に共通する法ルールを法典の最初にまとめて規定している。すなわち，第1編総則[8]の規定がそれである。総則には，通則，商人，商業登記，商号，商業帳簿，商業使用人，代理商，雑則（32条であり，商法において署名すべき場合は，記名押印でもよい趣旨を定める）に関する規定がそれぞれおかれている。会社法においても商法典のこれらの定めにほぼ対応する諸規定（第1編総則，第1章通則，第2章会社の商号，第3章会社の使用人等，第4章事業の譲渡をした場合の競業の禁止等）がおかれている。これらの定めが，企業法の総則規定を構成する。企業法総則に関する規定についても前記『総則・商行為要説』にゆずる。

---

[8]　商法典では「商法総則」，会社法では，「会社法総則」と呼ばれる。

# 第2章　企業をめぐるステークホルダーと企業形態

　本章の目標は，2つある。第1に，企業をめぐるさまざまなステークホルダー（利害関係者）のそれぞれの利害状況の相違を理解することである。会社法は，企業をめぐる多様なステークホルダーの利害状況を適切に調整するための法ルールだからである。すなわち，会社を場として自己利益の実現を図るべく活動するさまざまなステークホルダーの利害は，ときとして衝突することがあるから，その衝突を妥当に調整する法ルールが必要となる。まさにその法ルールを提供するのが，会社法なのである。したがって，われわれは，会社法ルールそのものの検討に入る前に，社員（株式会社の場合は株主），債権者，経営者，従業員等の会社のさまざまなステークホルダーの利害関係にいかなる相違があるか（この相違が各ステークホルダー間の利害対立を惹起する）をまず理解する必要がある。

　第2は，こうしたさまざまなステークホルダーがそれぞれの利益の実現を目指して企業を形成するが，企業には種々の形態があり，その形態ごとに特色があることを理解しなければならない。ステークホルダーの要求するところは，当然それぞれに異なるから，会社法は，その要求に応じた数種類の企業のフォーマットを用意し，その需要に応えようとしている。読者は，会社法が用意する企業の各フォーマットの基本的な特色を理解する必要がある。

## 1　企業形態の現状

　企業（Firm）とは，第1章でふれたように，自己利益を実現しようとしてさまざまなステークホルダーが行動することにより形成される場を意味する。企業は，個人企業と団体企業とに大別できる。個人企業は，最も簡単な企業形態であるが，団体企業においても，簡単な民法上の組合からより複雑な会社形態までさまざまなものが存在する。

　団体企業の代表である会社は，4種類あり，会社法においては合名会社，合資会社，合同会社，株式会社が規定されている。ところで企業別では，個人企業が最も多く約209万であり，会社企業は約175万，会社以外の法人は約26

第2章　企業をめぐるステークホルダーと企業形態

万である[1]。これに対して，税務統計からみた法人企業の実態における会社の種類別では，合名会社が約 4000 社，合資会社が約 1 万 9000 社，合同会社が約 3 万 9000 社，株式会社（特例有限会社を含む）が約 247 万社であり，これを割合でいえば，会社全体のなかで，合名会社が 0.2％，合資会社が 0.7％，合同会社が 1.5％，株式会社が 94.7％，その他 2.9％ となる[2]。

## 2　個人企業をめぐるステークホルダー

### (1)　分析の視点

(a)　**個人企業から検討することの意義**　これから会社を代表とする企業組織法の基本的な法律問題を検討することになるが，まずはじめに，個人企業を取り上げる。もちろん，企業組織法における検討の中心は，会社，特に株式会社であり，本書においてもそうではあるが，個人企業をまず取り上げるのは，第 1 に，会社に比べると構造が単純でわかりやすいし，第 2 に，これはある意味では驚きでもあるが，すべての企業に共通する基本的な問題が，個人企業においてすでにほとんど現われているからである。

(b)　**企業のステークホルダーの分析の重要性**　本章の冒頭でも述べたように，本書では，会社法を含む企業組織法に関する法ルールの説明に直ちに入るのではなく，企業をめぐるさまざまなステークホルダーの具体的な利害状況の分析からその検討を開始する。企業をめぐるさまざまなステークホルダーの利害対立がいかなるものかを理解しないと，その利害対立を妥当に調整する法ルールの役割も十分に理解できないからである。

別の言葉でいえば，企業を形成し企業を動かすのは，究極的には個々の人間をおいてほかにない。そして企業を場とする利害関係者である人間＝ステークホルダーは，それぞれ自己の置かれた経済的利害を考慮しつつ，自己利益を極力実現するべく行動する。したがって，それぞれのステークホルダーの経済的利害状況が分かれば，当該ステークホルダーの行動を合理的に予測できるはず

---

1)　総務省の平成 26 年経済センサス――基礎調査（確報）による（農林水産業等は含めない数である）。
2)　国税庁の平成 26 年度の会社標本調査による。

であり，そうした予測を前提としつつそこに生じる利害対立を妥当に調整する法ルールが，企業組織法だからである。すなわち，各ステークホルダーの利害状況の解明は，企業の法ルールの立法・解釈の不可欠の前提となる[3]。

この観点からすると，会社を含む企業は，企業を場として活動する各個のステークホルダーである個々の人間とは，別個の，それ自体として独立の価値をもつ存在（このような独自の価値を肯定する考え方として，たとえば，企業自体の理論があるが，賛成できない）ではなく，企業とは，企業をめぐるさまざまなステークホルダーがそれぞれの利益を実現しようとして形成される単なる場にすぎない[4]。したがって，企業組織法に関する法ルールの立法・解釈において重要なことは，企業を場として行われるさまざまなステークホルダー間の利益実現のための種々の取引関係の妥当な調整であり，その意味で企業とは，かかる取引の束（契約の束）であると理解するのが妥当である[5]。換言すれば，企業を観念する場合に，企業の共同体性・独自性を強調し，企業を構成するステークホルダーの個々的利益を超越する共同体固有の価値があると考えるべきではなく，あくまでも人間であるステークホルダーそれぞれの利益こそが重要なのであり，したがって，その点に焦点をあてるアプローチがとられるべきであり，われわれは，このような企業観に立脚したうえで会社をはじめとする企業に関する法ルールの解明・検討を行う必要があるのである[6]。

(c) **ステークホルダー間の取引の基本的な考慮要素**　　ステークホルダーは，

---

[3]　一定の経済的利害状況のなかで人間はどのように行動するかを解明するためには，経済学，経営学，統計学，心理学等の社会科学・人文科学の学問分野の知見を活用することは非常に有益である。この関連で第1章の注3）も参照。また Brian R. Cheffins, Company Law (Oxford Univ. Press, 1997) pp. 47; William A. Klein, John C. Coffee Jr. & Frank Partnoy, Business Organization and Finance, 11th ed. (Thomson Reuters/Foundation Press, 2010) pp. 5 等も参照。

[4]　この場が，すなわち，会社を含む企業である。この関係で市場以外になぜ企業が存在するかは，取引費用の経済学の大きな関心事項である。

[5]　この意味において企業を「契約の束＝nexus of contracts」ととらえる立場は適切であるといえよう。もっともここでいう契約は，法律学における契約概念よりも広い。

[6]　すなわち，全体主義的ではなく，個人主義に基づく企業観に立脚した企業組織法の理解である。法律学の研究においては，一定の価値的評価は不可避であり，その意味でどのような企業観を前提として会社法を理解し，また体系化するかが大変重要である。

第2章　企業をめぐるステークホルダーと企業形態

それぞれ自己利益の実現を目指してお互いに取引することになるが，その取引において考慮しなければならない基本的な要素は，次のような点が問題となる。例えば，旅先で偶然見かけた路上の土産物屋から土地の名産品を購入するような取引を考えてみよう。無論その店は，明日も出店するかどうかも分からないし，自分自身ももう一度この場所を訪れるかわからない。

このような店から物を買う取引は，一回限りで，一時的な取引である。このような取引においては，長期的・継続的な取引の場合とは異なり，取引の相手方が信頼できるかどうかは分からないし，どうせお互いに2度と会うことはないと思えば，相手方を欺くインセンティブも高くなる。相手方を信頼できないとすれば，購入した名産品は，全く期待に反するジャンクである可能性もある。そうであれば，言い値の通りに支払をしたとすれば，支払った対価に見合うリターンがない可能性が高く，したがって，損失のリスクが高いから，その対価は当然低くないと割りが合わない。

これに対して例えば，喫茶店を営む経営者が長年にわたって仕入れている卸売業者とのコーヒー豆の取引を考えれば明らかな通り，長年にわたる継続取引の積み重ねから，当該卸売業者をどのくらい信頼性してよいかが良く分かるし，これまでの取引経験から対価とそのリターンとが均衡がとれているのが確かであれば，前述の1回限りの取引とは大きく事情が異なることになる。

以上の例からも分かるように，取引をする際には，特に次の各要素を十分考慮したうえでしなければならない。すなわち，取引期間の長短，その取引から得られるリターンの大きさ，損失のリスク，インセンティブ，相手方の不誠実な行動に対するコントロール可能性等の各要素を適確に考慮したうえで，ヒトは取引をするのか，しないのかを決定するのである。換言すれば，これらの各要素を十分に考慮せずに取引をすれば，満足のいく結果は得られない。したがって，法ルールもそのことを十分に考慮したうえで構築されねばならないのである。

次の(2)以下において，各ステークホルダー間で行われるそれぞれの取引を若干具体的に検討してその利害状況の分析を行うが，この考慮要素は常に念頭に置く必要がある。

## (2) 個人企業をめぐるステークホルダーの分析

(a) **所 有 者**　例えば，個人Aは，駅前で喫茶店を開きたいと考えたとしよう。Aは，自分の喫茶店を開業するのであるから，喫茶店ビジネスの損益はすべて個人であるAに帰属する。このようにビジネスの損益が直接的に帰属する主体であることが，とりもなおさずAが喫茶店ビジネスの所有者であることを意味する。したがって，個人企業においては，まずその企業の所有者であるAが登場することになる。

(b) **債 権 者**　ところで，所有者Aは，駅前で喫茶店ビジネスを開業するために，自己資金1000万円を拠出したが，それでは足りず，さらに500万円が必要であるとする。そこで，Aは，友人のBから500万円を貸してもらう。これにより，Aの個人企業と利害関係を有するBが登場することになる。これは，すなわち，Aの個人企業に対するステークホルダーとしての債権者Bが現れたこととなる。

債権者としてのBにとっては，Aが約束どおりにお金をちゃんと返してくれるかが最大の関心事であるから，Bも，Aの喫茶店ビジネスがうまくいくかどうかにつき重大な利害関係をもつことになる。もっともBにとっては，Aの喫茶店ビジネスが大成功を収めずとも，Bの債権に対する弁済が確実になされる程度に健全であれば十分である。Aの喫茶店ビジネスが大成功を収めたとしても，Bは，Aとの約定によりすでに確定している債権額の弁済を受けるのみであり，それを超える利益は，すべて所有者であるAの取り分となるからである（B以外に債権者がいない場合）。それゆえBは，Aがその喫茶店ビジネスをハイリスク・ハイリターンで経営することは好まず，安全運転の経営を望むことになる。これは，確定債権額を有する債権者というステークホルダーに特有の利害状況から生じることである。

さらに所有者Aが喫茶店ビジネスを行うにつれて，B以外にもいろいろな債権者が登場するであろう。例えば，Aがコーヒー豆を仕入れるとすれば，その販売業者であるCも，Aの債権者というステークホルダーになる。

(c) **企業の従業員**　所有者Aは，所有者として喫茶店ビジネスを行うにあたり，四六時中喫茶店にいて何から何まで全部自分でするというわけにはいかないから，例えば，ウエイトレスとしてDを雇ったとする。そうすると，

Dは、所有者Aのためにウエイトレス業務に従事することになるから、Dは、Aの喫茶店ビジネスに利害関係を有する存在となる。つまり、喫茶店企業の所有者Aを補助する従業員も、その企業の重要なステークホルダーとなる。

さらに、例えば、こういう場合も考えられる。所有者Aは、喫茶店ビジネスについて全くの素人であるとする。そこで、この種のビジネス経験を有するEを店長として雇い、コーヒー豆の仕入れから、ウエイトレスの管理まで業務の大半を任せることにした。店長Eは、Dと同様にAの個人企業の補助者である従業員ではあるが、Dよりもはるかに広い権限をAから与えられている（Eは、Aからコーヒー豆の仕入れの代理権を与えられているとすれば、法的には商法にいう「商業使用人」（商20条以下）（会社法では「会社の使用人」〔10条以下〕）となる）。このように企業の従業員といっても、営業主から与えられた権限が広い者から狭い者までいろいろなタイプがあり得るから、この権限の広狭の相違も、それぞれの従業員について特有の利害状況を形成することになる。

従業員D、Eも、債権者ではあるが、B、CのようなAと対等独立のビジネス取引上の債権者とは異なり、Aからの指揮命令を受ける立場にあり、その意味での従属的な地位にあるといえる。この従属性から、従業員D、Eは、単なる契約関係にとどまらない一定の法的保護が必要となるが、わが国の現行法の体系においては、その保護のための法ルールは、商法・会社法ではなく、労働法ということになる。

(d) **不法行為債権者**　Aが個人企業として喫茶店ビジネスを行う際に、例えば、Aが、仕入れたコーヒー豆を自分の車に積んで運んでいたとしよう。ところが運悪くAの過失運転により通行人Fをはねて怪我を負わせたとすれば、その通行人Fは、Aに対して不法行為による損害賠償請求権を有するから、Fは、Aに対する債権者となる。その場合、確かにFは、B、C、D、Eと同じAの債権者ではあるが、B、C、D、Eは、債権者になるに際してAと契約内容につき交渉が可能であった（交渉可能性の存在）。しかしFは、Aに対する交渉の機会が与えられないままに否応なしに債権者になったのであり、その点において他の債権者の場合とは大きな違いがある。換言すれば、通行人Fは、交渉を通じて自己の利益を守る機会がないままに債権者になった点においてB、C、D、Eとは異なる利害状況にある。それゆえ不法行為債権者につい

ては，B，C，D，Eの場合とは異なる特別な法的保護を考えねばならない。

(e) **小 括** 個人企業Aの喫茶店ビジネスを場として登場するステークホルダーの種類とその利害状況をみてきたが，そこで明らかになったように，個人企業の主要なステークホルダーは，企業の所有者，債権者，従業員，不法行為債権者であるということになる。そこでさらにこれら各ステークホルダーの利害状況についてさらに検討を進めることにしよう。

### (3) 所有者の利害状況

(a) **剰余権者** 最初に，個人企業の所有者について検討する。まず問題となるのは，企業活動から生じた利益・損失の分配である。個人企業の所有者は，企業のビジネスから生じた利益をすべて手にすることができるが，同時に，その損失もすべて負担しなければならない。

ここで所有者が取得する利益とは，より正確にいえば，企業が生み出した利益から債権者へ支払うべき分（債務＝debt）を控除した残余部分＝剰余利益であるということになる。なぜなら，企業活動から利益が上がっても，債権者にはあらかじめ約束どおりの支払（債務の弁済）をする必要があり，したがって，企業が生み出した利益から債権者の取り分をまず控除しなければならないからである。すなわち，企業の所有者は，債権者へ支払うべき部分を控除してなお残余があれば，その剰余部分＝剰余利益についてのみ自由にすることができる。そして，この剰余部分が，所有者の持分（エクイティー＝equity）であり，したがって企業の所有者は，剰余権者（残余権者）（residual claimant）なのである。もちろん，剰余部分が存在しなければ，企業の所有者の取り分は，ゼロであり，マイナスであれば，その損失を負担する必要がある。

個人企業の場合は，個人が企業の所有者であるから，その個人がすべて剰余部分を取得するし，マイナスが出れば，それも当然にその個人の負担となる。

(b) **無限責任** ところで，債権者への支払義務については，個人企業の場合では，所有者である個人が全部負担する。ここで全部負担するという意味は，所有者である個人が営業にあてた財産部分のみならず，その全財産をもってその支払の引き当てにあてることを意味する。

先の例でいえば，個人企業者Aは，喫茶店ビジネスから生じた債務につい

て，そのビジネスのために出資した1000万円の限度で責任を負えばよいのではなく，その個人財産の全部をもって支払の責任を負担することになる。後に述べるように，株式会社の出資者である株主は，会社債権者に対する債務者は，会社であるから，会社債権者に対して直接的な責任を負うことはなく，また会社に対して自己の出資額を払い込む責任はあるが，それを超えて責任を負わず，したがって，株主の責任は有限責任であるのに対して，個人企業の所有者の責任は，無限責任となる。

(c) **企業経営の決定権** 次に問題となるのは，企業経営の決定を誰がするかである。企業は，利益を得てそれを分配することが目的の組織であるから，企業の利益増加に最も強いインセンティブを有するステークホルダーに経営決定権を与えるのが適当である。すなわち，個人企業の場合においては，それはとりもなおさず企業の所有者である個人（先の例でいえば，A）であり，その個人に経営に関する決定権を与えるのが適当である。換言すれば，剰余権者である所有者は，剰余部分＝剰余利益についてのみ取り分を有するという利害状況にあるから，他のステークホルダーと比べると当該企業の利益増加につき最も強いインセンティブを有しているからである（剰余利益が生じないと取り分はないから，剰余利益を極力増加させることにつき強いインセンティブがある）。このことは，先の例でいえば，所有者Aこそが他のステークホルダーの誰よりも喫茶店ビジネスの成功に最も強いインセンティブを有するから，所有者Aにそのビジネスの経営決定権を与えることが，すべてのステークホルダーの利益に合致するということになるのである。

ここで注意すべきは，所有者＝剰余権者である個人Aに企業経営の決定権をゆだねるのは，個人Aが剰余権者であるがゆえに企業の利益を最大化させる可能性が最も高くなるからであり，それはとりも直さずすべてのステークホルダーの利益ともなるからである。換言すれば，企業を場とするさまざまなステークホルダーは，それぞれ各自の自己利益を実現しようとして企業とかかわるという意味において，本来的には対等であり，したがって，本来的にそのうちの誰かが当然に優先的な企業経営の決定権を有するわけではないことである。もし仮に企業を場とするさまざまなステークホルダーが一堂に会して，企業利益を最大化するためには，誰に企業経営の決定権を付与したらよいかを議論し

たとすれば，各ステークホルダーが合理的に行動する限り，剰余権者である個人Aに企業経営の決定権をゆだねることで合意されるということであり，すべてのステークホルダーの全員一致の合意があるがゆえに個人Aに企業経営の決定権がゆだねられるとみることができるのである[7]。

### (4) 債権者の利害状況

(a) **確定額の請求権者**　それでは，企業の債権者の利害状況はどうであろうか。先の例でいえば，Aに500万円を貸したBや取引先であるCがそれにあたる。BもCも債権者としての基本的な利害状況は同じであるから，ここではBを例に検討する。

債権者Bは，Aが約束どおりに貸金の返済をしてくれれば満足であるから，喫茶店ビジネスそのものを具体的にどのように運営していくかは興味はないであろう。もちろん，喫茶店ビジネスが不振となってAの資力が低下すると，約束どおりの貸金の返済がなされない可能性が増大する。その意味では，Aによる喫茶店の経営状況に関心はあるが，喫茶店ビジネスの利益・損失は，企業の所有者であるAにすべて帰属し，Bに帰属するのではないから，Aと比較すると，経営のあり方に関する関心の度合いは大きく異なる。

要するに債権者Bは，喫茶店ビジネスがどんなに大きな利益を出したとしても，その利益の分配を受けられるわけではなく，貸付の際に約束した通りの金額だけの返済を受けるにすぎない利害状況にある。すなわち，債権者は，企業の所有者に対して一定のすでに決まった金額（確定額）の支払を請求する権利を有するのみであるから，企業の利益を最大化させるインセンティブはないのである。したがって，債権者を企業の経営決定に積極的に関与させるのはむしろ適当ではないことになる[8]。

---

[7]　その意味でAは，所有者であるからといって，本来的に他のステークホルダーに優先する地位にあるわけではない。あくまでも各ステークホルダーは，企業を場とする利害関係者として対等な地位にあるのであるが，企業利益を最大化させるインセンティブは剰余権者において最も強いため，剰余権者に企業経営の意思決定権をゆだねることが，すべてのステークホルダーにとっての利益となるからこそ，法も剰余権者に経営決定権を与えることになるのである。

[8]　もっとも企業が債務超過の状況にあるときには，債権者に経営の決定権を与えることがむしろ好ましいといえるが，そうでない場合は，本文で述べたことが妥当する。

(b) **リスクとそれに対応する契約条件** ところで，所有者Aと債権者B，Cとの関係は，独立した対等の個人同士の関係である。こうした対等な当事者関係を「独立当事者関係」という。こうした関係にある者同士では，指揮・命令関係がある者の場合とは異なり，相手方の言い分をそのまま受け入れる必要はない。そこでそれぞれの当事者は，自己の利益を最大に実現させるための交渉をするのであり，その交渉の結果，お互いに満足のいく合意ができれば，そこで取引が成立し，契約が締結されることになる。

もっとも，Bは，所有者Aに500万円を貸すにあたって，その500万円が約束どおりに返済されない可能性＝リスク（債務不履行の可能性＝信用リスク）を当然考慮する。そして，そのリスクに見合った利息を要求するなどして，所有者Aと契約条件の交渉がなされる。すなわち，Bが合理的に行動するならば，Bは，Aに対して自己の負担するリスクに見合った契約条件を要求するはずであり，Aがその条件を受け入れなければ，500万円を貸さないことになる。換言すれば，債権者は，債務者の債務不履行のリスクを評価してそれに見合う条件で契約を締結するのであるから，契約交渉によって自己の利益を守ることが可能だということである。したがって，取引債権者は，契約交渉による自衛が可能であるから，法ルールにおいて契約以外に特段の保護はいらないことになる。

(c) **不法行為債権者** 企業の不法行為債権者，先の例でいえば，通行人Fは，取引債権者B，Cの場合とは異なり，予測されるリスクに見合った契約条件の交渉ができない。その意味で自己の利益を守るすべのないままに債権者になった者であるから，前述の通り，この不利益を是正することが，法ルールとして特別な課題となる。

## (5) 従業員の利害状況

(a) **債権者としての地位** ところで，企業の所有者のために働く従業員の利害状況はどうであろうか。従業員は，雇用契約に基づき給料をもらって企業の所有者のために働いている。そして，従業員は，雇用契約が定める一定額の賃金を受け取るにすぎないから，企業の所有者のように企業の利益が多ければ，それだけ多く利益を取得できるわけではない[9]。すなわち，従業員は，基本的

に確定額の支払を受ける地位にあるといえるから，企業の債権者ということができる。

　もっとも，前述の通り，債権者といっても，企業の取引先のような債権者とは異なる面がある。先の例でいえば，BやCのような債権者は，従業員であるDやEとは異なり，所有者であるAの指揮・命令を受ける立場にはないが，従業員であるDやEは，Aからの指揮・命令を受ける従属的な地位にあるからである[10]。

　(b)　**与えられた権限の広狭による違い**　さらに従業員は，所有者から指揮・命令を受ける立場にあるといっても，先の例におけるDとEを考えれば明らかなように，両者には違いがある。ウエイトレスのDは，所有者から与えられた権限が狭い従業員であり，店長のEは，与えられた権限が広い従業員である。

　権限が広い従業員とそうでない従業員とでは，利害状況に違いが出てくる。店長のEのように，権限が広い従業員は，企業の所有者からその権限の行使について一定の裁量を与えられているから，その点で経営に関与する面が出てくる。すなわち，与えられた権限が大きければ大きいほど経営者的な地位に近づく。これに対して，ウエイトレスのDのように，権限がほとんどない従業員は，経営に関与する要素は存在しない。同じ従属的地位といっても，DとEとでは，Aのビジネスへの関与の程度に相違があり，したがって，その利害状況の相違に応じて，労働法上の保護の程度にも差が生じる。

　(c)　**エージェンシー問題**　ここで経済学にいうエージェンシー問題についてふれておこう。例えば，所有者と従業員との関係においてもまた会社の株主と経営者との関係においても，この問題は生じる。したがって，企業組織の法ルールの立法・解釈においても1つの有力な分析ツールとなるからである。

　エージェンシー（agency），すなわち代理関係（この代理関係は，法律学でいう代理関係とは異なり，他人に一定の仕事を任せる場合に広く生じ得る関係を意味する）においては，本人（プリンスパル＝principal）と代理人（エージェント＝agent）と

---

9)　企業の業績が好調であれば，ボーナスという形で間接的に分け前にあずかることはあるが，それは付随的なものであり，あくまでも基本的には確定額の金銭の取得者である。
10)　この点で従業員の保護を図る労働法の規制が別途かかってくる。

の関係から特有の問題が生じる[11]。すなわち，人は，すべて自分自身で物事を進められない場合があるから，その場合には，本人は，他人，すなわちここでいう代理人に一定の仕事を依頼し，任せることになる。先の例でいえば，所有者Aと従業員Dあるいは所有者AとEとの関係がエージェンシーの関係となる。

その場合にD，Eは，雇主であるAのためにAから任された仕事を実行することになるが，Aとしては，DおよびEが忠実にその職務を果たしているかを四六時中監視するのは不可能である。そうすると，DおよびEは，Aがみていないとなると，仕事をいい加減に行う可能性が出てくる。このような現象は，他人に仕事を任せる場合に必ず生じ得る問題であり，そこに非効率なコスト（エージェンシー・コスト）が生じるから，資源の効率的利用を考える経済学はそのコストの減少に関心をもつのであって，それがエージェンシー問題である。

エージェンシー問題への対応策は，いろいろ考えられるであろう。例えば，熱心に仕事をしたと判定できる場合や，全員の努力で業績が上がったと認められる場合には，従業員に臨時のボーナスを出すことが考えられる。すなわち，従業員の努力の成果と給料額を連動させることにより，従業員のやる気を引き出すようにできれば，代理人が本人のためではなく自己の利益を追求する行為を防止するインセンティブを従業員に与えることができる。企業においては，雇主と従業員との関係以外にも上司と部下との関係を含めてさまざまなエージェンシー問題が存在する。したがって，この問題に対していかに合理的な対応策を用意できるかが，企業の効率性・公正性を確保する鍵となるから，企業の法ルールの立法・解釈においてもそれを十分に意識しなければならないのである。

---

11) ここで注意すべきは，経済学でいう「本人」,「代理人」，あるいは「代理関係」という用法は，法律用語としてのそれとは同じ意味ではないことである。
　　法律用語で代理人とは，一般に法律行為を本人のために本人に代わって行い，代理人の意思表示の効果が本人に帰属することが主として念頭におかれているが，経済学での代理人は，法律行為に限定されず，より広く他人のために行為する人と本人との関係を考えている。

## 3　団体企業をめぐるステークホルダー

### (1) 総　説

　個人企業の主要なステークホルダーは，所有者，取引債権者，従業員，不法行為債権者等であり，当該企業を場としつつ，それぞれ固有の利害状況が存在している。それでは，同様の視点から団体企業をみるとどうなるだろうか。これは，前にも述べた通り，団体企業の場合においても，登場するステークホルダーも，その利害状況も個人企業の場合と基本的に大きな違いはないのである。すなわち，所有者，債権者，従業員，不法行為債権者というステークホルダーがやはり同様に登場し，その利害状況はおおむね近似するからである。これは，団体企業における企業もそれぞれのステークホルダーの自己利益実現の場であり，企業それ自体に固有の意義があるわけではないからである。もっとも，個人企業と全く同じというわけではなく，団体企業に特有の問題もないではない。そこで団体企業における各ステークホルダーの利害状況を確認しておこう。

### (2) 所有者

　所有者（正確には剰余権者）として当該団体企業に利害関係を有する者は，当該団体の構成員（会社の場合は社員）であり，一般には，複数存在することになる。例えば，株式会社の場合であれば，所有者としての利害を有するステークホルダーは，株主であり，上場会社であれば，その数は膨大なものとなる。
　したがって，団体企業においては，団体構成員同士の関係，団体とその構成員との関係など個人企業の場合にはない特別な問題が生じる。
　もっとも企業経営の決定権の問題においては，それを剰余権者にゆだねるのがよいことは，個人企業の場合と異ならない。したがって，例えば，株式会社の場合には，株主ということになる。
　ところで株主は，株式を取得するのと引換えに，会社に資本を拠出（出資）している。その際に，当然，その資本拠出に対する一定のリターンを期待している（ビジネスは無償の愛の世界ではなく，より有利なリターンを求める利益追求の世界である）。いうまでもなく株式投資は，例えば，国債に投資する場合と比較す

ると，そのリスクはきわめて高い。それゆえに前記 2 (1)(c)で述べた通り，その高いリスクに見合うリターンの期待がなければ，投資はなされない。株主は，高リスクに見合う高リターンが期待されてこそ株式に投資するのであるから，経営者は，その期待されるリターンに見合う利益をあげなければ，投資家から見放されてしまう。すなわち，これが株主の期待収益率であり，株主資本コストである。その詳細は，後記第 8 章 1 (2)で説明しよう。

## (3) 債 権 者

　取引上の債権者も不法行為債権者も，その利害状況においては，個人企業であっても，団体企業であっても，本質的な相違はない。しかし，債権者がその債権の引き当てとすべき債務者の財産については，団体企業の種類によって大きな違いが生じ得る。

　ところで債権者も，株主と同様に会社に資金を拠出している以上，その拠出に見合うリターンを期待するのは当然であり，それは利率に反映される。もっとも株主の場合とは異なり，債権者は，債務者である会社と交渉をしてから契約を締結するから，その交渉の結果を各種契約条項というかたちで契約内容に反映することができる（不法行為債権者の場合はそれができないので，別途に考える必要がある）。すなわち，債務者の弁済資力等を考慮した利率を設定する等の事前的な対応ができるし，また事後的にも契約条項の改定も可能である。それゆえ株式へ投資するのに比較すると，債権者のリスクは一般的には低くなる。

　もっとも資金の拠出を受けるということは，株主の場合と同様に，債権者においても拠出した資金に見合う期待されるリターン（期待収益率）がある。期待されるリターンがないならば，資金の拠出もないのである。

　この債権者の期待収益率は，経営者にとっては，負債コストである。もっとも負債コストは，株式の場合よりは複雑ではなく，一般に利息費用として理解される。ただし負債コストを考える場合に注意しなければならないのは，税制である。一般に支払利子は，損金とされるから，税法の影響を考慮したうえで負債コストは計算される必要がある。

　したがって，負債コストの計算式は，Cost of debt＝$R(1-T)$ となる（R は当該負債の利子率，T は純税効果)[12] となる。

## (4) 従業員

従業員の利害状況は，個人企業でも，団体企業でも，本質的な違いはない。もっとも，団体企業の種類によっては，従業員の場合よりもはるかに広い裁量を与えられた者，すなわち次に述べる経営者という新たなステークホルダーが登場することになる。

## (5) 経営者

経営者は，所有者＝剰余権者ではないが，企業の所有者から企業の経営全般を任されている者である。経営者（株式会社においては取締役）というステークホルダーは，例えば，所有と経営が分離された株式会社においては必要・不可欠な存在となる。多数でしかも広範に散在する株主が日常的な経営決定を直接的に行うことは不可能だから，そこで経営者を選任して経営の決定権をゆだねるのが合理的である。しかし株主と経営者との関係においては，経営者に与えられた広範な裁量権ゆえに，株主と経営者との関係で深刻なエージェンシー問題が生じるから，それへの対処が重要となってくる。上場会社のいわゆるコーポレート・ガバナンスの主要課題は，このことに対する対応問題となる。

他方，経営者自身の問題としては，経営者は，経営を遂行するにあたってさまざまなステークホルダーとかかわりを持つが，前述の通り，例えば，株主との関係では，株主資本コストを，債権者との関係においては，負債コストをそれぞれ意識した経営が求められる。これは，会社法の目的である2本柱の1つである効率性の確保（後記第3章2(2)参照）にかかわるきわめて重要なポイントになる。

## 4　団体企業の基本的な法ルール

### (1) 民法上の組合

これまで企業を場とするさまざまなステークホルダーに着目し，それぞれの利害状況をみてきた。その結果，会社法を含む企業組織法とは，企業を場とし

---

12) Robert J. Rhee, Essential Concepts of Business for Lawyers, p. 160（Wolters Kluwer Law & Business, 2012）.

第2章　企業をめぐるステークホルダーと企業形態

て展開されるさまざまなステークホルダーの利害の妥当な調整のための法ルールと考えるべきことになる。それでは現行の団体企業の基本的な法ルールがどうなっているか。そこでその重要ポイントに絞って検討することにしよう。

ところで一口に団体企業といっても，団体性が強固なものから緩やかなものまでいろいろなタイプがある。例えば，民法が規定している組合（民法上の組合）という団体がある。これは，数人が，財産あるいは労務を出資し，その出資をした者がそれぞれ組合員となって，共同で事業を行うことをお互いに約束する契約を締結して団体活動を行うものである[13]。

組合の詳しい法律関係の説明は，民法の講義に譲るが，ここで重要なことは，組合活動により生じる債務は，メンバーである組合員全員がそれぞれの持分割合に応じて無限の人的責任を負うことである（民675条。組合員各自の個人財産も引き当てとなる）。このような責任は，「人的無限責任」といわれるが，これは，個人企業の所有者の場合と同様の責任である。このように，民法上の組合の場合は，個々の組合員との関係における組合の法的な独立性・主体性はきわめて弱い。

こうした性格から，民法上の組合には，法人格は与えられていない。法人格がある団体は，当該団体自体が法律上の権利義務の主体となるが，民法上の組合には法人格がないから，組合が対外的に取引をする場合には，組合員全員がその取引の当事者になる必要がある[14]。このように，民法上の組合は，個人企業に近い企業形態であり，こうした事情から大規模な企業活動を行うには適さない。

### (2) 匿名組合

商法は，535条から542条までに匿名組合に関する規定をおいている。匿名組合は，「組合」という言葉がついているが，民法上の組合とは性格を異にし，出資を募ってビジネス活動を行うための団体企業である。すなわち，匿名組合は，営業者と匿名組合員とが出資と利益の分配を合意する契約という形態はと

---

[13] 民法667条から688条までに規定がある。
[14] この不便を解消するための実際上の工夫としては，例えば，組合員の誰かに代理権を与えて，その代理人が本人である組合員全員の代理人として行為することが考えられる。

るが，民法上の組合とは違って，出資者相互のつながりや組合財産の形成はない。そして事業はもっぱら営業者のみが行い，利益が上がれば，契約に従って匿名組合員に分配がなされ，損失が出れば，出資が減少する。匿名組合員は，営業者の債権者とは法律関係をもたないから，その債権者に対して人的責任を負わないし，また営業者と合意した出資さえ履行すれば，それを超えて責任を負うこともなく，したがって，匿名組合員は，有限責任を負うにすぎない。つまり匿名組合は，資金はあるが自らビジネスをやる気がない者から出資を募って，ビジネスの能力と意欲のある者が，営業者になって現実のビジネスを行うという団体企業形態なのである。

### (3) 会　　社

(a) **意　義**　今日の団体企業の代表は，会社法上の会社，とりわけ株式会社である。会社法は，株式会社，合名会社，合資会社，合同会社の4種類の会社を定めている。そして合名会社，合資会社，合同会社は，持分会社とされる。

会社法の成立により，会社の営利性を定めていた改正前の商法52条および有限会社法1条の定めは廃止されたことから，会社法上の会社であることの要件として営利性が必要とされるかが問題となる。しかし会社法においても会社の営利性の要件は依然求められていると解すべきである（通説）。そうだとすると，会社法上の会社は営利社団法人である。また，会社法5条および商法4条1項によると，会社は商人となる。したがって，会社法上の会社とは，営利を目的とする社団であって法人格を有する商人ということになる。

(b) **営利性**　会社の営利性とは，対外的活動により利益をあげて構成員に分配することを目的とするという意味である。会社の営利性をこのような意味で理解するのが通説であり，この立場は，いわゆる公益法人改革の結果成立した一般社団法人及び一般財団法人に関する法律（平成18年法律第48号）・平成18年（2006年）改正民法33条2項の定める営利性の概念と一致するから，会社の営利性は，このような意味において理解するのが正しい[15]。この点は，

---

15) 詳しくは，落合誠一「会社の営利性について」江頭憲治郎先生還暦記念『企業法の理論（上）』1頁以下（商事法務，2007年）参照。会社の営利性の実定法上の根拠としては，総括的には会社法5条であり，個別的には，会社法105条2項・611条2項・621条1項・666条をあげ

実質的に考えても，会社の存在意義は，われわれの社会に新たな富をもたらす（富の創出＝利益を獲得してそれを構成員に分配するという形で社会に新たな富をもたらすわけである）ことにあるから，その存在意義の発揮のためには，会社について営利性が要請されるのは当然であるからである。

会社法上の4種類の会社は，いずれも営利社団法人であり，わが国では，営利社団法人は，この4種類の会社に限られる。

他方，会社と名がつくが，営利法人でないものがある。例えば，保険事業においては，相互会社が認められているが，これは営利社団法人ではなく，いわゆる中性法人 16) である。

また，農業協同組合とか，消費生活協同組合といった協同組合法に基づく団体は，組合との名がつくが，民法上の組合とは異なり，社団としての実質を備えた法人である。しかし，利益をあげてそれを構成員に分配するという営利性はないから，これら協同組合は，営利法人ではない。

会社は，営利法人であるとすると，営利以外の活動は許容されないか。例えば，会社は，慈善事業等への寄付あるいは政党への寄付ができないか。これに関連して会社が政治献金をすることができるかが争われた有名な事件がある。この事件は，A株式会社が政党に政治献金をしたところ，株主が，政治献金は定款記載の会社の事業目的を逸脱し，取締役としての義務違反があるとして取締役の責任を追及する代表訴訟を提起したものである。第1審は，株主の請求を認めたが，第2審は反対の結論をとったので，下級審の判断は分かれた。最高裁判所大法廷判決 17) は，全員一致で第2審の結論を支持した。すなわち，会社も自然人と同様な社会的実在であるから，社会通念上，会社に期待・要請されるものである限り，その期待・要請に応えることは，災害救援資金寄付と同様に政治献金の場合も当然になし得るとした。

(c) **会社の事業目的**　会社の事業目的（「会社の目的」とは異なる概念である）は，定款の記載事項（27条1号・576条1項1号），および登記事項（911条3項1号・912条1号・913条1号・914条1号）である。株式会社の取締役は，会社法

---

ることができる。また大判昭和元年12月27日民集5巻906頁参照。
16)　公益目的ではないが，さりとて営利目的でもない法人をいう。
17)　最大判昭和45年6月24日民集24巻6号625頁。

355条により定款を遵守する義務があり，定款違反の行為は，例えば，会社法360条により株主による差止請求，あるいは会社法385条により監査役による差止請求の対象となる。定款違反行為により会社に損害を与えれば，取締役は損害賠償責任を負う（423条）。

　定款に記載された会社の事業目的は，会社の権利能力の制限か，それとも代表権の制限か。この問題について，通説・判例は，権利能力の制限と解しており[18]，目的外の行為は無効とする。このように解すると，取引の安全を害しないかが問題となるが，それは，目的の範囲を広く解することにより対応することになる。もっとも，近時はこれに反対して，権利能力の制限ではなく代表権の制限とする説（平成18年改正前民法43条の類推適用を否定する考え方）が増えていたが，平成18年改正民法34条のもとでは，かかる解釈は困難になったといわざるを得ない。

　ところで会社の事業目的を権利能力の制限と解したとしても，事業目的の範囲内かどうかの判断をいかに解釈するかによりその結論は変わってくる。この点につき判例は，定款に記載された目的自体に包含されない行為であっても，目的遂行に必要な行為は，社団の目的の範囲に属するものと解するのが相当としている（最判昭和27年2月15日民集6巻2号77頁）。この判例の立場は，取引安全等の観点から妥当であり，そう解することによって，権利能力の制限と解する場合であっても，事実上，取引の安全が確保されることになる。

　会社法5条は，会社がその事業としてする行為およびその事業のためにする行為は商行為とすると定めている。近時この規定の解釈について興味深い最高裁判決が出された[19]。この事件では，商法503条2項が会社について適用があるかが争点となったのであるが，定款に記載された会社の事業目的とも関係する会社の行為範囲に関する重要な判示であるので，ここで紹介しておこう。

　Y会社の代表取締役Aは，幼いころから親交のあったXからの懇願に応じ，Y会社からXに対して1億円の貸付けを行った。その後この返済をめぐりY

---

18) 平成18年改正前民法43条は公益法人についての定めであったが，会社にも類推適用されると解したのである。平成18年改正民法34条は，公益法人のみならず法人一般に関する定めであるから，会社にも適用があることになる。

19) 最判平成20年2月22日民集62巻2号576頁。

会社とXとで紛争が生じ，Y会社はXに対してその返済を請求したところ，商法522条の商事消滅時効の適用が問題となり，本件貸付けの商行為性の有無に関係して商法503条2項の適用可能性が争われることになった。最高裁は，会社法5条により，会社は商法4条1項の商人となり，商人の行為には，商法503条2項が適用されるから，Y会社のXへの貸付けは，商行為であるとの推定がなされるが，それを争うY会社は，その推定を覆すに足りる立証をしていないと判示した。

会社の行為には，定款所定の事業目的内の行為と目的外となる行為とがある。前者の行為は，会社に権利義務が帰属するという意味で有効な行為であるが，後者の行為は，無効な行為と評価されることになる。そして有効な行為としては，会社法5条がいう会社がその事業としてする行為およびその事業のためにする行為が該当することになる。しかし会社の行為には，会社法5条に該当する行為以外には存在しないわけではなく，定款所定の事業目的外の行為をする可能性がある。そうだとすると，会社がしたその行為が有効な行為として商行為に該当するかどうかが問題となる場合があり，その立証責任について503条2項を適用する実益がまさにあることになる。したがって，商法503条2項の適用を認めた本件最高裁判決は妥当であるというべきである。

(d) **社団性** 会社法には会社の社団性を定める明文規定は存在しないが，解釈上，会社は，社団と解される。社団か財団かは，前者が人の集団であるのに対して財産の集合が財団である。社団に法人格が与えられれば，社団法人となる。社団と法人とは別概念であり，例えば，権利能力なき社団においては，社団ではあるが法人格はない（法人性については，(e)参照）。

社団法人には，公益社団法人と営利社団法人，さらには中間的社団法人，例えば，特別法に基づく労働組合がある。会社は，社団であるが，団体性の程度は会社の種類により異なる。例えば，合名会社は，民法上の組合に近く，株式会社は，社団性が最も強い。

社員が1人の会社を「一人会社」（いちにんかいしゃ）というが，これが社団性に反するかが問題となる。会社法の改正前においては，合名会社の場合は，社員が1人になると会社の解散事由となる（改正前の商94条4号）とされていたが，会社法は一人会社を合名会社についても認めることにした（641条4号参

照）から，合資会社を除き，会社法上の他のすべての会社につき一人会社が等しく許容されることになる（株式会社については471条）。なお，会社が無限責任社員になることを禁じていた商法55条は廃止されたから，会社法のもとでは会社は合名会社あるいは合資会社の無限責任社員となれることになる。株式会社の設立は，発起人の数に下限がないから1人でも設立可能である（26条1項）。株主が1人でも社団性があると解されるのは，いずれ株式が譲渡されれば，社員は複数になり得るから，潜在的には社団性があるといえるからである。

(e) 法人性

(i) 意義　会社法は会社を法人としている（3条）。法律により団体に法人格が認められると，団体自身の名において権利を有し，義務を負うことになる。つまり，権利能力を有することになる。もっとも先に説明した通り，会社は，現実には所有者，債権者，従業員，経営者等の会社のステークホルダー間の取引の場にすぎないから，会社に法人格があるからといって，各ステークホルダーの利益とは独立した会社自体の固有の利益があるというわけではない。会社に法人格を付与するということは，団体の法律関係処理を簡明にするために会社を構成員（社員）とは別個独立の権利義務主体としたということ以上の意味があるわけではない。

(ii) 法人格否認の法理　法人格については，法人格否認の法理が問題となる。この法理は，民法・商法に明文があるわけではなく，判例が認めるものである。例えば，この法理が問題となった事件として次のものがある[20]。

この事件において，店舗の所有者であるXは，Y会社に店舗を賃貸して賃貸借契約を締結した。Y会社は，電気器具類販売業の株式会社とはいうものの税金対策のため会社組織にしたもので，その実態は，Y会社代表取締役のAの個人企業であった。Xとしても，Y会社が会社組織か，個人企業かは明確に意識しておらず，要するに電器屋に貸したという認識を有するにすぎなかった。その後XとY会社との間で店舗の明渡しをめぐって紛争が生じ，XはAを相手に店舗の明渡しを請求する訴訟を提起した。この訴訟継続中に裁判所の勧告により和解が成立したが，Y会社は，和解の当事者はAであり，A

---

20) 最判昭和44年2月27日民集23巻2号511頁。

と法人格を有するY会社とは別個の権利主体であるから，Y会社が使用している部分は明け渡す必要がないとして明け渡さなかった。そこでXは，今度はY会社を相手として明渡訴訟を提起したのが本事件である。

　第1審および第2審とも，和解の当事者にY会社も含まれるとしてX勝訴の判決をしたので，Y会社が上告。最高裁判所は，法人格は法が認めたものである以上，その利用が不当な場合は，その法律関係において法人格を否認できるとの考えを示して，上告を棄却した。

　この事件は，法人格の形骸化といわれる事例であるが，法人格否認の法理が適用される場合として他に法人格の濫用事例[21]がある。法人格否認の法理は，株式会社あるいは合同会社の債権者が，当該会社の社員の個人責任を追及する手段として実益を発揮する。例えば，株式会社の株主は，会社の債権者に対して直接的な責任を負わず，間接的な有限責任を負うにすぎないから，もし会社の債権者が，その法人格のベールをはぎとること（法人格の否認）ができれば，株主個人の責任を追及できるようになるからである。

　(f) **商人性**　会社は商人とされる。すなわち，会社法5条があるから，会社は商法の技術的な概念として定められた商法4条1項の商人に該当する。商人概念については，今後刊行予定の『総則・商行為要説』にゆずる。

## 5　会社の種類

### (1) フォーマットとしての会社

　会社法が，会社の種類を定める意義は，いろいろ考えられる[22]が，本来は，会社を場とするさまざまなステークホルダーが，一堂に会してお互いに交渉することにより，会社に関する種々のルールを合意により形成することができれば，それは，とりもなおさず各ステークホルダーが納得したルールができたことであり，それが一番望ましいといえる。しかし現実には，各ステークホルダーの交渉による合意形成は，実際問題として不可能である。そうであるとする

---

21)　最判昭和48年10月26日民集27巻9号1240頁。
22)　例えば，藤田友敬「企業形態と法」岩村正彦ほか編『企業と法〔岩波講座・現代の法7〕』35頁以下（岩波書店，1998年）参照。

と，むしろ会社法が各ステークホルダーが納得するであろうと思われる会社に関する一連の法ルール（会社のフォーマット）をいくつか用意することにより，会社のステークホルダーの便宜を図ることが，必要かつ有意義であると考えられる。換言すれば，会社法がいくつかの会社のフォーマットを用意しているのは，この点に重要な意義があると考えられるのである。

　会社法の主要な意義をこのように理解すると，会社法が用意するいくつかの会社のフォーマットに含まれる法ルールは，会社を場とするさまざまなステークホルダーの便宜のために用意しているのであるから，もし会社法が用意したその法ルールがステークホルダーにとってかえって不都合となる場合には，それを自分たちの望むところに合致するよう変更できなければおかしいことになる。なぜなら，第1に，各ステークホルダーは，それぞれの意図する自己利益の実現のために会社と関わりを結ぶのであるから，それを阻害するような法ルールがあってそれに従わねばならないとすると，会社のステークホルダーになる意味が失われることになるからである。第2に，会社法は，基本的に会社を場とするさまざまなステークホルダーの便宜のための法ルールであるべきであるのに，それがステークホルダーの望むところを阻止するものとなるのでは，本末転倒だからである。それゆえに会社法が用意する会社のフォーマット（会社類型ごとの法ルールの集合）は，原則的に任意法規であると解するべきことになる[23]。

### (2) 合名会社

　会社のなかで最も団体性が弱いのが，合名会社である。社員は，無限責任社員のみで構成され，会社の債務については，合名会社の社員は，会社が会社財産で債務を完済できないときには，社員の全員が会社の債権者に対して直接に連帯して無限の人的責任を負う。また，業務執行は，全社員がそれぞれ執行し，会社を代表するのが原則である（590条・599条）から，1人の社員が会社の名前で契約すれば，会社はそれに拘束され，全社員が責任を負うことになる。社員の地位は，持分の形をとり，出資の額が違えば，持分の大きさは異なるが，

---

[23] もちろん法ルールには，当事者間の合意では左右できない公益的なものや当事者以外の第三者の利益を不当に害するものも含まれ得るが，それはあくまでも例外的な位置づけとなる。

持分は1個とされる[24]。持分の譲渡には，総社員の同意が必要である。合名会社は社団といっても，その実態は，民法上の組合に近いが，債権者に会社財産からまず弁済を受けるよう求めることができる（580条1項・605条）。

### (3) 合資会社

合資会社の社員は，無限責任社員と有限責任社員とで構成される（576条3項）。会社の債務に対する責任は，無限責任社員は，合名会社の社員と同じであるが，有限責任社員は，定款に記載した出資の額までしか責任を負わない（580条2項）。業務執行は，定款で特に規定しない限り，社員（無限責任社員・有限責任社員）全員が行い（590条），業務を執行する社員は，会社を代表する（599条）。業務を執行しない有限責任社員の持分の譲渡は，業務を執行する社員全員の承諾があればできる（585条2項）。合資会社の起源は，匿名組合であり，匿名組合員が共同営業者として名前を出すことから合資会社に発展した。

### (4) 合同会社

合同会社（576条4項）は，会社法が創設した新しい会社形態であるが，その社員すべては，有限責任社員であり，定款記載の出資の額までしか責任を負わない（580条2項）。したがって，株式会社の場合と同様に会社成立時までに出資財産の全額払込み・全部給付が要求され（578条），債権者保護規制（626条以下）も設けられる。業務執行および会社代表は，合名会社，合資会社の場合と同様である。また持分の譲渡，出資の払戻し，退社等は，合資会社の有限責任社員と基本的に同じである（特則として632条〜636条）。

### (5) 株式会社

株式会社は，最も団体性が強い企業形態であり，その企業組織も最も複雑となっている。

株式会社の社員は，「株主」と呼ばれ，株式の払込みという形で会社に出資をする義務を負うだけで，会社の債務は，会社財産のみが引き当てとなる。株

---

[24] これは，合名会社のみの特色ではなく，持分会社に共通するもので，持分単一主義・持分不均一主義といわれる。株式会社では，持分複数主義・持分均一主義がとられる。

主の責任は，有限責任である。一般に所有と経営が分離する場合を念頭においた規制となるから，業務執行は，社員である株主ではなく，株主総会で選任された取締役が取締役会を構成し，代表取締役を選任して，代表取締役が業務を執行し，会社を代表する。こうした従来型の会社のほかに，平成14年（2002年）の改正により，経営は執行役に任せて，取締役会は委員会を設置して執行役の業務執行を監督することに主眼をおく委員会等設置会社が認められた。そしてこれまでの改正の集大成として会社法の全体的な現代化を実現する会社法が平成17年（2005年）6月に成立した。これにより有限会社は，譲渡制限のある大会社でない株式会社として会社法のなかに取り込まれることになった。その後平成26年（2014年）会社法改正により，監査等委員会設置会社が認められ，株式会社の機関構成は，取締役と株主総会は必須であるが，取締役会，監査役，監査役会，会計監査人，会計参与，指名委員会等設置会社（これまでの委員会等設置会社の名称は変更された），監査等委員会設置会社など定款による自由な定めが相当に認められるようになった。

## 6　会社の分類

### (1) 株式会社・持分会社

企業組織法が対象とする団体企業は，以上であるが，会社法は，前記の通り，株式会社と持分会社に会社を分類している。

### (2) 物的会社・人的会社

会社のなかで団体性の緩やかなもの，すなわち，社員と会社の関係および社員相互の関係が密接かどうかによる区別がある。具体的には，合名会社は，人的会社の典型であり，株式会社は，物的会社の典型であるタイプ（株式につき流通市場がある会社）のものと人的会社が加味されたタイプ（株式会社ではあるが，旧有限会社的なもの）のものとがあることになる。合資会社は，人的会社の一種であり，合同会社は，社員が会社債権者に対して責任を負わない点では物的会社ではあるが，社員の入社・持分譲渡の承認につき全社員の一致が原則であり，社員は原則として業務執行権限を有していることなどにおいて，人的会社が加

味されたものとみることができよう。

### (3) 公開会社・閉鎖会社，公開的会社・閉鎖的会社

**(a) 総　説**　講学上，公開会社とは，社員の持分が取引される市場が存在する会社であり，閉鎖会社とは，そうした市場が存在しない会社をいう。合名会社，合資会社，合同会社は，閉鎖会社であるが，株式会社は，公開会社と閉鎖会社がある。公開会社の典型である上場会社の株式は，金融商品取引所の運営する証券市場で大量に取引され，一般に大規模会社がこれにあたる。

他方，会社法は，公開会社の定義を2条5号でしており，そこでの公開会社とは譲渡制限がない株式を発行している会社との意味である。したがって，会社法上の公開会社と講学上の公開会社とは異なることに注意しなければならない。

そこで本書においては，講学上の公開会社・閉鎖会社は，会社法上の概念との混同を避けるため，公開的会社，閉鎖的会社と表記することにする。

**(b) 公開的会社と閉鎖的会社**

(i) 区別の意義　公開的会社と閉鎖的会社という講学上の分類は，株式会社法の理解のために大変重要であるから，ここでより詳しく説明する。

公開的会社とは，その会社の株式を取引する市場が存在する会社をいい，閉鎖的会社とは，株式を取引する市場が存在しない会社をいう。つまり，株式を取引する市場があるということは，その株式が活発に取引されていることである。このことは，その会社の株式の譲渡がきわめて容易であることと同時に取引市場の規律を受けることを意味する。

これに対して，株式を取引する市場がないということは，その会社の株式を譲渡することは事実上困難であることを意味する（取引市場の規律はない）。公開的会社の株式は，きわめて容易に譲渡できるが，閉鎖的会社の株式の譲渡は容易ではない。こうした株式の譲渡が容易かどうかは，会社の基本的な利害状況に大きく影響するから，株式会社法の法ルールのあり方についても同様に大きな影響を与えることになる。

(ii) 公開的会社

1) 所有と経営の分離　まず，公開的会社は，その典型は東京証券取引

所で株式が取引されているような会社（上場会社)[25]であるから，当然のことながら，日々膨大な取引が可能となるだけのきわめて多数の株式が存在し，流通していることになる（流通市場）。その会社についてきわめて多くの株式が発行されていなければ，市場において日々活発な取引をすることは不可能だからであり，またこのことは，そうした会社は，市場（発行市場）において株式を発行することにより，資金を調達していることを意味する。もっともきわめてたくさんの株式が発行されているだけでは，市場での取引は可能にならない。つまり，発行する株式数が多くても，それが少数の特定の株主に集中していると，市場に出回る株式が少なくなるから，活発な取引はできなくなる。したがって，市場においてその会社の株式が流通するためには，その株式はきわめて多数の株主に分散している必要がある。要するに，公開的会社においては，きわめて多数の株式がきわめて多数の株主に広く分散していることになる。

　きわめて多数の株式がきわめて多数の株主に分散していれば，株主全員が集まって会社経営の意思決定をすることは不可能であるから，株主は経営者に経営を任せるほかないし，そうすることが合理的である。すなわち，公開的会社にあっては，所有と経営とが必然的に分離することになる。公開的会社の基本的な特色は，所有と経営の分離にあるが，他方において株主と経営者との間に深刻なエージェンシー問題（第2章2(5)(C)参照）を生じさせることになる。

　公開的会社の株主は，一般的にはその保有期間は短期的なものが多い。投資目的で株式を保有するとどうしてもそうなりやすい。短期で株式の売却益を確保しようとする行動がそうさせるのであり，いわゆるショート・ターミズムである。しかし継続企業（going concern）としての会社にとっては，短期的に利益をあげるのではなく，長期的な利益をより増加させることが重要である。短期的には利益があがるが，長期的にはマイナスになる経営はすべきでないからである（例えば，長期的にみると多額の利益を生み出すことが期待されるプロジェクト

---

[25] 上場会社は，金融商品取引所の運営する証券市場と密接な関係をもち，したがって，いわゆる市場の規律（市場の評価による経営者の規律効果）を受けることになり，また金融商品取引法等の証券関係法規の規制を受けることになる。その意味で上場会社は，会社法と証券関係法規の両方の規制のもとにおかれるから，両者を統合するような公開会社法立法の必要性を説く見解が近時は出てきている。

に投資をせずに，目先の利益のかさ上げには有効であるが，長期的にはロスとなるような投資をする）。

　経営者が長期的な利益を見据えた経営を行うためには，少なくとも株式を短期保有する投資家ではなく，長期に保有する投資家が多い方が好ましい。長期保有の投資家の方が，短期的ではなく，長期的な利益の増加を求めるだろうからである。投資家と会社との建設的な対話を奨励する日本版スチュワードシップ・コード（後記第5章5参照）もこの発想に基づくものである。

　2）　**公開的会社の法ルール**　日本を代表するような大株式会社といったときに一般に思い浮かべる会社は，ほとんど公開的会社であるといってよい。そして公開的会社は，わが国の経済社会システムのなかで非常に大きな役割を果たしている（一般に会社法上の公開会社でもある）。そこで，本書における検討対象も，公開的会社のルールが中心となる。

　(iii)　**閉鎖的会社**

　1）　**所有と経営の一致**　閉鎖的会社は，公開的会社とは異なり，株式を発行して市場（発行市場）から資金を調達することもなく，また株式を取引する市場がないから，一般に発行される株式の数は少なく，その株式を買いたいと関心を示す人も一般にはほとんどなく，したがって，株式は流通せず，特定の者の間だけで長期的に保有されることになる。それゆえ，発行市場・流通市場の規律も受けないことになる。閉鎖的会社における株主は，お互いによく知っている少数の者同士であり，会社の運営に強い関心をもつ者は，会社に多く出資している者，すなわち大株主であり，したがってその大株主が会社の経営も行うことになる。なぜなら，出資の割合が多ければ多いほどそのリスクも大きくなるため，会社の経営を他人任せにするわけにはいかないからである。つまり，閉鎖的会社においては，所有と経営が一致するのが普通となる。この点において，閉鎖的会社は，個人営業や民法上の組合に実質的に接近するといえる。

　2）　**特有の法的問題**　閉鎖的会社は，以上のような基本的構造を有するから，一般に小規模な同族企業や家族企業において広く利用される。こうした実質からすれば，公開的会社を念頭に形成された株式会社よりも合同会社，合資会社，合名会社の方がその実態にはより合致する場合が多い。しかし，閉鎖

的会社は，わが国における株式会社の数においては圧倒的に多く，公開的会社をはるかに上回る。

　この現象は，株式会社にした方が税法上あるいは信用上有利であるとかの理由によるものであるが，会社法制定前のわが国の株式会社法は，公開的会社を基本的に念頭において作られていたことから，その法ルールを閉鎖的会社にあてはめようとすると，当然に無理が生じ，そこからいろいろな問題が生じていた。裁判所で争われる株式会社の事件は，実際のところ閉鎖的会社関係のものが大半であり，裁判所は，公開的会社に関する法ルールを使って閉鎖的会社の問題を解決することを強いられることになっていたのである。しかし会社法は，閉鎖的会社により適していた有限会社を株式会社法に取り込んだことから，今後は，こうした変則的な事案は相当に減少すると思われる。

### (4) 大会社・中会社・小会社

　会社法成立前の株式会社は，その規模により「株式会社の監査等に関する商法の特例に関する法律」（商法特例法）による区別があった。それによると，大会社は，資本金5億円以上，または負債総額200億円以上の株式会社であり，小会社は，資本金が1億円以下で，かつ負債総額200億円未満の株式会社であり，中会社は，大会社，小会社以外の株式会社である。平成14年（2002年）の改正は，会計監査人による監査等の大会社に関する特例の適用を望む中会社については，それを可能とする手当てをしたので，こうした会社は，みなし大会社とされた。

　しかし平成17年（2005年）6月に成立した会社法は，大会社についてのみ前記の大会社と同じ趣旨の定義規定を2条6号においているが，中会社・小会社・みなし大会社の区別はしていないので，大会社を除きかかる区別は廃止されたことになる。

### (5) 一般法上の会社・特別法上の会社

　会社に関する一般法である会社法によってのみ規律される一般法上の会社のほかに，さらに特別法の規定に従う会社を特別法上の会社という。特別法上の会社には，当該会社のためにだけ用意された特別法による特殊会社と，特定の

種類の事業を目的とする会社のための一般的な特別法による会社とがある。特殊会社としては，電信電話株式会社法に基づく電信電話株式会社等があるが，その数は少ない。これに対して一般的な特別法としては，銀行法，信託業法，保険業法等がある。

# 第3章　株式会社の存在意義と会社法の目的

本章の目標は，株式会社の存在意義および会社法の目的を理解することである。現代経済社会において株式会社は，実に大きな役割を果たしており，その法ルールのあり方は，私たちの生活のみならず，一国の経済力・競争力にも影響を及ぼすからである。

## 1　総　　説

### (1)　自己利益の実現の場としての会社

株式会社法の基本的な法ルールの検討に入る前に，そもそも株式会社および会社法はなぜわれわれの社会にとって必要なのかをあらためて考えることにしたい。すなわち，株式会社の基本的な存在理由と会社法の目的の検討である。

会社は，その法人格のベールをはがせば，所有者，債権者，従業員，経営者といったステークホルダーがそれぞれ自己利益実現を目指して行動する場である。すなわち，会社は，会社自体に実体があるというのではなく，さまざまな会社のステークホルダーが行動をする束（広い意味での取引の束）[1] そのものが実体であり，意味のあることなのである。そして，これらさまざまなステークホルダーが，会社を場としてそれぞれ自己の利益を実現しようと行動するところから，その利害の妥当な調整が必要となり，そのために会社法が解決しなければならないさまざまな問題が生ずるのである。

---

1)　会社も取引の束（契約の束）であるとすると，同様に取引の束である市場との関係が問題となる。この問題につきコース（Ronald H. Coase）は，企業が存在するのは市場取引の方がより取引費用（transaction cost）（模索と情報の費用，交渉と意思決定の費用および監視と強制の費用をいう）がかかるからだとした。さらに学びたい読者は，まずはロナルド・H・コース著／宮澤健一＝後藤晃＝藤垣芳文訳『企業・市場・法』（東洋経済新報社，1992年）参照。

例えば，所有者であれば，企業が生み出した利益から債権者に支払う分を控除した剰余部分がその取り分となるから，合理的に行動する限り，その剰余部分を増加させる行動をとるはずである。また，債権者であれば，冒険的な経営ではなく，約束の期限に自己の債権の支払が確実になされるような安全運転の会社の経営を望む。さらに，従業員であれば，一定の給料が決まった時期に確実に支払われることが最大の関心事である。このように，会社をめぐるさまざまなステークホルダーは，各人それぞれの利益が確保されることを期待しており，経営者は，こうしたさまざまなステークホルダーの期待のなかで経営を行っていくことになる。

### (2) 利害対立とその合理的調整の法ルール

このように，会社をめぐるステークホルダーが，会社を場としてそれぞれ自己利益の実現を目指して行動すれば，ステークホルダー間での利害対立が当然に生ずることになる。例えば，ある会社のある製品は，時代遅れとなって当該会社に大きな損失を生じさせる原因となっており，したがって，その製品を製造している工場の閉鎖が経営者の経営決定における選択肢の1つとなったとする。株主は，損失の大本を断つことができるとして工場閉鎖に賛成する。また，債権者も，今後も大きな損失が続けば，やがて会社は倒産してしまって債権の回収ができなくなると考えて工場閉鎖に賛成する。しかし，工場に働く従業員は，工場が閉鎖されれば，解雇者が出るかもしれないと考えて工場閉鎖には反対する。このように，会社の経営決定をいかにすべきかをめぐっては，会社のステークホルダー間で深刻な利害対立が生じる可能性がある。

さらに，例えば，会社があるプロジェクトへの投資をするかどうかといった投資決定においても，利害対立は生じる[2]。株主は，その投資がハイリスク・ハイリターンであっても，すなわち危険の大きい投資であっても，そのような投資を積極的に支持する傾向がある。なぜなら，合理的に行動する株主であれば，株主は有限責任であるから，投資の結果，会社が倒産しても，自己の出資分だけの損失を負担すればよく，他方その投資がうまくいけば，剰余権者（剰

---

[2] この問題をさらに詳しく学びたい場合は，例えば，落合誠一「契約による社債権者と株主の利害調整」竹内昭夫先生還暦記念『現代企業法の展開』199頁以下（有斐閣，1990年）を参照。

余権者の意味については，第2章2(3)(a)を参照）として大きな剰余を獲得できるからである。これに対して，債権者（債権者の利害状況については，第2章2(4)(a)を参照）は，ハイリスク・ハイリターンの投資決定には反対するのが合理的である。なぜなら，その危険な投資が大成功であっても，剰余権者ではないから，その成功の果実の分け前にあずかることはなく，すでに約束された確定額の請求権を有するにとどまるのであり，他方，もしその投資が失敗すれば，会社は，その確定額の支払もおぼつかなくなるからである。このように，会社の投資決定をめぐっても，株主と債権者の利害は対立する。

もしこうした会社ステークホルダー間の利害対立が解決されず，経営決定ができないままにいたずらに時が流れるとすれば，会社の存立そのものが危うくなる。こうした事態を回避するためには，会社をめぐるステークホルダー間の利害対立がのっぴきならない状況になった場合に，最終的にその利害を調整する法ルールが必要となる。株式会社法は，まさにそのための法ルールを提供するのであり，株式会社法の基本的な存在意義は，この点にあると考えられるのである。

### (3) 株式会社法の役割

しかし株式会社法の目的は，それにとどまるものではない。会社をめぐるさまざまなステークホルダー間の利害の対立を合理的に調整するための法ルールといっても，その場合の「合理的に調整」が具体的に何を意味するかによってその内容は大きく変わってくるからである。したがって，「合理的に調整」の法ルールにおいて一体何を目指すのかというその目標が明らかにされる必要がある。目標のない法ルールは，カオスとなるから，会社法は，利害の対立の合理的な調整の目指すべき目的を明示しなければならない。これは，きわめて重要な問題であるので，さらに詳しく次節において検討することにしよう。

## 2 会社法の目的

### (1) これまでの一般的な見解

会社法の目的とは，会社法という首尾一貫した理念のもとに構成された1つ

の独立の統一的な法システム（実質的意義の会社法）の存在を前提として，その会社法の法規範全体として目指すべき目的は何かを明らかにすることである。この問題は，会社法学における重要課題の1つであることには疑いがない。会社法の目的が明確にされることにより，会社法という独自の法システム体系の存在意義が明らかとなり，その目的に即した会社法の立法・解釈・運用が明確かつ容易となるのである（断片的な世間知の単なる集合は学問とはならない）。

　もっとも一般にわが国の近時の学説においては，この問題を明示的に詳しく論じるものはきわめて少ないが，これまでの議論において有力であるのは，次のようなものである。すなわち，会社法にもそれが実現しようとする一定の目標があるが，それは，会社債権者の保護を図りつつ，社員の利益を増進させるよう，会社が適正に運営される仕組みを用意することである[3]。また会社法制定前の旧商法時代における代表的見解[4]は，会社法の目的は，企業の組織と活動に関する私的利益の調整を目的とするとしていた。したがって，このような理解が，これまでの学説における一般的な見解であるといえる。

　しかしこの一般的な見解には，次のような疑問がある。

## (2) 会社の社会的な存在意義
### (a) 第1の疑問

　第1の疑問は，会社がわれわれの社会において存在する意義は何かという根本的な問題があり，そのことが明らかにされないと，会社を対象とする法ルールである会社法の目的が不明確になるということである。法の基本的役割は，われわれの社会が大切にする価値の実現に資する法ルールの提供にあるから，会社法の目的も，会社の社会的な存在意義を発揮させるものとして構成される必要がある。にもかかわらず，従前の学説は，この点を明確にしていないように思われるのである。それでは，会社の社会的存在意義とはいかなるものであろうか。

### (b) 会社の存在意義と会社法規範

　会社の社会的な存在意義については，無論，さまざまな見解があり得る。私

---

[3] 龍田節『会社法大要』27頁（有斐閣，2007年）。
[4] 鈴木竹雄＝竹内昭夫『会社法〔第3版〕』4頁（有斐閣，1994年）。

見では，それは，会社が社会に新しい富（利益）をもたらすことにあると考えている[5]。新たな富の創出がなければ，社会は窮乏化せざるを得ないからである。したがって，会社の重要なインフラストラクチャーとしての会社法は，会社による富の創出を極力促進させる法ルールの体系となるべきである。

　もっともいかなるやり方であっても富さえ創出すれば，会社はその存在意義を発揮しているとはいえない。会社も，個人の場合と同様に当該社会において遵守が求められる法令・社会規範に従うのは当然だからである。このようにみてくると，会社法の目的においては，会社に法令・社会規範を遵守させつつ，極力その富の創出を図ることがその必須の要素となる。これを要すれば，会社法の目的は，会社の効率性と公正性の確保にあるのである。

(c) **会社の営利性**

　会社の社会的な存在意義は，上記の意味での富の創出にあるが，この点を会社法規範レベル（法ルール）に引き直せば，それは，会社の営利性の問題となる。すでに述べた通り，会社の営利性の意義には争いがあり，会社が利益を得ることを目的とするとの意味か，それとも利益をあげて，それを社員に分配することをも目的に含めるべきかが対立していた。しかし会社の社会的な存在意義および会社法5条・105条2項・611条2項・621条1項・666条等の諸規定の存在等を考慮すれば，その営利性は，前述の通り，利益をあげて社員への剰余金・残余財産の分配を受ける権利を確保するものと解するのが正当である。

(d) **会社法の目的の意義**

　会社法における会社の営利性とは，利益をあげて，社員への剰余金・残余財産の分配を受ける権利を確保することと解すべきことも考慮し，以上の検討をまとめると，会社法の目的とは，会社に法令・社会規範を遵守させつつ（公正性の確保），その富の最大化による社員への分配実現に貢献すること（効率性の確保）を目的とする法ルールの体系と把握するのが正しい。

---

5) 落合誠一「新会社法講義第1回・第1章総論」法教307号65頁以下（2006年）参照。

第3章 株式会社の存在意義と会社法の目的

### (3) 会社のステークホルダー間の利害調整
#### (a) 問題の所在

　学説の一般的な見解への第2の疑問は，社員，債権者，従業員，経営者などのステークホルダー間の利益調整をいいながら，その調整のルール，すなわち，経営者がいかなる経営決定をすべきかについての行為規範（法ルールとしての）が具体的に示されていないことである。それゆえ経営者はその経営決定としてどのような利害調整をすれば，自己の会社に対する義務（善管注意義務・忠実義務）違反とならないかが，会社法ルールとして明らかでないことである。

　若干，敷衍すると，経営者は，善管注意義務・忠実義務を果たしつつ，会社法の目的を実現するための経営決定を日々行わねばならない。そしてその経営決定とは，前記1(2)の通り，会社のステークホルダー間の利害の妥当な調整に他ならないが，それは，当然のことながら経営者の恣意的なものであってはならない。それゆえ会社法は，経営者の恣意を抑制して適法な経営決定を可能にする予測可能性のある行動指針となるべき法ルールを用意しなければならない。その法ルールとしての行為規範は，会社のステークホルダー間の利害が妥協の余地がないレベルにおいて衝突・対立する場合（例えば，人員整理における株主利益と従業員利益の対立）において経営者がなすべき経営決定のための具体的な指針を提示するがゆえにその効用を発揮することになる。妥協が不可能な利害対立が存在しても，経営者は適宜の経営決定をしなければならない。決定の逡巡は，会社にとって致命的となるからである。そのような場合に，経営者が違法な恣意的決定であるとのそしりを受けないためには，それに依拠して行動すれば，違法とは評価されない法ルールとしての行為規範が必要となる。換言すれば，それは，ステークホルダー間の利害衝突の際にその優先順位を定める法ルールということになる。

　私見によれば，上述の会社法が用意する経営者のための経営決定の指針となるべき法ルール（行為規範）は，株主利益最大化原則（その詳細は，後記3において述べる）であると考えている。そして，経営者は，原則として株主利益を最優先とした経営決定を行えば，善管注意義務・忠実義務違反とはならないことになるのである。もっとも会社法の目的との関係で，株主利益最大化原則がなぜ会社法の目的実現に資することになるかが，当然問題となる。それは，経営

者に対する法的な行為規範としてその内容が明確であるがゆえに，経営者の恣意性を排し得ることに加えて，原則として剰余権者である株主の長期的な利益を最優先させることこそが，会社法の目的である会社に法令・社会規範を遵守させつつ，その富の最大化による社員への分配の実現に資することになるからである[6]。

ところで会社のステークホルダーに関する利害調整問題は，これまで「会社は誰のためのものか」のテーマをめぐって議論されることが多かった。現に法律学以外においても経済学，経営学あるいはビジネス実践等のさまざまな角度から膨大な議論がなされている。これら関係諸科学等による議論の蓄積を参照すべきはもちろんであるが，われわれは，あくまでも法規範のレベルにおける法ルールの問題を検討していることを忘れてはならない。すなわち，会社法という現行の法規範の体系における会社のステークホルダー間の利害対立についての妥当な利害調整に関する経営者の行為規範としての法ルールのあり方を議論しているのである。そして会社法規範の検討は，事実認識のレベルの問題ではなく，事実の世界とは切り離された，会社法というそれ自体目的的に完結した一個の法体系における当為としての法規範のあり方が，まさに議論の対象となっているからである[7]。

## 3 利害調整の指導原則法ルール

「会社は誰のためのものか」の問題は，会社法レベルにおいては，経営者の経営決定においてどのステークホルダーの利益を優先させるかに関する法規範問題であるが，法規範として原則として株主利益を最優先すべきであるとする立場（株主利益最大化原則論）と，株主以外の従業員等の利益も等しく考慮すべきであるとの立場（ステークホルダー論）が対立する。

この対立は，わが国のみならず，アメリカを含む各国においても広くみられ

---

6) 落合誠一「企業法の目的」岩村正彦ほか編『企業と法〔岩波講座・現代の法 7〕』4頁以下（岩波書店，1998年）参照。

7) 落合誠一「わが国のＭ＆Ａの基本的課題」同『わが国Ｍ＆Ａの課題と展望』7頁以下（商事法務，2006年）参照。

る[8]。かかる状況は，イギリスにおいても同様である[9]。他方，欧州諸国，特にドイツにおいては，ステークホルダー論が主流である。

わが国においては，従前，明示的に株主利益最大化原則を主張する者は多くはなかったが，近時は，現行法の解釈としても株主利益最大化原則を肯定する見解[10]が示されている。他方，もちろんステークホルダー論も少なくない[11]が，後記4で詳説する通り，会社のステークホルダー間の妥当な利害調整を指導すべき法ルールは，株主利益最大化原則であると考えるべきである。

株主利益最大化原則は，経営者による経営決定においては，原則として剰余権者である株主の長期的な利益を最優先させることこそが，会社法の目的である会社に法令・社会規範を遵守させつつ，その富の最大化による社員への分配の実現に資するものと考えるのである。これに対してステークホルダー論は，会社のステークホルダーは株主のみに限られず，株主以外の従業員等のステークホルダーの利益も考慮するような経営決定をすべきであると主張する。しかし例えば，株主と従業員とではその利害状況は大きく異なり，したがって，そのインセンティブも相違する。株主は，従業員等も含む債権者への支払がなされた後になって，もし剰余の利益があれば，それを取得し得るにすぎない。他方，従業員は，雇用契約において定められた給与の支払を，株主よりも優先して受けるのであり，これは，他の債権者においても同様である。もし仮に従業員の剰余権者性を部分的にも肯定したとしても，剰余権者性の程度は，株主と

---

8) アメリカでは株主利益最大化原則論が多数説であるが，ステークホルダー論も存在する。例えば，この立場の最近のものとしてK. Greenfield, The Failure of Corporate Law, The Univ. of Chicago Press, 2006 がある。

9) 近時のイギリスの現状分析として，例えば，A. Keay, Tackling the Issue of the Corporate Objective: An Analysis of the United Kingdom's 'Enlightened Shareholder Value Approach', 29 Sydney L. Rev. 577（2007）がある。

10) 例えば，江頭憲治郎『株式会社法〔第6版〕』22頁（有斐閣，2015年），落合・前掲注6）等があり，またデフォルト・ルールとして肯定するのは，田中亘「ステークホルダーとガバナンス——会社法の課題」企業会計57巻7号57頁（2005年）がある。

11) 例えば，宍戸善一『動機付けの仕組としての企業——インセンティブ・システムの法制度論』（有斐閣，2006年），神戸大学企業立法研究会「信頼理論モデルによる株主主権パラダイムの再検討（I）～（VI・完）」商事1866号4頁，1867号31頁，1868号32頁，1869号41頁，1870号39頁，1871号52頁（2009年）等参照。

比較すると大きな違いがある。

またステークホルダー論は，株主以外のステークホルダー，とりわけ従業員の利益も考慮して経営決定をすべきであるとするが，ステークホルダー間の利益が妥協の余地がなく対立した場合に，そのいずれを優先すべきかについては，なんら明確な法的行為指針を示していない。しかしこの点が明確にされないままでは，かえって経営決定における経営者の恣意を助長する恐れがあるといわねばならず，まさにこの点が，法規範論としてのステークホルダー論の最大の欠陥となっている。

最後に株主利益最大化原則は，経営決定において常にあらゆる場合に株主利益を優先させるべきであるとする画一的・硬直的な法規範ではないことに注意すべきである（「原則」としているのは，例外があり得る趣旨である）。このことは，現行の会社法規範上も明らかである。なぜなら会社法355条は，取締役は，法令・定款・株主総会決議を遵守する法的義務を負うと定めている。したがって，もし株主利益よりもそれ以外のステークホルダーの利益を優先すべきであるとする法令等の要請があり，しかも法の適用順序においてその法令が会社法ルールに優先して適用される場合には，当然，株主利益は後退するのである。例えば，ある経営決定を行う際に，労働法上の要請が，法の適用順序からして会社法上の株主利益最大化原則よりも優先するのであれば，経営者は，労働法上の要請に優先して従わねばならないのである。

## 4 株主利益最大化原則

### (1) 株主利益最大化原則の意義

株主利益最大化原則は，株式会社法の基本的な法ルールである。この原則は，株式会社の経営者は，原則として剰余権者である株主の利益を最大化するような経営を行わなければならない，換言すれば，会社のステークホルダー間の利害対立がある場合の経営決定は，株主の利益を最優先にしなければならないとするのが原則の意味するところとなるのである。もっとも注意しなければならないのは，ここにいう株主の利益は，剰余権者としての株主の利益であるから，債権者（税金債権者（国・地方公共団体）も含む），従業員等の株主以外のステー

クホルダーの利益を優先的に満足させたうえでの株主利益を意味することである（後記(3)参照）。わが国の会社法には，株主利益最大化原則を直接に定める明文の規定は存在しないが，会社法5条の定めから解釈上認められるものである。

会社を場とするさまざまなステークホルダー間の利害は，経営決定の選択において対立することがある（会社関係者の利害対立については，1(2)参照）。そしてその利害の対立に妥協の余地がない場合には，ステークホルダー間の利害に優先順位をつけなければ，経営の決定ができなくなる。まさにそれはとりもなおさず会社の危機となる。株主利益最大化原則は，こうした状況において最も効用を発揮する経営者の法的な行動規範を示す法ルールである。すなわち，株主利益を最優先として経営の決定をすることが，経営者の会社に対する善管注意義務・忠実義務の履行となるのである。したがって，この法原則の名宛人は，経営者であり，経営者は，ステークホルダー間の利害が対立する場合に，いかなる経営決定をするべきかを容易に知ることができるようになるのである。

### (2) 原則の解釈

**(a) 行為規範**　株主利益最大化原則は，単なるお題目ではなく，経営者の会社に対する法的義務であるから，その違反には法的責任が生じ得ることになる。すなわち，会社の経営者は，経営上の決定をするにあたって，株主利益最大化原則を守る義務＝善管注意義務・忠実義務があり，この義務に違反して会社に損害を与えれば，任務懈怠として会社に対してその損害を賠償する責任を負う。

例えば，第2章4(3)(b)の会社の営利性との関係で取り上げた会社の政治献金事件は，株主利益最大化原則との関係でも問題となる。この点を若干，敷衍しよう。

この事件においては，会社の事業目的を鉄鋼の製造・販売を業とする株式会社が，特定の政党に政治献金をすることが，会社の目的からみて許されるかが問題となっていた。もっとも当該会社による政治献金は，株主利益最大化原則との関係でも問題となる。なぜなら，会社の経営者は，株主利益（剰余利益）の最大化を図るべき義務を会社に負っているとすれば，政党に政治献金をすることが株主利益の最大化を実現する経営決定といえるかが問題となるからであ

る。

　この問題に対する1つの考え方としては，政党に政治献金をしても，鉄鋼の製造・販売業に影響はなく，株主の利益向上に役立たないから，経営者の政治献金行為は，株主利益最大化原則に違反するとの見解があり得るであろう。これに対して，確かに政治献金は，鉄鋼の製造・販売業には直接の影響はないにしても，当該政党がその本来的役割である国会の立法活動において企業活動にプラスとなる立法をするのであれば，それは株主の利益となるから，株主利益の最大化の要請に基本的には合致しているとの見解も考えられる。同様にまたこの問題は，会社の慈善活動への寄付等が許されるかといった問題にも関係する。最終的には，株主利益をどのように考えるべきかであり，見解が分かれ得る難しい問題ではあるが，ここでの株主利益とは，株主全体の短期的ではなく長期的な利益（剰余利益）最大化を意味するから，後者の見解を支持し得ると考える。

　この例からもわかるように，株主利益最大化原則は，例えば，取締役会設置会社の取締役の員数は3人以上でなければならないといった個別的・具体的な法ルールとは異なり，経営者が経営を行うに際して守るべき基本的行為指針（行為規範）としての法原則であるから，解釈に相当幅のある法ルールである。したがって，必ずしも常に一義的に答えが決まるといったものではないから，先の政治献金事件におけるように見解が分かれる場合が生じ得る。すなわち，株主利益最大化原則とは，経営者が経営決定をなす際の行為規範としての一般原則であるから，当然，その解釈には幅があり得るし，また例外とされるべき場合も生じ得る。その意味では，公序良俗や信義則のような法の一般原則と同様の法原則の1つなのである。

(b)　**多数派株主と少数派株主の対立問題**　株主利益最大化原則の適用の解釈にあってはさらに考えねばならない問題がある。それは，例えば，多数派株主による被支配会社の買収の場合のような，多数派株主と少数株主の利害が対立する場合である。買収においては，多数派株主は，できる限り安く少数派株主の有する株式を買いとりたいが，他方，少数派株主は，できる限り高く売りたいからである。このような対立がある場合において株主利益最大化原則の適用はどうなるのだろうか。

まず，この問題は，2つに分けて考える必要がある。すなわち，その第1は，そもそも当該買収が，株主全体の長期的な利益（剰余利益）の増加となるものかが検討されねばならない。もしそれが肯定されるのであれば，このような株主利益の増大が実現される買収については，経営者は，その実現を図る経営決定をしなければならない。これはすなわち株主利益最大化原則の適用そのものに他ならない。

次に，第1の株主利益最大化原則の適用の結果，当該買収が企業価値向上（＝株主全体の長期的な利益（剰余利益）の増加）に資するものと判断され，したがって，買収を実現させることが株主全体にとってプラスとなると判断された場合であっても，多数派株主と少数派株主との間の株式価格をめぐる争いがあれば，それをいかに解決すべきかの問題が残る。すなわち，その決着をいかにつけるべきかが第2の問題となる。この第2の問題は，株主利益最大化原則とは関係がない。というのは，株主利益最大化原則は，あくまでも株主全体の長期的な利益がどうなるかの局面においてその適用が問題となるのであり，株主間におけるその相互間の利害対立を調整するものではないからである。

この買収の例にみられるような多数派・少数派株主相互の利益対立の調整においては，株主利益最大化原則の適用は問題とはならず，したがって，その解決にあたっては，まず，両者が交渉をすることにより合意ができれば，その合意により解決するのが妥当である。しかし合意ができない場合には，中立的な第三者がその価格を決定するのが公平・妥当と判断される。もっとも第三者の決定に従うことにつき多数派株主と少数派株主との間で合意があることがその前提となる。しかしこのような合意による解決は，合意がなければ成り立たない。したがって，合意が不可能の場合については，裁判所による価格決定のような法ルールを会社法に用意しておくのが適当である。

このようにみてくると，今後，パイの全体が大きくなるかどうかは，株主利益最大化原則の問題であり，既存のパイをどう切り分けるかは，株主利益最大化原則とは関係がないと考えるべきことになる。

### (3) 原則の根拠

(a) **剰余権者の利益最大化**　なぜ株主利益最大化原則が認められるか，そ

の根拠はどこにあるのか。それは，株主が剰余権者であることにある。

第2章2(3)(a)で説明したように，株主は，会社があげた利益から債権者の取り分を控除した残余部分，すなわち剰余利益についてのみ取り分を有する。ということは，剰余権者である株主というステークホルダーには，この剰余部分をできるかぎり多くしたいとのインセンティブが強く存在することを意味する。したがって，経営者に株主の利益を第一に考えた経営をなすべきことを義務づければ，その剰余部分を最大化する経営が期待できることになる。そして剰余部分の最大化は，株主にとってプラスであるのみならず，株主以外の債権者その他のステークホルダーにとってもプラスである。剰余利益とは，まさに株主以外の債権者等の他のステークホルダーの利益を満足させた後の残余部分を意味するからである。

このようにみてくると，株式会社において株主利益最大化原則を経営者の善管注意義務・忠実義務の内容とすることが，利益獲得を目指して会社を場として取引するさまざまなステークホルダー全体にとっても，まさに最も望ましい選択となるのである。そしてそうすることが，とりもなおさず会社の社会的な存在意義の発揮・実現に資することになるのである。

### (b) 剰余権者以外のステークホルダー

(i) 債 権 者　もっとも会社をめぐるステークホルダーのうちで，もし株主よりもさらに会社利益の増加にインセンティブをもつ者が存在するのであれば，その者の利益を最優先させる経営を会社経営者に義務づけることが考えられる。この観点からみた場合に，債権者は，それにふさわしいといえるだろうか。

しかし結論的にいって債権者はそれに該当しない。債権者は，自己の有する確定額の債権が約束通りに弁済されればそれで満足であり，債権者にとっては，会社が自己の債権を弁済するに足りる程度に利益をあげる経営（安全運転の経営）をしてくれれば，十分だからである。このことは，債権者には会社の利益を最大化するインセンティブはないことを意味するからである。

(ii) 従 業 員　従業員の場合はどうであろうか。第2章2(4)および(5)でふれたように，従業員の利害状況は，基本的には債権者の利害状況と同一である。したがって，従業員というステークホルダーにおいても，会社の利益を最

大化するインセンティブは，株主のようには期待できないのである。

　(iii)　経営者　　上場会社のような公開的会社においては，所有と経営は分離されるから，経営者というステークホルダーの出現が不可避となる。そして経営者は，経営の専門家として会社経営を実行するが，経営者は，株主から四六時中監視されるわけではなく，また会社経営につき広い裁量を有するから，自己の利益を会社の利益＝株主の利益よりも優先させる経営決定を行うおそれがある。しかしそれだからといって，経営者の裁量を大幅に制約すると，ビジネス環境の変化に的確に対応した機動性のある経営決定ができなくなり，かえって会社の利益＝株主の利益に反することになる。すなわち，経営者には広い裁量を認めなければならないし，そのことが会社の利益にもなるのである。しかし経営者の利害としては，経営者は，基本的に当該会社から報酬を得るだけであるから，もし会社がおかしくなって経営者の地位を失うことになれば，それは最悪の事態となる。ということは，経営者は，積極的にリスクを取るべきときであるにもかかわらず，それをしないで安全運転の経営をするインセンティブをもつ。この問題に対処するために会社法においては，経営判断の原則（第6章1(2)参照）が認められることになる。したがって，経営者についても，会社の利益を最大化するインセンティブは期待できない。

(c)　まとめ

　以上の検討を要約すれば，株式会社の主要なステークホルダーを見渡した場合に，会社の利益＝株主の利益＝剰余利益を最大化するインセンティブを最も有するのは，剰余権者である株主である。したがって，原則として株主の利益を最も優先させる経営を経営者に義務づけることが，とりもなおさず会社利益の最大化を実現させることになるのであり，それゆえに株主利益最大化原則は会社法の目的を実現させる基本的な法ルールとなるのである。

**(4)　原則に反対する見解の検討**

　(a)　従業員利益も考慮せよとの見解　　しかし，すでにみた通り，株主利益最大化原則に反対の見解も存在する。そこで反対の見解は，どのような主張をしているのか。

　株式会社の経営者は，株主の利益だけでなく従業員の利益も経営決定にあた

って考慮せよとの見解においても，種々の立場があるが，そのなかでも有力なものは，従業員も会社利益の増加について強いインセンティブをもっているから，経営者は，株主利益と共に従業員の利益も経営にあたって考慮すべきであるとする主張であろう。その理由の第1は，従業員は，会社に対して金銭こそ出資していないが，労務というサービスを出資しており，その意味では，株主と同様の出資者である。第2に，勤務が長期になればなるほどその会社に特有な技能に習熟し，他の会社への転職が困難となるから，会社の倒産を回避し，一層の利益をあげるべく努力するインセンティブがある。

したがって，経営者は，株主のみならず従業員の利益も配慮すべきであり，株主の利益のみに着目する株主利益最大化原則は適当ではないとするのである。

しかしながら，この見解には，次の理由により賛成できない。

第1に，株主利益最大化原則における株主利益は，従業員を含む債権者に弁済した剰余部分＝剰余利益を意味するから，そもそも従業員の利益にも十分配慮している。

第2に，もし経営者が，経営にあたって株主利益のみならず従業員利益も考慮する義務を負うとすると，両者の利益が対立し，妥協の余地がないという場合，経営者は一体どうしたらよいのであろうか。このような場合には，もはや両方の利害を等しく考慮する経営決定はそもそも不可能という他ないからである。

第3に，経営者の経営決定を評価するためには，客観的かつ明確な評価基準が存在する必要がある。そうした基準がないと，結局のところ，経営者の恣意的な判断をそのまま是認することにならざるを得ない。この点，株主の利益の最大化を図る経営が行われているかどうかについては，客観的かつ明確な評価基準がある。すなわち，株式市場の評価＝株価により客観的かつ明確な評価が可能だからである。しかし，従業員の利益をも考慮して経営決定をするべきであるとの主張においては，経営者が株主のみならず従業員の利益を考慮する経営決定を本当にしたかどうかにつき株価のような客観的かつ明確な基準は存在しない。したがって，客観的にそれを判定できる基準がない以上，経営者の恣意的な判断をかえって助長する危険性がある。

第4に，株主は，どの株主であっても，剰余権者であるという共通の利害状

況にあるから，株主全体の長期的利益の実現という点において，株主間に利害の対立はない。これに対して，従業員の利害は，均一的ではなく，従業員相互の間において鋭い利害対立が生じ得る。例えば，若年労働者と熟年労働者の利害を比較すれば明らかな通り，その利害は共通ではなく，深刻な利害対立が生じ得る。もし工場閉鎖による従業員の解雇が問題となった場合に，若年労働者は，熟年労働者よりも一般に転職は容易であるから，その会社の従業員の地位にそれほど執着しない可能性があるが，熟年労働者は，そうはいかない。そうすると，従業員の利益も考慮せよといっても，若年労働者の利益か，それとも熟年労働者の利益か等々の問題が生じる。つまり，株主利益と比較した場合に，従業員利益はより複雑で従業員間の利害対立が生じやすい。したがって，従業員利益を考慮せよとの主張においては，その場合の従業員利益は具体的にどの従業員層の，いかなる利益を意味するかをそもそも問題とせざるを得ないのであり，従業員利益と一口にいっても，現実にはそう単純な問題ではないのである。

　以上，要するに，従業員の利益も考慮せよとの主張は，株主利益最大化原則と比較したときに，実際問題としてきわめて困難な要求であり，しかも客観的かつ明確な判定基準がないといわざるを得ないのである。それにもかかわらず，そうした義務を経営者に課すとなれば，経営者の恣意的な判断をかえって隠蔽・助長することになるであろう。

　(b)　**すべてのステークホルダーの利益を考慮すべしとの見解**　　従業員利益のみならず，会社のすべてのステークホルダーの利害を考慮して経営をすべきであるという見解も主張されている。この主張は，従業員の利益も考慮すべしという見解よりもさらに一層困難な問題を提起することになる。

　そもそも会社のさまざまなステークホルダーの利害がさまざまに対立した場合に，経営者が，すべてのステークホルダーの利益を考慮した経営決定をすることは現実に可能なのであろうか。さまざまなステークホルダーの利害に優先順位をつけることなく，すべてのステークホルダーの利害を平等・対等に考慮する経営決定は実際問題として本当にできるのであろうか。またそうした経営決定がなされたかどうかを判定する客観的かつ明確な判断基準があるのであろうか。このような見解は，従業員利益も考慮せよとの主張以上に，現実には不

可能な主張であるのみならず，経営者の恣意的判断を隠蔽・助長する不合理な主張というべきである。

## (5) 株式会社法の法ルールとしての株主利益最大化原則

　株主利益最大化原則が合理的であるのは，その剰余権性にある。株主は，あくまでも債権者に弁済した剰余利益のみにつき持分を有するから，株主以外のステークホルダーの利益に配慮しているのであり，決してゼロ・サム的なルールではなく，ウィン・ウィンのルールなのである。

　それでもなお読者のなかには，株主利益最大化原則を支持することは，あまりにも株主利益に偏重するものと考える人がいるかもしれない。しかし，株主利益最大化原則を経営者の義務として強調するのは，あくまでも株式会社法の法原則としてそれが必要とされるといっているのにすぎないのである。前記の3において検討した通り，株式会社は，利益をあげてそれを株主に分配する企業組織であり，利益をあげて私たちの社会に新たな富を創出することにその社会的存在意義があるからである。

　誤解がないように再説するが，株主利益最大化原則は，あくまでも株式会社法の法原則としてそれが求められるということであって，株式会社法の外の世界においてまで，その貫徹を要求するものではない。株式会社法の外の世界においては，これと異なる原則が支配することは当然あり得ることであり，そのことまで否定するものではもちろんない。

　しかもこのことは，株式会社法自体も十分意識している。すなわち，前記3でふれた通り，会社法355条が存在するからである。比喩的にいえば，株式会社法の世界とは別の世界において，例えば，従業員の利益が株主の利益よりも保護される法ルールがあり得ることは当然であり，このことは，労働法の世界を考えれば明らかである。法の世界は，株式会社法の世界のみで成り立っているのではなく，憲法の世界，労働法の世界，倒産法の世界等々といろいろなものが存在している。すなわち，株式会社がおかれた環境は，会社法ルールのみならず，いろいろな他の独立の法分野が併存的に，あるいは重畳的に存在し，それらの法ルールの適用可能性が当然にある。それゆえに経営者は，適用可能性があるこれらさまざまな法律の要請をその法律上の優先適用順序に従いつつ，

第3章 株式会社の存在意義と会社法の目的

経営決定を行うべきものである。したがって、株式会社法がその法原則として株主利益最大化原則を認めたからといって、法律上、その要請よりも優先する他の法律の法ルールがあるならば、その要請には従わなければならないのは当然である。したがって、株主利益最大化原則をあたかもすべての場面において画一的・絶対的に適用があるものと誤ってとらえたうえで、あまりにも株主利益のみに偏重した考え方であるとの非難を加えることは、この原則の意義を正しく理解していないものであり、そもそも的外れというほかないのである。

最後に株主利益最大化原則は、会社が債務超過となっており、しかもその解消が見込まれない状況（倒産必至の状況）においては、妥当しないことに注意する必要がある。会社がそのような状況にあると、株主の持分（equity）は、実質、ゼロとなっているからである（債務超過であれば、債権者はいつでも倒産処理手続を申し立てることにより、株主の持分を確定的にゼロにできる）。したがって、そのような段階においては、株主利益は後退し、その代わりに債権者利益の保護が前面に出てくる。すなわち、経営者は、株主ではなく、債権者利益を優先させる経営をすべきことになる。このように解すべきことは、株主がかかる状況においてハイリスク・ハイリターンの経営を財務健全時よりもより一層選好しがちになることを防止するため（後記第6章1(2)(a)(iv)参照）にも有益だからである。

# 第4章 株式会社法の基本原則

　本章の目標は、2つある。その第1は、本章1および2において、株式会社法を構成する基本原則の理解である。この関係で第3章において検討した株主利益最大化原則も、もちろん本章における株式会社法の基本原則の1つである。したがって、株主利益最大化原則と本章で取り上げる各原則とが株式会社法の基本原則となる。ただし株主利益最大化原則を認めるか否かは、前述の通り争いがある（もっとも株主が会社の基本的な事項につき一般に決定権を有することは、諸外国においても共通の法ルールであり、それゆえ株主は会社の実質的な所有者といわれることがある）が、本章で取り上げる各基本原則は、会社法も明文で認めているのみならず、諸外国の株式会社法においても一般的に認められているものである。そうすると、本章の株式会社法の基本原則は、第2章の法人性、第3章の株主利益最大化原則とともに、株式会社法の土台を構成する。換言すれば、これらの特色を備えるものが株式会社法なのである。

　その第2は、本章3は、株式会社法の重要課題をあげるが、それは、全体的な鳥瞰図であって、その詳細な検討は、第5章以下で取り上げられる。したがって、3は、株式会社法の重要課題にはどのようなものがあるかに関する予備知識として理解してほしい。

## 1　株主有限責任の原則

### (1) 株主有限責任の原則の意義

　株式会社法における重要な法原則としては、株主有限責任の原則がある（会社の法人格は、株主有限責任の原則の前提となる）。株主有限責任の原則とは、株式会社の出資者である株主は、その会社に対する出資額（株式の引受価格）を超えて会社の債務について会社債権者に対して間接的にも一切責任を負わないことを意味する。例えば、会社の債務が5000万円で、会社の純財産が1000万円しかない場合、4000万円分は、弁済を受けることができない債権者が存在することになるが、それら債権者は、その4000万円の支払を株主に請求すること

はできないというのが，株主有限責任の原則である。つまり，この原則は，株主と会社債権者との間での会社の債務不払リスクの分配を定めるもので，会社の債務については会社の財産のみが引き当てとなり，株主は会社の債務には責任を負わないことを意味する。もっとも株主は会社に対して出資をしているから，会社が債務超過で倒産すれば，株主は自己の出資額を最大限度とする損失をこうむることになる。このことは，自己の出資額を限度としての責任を負うとみることができるから，その意味で株主有限責任原則と称されるのである。

株主有限責任の原則は，会社法104条において明文で規定されている。

### (2) 原則の根拠

株主有限責任の原則が認められる根拠は，いくつかの説明が可能である。第1に，株主と会社債権者のリスクの分配について株主の責任を有限とする法ルールを定めることにより，多数の株主からの出資を容易にすることがある。この原則があると，株主は，最悪の場合でも自己の出資額のみ損をすればよいので，安心して資金を出資できるようになるからである。これは，個人営業でビジネスをする場合と会社の株主となって会社ビジネスの利益を享受する場合とを比較すれば明らかな通り，ビジネスにともなうリスクの大きな軽減となる。

第2に，株主が，会社債権者に対して出資額のみならず自己の個人財産をも提供しなければならないとなると，そのリスクは，大変大きなものになるから，株主は，会社経営をより積極的にモニタリング（監視）する必要性が高まる。しかし株主有限責任の原則があればその必要はなくなるので，所有と経営の分離した公開的会社にとってよりふさわしいリスク分配の定めとなるのである。すなわち，第1であげた理由がその効用を発揮すれば，株主の数も，したがって，その出資の額も飛躍的に増えることになるが，多数の株主が集まって日々の経営の意思決定をすることは不可能であるから，株主自身が経営者を十分にモニタリングすることも同様に難しくなる。つまり株主有限責任の原則は，所有と経営の分離が進み，株主が経営者に経営を任せざるを得ない場合において，株主と債権者間の合理的なリスク分配の役割を果たすのである。もっともこのような会社債権者との関係における株主の有限責任は，株主自身による会社経営に対するモニタリングを弱める効果があるが，その反面として債権者による

会社経営へのモニタリングのインセンティブを高める効果がある。

　確かに株式会社法は，閉鎖的会社においても株主有限責任の原則を認めているが，この原則は，公開的会社においてより一層適合するものとなる。事実，閉鎖的会社においては，債権者は，会社と取引する際には，別途，経営者（大株主である場合が多い）から個人的な担保を取り付ける場合が多くみられる。これは，実質的に株主有限責任の原則を否定する効果をもつ。このように株主有限責任の原則は，当事者間の個別的な契約でそれを事実上，変更する合意までも禁止するものではない（もっとも，定款で有限責任原則を否定する趣旨を定めると，その定めは無効である）[1]。

　第3に，株主有限責任の原則の適用があると，株主の義務は明確，かつ画一的なものとなり，株式の譲受人は，その譲受けの際に譲渡人である株主の個人的な財産状況をいちいちチェックしなくともよいから，株式の流通は促進され，後記2の株式自由譲渡性の原則とあいまって，株式の取引市場の形成・発展が可能となる。すなわち，株主有限責任の原則は，株式の取引市場を成り立たせることにつき，その土台となる役割を果たしているのである。

　もっとも株主有限責任の原則は，その使い方によっては，他人に被害を及ぼす場合がある。それは，経済学でいう負の外部性であり，そのコストを内部化する必要がある。このことの法的な仕組みが，次に述べる法人格否認の法理である。

### (3) 原則の例外としての法人格否認の法理

　(a)　**総　説**　株主有限責任の原則の例外として重要なのは，法人格否認の法理（第2章4(3)(e)(ii)参照）である。この法理は，会社債権者が株主有限責任原則によるリスク分配を否定して株主の個人財産にかかっていくために利用される。法律制度には，一般に，プラス面のみならず，マイナス面も存在するので

---

1)　株主有限責任の原則は，債権者と株主との合意に関する法定のデフォルト・ルールと考えることができるから，それと異なる合意を個別的にすることは当然許容されることになる。このように考えると，個別的な交渉・合意が不可能な不法行為債権者（第2章2(4)(c)参照）に対する関係では，株主の有限責任を否定すべきではないか（株主の無限責任）との考えも検討に値する点がある。

## 第4章　株式会社法の基本原則

あり，このことは，株主有限責任の原則も例外ではない。例えば，次のような場合を考えてみよう。

個人Aが，5台の車を使ってタクシー営業を始める場合に，個人営業であれば，タクシーが事故を起こしたときの損害賠償責任は，全部A個人の責任となり，Aは，営業用財産のみならず，自己の全財産をもってその賠償をしなければならない。そこで，株式会社を設立して，5台の車を会社の所有とし，Aは，その会社の株主となれば，タクシーが事故を起こしたときの損害賠償責任は，会社の責任となり，会社の財産で賠償できない場合でも，株主有限責任の原則により株主であるAは個人的な責任を負う必要はなくなる。個人企業ではなく株式会社形態でビジネスを行う大きなメリットは，この株主有限責任の原則の活用に認められる。

しかし，もしAが，1つの会社が5台すべてを所有するのではなく，Aの全額出資により株式会社を5つ設立して1会社はそれぞれ1台の車を所有することにし，Aがすべての会社の代表取締役となって，実質的にはすべてAのコントロールのもとで経営されるタクシー・ビジネスを開始したとしたらどうであろうか。しかもAは，各社に対する出資額はきわめて低額とし，各社の保有財産は，保有する車の価値を若干上回る程度に抑えていたとしよう。

そしてもしその5台のうちの1台が人身事故を起こして，1億円の損害を被害者に与えたとする。その車を運転していた運転手には，めぼしい個人財産がないとすると，被害者は，タクシーを所有する会社に対して損害賠償請求をすることになる。しかしもしその会社にはめぼしい財産がないとすると，被害者は，会社からも実際上賠償金がとれないことになる。他方，株主Aには相当な個人財産がある場合に，Aに請求しようとしても，Aは，株主有限責任の原則を主張して支払を拒むであろう。そうなると，結局のところ被害者は，賠償を受けられないまま大変悲惨な状況に苦しむことになる。その一方で会社の実質的な所有者である株主Aは，巨額の損害賠償債務の負担を免れたうえに，残り4台を使ってこれまでどおりの4社のタクシー・ビジネスを継続できることになる。この結果は，株主有限責任の原則の当然の帰結として法律上やむを得ないことになるのであろうか。

法人格否認の法理の活用が期待されるのは，まさにこのような場面である。

十分な出資を会社にすることなしに、株式会社の株主有限責任の原則を巧妙に利用して自分の責任を不当に免れようとするのは、法の基礎にある公正性の観点からして大いに問題といわざるを得ないからである。

(b) **手続法上の効力** ところで先ほどのタクシーの例において、人身事故により 1 億円の損害賠償請求権を有する被害者 X が、事故を起こしたタクシー会社 Y に対して損害賠償請求を提起し、勝訴して確定判決を得たとする。しかし Y には資力がないことが判明したので、X は、すでに自己が有する確定判決を債務名義として、法人格否認の法理を主張して株主である個人 A に対する執行文付与の訴えを申し立てることにより、強制執行を行うことができるか。換言すれば、強制執行手続において法人格否認の法理を主張して確定給付判決に表示されている者以外の者に対して執行力を及ぼせるか。

この点につき最高裁は、権利関係の公権的な確定およびその迅速な実現を図るための手続の明確性や安定を重んじる訴訟手続・強制執行手続を考慮すると、Y に対する判決の既判力・執行力の範囲は、A にまでは拡張されないと判示した（最判昭和 53 年 9 月 14 日判時 906 号 88 頁）。したがって、X は、法人格否認の法理を主張して直接 A に対して損害賠償請求の訴え（給付の訴え）を提起し、確定認容判決を得たうえで、それを債務名義として A に対する強制執行を行わねばならない。

他方、X が A に対して A に対する債務名義に基づき強制執行をしたところ、Y が第三者異議の訴えを提起して、強制執行の排除を求めた場合、X は、法人格否認の法理を主張して Y の第三者異議の訴えを排斥できるか。

この問題につき最高裁は、第三者異議の訴えは、債務名義の執行力が Y に及ばないことを異議事由として強制執行の排除を求めるものではなく、執行債務者 A に対して開始された強制執行の目的物について Y が当該目的物について実体法上の権利主張ができるかを問題とするものであるから、既判力・執行力といった手続上の問題ではなく、Y の法人格が執行債務者 A に対する強制執行を回避するために濫用されており、したがって、X は、Y の第三者異議の訴えに対し、法人格否認の法理を主張することによって、Y の法人格を否定できるとした（最判平成 17 年 7 月 15 日民集 59 巻 6 号 1742 頁）。

## 2 株式自由譲渡性の原則

### (1) 株式自由譲渡性の原則の意義

　株式自由譲渡性の原則とは，株式会社の社員である株主は，株主を辞めることについていちいち他の株主の同意を得る必要はなく，自己の有する株式を譲渡することにより，自由に株主の地位を離脱できることを意味する。そしてこの株式自由譲渡性の原則は，解散や剰余金の分配等の場合を除いて，株主にとっての原則的な投下資本の回収手段となるから，きわめて重要であり，したがって，この自由の制限は，相当の合理性がある場合に例外的に認められるものとなる。

　ここで注意すべきは，株式自由譲渡性とは，法律上，自由な譲渡が可能であるとの趣旨であり，当該株式が現実にも自由に売買できることを意味するものではない。公開的会社では，取引市場があるから，まさに自由に売買ができることになる[2]。他方，取引市場がない閉鎖的会社では，法律上は自由な譲渡が可能ではあるといっても，現実には容易に売買ができるわけではない。

　閉鎖的会社における株主は，一般に少数のお互いに十分に分かった者同士の関係にあるから，見ず知らずの他人が株主となって入ってくることは望まない。そのため，閉鎖的会社には，その閉鎖性を維持したいとすることに合理性が認められる。また公開的会社でも，その一部の種類の株式についてのみ譲渡制限の制約をかけることに合理性がある場合があり得る。そこで会社法は，すべての株式あるいは一部の種類の株式の譲渡については株主総会・取締役会の承認を要する旨を定款で定めることを認めている（107条1項1号・108条1項4号。この制限がある場合でも，承認があればもちろん，承認を得られない場合には，会社による買取りあるいは指定買取人による買取りを求めることができるから，投下資本の回収は保証されている）。

　しかし問題は，会社法が認めるこうした定款による譲渡制限以外の方法によ

---

[2] 公開的会社の典型である上場会社は，証券市場と密接な関係をもち，株式等を発行して証券市場（発行市場）から資金を調達し，また株式等は，証券市場（流通市場）において流通することになる。したがって，株主会社にとり，効率的な証券市場の存在は，きわめて重要になる。

る制限，例えば，契約による制限がいかなる範囲で法律上，有効とされるかである。この関係で閉鎖的会社の従業員持株制度においては，従業員が退職時に会社に対し自己の取得価額と同額で株式を譲渡する義務を負う合意がなされている例が多く，したがって，その合意の有効性が問題となる。判例は，従業員がその自由な意思で制度趣旨を了解して株主になったのであれば，当該条項は会社法107条・127条あるいは公序良俗に反するものではないとしている[3]。

株式自由譲渡性の原則は，株主有限責任の原則と同様に明文の規定がある。すなわち，会社法127条の定めであり，その例外は，会社法107条1項1号，108条1項4号等に定められている。

### (2) 原則の根拠

株式自由譲渡性の原則が認められる根拠は，やはりいくつかの説明が可能であるが，株式会社は，多くの出資者からの出資を集めるためには，その投下された出資の回収を容易にする方法を用意する必要があり，そのために株式自由譲渡性の原則が認められたと考えられる。それゆえに，株主の出資した持分は，株式という細分化された均一の割合的単位とされ，それを株券という有価証券に表章させることにより，あるいはペーパレス化しての振替により，迅速，安全かつ低廉での譲渡を可能にしている。そして，前記の株主有限責任の原則によって株主の責任は，明確かつ画一的なものとなるから，譲受人は，譲渡人の個人的な資産状況に注意をすることなく売買することが可能となり，株式自由譲渡性を現実化する株式の取引市場が形成されることになる。また株式が自由に譲渡できることから，異なる株式の保有が可能となり，リスクの分散化が図れるから，投資家は，株式投資に関するリスクの軽減ができることになる。

この関係で株式会社は株券を発行する旨を定款に定めない限り株券を発行できないとされている（214条）。これは，公開的会社においては，株式のペーパレス化がその迅速な流通に必要・不可欠であり，他方，閉鎖的会社においても，その株式の流通性は乏しく，ペーパレス化も，株券発行も，いずれもその必要性が低いことから，会社法は，株券不発行を原則としたのである。

---

[3] 最判平成7年4月25日裁判集民175号91頁，最判平成21年2月17日金判1317号49頁。

第4章 株式会社法の基本原則

### (3) 株式の譲渡手続等

　株券を発行する会社の株券は，何時の時点で法律上の株券として成立するか。この問題につき判例（最判昭和40年11月16日民集19巻8号1970頁）は，当該会社が法定の記載事項（216条）を記載した文書を株主に交付した時点であるとして交付契約説をとっている。また株券発行会社においては，株券の交付が譲渡の効力要件であり（128条1項），株券発行前の譲渡は，会社に対して効力を生じないと定める（同2項）。しかし会社が，株券の発行を合理的期間を超えて遅滞し，それが信義則違反と評価できるときには，会社は，その譲渡の効力を否認できない（最判昭和47年11月8日民集26巻9号1489頁）。

　さらに株式の譲渡は，会社法130条の定めにより，株主名簿の書換（名義書換）が会社および第三者への対抗要件である（ただし株券発行会社では，会社に対する対抗要件である）が，名義書換未了の者への譲渡につき会社の側からその譲渡を認めることができるか。最判昭和30年10月20日民集9巻11号1657頁は，これを肯定する。そして会社が正当な事由なく名義書換を拒絶したときあるいは書換請求があったのに会社の過失でこれを怠ったときも，書換がなかったことをもって譲渡を否認できないとする（最判昭和41年7月28日民集20巻6号1251頁）。他方，譲受人が名義書換を怠っている間に株式分割等が行われ名義株主に新株等が割り当てられたとき（いわゆる失念株の場合），譲受人は，名義株主に対して不当利得返還請求ができる（最判昭和37年4月20日民集16巻4号860頁）。

　ところで上場会社の株式は，平成21年（2009年）1月5日から社債，株式等の振替に関する法律による振替制度の適用を受けて振替株式となっている。振替株式については，次のような特別規制がある。

　第1に，振替株式の譲渡・質入れは，譲受人・質権者が，振替口座における保有欄・質権欄に譲渡・質入れの株式数の増加が記載・記録された時に，効力が生じ，対抗要件が具備される（社債株式振替140条・141条）。

　第2に，善意取得も認められるが，その結果，すべての株主が保有する振替株式の総数が振替株式の発行総数を超えるときには，株主は，発行会社との関係では案分比例で株主権を有することとなり，他方，口座管理機関・振替機関が償却義務・損害賠償義務を負う（社債株式振替144条〜148条）。

第3に，振替機関は，基準日における自己および下位の口座管理機関の振替口座簿の内容を発行会社に通知（総株主通知）し，発行会社は，その通知に従い株主名簿に記載をすれば，それにより名義書換がされたことになる（社債株式振替151条・152条）。

　第4に，振替株式につき少数株主権の行使をするためには，個別株主通知の手続を踏む必要がある（社債株式振替154条）。例えば，会社法172条1項による価格決定申立権を行使するような場合である（最決平成22年12月7日民集64巻8号2003頁）。

　平成26年（2014年）会社法改正は，振替株式につき特別口座への移管を可能とした。特別口座とは，会社が，株主・質権者の振替口座を知ることができず，かつ，株主・質権者となるべき者が一定の日までに振替口座を通知しなかったときに，会社が当該株主または登録株式質権者のために振替機関等に対して開設の申出をする口座をいう（社債株式振替131条3項等）。しかし改正前においては，例えば，上場会社同士が合併した結果，複数の振替機関に特別口座が開設される状態になったり，あるいは会社が株主名簿管理人である振替機関等に特別口座を開設していたが，株主名簿管理人を変更するようなときは，特別口座を移管したいと思っても，その移管のための手続が定められていなかった。この点の不備を改める改正がなされたのである。

## 3　株式会社法の重要課題

### (1)　コーポレート・ガバナンスの問題

(a)　**意　義**　本書では，公開的会社がその主たる対象である。そして所有と経営が分離した公開的会社においては，株主は，日々の会社経営を経営者に任せ，会社にとって限られた根本的な事項にしか直接的な関与はしないことになる。したがって，公開的会社の経営管理組織，すなわち，ガバナンス機構は，所有と経営の分離に対応して必然的に分化する。

　具体的には，株主は，株主総会で取締役を選任し，取締役あるいは取締役会にその経営を任せて，日常的な経営には関与せず，会社にとって根本的な事項の決定にのみ株主総会を通じてその意見を表明する。それゆえ株主の経営への

関与は，積極的ではなく，受動的なものにとどまり，合併，解散等のような会社にとって根本的な事柄についても，一般に経営者が，その具体案を決定したうえで，株主総会を招集し，その賛否を株主に諮ることになる。したがって，株主による経営への関与は，あくまでも受動的なのである。

経営者は，一般に株主総会で選任された取締役であり，また取締役会設置会社の場合には，取締役会を構成して，重要な経営の意思決定を行う。取締役会は，取締役のなかから代表取締役を選任して会社の業務執行を行わせ，その執行の監督も行うことになる。さらに，会社の経営が適法に行われるよう監督する機関としての監査役・監査役会があり，その人数や権限は会社の規模により異なる。

指名委員会等設置会社の場合には，業務の執行は執行役が行い，取締役会のなかに設置された監査，指名，報酬の3委員会が，経営の監督や指名・報酬の決定等を行うから，監査役・監査役会はおかれない。しかし指名委員会等設置会社となることは強制されていないから，従来型の会社（監査役設置会社，監査役会設置会社）と併存する。実際には，指名委員会等設置会社の数は，きわめて少なく，株式会社の大半は，従来型の会社となっている。

さらに平成26年（2014年）会社法改正は，新たに監査等委員会設置会社を設けた。これは，監査役に代わって社外取締役が過半数となる監査等委員会を設置するガバナンス形態である。この詳細は，後記第5章1(3)(c)および第7章4で述べる。

**(b) 機関分化とそれに伴う問題**　　すでに述べた通り，きわめて多数の株式が発行され，しかもきわめて多数の株主が広く分散して存在する公開的会社においては，所有と経営の分離が生じ，それに応じて経営決定をする機関，経営決定を実行する機関，それらを監督する機関がそれぞれ分化し，発達する。こうした機関分化は，必然であり，しかも合理性があるが，こうした分化は，エージェンシー問題の発生を不可避とするとともに深刻化する。その結果，とりわけ公開的会社においては，特にこの問題に対応するための内部組織システムを会社内に設けることが不可欠となる。これが，経営管理機構の問題であり，コーポレート・ガバナンスの中心的課題となる。会社ガバナンスの問題は，グローバリゼーションの進展するなかで国際的にも国内的にも激しい競争を続け

る公開的会社にとってきわめて重要であり，1国の経済力に大きな影響を及ぼすがゆえにわが国のみならず各国とも株式会社のガバナンス問題には強い関心がある。そして各国の対応も動きつつある。その意味でコーポレート・ガバナンスの問題は，国際的にもホットな課題となっている。本書においてこの問題は，第5章から第8章において取り上げる。

### (2) 会社の資金調達および財務・剰余金分配等

(a) **会社の資金調達**　会社が企業活動を行うためには，資金を調達する必要がある。資金の調達には，内部資金と外部資金とがあるが，会社法は，株式・新株予約権および社債による資金調達について詳細な法ルールを定めている。こうした資金調達の経済的意義およびそれに関する株式会社法ルールの検討は重要であり，この問題は，第9章において取り上げる。

(b) **会社の財務・剰余金分配等**　会社は，その財務状況を正確に把握し，株主等に報告する必要がある。また，決算期における剰余金，あるいは損失を確定し，剰余金があれば，株主への剰余金分配等が問題となる。しかし，剰余金があれば，そのすべてを配当してよいかは，特に債権者との関係で考慮すべき問題である。なぜなら，株主有限責任の原則があるから，債権者は，会社財産のみを引き当てにせざるを得ず，会社から財産が流出する剰余金の分配等については，重大な関心をもたざるを得ないからである。したがって，株式会社法は，株主への剰余金分配の問題等について株主と会社債権者との利害の妥当な調整のための法ルールを定めることになる。会社の財務・剰余金分配等に関する問題は，第10章の課題である。

### (3) 会社組織の変動

会社の設立，合併，分割，株式交換等の企業再編，定款変更，組織変更，解散・清算などの一連の組織の変動は，会社の誕生からその死に至るまでのさまざまな営為の過程である。そしてこうした変動は，当然のことながら株主，債権者，従業員，経営者等の会社のステークホルダーに重大な影響を与える。会社法は，会社がその環境の変化にいかに適確に対応できるかのインフラストラクチャーの一部を構成しており，したがって，組織変動に関する適切な法ルー

ルをいかに用意するかが必要かつ重要となる。この問題は，第11章の課題である。

### (4) 会社グループ

現代の会社は，単独で活動するのではなく，会社グループを形成してグループとして行動するのがむしろ普通となっている。しかしわが国の株式会社法ルールは，基本的に単独の会社を念頭においたものとなっており，株式会社法ルールと会社の現実とには相当の乖離があり，したがって，そこからさまざまな法的問題が生ずることになる。この問題の検討は，第12章の課題となる。

# 第5章 コーポレート・ガバナンス──経営の決定と責任(1)

　本章から第8章では，コーポレート・ガバナンスの問題を取り上げる。最初に，「経営の決定と責任」を本章および次章において検討する。次いで第7章は，「経営監督」を，第8章はコーポレート・ガバナンスにおける「株主の役割」をそれぞれ考える。

　本章の目標は，経営の決定に関係する経営機関（取締役，取締役会，代表取締役，執行役）に関する株式会社法の基本ルールを理解することである。その際，まず，現在も大半の公開的会社が採用している経営機関（本書では「従来型」と呼んでいる）の基本的なポイントを把握してほしい。しかしそれだけでは不十分であり，経営とそのモニタリング（監督）とを意識的に分離するガバナンス類型である指名委員会等設置会社および監査等委員会設置会社についての理解も欠かせない。会社法は，これらガバナンス類型の選択を各会社の任意にゆだねており，各会社は，経営者の責任のもとにその長短を十分に考慮したうえで，そのいずれかを選択しなければならない。したがって，こうした各タイプのガバナンス構造についても十分な理解が求められる。本章では，経営の意思決定とその実行が検討されるが，初めに「1　総説」において全体を概観したうえで，「2　従来型」，「3　指名委員会等設置会社」「4　監査等委員会設置会社」の順序で説明する。また近時注目を集めているコーポレートガバナンス・コードについても説明する (5)。

　なお，すでに述べた通り，本書では，公開的会社，特に上場会社の法ルールを中心に検討する。

## 1　総　　説

### (1) 所有と経営の分離

　公開的会社では，所有と経営とは分離するから，株主が自ら経営をするのではなく，基本的に，経営は経営者に任せることになる。株主は，定時または臨時の株主総会において，会社にとって根本的な事項の決定には関与するが，それ以外の会社の経営は，株主が株主総会において選任した取締役（取締役会で

第5章 コーポレート・ガバナンス——経営の決定と責任 (1)

選任した代表取締役・業務執行取締役あるいは執行役），すなわち，経営者に任せることになる。

　注意すべきは，所有と経営の分離の帰結である経営者による会社の経営は，それ自体合理的なものであり，しかもそれ以外に選択の余地はないものである。とりわけ日々膨大な数の株式が証券取引市場で頻繁に取引されている上場会社の場合には，会社経営を大幅に，しかも広い裁量権を与えて経営者にゆだねなければ，会社そのものが成り立たないからである。このような分離から生ずる問題は，経営者に大幅な経営権・裁量権があることそれ自体ではなく，経営者が，株主全体の長期的利益よりも自身の利益を優先させる経営決定を行うリスクの存在である。コーポレート・ガバナンスの中心的課題は，このリスクの顕在化を最少にする経営組織をいかに構築するかにあるといってよい。

### (2) 経営者の意義

　所有と経営が分離する会社の経営者は，株主から会社の経営権を大幅に移譲され，それに専心すべき職責負うから，会社経営の専門家であるし，またそうでなければならない。もっとも会社の経営者になるにあたっては，会社法は，経営の専門家としての一定の技能を証明する特別の資格を要求しているわけではない[1]。わが国の場合は，会社の従業員からいわば出世競争を勝ち抜くなかで経営者になる人がほとんどであり，会社外部から経営の専門家が経営者として招聘されることはほとんどない。これに対して例えば，アメリカでは，経営のトップに外部の経営の専門家をもってくることが珍しくない。つまりアメリカでは，経営者は，内部の昇進ルートのほかに外部の経営専門家を招聘するルートが存在している。このことは，まさに経営専門家のマーケット（経営者市場）が存在していることを意味し，会社の経営が不振となれば，その経営者を交代させて経営者市場から新たな経営の専門家を招くことが容易である。他方，

---

1) 経営者になるにあたって経営の専門家としての技能を証明する特別の資格を要求することは，もとより賢明な策ではない。株主利益を最大化する会社経営は，ビジネスチャンスを適確に把握し，それを適時かつ迅速に実現する才能・指導力・統率力が必要である。こうした能力は，教育によっては必ずしも習得できない一種特別な才能という面があるからである。要するによき経営者とは，頑張りだけにとどまらない秀れたビジネス感覚を有することが重要である。例えば，松下幸之助のような経営者は，大学等が養成できるというわけのものではない。

わが国の場合には、経営者市場が未発達であり、その結果、経営者は当該会社の内部からの昇進者となり、その交代は容易なものとはならない。もちろん内部からの昇進者であるがゆえのプラス面も当然あるのではあるが、経営者市場が存在すれば、経営者の交代ははるかに容易となるから、経営者間の競争圧力はさらに一段と強まるわけで、企業価値の向上が図られる可能性も高まる。したがって、わが国の場合も、経営者市場の形成が強く求められる。

現代の会社経営は、経営、経済、会計、法律等の専門性が必要とされるが、その専門性の獲得方法も、わが国とアメリカでは大きな相違がある。わが国では、専門性を身につけるのは、会社内部でのいわゆるオン・ザ・ジョブ・トレーニング（OJT）が中心であるが、アメリカでは、例えば、経営大学院においてMBAを取得するなどの専門職大学院の教育が大きな役割を果たしている。OJTは、もちろん必要かつ重要ではあるが、現代社会の高度化・複雑化・国際化のなかで学問的な知識・思考方法は、経営者についてもますます重要となっている。わが国もようやく専門職大学院の整備・充実に力を入れ始めているが、OJT偏重といえる現状が改善されるには、まだまだ道遠しである[2]。

会社の栄枯盛衰は、結局のところ経営者の力に依存するところが大きい。したがって、経営者層をどのように養成し、充実させるかは、きわめて重要な問題であり、コーポレート・ガバナンスが確立するかどうかも、よき経営者の存在が必須となる。

### (3) 経営機関の概要

(a) 従来型の会社　　従来型、すなわち、わが国の上場会社の大半は、監査役会を有する取締役会設置会社である[3]。従来型の会社においては、株主は、株主総会において3名以上の取締役を選任する（331条5項）が、選任された取締役は、自ら経営を行うわけではない。取締役は、その全員で取締役会を構成するが、経営の意思決定を行うのは取締役会である[4]。その意味で取締役は、

---

[2] 例えば、近時の法科大学院あるいはビジネス・スクール等の現状からすると、専門職大学院制度がわが国に根付くのはまだまだの感がある。
[3] 上場会社は、公開会社でしかも監査役会設置会社（会計監査人設置会社でもある）であるから、取締役会設置が強制される（327条1項）。

取締役会の構成員にすぎず,取締役会の構成員としての立場から会社の経営意思決定に参加することになる。

　取締役会は,会社の経営意思を決定するが,今度は,その決定を実行に移す必要があるから,取締役会の決定を実行する機関がさらに必要となる。この実行機関が,代表取締役であり,取締役会において取締役のなかから選任される（362条2項・3項）。代表取締役は,取締役会が決定したことを実行する権限（業務執行権）（363条1項1号）を有する。また取締役会から業務の意思決定を任された日常的な事柄は,自ら意思決定をし,それを実行することができる。

　さらに取締役会は,その決議をもって代表取締役以外の取締役に業務執行権限を与えることもできる（363条1項2号）。さらに,代表取締役は,自己の業務執行を他の取締役に任せることも可能であるから,任された取締役は,その限りで業務執行をすることになる。こうした取締役は,「業務執行取締役」といわれる[5]。

**(b)　指名委員会等設置会社**　　平成14年（2002年）の商法改正で委員会等設置会社が新たに認められ,従来とは異なる新しい経営組織を有する株式会社形態が可能になった。会社法でもそれは維持されたが,名称は,委員会設置会社となり,さらに平成26年（2014年）会社法改正により監査等委員会設置会社ができたことから,指名委員会等設置会社との名称に変わった。株式会社であれば,定款の定めによりこの会社形態を選択することが可能であるが,わが国の上場会社のなかでこのタイプを選択する会社は目下のところ少数である。

　指名委員会等設置会社は,取締役会設置が強制されるが,その取締役会の役割は,従来型の会社とは大きく異なる。すなわち,取締役会は,経営の基本方針等の重要な経営意思決定事項は自ら決定しなければならない（416条1項～3項）が,取締役会の決議をもって会社の業務の意思決定とその実行を原則的に執行役に委任することができる（416条4項）。しかも取締役には,一般に会社の業務執行権は認められない（415条）から,会社の業務の執行権限は,執行

---

[4]　取締役会は,経営意思決定機関である。そして経営意思決定機関とは,会社の意思・行為が,一定の自然人または会議体のする意思・行為と同視される場合のその自然人または会議体をいう。

[5]　会社法2条15号にいう業務執行取締役は,代表取締役,業務執行取締役および業務執行をした取締役の総称である。

役が有することになる（418条2号）。したがって，指名委員会等設置会社においては，執行役が，経営者であり，会社経営を担うことになる。それゆえ取締役会の主要な任務は，そのなかに設置された指名・報酬・監査の3委員会を活用しつつ，執行役の会社経営をモニタリング（監視）することとなる。「指名委員会等設置会社は，アメリカのモニタリング・モデルを取り入れようとするものである」としばしばいわれることがあるのは，この趣旨である。指名委員会等設置会社については，あらためて後記3で検討する。

(c) **監査等委員会設置会社**　平成26年（2014年）会社法改正により新しいタイプのガバナンス類型として監査等委員会設置会社が認められた。これにより上場会社のガバナンス類型は，監査役会設置会社，指名委員会等設置会社に加えて監査等委員会設置会社となり，ガバナンスの選択肢は，さらに増えたことになる。この会社形態における経営組織は，取締役会と取締役（代表取締役・業務執行取締役）であり，この点は，従来型の会社と基本的に変わらない。ただし監査等委員会が監査役（会）に代わって設置される。この会社形態については，後記4においてその基本的なコンセプトを明らかにするにとどめ，その詳細は，経営監督を検討する後記第7章4にて述べる。

### (4) 代表機関

これまで述べてきたことは，内部的な会社の経営意思決定とその実行である業務執行に関するものであったが，会社が外部の者と取引をする場合には，会社のために取引を行う代表機関が必要となる。なぜなら，会社は法人であるから，自然人の場合とは異なり，自らの意思をもって取引行為をすることはできないのである。そこで対外的に会社を代表する機関（代表機関）が行為することによってそれを実行する。すなわち，この権限が，会社代表権であり，従来型の会社および監査等委員会設置会社では，代表取締役がこの代表権を有する。これに対して指名委員会等設置会社では，代表執行役がその代表権を有することになる。

第5章 コーポレート・ガバナンス──経営の決定と責任 (1)

## 2　従来型の経営機関

### (1) 取　締　役

**(a) 資格・員数・社外性**　取締役は，成年被後見人，被保佐人，一定期間刑に処せられた者等（欠格者）（331条1項が規定する）を除く者である必要がある。法人は，取締役にはなれないから，取締役は，自然人でなければならない（331条1項1号）。また，公開会社（2条5号）においては株主資格を有する者に取締役を限定することは定款をもってしてもできない（331条2項本文）。経営の適任者を株主以外にも広く求められるようにするためである。もっとも実際には，株主から選任する場合が多いし，取締役に選任予定となると，一定数の株式を保有するのが普通である[6]。また定款で役員資格を日本人に限定することは，可能とするのが多数説である。取締役会設置会社の場合の取締役は，3人以上でなければならない（331条5項）[7]。定款で最低数・最高数を規定できる。

　従来型の会社では，特別取締役制度（373条）を利用する場合を除き，社外取締役の設置は強制されていない。しかしコーポレートガバナンス・コードが上場規則に取り入れられた結果，上場会社は，2名以上の社外取締役の選任を要請されることになった。また平成26年（2014年）会社法改正により，社外取締役の社外性に関する要件が強化された。そこで以下に，社外性の要件につき説明をしておこう（コーポレートガバナンス・コードとの関係は，後記5参照）。

　会社法上の社外取締役となるためには，次の要件をすべて満たす必要がある

---

[6]　もっとも社外取締役の場合は保有しないことが多い。

[7]　小規模な閉鎖的会社が取締役会を設置しようとする場合は，取締役を3人そろえるのが難しかったり，あるいはその必要が本当にない場合（例えば，実質的に個人企業であるとき）がある。形式的に3人とするために取締役らしいことはしなくともよいとの了解のもとに引き受ける場合があり，こうした取締役は，「名目的取締役」といわれる。名目的取締役であっても，法律的には取締役としての責任を当然に免れるわけではない。会社法制定前の株式会社は，取締役会設置を強制されていたから，この問題が頻発したが，会社法のもとでは，株式会社であっても取締役会を設置せずに取締役を1人のみとすることも許されるので，名目的取締役の問題は減少するかもしれない。もっとも取締役会設置が会社の評判・信用等に結びつくことになると，あえて取締役会設置会社になろうとする会社が出てきて，同様の問題が生じるかもしれない。

(2条15号)。

　第1に，当該会社またはその子会社の業務執行取締役，執行役，支配人その他の使用人（業務執行取締役等という。以下，同じ）ではなく，かつ，その就任前10年間当該会社またはその子会社の業務執行取締役等でなかったことである。

　第2に，その就任前10年内のいずれの時において当該会社またはその子会社の取締役，会計参与，監査役であったことがある者（業務執行取締役等であったことがあるものを除く）の場合には，当該取締役，会計参与，監査役への就任前10年間当該会社またはその子会社の業務執行取締役等でなかったことである。

　第3に，当該会社の親会社等（自然人である場合に限る）または親会社等の取締役，執行役，支配人その他の使用人でないことである。

　ここにいう親会社等は，2条4号の2において定義されており，親会社（2条4号）のみならず，親会社のように当該会社の経営を支配している自然人も含まれることなった。

　これにより親会社等の取締役，執行役，支配人その他の使用人は，社外性に欠けることになる。

　第4に，当該会社の親会社等の子会社等（当該会社および子会社を除く）の業務執行取締役等でないことである。

　これにより兄弟会社の業務執行取締役は，社外性を満たさなくなる。そして子会社等は，2条3号の2に定義があり，子会社（2条3号）の他に会社以外の者がその経営を支配している法人として法務省令で定めるものが含まれる（会社則3条の2第1項）から，例えば，会社ではなくある自然人がある株式会社の経営を支配している場合には，当該株式会社も，子会社等に含まれることになる。

　第5に，当該会社の取締役，支配人その他の重要な使用人または親会社等（自然人に限る）の配偶者，2親等内の親族でないことである。

　ここでは，第1および第3の場合と異なり，単なる使用人ではなく，重要な使用人が対象となる。いかなる場合に重要な使用人に該当するかは解釈問題であるが，社外取締役の経営者からの独立性を確保する目的に合致する解釈がなされるべきである。

さらに平成26年（2014年）会社法改正では、社外性の要件の改正とともに社外取締役の導入をエンカレッジする立場が明確になった。すなわち、監査役会設置会社のうち公開会社であり、かつ、大会社であって有価証券報告書を提出しなければならない会社は、社外取締役を1人も置かない場合には、社外取締役を置くことが相当でない理由を定時株主総会において説明することが義務づけられた（327条の2）。

(b) **選 任** 取締役の選任は、種類株主総会による場合[8]を除き、株主総会[9]の普通決議（309条1項）で行う。取締役の選任は、できるだけ多くの株主の意見を反映させるのが好ましいから、その定足数については、定款で定めても、総株主の議決権の3分の1以上にあたる株主の出席が必要とされている（341条）。取締役を2人以上選任する場合には、いわゆる累積投票が認められる（342条）が、定款で排除することが可能であり、現実には排除するのが普通である。総会の選任決議の後、選任された者（被選任者）が就任を承諾して取締役となる[10]。

(c) **終 任**

(i) **終任事由** 取締役はいつでも辞任できるのが原則である。取締役と会社との関係は委任の規定によるからである[11]。また、取締役の死亡、金融商品取引法違反、各種倒産法違反、成年被後見、会社の破産等の場合も終任となる（民653条参照）。任期満了、解任、資格の喪失、会社の解散も終任事由である。

(ii) **任期の満了** 取締役の任期は、2年である（332条1項）[12]。2年ご

---

[8] すべての株式の譲渡について取締役会の承認を要するとの定めが定款にある会社（会社法上の公開会社でない会社＝非公開会社）が、種類株主総会で取締役の選任ができる数種の株式を発行した場合は、取締役は、定款の定めに従い各種類ごとの株主の総会において選任されることになる（347条1項）。この場合は、株主全員による総会では取締役の選任は行われない。この種類株主総会による取締役選任は、平成14年の商法改正で導入されたものであり、会社法でもそのまま維持されている。

[9] 発起設立の場合は、定款の定めにより（38条4項）または発起人の議決権の過半数によって（40条1項）選任するのが原則であり、募集設立の場合は、創立総会で選任がなされる（88条）。

[10] より正確には、代表取締役が、被選任者に取締役任用契約（委任契約）の締結の申込みをし、被選任者がそれに同意して取締役となる。

[11] 会社法330条により民法の委任の規定である651条1項が準用されるからである。

とに株主の信任を問うべしとする趣旨である。もっとも，剰余金の配当等を株主総会ではなく取締役会で決められるとの趣旨を定款で定めている場合には，取締役の任期は，1年である[13]。

(d) **解　任**　株主総会は，その普通決議（341条）（ただし累積投票制度によって選任された取締役の解任決議は特別決議である）でいつでも理由を問わずに取締役を解任できる[14]。しかし正当の事由なく解任した場合は，会社は，損害賠償の責任を負う（故意・過失を要しない法定の責任）（339条2項）。判例は，持病の悪化により療養に専念するため会社の全株式を譲渡すると同時に代表取締役を辞任した取締役を，総会で解任したことにつき正当な事由があるとする（最判昭和57年1月21日判時1037号129頁）。解任決議が成立しなかった場合でも，取締役が不正の行為等がある場合は，解任の訴えを裁判所に提起できる（854条）。

(e) **欠　員**　法令・定款で定められた取締役の員数が欠けたときは，遅滞なく後任の取締役を選任しなければならない（これを怠ると過料の制裁がある。976条22号）が，補欠の取締役が選任されている場合（329条3項）は，その者が引き継ぐことになる。任期満了または辞任により退任した取締役は，後任者が就任するまで引き続き取締役としての権利義務を有する（役員権利義務者）（346条1項）[15]。しかし，それが不適当な場合，または不可能な場合（解任の場合等）は，裁判所に仮取締役の選任を請求できる（同条2項）。仮取締役の権限

---

12) 2年との趣旨は，正確には選任後2年以内に終了する事業年度のうちの最終のものに関する定時総会の終結の時までの意味であり，定款でそれより任期を短縮することができる。また非公開会社（指名委員会等設置会社・監査等委員会設置会社を除く）では，定款で任期を選任後10年以内に終了する事業年度のうちの最終のものに関する定時総会の終結の時まで伸張することができる（332条2項）。指名委員会等設置会社の取締役の任期は，1年であり，監査等委員会設置会社では，取締役の任期は1年であるが，監査等委員である取締役の任期は2年である（332条3項・4項・6項）。

13) 会社法459条1項。

14) 非公開会社の種類株主総会で選任された取締役は，選任した種類株主総会において普通決議で解任される。種類株主総会で選任された取締役を株主総会で解任することはできないが，定款で別段の定めをした場合，あるいは当該取締役を選任した種類株主総会で議決権を行使できる株主がいなくなった場合には，株主総会決議による解任が可能となる（347条1項）。

15) その間退任の登記はできない（最判昭和43年12月24日民集22巻13号3334頁）。

は普通の取締役と同じである[16]。役員権利義務者につき役員解任の訴えを提起できるか。そのような場合は，仮取締役の選任によればよいから，解任の訴えの提起は認められない（最判平成20年2月26日民集62巻2号638頁）。

## (2) 取締役会

(a) **権　限**　　従来型の取締役会には，3つの権限がある（362条2項）。すなわち，会社の業務執行の決定権限，取締役の業務執行監督権限および代表取締役の選定・解職である。

(i) 業務執行の決定　　取締役会の権限の第1は，業務執行の決定権限である。これは，前記1(3)(a)で述べた通り，取締役会による会社の経営意思決定である（362条2項1号）。取締役会は，一定の重要な業務執行は，必ず取締役会で審議して決定しなければならない（同条4項）。したがって，それ以外の日常の業務執行は，代表取締役にその決定を任せることができることになる。

この関係で問題となるのが，362条4項が定める重要な業務執行の意義である。そもそも本項の各号は，その例示的列挙であるが，その各号の解釈自体も相当に困難がある（例えば，判例は，1号の重要財産の処分の判断基準につき当該財産の価額，その会社の総資産に占める割合，当該財産の保有目的，処分行為の態様，会社における従来の取扱い等の事情を総合的に考慮して判断すべきものとする〔最判平成6年1月20日民集48巻1号1頁〕）。したがって，例示的列挙事項以外に何が当該会社にとって重要な業務執行となるかの解釈は微妙かつ困難である。そもそも本条項の趣旨は，取締役会の下部の機関である代表取締役・業務執行取締役への経営決定の委任が広範囲に行われると，取締役会の機能低下・形骸化が進むから，それを防ごうとするものであるから，取締役会において審議するにふさわしい事項は何かの観点から解釈すべきものである。

ところで本条違反の取引の効力であるが，判例によると取締役会決議が必要

---

[16] 民事保全法上の仮処分によって取締役の職務執行停止とともに裁判所が選任する職務代行者は，仮取締役とは異なり，原則として会社の常務（臨時株主総会の招集は，少数株主によるものであっても，常務にあたらない〔最判昭和50年6月27日民集29巻6号879頁〕）に権限が限定される。仮処分により職務執行停止となった取締役が辞任し，総会で後任の取締役が選任された場合でも，職務代行者の権限は消滅せず，当該仮処分を事情変更を理由に取り消す判決があって初めてその権限は消滅する（最判昭和45年11月6日民集24巻12号1744頁）。

なのにそれをしないまま代表取締役が取引をした場合，取引の相手方はそのことにつき善意・無過失でない場合には，会社による取引無効との主張に対抗できない（最判昭和40年9月22日民集19巻6号1656頁）。しかし相手方の保護につき無過失を要求するのは，取引の安全が害されるので賛成できない。また本条は，会社の利益保護のためであるから，原則として会社以外の者は主張できない（最判平成21年4月17日民集63巻4号535頁）。

そこで本条項違反とならないために，重要性の判断に疑問が生じる場合には，安全策として安易に多くの事項を取締役会にあげる（実務はどうしてもそうした傾向となる）となると，その結果，取締役会の審議事項は増加し，経営の迅速性が失われ，また取締役会もその経営決定機能発揮の方に忙殺され，その反面として監督機能（モニタリング機能）が減退してしまう。

監査役会設置会社についても，後述の通り，コーポレートガバナンス・コードは，取締役会のモニタリング機能の強化を要請する（本章4参照）が，経営の意思決定の大幅な移譲が可能な監査等委員会設置会社，指名委員会等設置会社とは異なり，この点のハードルは高いといわざるを得ない。業務執行の決定権限を大幅に委譲し，取締役会の監督権限を強化するためには，監査等委員会設置会社，指名委員会等設置会社への移行が真剣に検討されねばならない。

会社法の成立により重要財産委員会は廃止され，特別取締役制度が設けられた（373条）。すなわち，6人以上の取締役がおり，そのうちの1人が社外取締役である取締役会設置会社（指名委員会等設置会社を除く）において，あらかじめ選定した3人以上の取締役（特別取締役という）は，取締役会としてその過半数で重要な財産の処分・譲受け・多額の借財（362条4項1号・2号）に関する決議ができるという制度である（監査等委員会設置会社で399条の13第5項または6項に該当するものには，適用されない）。取締役の人数が多く，機動的に取締役会を開催できない会社に配慮した制度であるが，その利用はほとんどないようである。

　　(ii) 業務執行の監督　　取締役会の権限の第2は，取締役の業務の執行を監督することである（362条2項2号）。その場合，代表取締役および業務執行取締役（2条15号イ・363条1項2号）の業務執行を監督することが重要である（それゆえ362条2項3号は，代表取締役の選定・解職を取締役会の職務として掲げて

いる）が，業務執行を担当しない取締役の監督も当然含まれる。

　この取締役会によるモニタリング権限は，十分に機能していないとの評価が一般である。取締役の数が何十人と多すぎたり，あるいは取締役の大半が代表取締役＝社長を頂点とする業務執行担当ラインの一員であることから，ライン上の指揮命令権・上下関係等の存在があることや，さらには取締役候補者は実際上代表取締役＝社長が決めている等の現実があるからである。経営監督の問題は，第7章において詳しく取り上げる。

　　(iii)　代表取締役の選定・解職　　従来型の取締役会は，会社の経営意思決定を行う機関であり，その決定を実行するわけではないので，実行のための機関が必要であり，それが代表取締役である（前記1(4)参照）。そして取締役会は，取締役の中からその決議をもって少なくとも1名の代表取締役を選定しなければならない。代表取締役は，取締役であることが前提となるから，任期を定めないときは，取締役としての任期がその任期となる。

　また取締役会は，その決議をもって代表取締役を解職（解任）できる。会社と代表取締役との関係は，委任に関する規定に従う（330条）から，いつでも自由に解任ができるが，任期中に正当な理由（例えば，健康不良，職務怠慢など）なく解職された場合には，それにより生じた損害の賠償請求ができる（339条2項の類推適用）。解職の決議をする際にその対象者である代表取締役は，特別利害関係者として議決権を行使できないとするのが判例である[17]。これに対して代表取締役の選定の際の候補者である取締役は，利害関係者ではなく，業務執行の決定への参加であるから，議決権を行使できる。

　(b)　**招　集**　　取締役会の招集は，各取締役に招集権限があるが，定款または取締役会決議をもって招集すべき取締役を決めた場合は，その者が招集する（366条1項）。しかし一定の場合には，それ以外の取締役も招集できる（366条2項・3項）。監査役も一定の場合には招集ができる（383条2項・3項・4項）。

　招集の方法は，個々の取締役・監査役に通知してするが，その全員が同意すれば，通知しなくとも開催可能である（368条2項）。招集通知は，書面でも口頭でもよいが，1週間前に発しなければならない（定款で短縮可能）（368条1項）。

---

17)　最判昭和44年3月28日民集23巻3号645頁。

通知には，会議の目的事項（議題）を書く必要はない。なぜなら，取締役会においては業務執行に関するさまざまな事項が付議されることは，各取締役にとって当然予想されることであるからである。例えば，代表取締役の選任・解任も招集通知に議題として記載がなくとも有効にその決議をすることができる。

　一部の取締役に対して招集通知がなされない場合は，特段の事情のない限り，その取締役会でなされた決議は無効となるが，その取締役が出席してもなお決議の結果に影響を及ぼさないと認めるべき特段の事情があるときは，決議は有効であるとするのが判例の立場である[18]。

　(c)　**決　議**　取締役会の決議は，取締役の過半数が出席して，その出席取締役の過半数で決する（369条1項）。定款で要件の加重はできるが，軽減はできない（369条1項かっこ書）。会社法は，370条により書面決議を認めた。すなわち，定款をもって会議の目的事項に関する提案について取締役の全員が同意し，監査役が当該提案に異議を述べなかったときは，当該提案を可決する取締役会の決議があったとみなす旨を定めれば，書面決議が可能となるのである。取締役会は，取締役が実際に集まって合議することに意味があると考えられる[19]が，あえて集まって議論をする必要がないような場合にも現実の合議を強制するのは無駄だからである。取締役は，他人に委任して議決権の代理行使をさせることはできない[20]。株主がその個人を信頼して取締役に選任しているからである。

　決議について特別の利害関係を有する取締役は，その決議に参加できない（369条2項）。例えば，前述の代表取締役の解任の決議をする場合のその代表取締役[21]あるいは会社と取締役間の取引を承認する場合のその取締役がこれにあたる。369条2項の法文上，特別利害関係人が議決権を行使できないのは明らかであるが，当該取締役が定款等の定めにより取締役会の議長である場合に議長を務めることはできるか。この点につき学説は分かれているが，決議の

---

18)　最判昭和44年12月2日民集23巻12号2396頁。
19)　この状況に実質的にあると判断される場合は，現実に同一場所に集まる必要は必ずしもない。したがって，いわゆるテレビ会議，あるいは電話会議によるものも取締役会と認め得る。
20)　310条1項と対照してみよ。
21)　前掲注17）最判昭和44年3月28日参照。代表取締役の選任の際にその候補者自身が議決権を行使することは可能と解されている。

公正を期する以上，当然に議長となる権限を喪失すると解すべきである（同旨の下級審判例として，東京高判平成8年2月8日資料商事151号143頁）。

取締役会の決議に手続または内容上の瑕疵があるときは，法の一般原則によりその決議は当然無効となる。株主総会のような決議取消しの訴え等の特別の定めがないので一般原則に戻るからである。

(d) **議　事　録**　　取締役会の議事録は，議事の要領・結果が記載（電磁的方法でもよい）され，出席取締役・監査役の署名が必要とされ，10年間本店への備え置きが求められる（369条3項・4項・371条1項）。

取締役会議事録には，秘密を要する事項が含まれ得るから，監査役設置会社・監査等委員会設置会社・指名委員会等設置会社の株主，取締役会設置会社の親会社の株主，取締役会設置会社の債権者は，裁判所の許可を得てから初めて議事録の閲覧・謄写が可能となる（371条3項〜6項）。

## (3) 代表取締役

(a) **意　義**　　代表取締役は，会社の業務執行機関であり，取締役会の指揮・監督の下に会社の業務執行を行い，対外的に会社を代表する。また前記2(2)(a)(iii)参照。

(b) **選　任**　　代表取締役は，取締役会がその決議をもって取締役のなかから選任する（362条3項）。員数は，1人でよいが，実際には，定款で会長，社長，専務取締役，常務取締役などをおくことを定めたうえで，これらの者を代表取締役とする場合が多い。

(c) **終　任**　　代表取締役が取締役の地位を喪失すれば，当然に代表取締役でなくなるが，代表取締役を辞めても当然には取締役の地位は失わない。法令・定款所定の代表取締役の員数が欠ける場合，任期満了または辞任による退任者は，後任者の就任まで引き続き代表取締役の権利義務を有する（351条1項）。取締役の場合と同様に仮代表取締役の選任を裁判所に請求することもできる。

(d) **権　限**

(i) 代表権

1) 代表権の範囲　　代表取締役は，会社の営業に関する一切の裁判上，

裁判外の行為に及ぶ広範囲な代表権があり，それを制限しても善意の第三者には対抗できない（349条4項・5項）。

代表取締役の代表権に関連して，例えば代表取締役が，会社のためではなく自己のためにする意思で銀行から営業資金名目のもとに金銭消費貸借契約を締結し，それを自分の遊興に費消した場合，会社は，銀行の貸金返還請求を拒否できるか。この問題は，代表取締役の権限濫用として議論されている問題であるが，判例は，代表取締役がした取引の相手方，この例では銀行が代表取締役の真意を知りまたは知り得べき場合であったときは，民法93条但書を類推適用してその法律行為は効力を生じないとしている[22]。すなわち，相手方が善意・無過失であれば，金銭消費貸借契約は会社との関係において有効とされ，会社は，その支払をしなければならない。

学説は，この問題につき見解が分かれるが，判例の判断枠組みに反対して，相手方は過失の有無を問わず善意であれば保護されるとする見解が多い。相手方の保護をより重視して取引の安全の確保を考えるからである。しかし相手方に重過失がある場合には，悪意の場合と同様に保護はないと考えるべきであろう。

　　2）　表見代表取締役　　社長，副社長，専務取締役，常務取締役その他会社を代表する権限をもっていると一般に認められる名称が付された取締役の行為は，会社は，その者が現実には代表権をもたなかった場合でも，善意の第三者に対して責任を負わねばならない（354条）。これを「表見代表取締役による会社の責任」という。

この責任は，取引安全のための外観信頼の保護であり，相手方は，善意であれば過失があっても保護されるが[23]，重過失がある場合は悪意と同視され保護されない[24]。また，そもそも取締役でもない従業員が代表取締役の承認のもとに常務取締役と名乗って取引した場合は，判例は，表見代表取締役の責任規定の類推適用により会社に責任ありとした[25]。また代表取締役に通知しな

---

22)　最判昭和38年9月5日民集17巻8号909頁。
23)　最判昭和41年11月10日民集20巻9号1771頁。
24)　最判昭和52年10月14日民集31巻6号825頁。
25)　最判昭和35年10月14日民集14巻12号2499頁。

いで招集された取締役会において代表取締役に選任された者が，代表取締役としてその職務を行ったときは，その選任決議は無効であるが，表見代表取締役の規定の類推適用により，善意の第三者は保護を受ける（最判昭和56年4月24日判時1001号110頁）。

　会社法成立前においては，共同代表の定め（会社法制定前商法261条2項）があり，かつその旨の登記がなされているのに，相手方はそれをみないでその肩書きから代表権があると信じて取引をしたケースにおいて，判例は，表見代表取締役の責任規定の適用があるとして会社の責任を肯定した[26]。しかし判例は，その後，代表取締役を退任し，その登記もなされている会社において，その退任者が，代表権の喪失にもかかわらず，会社代表として手形を振り出したケースにおいて，手形受取人は，善意・無過失であったが，退任登記後は，もっぱら登記の効力を定める規定（現在では908条1項）によるとして，民法112条の表見代理の規定の適用はなく，「正当な事由」がない限り善意の第三者にも対抗できるとした[27]。この2つに判例をどう理解するかは，それ自体問題であるが，これを契機に商業登記の効力（908条1項）と権利外観法理規定との関係をどう理解するかが大いに議論されることになった。この問題に関する学説は，錯綜するが，悪意が擬制されるとか，次元が異なるとかと考える必要はなく，素直に規定の文言通りの対抗問題と解すれば足りると思われる[28]。

　(ⅱ)　業務執行権限　　代表取締役の業務執行権限（経営意思決定を実行する権限）は，商法に明文の規定はなかったが代表取締役には当然その権限があると解されていた。しかし，平成14年（2002年）の商法改正により260条3項1号に明文でその趣旨を定める規定がおかれ，会社法においても363条1項1号として引き継がれた。代表取締役の業務執行権限は，取締役でない者に対しても委任できる。近時の会社実務に広くみられる執行役員制度[29]はこの例である。

---

26)　最判昭和43年12月24日民集22巻13号3349頁。
27)　最判昭和49年3月22日民集28巻2号368頁。
28)　詳しくは，落合誠一編『会社法コンメンタール8』42頁以下（商事法務，2009年）〔落合誠一執筆〕参照。
29)　執行役員は，会社の法定の機関ではなく，会社が任意に設置するもので，一般には従業員にすぎないが，業務執行権限を付与されている。

## 3 指名委員会等設置会社の経営機関

### (1) 意　義

**(a) 制度の基本的な考え方**　従来型における取締役会は，経営の意思決定と業務執行のモニタリング（監督）という権限があり，会社経営の最重要機関としてその両方の役割を果たすことが期待されていた。しかし，前者の権限については，取締役の数が多すぎて機動的な経営の意思決定が困難であり，また事実上，代表取締役である社長を頂点とするピラミッド型の取締役構成となっている結果，社長に遠慮して十分な議論がなされない等の問題点が指摘されていた。他方，後者の権限については，取締役の大半が代表取締役である社長を頂点とするピラミッド型の業務執行体制に組み込まれており，しかもほとんどの取締役が業務執行も行っている状況においては，上下関係による遠慮と業務執行を行っている者が同時に業務執行を監督するという自己監査的関係を生じさせるがゆえに，業務執行のモニタリングの権限は十分に機能していない等の批判があった。

こうした従来型の取締役会の問題点を解決するためには，取締役会は，むしろ業務執行のモニタリングに特化し，経営の意思決定とその執行は，取締役以外の者が担当することとすることが考えられる。平成14年（2002年）の商法改正によって認められた委員会等設置会社は，基本的にこの発想に基づくものであり，そこにおける取締役会は，執行役の業務執行のモニタリングに特化し，他方，業務執行の決定と実行は，執行役が専担する体制を目指したものとなる。この点はそのまま会社法においても引き継がれ，こうした指名委員会等設置会社のガバナンスは，アメリカの株式会社においてとられている，いわゆるモニタリング・モデルに相当に接近することになった。

しかし実際のところアメリカにおいても，取締役会が，経営者から独立した社外取締役（独立取締役）[30]中心で構成され，経営者のモニタリングに特化するようになった（モニタリング・ボードといわれる）のは，それほど古いことで

---

30) 独立取締役につき，詳しくは，落合誠一「独立取締役の意義」新堂幸司＝山下友信編『会社法と商事法務』219頁以下（商事法務，2008年）参照。近時では独立社外取締役ともいわれる。

## 第5章　コーポレート・ガバナンス——経営の決定と責任 (1)

はなく（1970年代に問題が意識され，それに特化する方向に進み，SOX法により明確に法律上の要求になったもの），それ以前は，経営者（CEO〔chief executive officer〕を頂点とするオフィサー）をモニタリングするのではなく，経営者に対する助言の役割を果たす取締役会が主流であった（アドバイザリー・ボードといわれる）。モニタリング・ボードは，ペン・セントラル鉄道会社事件あるいはその後のエンロン事件やワールドコム事件等の不祥事の発生の教訓を踏まえたことにより確立したものである。モニタリング・ボードにおいては，会社経営は，CEOのリードのもとオフィサー（officer）が担当し，他方，経営者から独立した社外取締役（独立取締役）が多数を占める取締役会（board of directors）は，CEOを頂点とするオフィサーが行う経営をその妥当性も含めてモニタリングし，もしCEO等を無能と判断すれば，容赦なくその首をすげ替えるという仕組みである。この場合の独立取締役は，株主利益の代表であるから，株主全体の長期的利益の実現の観点からCEO等の経営をモニタリングするのであり，正当な理由もなく，株主利益を増加させない経営者は，独立取締役によって無能と評価されるのである。したがって，わが国企業において社外取締役を導入する場合によく聞かれる「社外者としての識見等にもとづく経営者へのアドバイスを期待する」といったこととは，全く異なるのが独立取締役であり，また取締役会なのである。

　わが国の会社法における指名委員会等設置会社は，アメリカにおけるのと同一のモニタリング・ボードとは言い難いが，取締役会のなかに監査委員会，報酬委員会，指名委員会の3つの委員会の設置を義務づけるから，監査役によるモニタリングは不要となり，監査役はおかれないことになる。モニタリングの実をあげるために一定の委員会を設置するやり方は，アメリカでとられているもの[31]であり，この点では，アメリカのものと類似する。しかし社外取締役の社外性は，経営者からの独立性の有無はそれ程厳格ではない（2条15号）し，また社外取締役が過半数を占めることが要求されるのは，あくまでも委員会のレベルであり，取締役会レベルではそうした要求はない。もっともわが国の指名委員会等設置会社においても，その取締役会をモニタリングに特化したアメ

---

31) アメリカの大規模株式会社では，取締役会のなかに一般にAudit Committee, Compensation Committee, Nominating Committee 等がおかれる。

リカのようなボードとすることも不可能ではない。任意に高い独立性のある社外取締役を取締役会の過半とすることは，会社法は禁止しているわけではないからである。しかし反対にアドバイザリーの役割にとどまるボードとすることも可能である。これは，要するに会社法は，複数のガバナンスのタイプを用意し，選択を認めるから，その理想とすべき取締役会のあり方自体を示すことを放棄しているのである。換言すれば，従来型の経営管理機関から指名委員会等設置会社への移行を図ることを会社法は強制していないのである。会社法制定前に初めて委員会等設置会社が導入される際に，モニタリングの強化よりも，業務執行の迅速性を図り，機動的な経営が可能になることが大いに強調されたのは，こうした事情によるものと考えられるのである。

(b) **指名委員会等設置会社を選択できる会社** 指名委員会等設置会社を選択できる会社は，会社法制定前とは異なり，いかなる株式会社であっても，定款の定めによって指名委員会等設置会社になれる（326条2項）。しかし一般には公開的会社であって，しかも会社法上の大会社（2条6号），とりわけ上場会社が指名委員会等設置会社にふさわしいといえよう。

(c) **4つの機関の設置義務** 指名委員会等設置会社は，取締役会のほかに3つの委員会と1人または数人の執行役をおくことが義務づけられる（2条12号・402条1項）。3つの委員会とは，すでに述べた通り，監査委員会，報酬委員会，指名委員会である。各委員会の権限等については，第7章の経営監督において詳しく述べる。

## (2) 取締役

(a) **意義・権限** 指名委員会等設置会社の取締役は，株主総会において選任される[32]。株主総会に提出する取締役選任議案の内容は，指名委員会が決定する（404条1項）。取締役は，会社の業務を執行できないのが原則である（415条）が，執行役との兼任は可能である（402条6項）。取締役は，取締役会の構成員として，取締役および執行役の職務執行を監督するのが主要な任務となる。取締役には業務執行権限はないのが原則であるから，代表取締役は存在

---

[32] 種類株主総会による取締役の選任は認められない（108条1項但書）。

しないし，従来型にあるような業務執行取締役，使用人兼務取締役は認められない（415条・331条3項）。

(b) **社外取締役** 指名委員会等設置会社では，3つの委員会の設置が必須となるが，その委員会の構成員は，それぞれ3人以上の取締役であり，しかもそのうちの過半数は，社外取締役でなければならない。したがって，最低でも社外取締役は，2人以上選任する義務がある。

社外取締役とはいかなる取締役であるかは，会社法2条15号に定義があり，その社外性の意義については，前記2(1)(a)で説明した通りである。さらに，指名委員会等設置会社の各委員会の構成員となる社外取締役は，指名委員会等設置会社の執行役・使用人でない者でなければならない（2条15号）。監査委員会の委員（監査委員）は，当該会社またはその子会社の執行役・業務執行取締役を兼ねることはできない（400条4項）。

もし経営者に対するモニタリングを強化するのであれば，経営者から独立した社外取締役（独立取締役）が必要になるが，この点については，会社法はそれ程厳格ではない。その場合の独立性の強化をいかに考えていくかは，相当に難しい問題がある[33]。

(c) **任　期** 取締役の任期は，1年である（332条3項）。取締役会の重要性にかんがみ，株主による信任の判断機会をより多くするためである。

### (3) 取 締 役 会

(a) **業務決定権限** 取締役会は，とりわけ執行役の職務執行のモニタリングが主たる任務となるから，業務決定権限（経営意思決定権限）は，きわめて限定された範囲とすることができる。すなわち，会社法上，許容される執行役への決定権限の委譲をしても，なお，残るものは，経営の基本方針，執行役の職務の分掌および指揮命令関係等となる（416条1項1号）。そしてこの業務決定

---

[33] 平成21年（2009年）に東京証券取引所は，上場規則に基づき上場会社に独立役員を1名以上確保することを義務づけた。この意義については，落合誠一「真の一般株主保護を目指す　東証『独立役員』ルールへの期待」ビジネス法務10巻4号1頁（2010年）参照。さらに平成27年（2015年）にはコーポレートガバナンス・コードにより社外取締役2名確保の遵守を要請するようになっている。

権限は，取締役に委任できないから，取締役会において決定しなければならない（416条3項）。取締役会は，その決議をもって，大幅に指名委員会等設置会社の業務執行の決定を執行役に委任することができる（416条4項)[34]。

　(b)　**職務執行の監督権限**　　取締役会は，取締役および執行役の職務執行を監督する権限があり（416条1項2号)，そのために業務執行の決定権限を大幅に執行役に委任するならば，そのことによって執行役の職務となる経営意思決定およびその実行のモニタリングに特化が可能となる。その場合には，取締役会（とりわけ監査委員会）は，モニタリングによるガバナンスの中核となる。

　指名委員会等設置会社においては，監査役制度は存在せず，取締役および執行役の職務執行のモニタリングは，取締役会による監督となるが，実際上，監査委員会によるものがその中心である。監査委員会の主要な任務は，第1に，取締役および執行役の職務執行を監査する（404条2項1号）。第2に，株主総会に提出する会計監査人の選任・解任並びに会計監査人を再任しないことに関する議案の内容を決定する（404条2項2号）。第3に，以上の権限を適切に行使するための調査権限を有する（405条）。第4に，毎決算期ごとに監査報告の作成という報告権限を有する（404条2項1号・436条2項2号）。

### (4) 執行役・代表執行役
　(a)　**執　行　役**
　　(i)　**権　　限**　　執行役は，第1に，業務決定権限（経営意思決定権限），第2に，その実行のための業務執行権限を有する（418条）。第1の権限は，会社法416条4項の規定による取締役会の決議に基づき，当該決議により委任を受けた事項（委譲事項）の決定権限である。委任される範囲はきわめて広いので，それがなされた場合には，指名委員会等設置会社における経営者は，執行役である。

　第2の権限である業務執行権限（決定権限のある機関により決定されたことを，実行する権限）は，執行役に専属するが，会社の代表権は当然に認められるわけではない（後記(b)(ii)）。執行役が複数の場合に，その職務の分掌・指揮命令関

---

[34]　その例外として執行役にその決定を委任できない事項は，416条4項但書参照。

係は，取締役会が決定する（416条1項1号ハ）。

(ii) 選任・解任等　執行役は，取締役会が選任・解任する（416条4項9号）。このことは，重要であり，この権限があるからこそ取締役会による執行役の職務執行の効果的なモニタリングが可能となる。執行役の員数は，1人以上何人でもよい（402条1項）。その任期は，1年である（402条7項）。

また，取締役との兼任も可能である（402条6項）が，兼任した者は，監査委員にはなれない（400条4項）。

(iii) 会社との関係　会社と執行役との関係は，委任に関する規定に従う（402条3項）。したがって，その職務執行について会社に対して善管注意義務・忠実義務（419条2項）を負う。

(b) **代表執行役**

(i) 権　限　代表執行役は，従来型の代表取締役と同様の会社の代表権をもつ（420条3項）。したがって，表見代表取締役の責任と同様に，表見代表執行役の責任が規定されている（421条）。

(ii) 選任等　執行役が1人のときは，その者が当然に代表執行役となり，執行役が複数いるときは，取締役会の決議によりそのなかから代表執行役が選任される（420条1項）。取締役会は，代表執行役の選任を執行役に委任することはできない。

## 4　監査等委員会設置会社

監査等委員会設置会社の基本的なコンセプトは，監査役（会）を廃止して，取締役会での議決権を有する社外取締役が過半数を占める監査等委員会を設けることにより，経営者のモニタリング（監督）を強化しようとするものである。経営者のモニタリングを強化するのであれば，指名委員会等設置会社が最もふさわしいガバナンス類型であるのに，なぜ監査等委員会設置会社なのか。

それは，わが国の上場会社のほとんどが監査役会設置会社となっており，指名委員会等設置会社は，きわめて少なく，しかもこうした状況は近い将来，急速に変わりそうもないからである。とりわけ経営者は，自分の後継者を自分で決めたいとの気持ちが強く（後継者指名権は権力の源泉である），それゆえモニタ

リング・モデルに最も親和性のある指名委員会等設置会社が敬遠されているからである。しかしこのような状況が続くことは，世界標準というべきガバナンスは，独立取締役による経営者に対するモニタリングを中核に据えるものとなっていることとの対比においてわが国の異質性・後進性が目立つのみならず，投資家からみると，株主利益を向上させるためのガバナンスがしっかりしていないのではないかとの危惧を生じさせることにもなる。大量の投資マネーが瞬時にしかも絶え間なく世界を駆け巡る現代においては，世界標準にそぐわないガバナンス体制は，大きなマイナス評価を受ける。したがって，わが国の経済の発展および資本市場の振興を図るためにも，投資家から信頼されるガバナンスの確立は急務といわねばならない。

そのような状況を踏まえて，平成26年（2014年）会社法改正によって指名委員会，報酬委員会の設置は強制しないが，監査役会による経営者のモニタリングよりもより強力なモニタリングが可能となるいわば監査委員会のみの設置を強制するガバナンス類型が構想され，それが，監査等委員会設置会社というわけである。

しかしこのガバナンス類型は，監査役会設置会社と指名委員会等設置会社との中間的な形態であり，その意味でそのモニタリングは中途半端であるのは否めない。私見としては，3つものガバナンス類型を用意し，その選択を実質的に経営者に委ねる現行会社法のあり方そのものに疑問がある[35]。そもそもモニタリング・モデルといわれる取締役会は，独立性のある取締役が，株主の中長期的な利益確保の観点から経営者の行動を厳しく評価・採点し，不合格の経営者は交代させるガバナンスである。これは，経営者に一般に好まれるものではないから，経営者が自ら進んで採用することを期待するのはそもそも無理な話というべきだからである。

監査等委員会設置会社の具体的内容は，後記第7章4において述べる。

---

[35] 落合誠一「コーポレートガバナンス・コードの意義」金判1463号1頁（2015年）参照。

第5章 コーポレート・ガバナンス――経営の決定と責任 (1)

# 5 コーポレートガバナンス・コード

### (1) 意 義

　平成26年（2014年）12月に金融庁と東証による有識者会議による検討を受けて「コーポレートガバナンス・コード原案」が公表され，その後のパブリック・コメントを経てコードは，平成27年（2015年）5月13日に上場規則に取り入れられた。本コードは，2014年2月の投資家と会社との建設的な対話を通じて企業価値の向上を図ることを意図した日本版スチュワードシップ・コードの制定に続くソフトロー（国家による強制があるハードローとは異なる自主規制規範）の第2弾である。そしてこの両コードは，両輪相俟って政府の「日本再興戦略」（改訂2014）の一環としての「攻めの経営」の実現を目指すものである。この背景には，現時の日本企業の全体的な革新力・競争力・利益力の低下への危機感があり，その活力を取り戻すための試みの1つなのである。

### (2) 主要な内容

　(a) 総 説　それではコーポレートガバナンス・コードが要求する内容はどのようなものか。

　まずその全体像であるが，全体として73の事項（5つの基本原則，30の原則，38の補充原則）が取り上げられており，それらに対する各上場会社の対応については，"Comply or Explain"のアプローチ（コードに従わない場合は，その理由を説明する義務がある）が採用されている。本コードは，上場規則に取り入れられているから，上場会社が，遵守しない理由の説明を全くしない等のコードに対する不誠実な対応があれば，当該会社に対して上場規則違反のサンクションが科せられる。もっともJASDAQおよびマザーズ上場会社は，コードのすべての適用があるわけではなく，基本原則のみ適用があるが，東証1部および2部上場会社に対しては，コードのすべてが適用される。

　(b) 注目点　コードの要請の中で特に注目すべきは，次の通りである。

　第1に，中長期的な企業価値向上を実現するための経営理念の策定を要請していることである（原則2-1）。継続企業の経営は，短期的な利益増大にあるの

ではなく，中長期的な企業価値向上にあることが明らかにされ，その実現を図るための経営理念の策定が求められている。これは，短期的な利益増大を目指す投資家の一部の行動（短期利益主義）の行き過ぎを是正し，企業の本来的な目標である中長期的な企業価値向上を改めて確認し，経営者にその実現を求めるものである。

　第2に，適切な情報開示と透明性の確保が求められる（基本原則3）。情報の開示は，法令の要求に従うのみでは足らず，より積極的に非財務情報も含めて有用性の高い情報の開示を求めている。この関連では，取締役等の報酬決定の方針，取締役・経営幹部の候補者の指名にあたっての方針・手続等も開示が求められる（原則3-1）。

　第3に，取締役会のあり方については，経営者に対するモニタリング機能の重視が要求されている（基本原則4）。取締役会は，CEOの経営に無条件のお墨付きを与える場になってはならず，具体的な経営戦略や経営計画等を建設的に議論する場でなければならない（原則4-1）。また取締役会は，CEO等の後継者計画についても適切な監督を行わねばならない（原則4-1③）。そして経営は，安全運転のみでなく，必要なときには積極的にリスクも取らねばならないから，取締役会は，経営者の積極的なリスクテイキングを支える環境整備を行うとともに，経営者によるリスクテイクの提案につき経営者から独立した客観的立場において多角的かつ十分な検討をする必要がある（原則4-2）し，経営陣の報酬については，中長期的な業績と連動報酬割合等も設定しなければならない（原則4-2①）。

　さらに「取締役会は，独立した客観的な立場から，経営陣・取締役に対する実効性の高い監督を行うことを主要な役割・責任の1つと捉え，適切に会社の業績等の評価を行い，その評価を経営陣幹部の人事に適切に反映させ」，また「適時かつ正確な情報開示が行われるよう監督するとともに，内部統制・リスク管理体制を適切に整備」し，経営陣・支配株主等と会社との利益相反を適切に管理しなければならない（原則4-3）。この基本原則は，取締役会の役割・責務としてモニタリングを重視することを要請しており，きわめて注目される点である。そしてそのモニタリングにおいては，コンプライアンスおよび財務報告についての内部統制や先を見越したリスク管理体制の整備についても，個別

第5章　コーポレート・ガバナンス——経営の決定と責任 (1)

の業務執行に関するモニタリングに終始することなく，その構築・運用が適確になされるか否かの監督に重点を置くべきである（原則4-3②）。しかもその，独立・客観的な監督の実効性を確保する方策として，非業務執行取締役の活用を検討しなければならない（原則4-6）。

独立社外取締役[36]の役割・責務については，次のようなものをあげて，その有効な活用を図ることを求めている（原則4-7）。その第1は，「経営の方針や経営改善について，自らの知見に基づき，会社の持続的な成長を促し中長期的な企業価値の向上を図る，との観点からの助言を行うこと」であり，第2は，「経営陣幹部の選解任その他の取締役会の重要な意思決定を通じ，経営の監督を行うこと」であり，第3は，「会社と経営陣・支配株主等との間の利益相反を監督すること」であり，第4は，「経営陣・支配株主から独立した立場で，少数株主をはじめとするステークホルダーの意見を取締役会に適切に反映させること」である。そしてこのような役割・責務を果たすためには，「上場会社はそのような資質を十分に備えた独立社外取締役を少なくとも2名以上選任すべきである」とする。さらに会社の特性・事業環境等を勘案して，自主的に少なくとも3分の1以上の独立社外取締役の選任が必要と考える会社は，そのための取組方針を開示すべきであるとする（原則4-8）。

これは，ハードローである会社法が監査役会設置会社について社外取締役の義務づけをしていないことと比較すると，ソフトローとはいえ，わが国の現状に対しての相当に思い切った踏み込みがあるといえよう。

また筆頭独立社外取締役の設置（原則4-8②），指名・報酬にかかる任意の委員会の設置（原則4-10①），取締役会全体の実効性に関する分析・評価とその概要の開示（原則4-11③），情報入手・支援体制の整備（原則4-13），取締役・監査役のトレーニングの実施（原則4-14）等も求めている。

第4に，株主との関係においては，株主との建設的な対話に関する方針の作成・開示の遵守（原則5-1）等が定められている[37]。

---

36) コードの用語であるが，本書では単に独立取締役といっている。
37) 詳しくは，例えば，澤口実「2つのコードの株主総会への影響」法学教室421号32頁（2015年）参照。

### (3) 評　　価

　このように本コードの内容は，詳細かつ具体的であり，上場会社がこれを十分遵守するようになれば，わが国のガバナンスの現状は，相当な前進が期待できる（その遵守状況は，各社が東証に提出するコーポレートガバナンス・コード報告書により明らかになる）。いうまでもなく，ソフトローは，基本的に自主規制であるから，経営者自身に強い遵守の意思がなければ，本コードが目指すところは，結局のところ実現されない。

　したがって，今後の本コードの運用がその実態において，comply していないのに，あたかもしているかのように開示したり，comply しないとした場合でも，理由にならないことをあげて explain をしたとするような実務が横行することになると，上場会社全体のガバナンスに対する取組み姿勢につき多大の疑問が生じることになる。またわが国の会社のガバナンスは，かえって現状より悪くなることすら懸念される。

　もちろんわが国が，日本版スチュワードシップ・コードとコーポレートガバナンス・コードとの両輪をもって上場会社のガバナンスを前進させようとする試みは，高く評価される。しかし本コードの要求水準をすべて満たすことをもってこと足れりと満足してはならない。たとえ本コードの要求がすべて満たされたとしても，残念ながらわが国のガバナンス水準は，世界のスタンダードからすれば，依然，周回遅れといわざるを得ないからである。

　というのは，指名委員会等設置会社および監査等委員会設置会社の場合を除き，そもそもハードロー上は，独立取締役の義務づけは存在しないし，本コードの要請においても，わずか2名の独立取締役の任用で遵守されたことになる。しかし独立取締役に関する世界のスタンダードは，取締役会の過半数以上が普通である。取締役会による経営者のモニタリングには，最終的には経営者の解任ができることがきわめて重要であり，そのためには，独立取締役が過半数はいることが不可欠である。すなわち，本コードの要求は，わが国の現状を前提とすれば，画期的ではあっても，世界標準からすれば，依然，はなはだ物足りないのである。このペースでは，果たしてわが国の取締役会がモニタリング・ボードといえるようになるのには一体どのくらいかかるのであろうか。残念ながら，まだまだゴールはみえないといわねばならないのである。

# 第6章 コーポレート・ガバナンス——経営の決定と責任(2)

本章は，経営者の責任を取り上げる。われわれは，前章で経営者が経営を決定し実行する機関構成を扱ったが，本章では，経営者の経営責任問題を考える。経営者の責任のあり方は，剰余権者である株主全体の共通の利益の最大化を目指すべき経営者行動に対する規律となるから，コーポレート・ガバナンスの中核的な課題となる。具体的には，取締役の善管注意義務，経営判断の原則を中心に責任に関する法ルールが検討される。また取締役の責任のあり方と密接な関係があるD＆O保険にもふれる。かくして本章の目標は，経営者の責任の基本を理解することとなる。

## 1 総　説

### (1) 経営者の善管注意義務の意義

**(a) 序　説**　本節では，経営者の責任の基本となる善管注意義務（ここでは，忠実義務と善管注意義務とを区別すべきかの論争には触れず，忠実義務は善管注意義務に包含されるとの見解〔後記2(1)参照〕に依拠して論述する）と経営判断の原則がなぜ認められるのかの基本的な検討を行う。また次節以下においては，その基本的な理解を前提として，具体例に即しつつその理解をさらに深めることにする。それでは，まず，経営者の善管注意義務を考えることにしよう。

会社法330条（民644条）は，経営者は会社に対して善管注意義務を負うと定めている。また会社法355条は，取締役の忠実義務を定めている。善管注意義務と忠実義務との関係については，本書では，善管注意義務は，忠実義務も含むものとして扱うことにする（後記2(1)参照）。そして経営者は，善管注意義務に違反をして会社に損害を与えると，損害賠償の責任を負う（423条1項）。なぜ株式会社法ルールは，経営者にこのような義務を負わせているのであろうか。

第6章 コーポレート・ガバナンス——経営の決定と責任 (2)

そもそも会社，特に上場企業の経営は，株主が自ら行うことは不可能であるから，会社法により株主総会に留保された事項以外は，経営者である取締役が実行することになる（いわゆる所有と経営の分離）。しかし株主から経営を任された経営者は，その広い裁量を悪用して株主の利益（＝株主全体の長期的な剰余利益）に反する経営決定をする危険性がある（株主と経営者とのエージェンシー問題）。したがって，会社法ルールとしても経営者のかかる行動を抑制する仕組みが必要となる。

そこでまず，考えられることは，取締役・会社間で締結される取締役任用契約によって制約を課すことである。すなわち，こと細かく経営者の行動を制約する定めを設けることである。しかしながら経営決定は，ビジネスの環境の変化に適切に対応し，いわば柔軟かつ臨機応変に行わねばならないものである。また取締役と会社とがその契約締結時点において，将来のあり得べきビジネス環境の変化のすべてを予測することはそもそも不可能である。それにもかかわらず，あらかじめこと細かく経営者の行動を制約する定めを設けることは，経営者の手足をしばることとなり，かえって会社のためにならないことになる。

ここにおいて経営者には広い裁量を認めなければならないし，そうすることこそが適切である。換言すれば，会社法が経営者に経営決定に関する広い裁量を与えているのは，経営者による経営決定の性質上の当然の帰結であり，またそうすることこそが，剰余権者である株主全体の共通の利益の実現に資するからに他ならない。したがって，経営者に広い裁量を認めることは，必然であり，合理的なのである。

しかし経営者に広い裁量を認めることは，その反面として，株主の利益に合致しない行動を経営者がとるリスクを生じさせる。そこで会社法は，経営者が今後行うであろう経営決定のすべてをカバーし得る包括的な義務を課すことにより，これに対処することになる。それが，すなわち，取締役の会社に対する善管注意義務なのである。したがって，取締役の会社に対する義務である善管注意義務が漠とした一般原則的なルールとなるのは，いわば当然なのである。

(b) 取締役の責任規定

(i) 会社に対する責任　　会社法における取締役の責任に関する規定は，大別して会社に対する責任と第三者に対する責任とに分かれる。

会社に対する責任の中核規定は，423条1項であり，任務懈怠責任といわれる（もっとも本条1項の責任は，取締役のみならず会計参与，監査役，執行役，会計監査人の責任規定でもある）。本条は，取締役と会社との関係は，委任に関する規律に従い，契約関係となるから，その法的性質は，債務不履行責任である。もっとも通説的見解によれば，取締役の任務の中には，委任契約関係からではなく，法律上当然に生じるものも含まれるし，善管注意義務は特約によっても軽減できないから，本条は，その意味で債務不履行責任の特則となると解している。

　本条の責任の発生要件は，第1に，取締役にその責めに帰すべき任務懈怠があること（故意・過失による善管注意義務違反の事実）であり，第2に，会社に損害が発生することであり，第3に，第1の事実と第2の事実との間に相当因果関係があることである。したがって，本条の責任は，過失責任であるが，取締役が自己のために会社と取引を行った場合の責任は，無過失責任となる（428条1項）。

　この関係で責めに帰すべき事由＝故意・過失と任務懈怠の存在を別個にとらえるか，それとも任務懈怠の中に責めに帰すべき事由も包含されていると考えるかについては，見解が分かれている。

　後者の見解によると，428条1項が任務懈怠と責めに帰すべき事由とを別個のものとして書き分けていることをどう説明するかの問題が生じるし，また立証責任において，損害賠償請求権を有する債権者である会社が，債務者である取締役の任務懈怠とその故意・過失のいずれについても立証責任を負うとするが，これは債務不履行責任に関する立証責任の一般原則（無過失の立証責任は債務者が負担する）に反することになる。そこで例えば，後者の見解をとるとしても，立証責任については別異に解する立場も考えられる。しかしむしろ端的に前者の見解を是とすべきであろう。

　取締役の会社に対する責任は，ときとして当該取締役には弁済し得ないほど巨額となる場合がある。そうなると，責任規制の狙いである損害塡補機能も違法抑止機能もともに適正に機能し得なくなる。したがって，この問題に対する対応としては，過失相殺あるいは損益相殺を認める必要があるし，寄与度に応じた因果関係の割合的認定を行い賠償額の算定を行うことも考えねばならない

第6章 コーポレート・ガバナンス——経営の決定と責任 (2)

（下級審判例では，例えば，前者につき東京地判平成2年9月28日判時1386号141頁，後者につき東京地判平成8年6月20日判時1572号27頁等がある）。また責任の免除・制限やD＆O保険の適切な活用も必要となる（本章6および7参照）。

　本条（423条1項）の責任の消滅時効は，商法522条の5年ではなく，民法167条1項による10年である（最判平成20年1月28日民集62巻1号128頁）。本条の責任は，株主代表訴訟の対象となる（847条1項）。

　なお，取締役の会社に対する責任は，本条の責任の他に，株主権の行使に関する利益供与（120条4項）（後記第8章2(2)(d)参照），剰余金の配当等につき分配額の超過・欠損の発生（462条1項・465条1項）（後記第10章2(4)，(5)参照），出資の履行の瑕疵（213条1項・286条1項・213条の3第1項・286条の3第1項）（後記第11章1(6)参照）等がある。

　(ii)　第三者に対する責任　　その中核規定は，429条1項であるが，この規定の説明は，本章6において行う。

## (2) 経営判断の原則の意義
### (a) 原則の正当化根拠

　(i)　序　　経営者に善管注意義務を課するのが適当であるとしても，その注意義務のレベルをどのようなものとすべきか考えねばならない。この点は，経営者には，経営判断の原則が認められることとの関係で特に問題となる。経営判断の原則のような法ルールは，医師や弁護士等の他の専門家責任（プロフェッショナル・ライアビリティー）の場合には認められていないから，経営者の経営決定についてのみ，なぜこの原則が認められるのかとの疑問が生じるからである。もっとも経営判断の原則は，判例上認められる原則であり，しかも形成途上にあるから，その内容をどう理解するかは，論者により相違がある。その具体的内容をどう考えるべきかは，後に詳述するが，ここでは，とりあえず，次のようなものとしたうえで議論を進めることにしよう。

　すなわち，ここでいう経営判断の原則とは，当該状況において当該経営者であれば行うであろう範囲の情報収集を行ったうえで，当該経営者が，その情報を基にして株主の最善の利益となると信じて選択した経営決定であれば，その決定の結果が事後的に妥当でないと判明した場合であっても，当該経営者は，

善管注意義務違反とはされないとする原則である。これは，通常の過失の判断とは相当に異なるものである。それでは，なぜ経営者には経営判断の原則が認められるのか。

　(ⅱ)　リスクを取る経営の必要性　　そこで，もし経営者の善管注意義務を非常に厳格に解釈して広く経営者の責任を認める場合を考えてみると，そのような厳しい法ルールのもとで経営者はどのような行動をとることになるであろうか。きわめて高い確率でもって経営者は，リスクがある経営決定はせずにひたすら安全運転に徹する経営をするようになるであろう。なぜならば，非常に厳格な責任ルールのもとにおいては，経営決定が，よい結果を生まなかった場合にはまず法的責任を免れないからである。しかし経営者が皆安全運転経営に徹することになると，困った事態となる。というのは，リスクを取るべきときには，リスクを取る経営をしなければ，会社は駄目になってしまうからである。例えば，技術革新に成功すれば，会社には大きな富がもたらされるし，社会にも多大な便益が生じる。しかし技術革新は，きわめて成功の確率が低い試みであり，そう簡単に実現できることではない。にもかかわらず，それに経営者が挑戦する経営決定をしなければ，それは決して実現されないのである。したがって，経営者の経営決定が萎縮してしまうほどに善管注意義務違反による責任を強化するのは適当ではない。しかしさりとて経営者の経営決定につきおよそ裁判所によるチェックが入らないような緩すぎる責任となるのもまた問題である。経営者の怠慢も，また問題だからである。

　そこで両者のバランスを適切に取ることが，ここでの法ルールの課題であり，その答がまさに経営判断の原則なのである。

　(ⅲ)　経営者の行動パターン　　ところで経営者は，その行動様式として一般にリスクを取る経営をするものなのであろうか。この点については，会社が債務超過の状況にない場合は，一般に否定的に考えざるを得ない。なぜならば，経営者は，会社の経営を行うことによってその生活の糧を得ているのであるから，最悪会社が倒産したら行き場所がなくなるし，そこまでいかなくとも経営者としての手腕が疑われ，退任に追いこまれるかもしれない。またわが国には，経営者マーケットも発達していないから，他に職をみつけるのは著しく困難である。さらに，ハイリスク・ハイリターンの経営決定が会社に多額の利益をも

たらしたとしても，その多くは剰余権者である株主のものとなり，経営者の分け前は，きわめて些少のものでしかない。しかもわが国の経営者は，従業員からの出世の終点としてなる場合がほとんどであるから，長く働いた会社を離れては，ほとんどつぶしがきかず，転職自体がむずかしい。したがって，経営者は，ほうっておいたのでは，リスク回避的行動を取りがちとなる。

　(iv)　株主の行動傾向　　他方，株主はいかなる経営を望むかといえば，第2章3で述べた通り，株主は有限責任であるので，ハイリスク・ハイリターンの経営決定の方をより好むことになる（大きなリターンが生じれば，大きな分け前が得られ，大きな損失が生じたときには，出資額だけ損をすればよい）。すなわち，株主は債権者とは異なり（債権者は，自己の債権についての弁済資力が確保されれば満足であるから，むしろ安全運転の経営を望むことになる），ハイリスク・ハイリターン経営がなされることを期待することになる[1]。また現代の株主の多くは，分散投資をしており，分散投資をすれば，特定企業に固有のリスクを回避できる（もっともいわゆるシステミック・リスクは回避できないが）から，よりハイリスク・ハイリターンの経営決定を望む傾向が強まる。

　(v)　まとめ　　このようにみてくると，経営者は一般にリスク回避的であり，他方，株主は，リスクの高い経営決定を望むのであるが，経営者は，ほうっておくと，株主が望むようなリスクを取る経営決定を一般にとらない。しかしリスクを取るべきときには取るという経営決定は必要であり，そうでないと会社は，市場から強制的に退出を迫られてしまう。

　そこで会社法は，そうした経営者のリスク回避的な状況を是正し，経営者がリスクを取るべきときには，しっかり取るとの経営決定がなされるよう経営者を動機づける法ルールを用意する必要があり，そしてそれが経営判断の原則が認められる実質的根拠なのである。

　換言すると，経営のプロでもない裁判官が，自らの素人的な評価基準をそのままあてはめて経営決定の当否に積極的に介入することを認めることは，問題が多く，適当ではない。なぜならば，経営経験やビジネスセンスを持ち合わせ

---

1)　株主と債権者の経営に対する期待は，正反対となるから，その利害調整については，困難な問題が生じる。例えば，落合誠一「契約による社債権者と株主の利害調整」竹内昭夫先生還暦記念『現代企業法の展開』201頁（有斐閣，1990年）参照。

ていれば，当該決定を取ったことの妥当性が理解・共感できるはずであるのに，ビジネスの経験もセンスもない素人にはそれが全く理解できない場合がいくらもある。そのような場合，一般に人は自分が理解できない行動は，不合理でばかげたことであると考えがちであるから，裁判官は，そのような経営決定は，善管注意義務違反であると判断しがちとなる。その結果，ビジネスの常識からすれば，当然，許されるはずの経営決定が，義務違反として損害賠償の制裁が加えられることとなる。

しかしビジネスの常識からすれば，当然，許される範囲内の経営決定であると考えられることが善管注意義務違反となれば，経営者は，ただでさえ危険回避的であるのにますます安全運転経営に徹しようとすることになる。経営者のかかる行動は，取るべきリスクは取るという果敢な経営決定が行われないことにつながり，このことは，結局のところ会社の富の創出にも，さらには国民経済の発展にもマイナスの効果を生じさせる。したがって，裁判所は，基本的に経営決定にはなるべく介入しないとの消極的態度をとることこそが，賢明であり，そうした態度に徹することが，結局のところビジネスをよい方向に導くのである。

(b) **原則と経営者の規律との関係**　もっとも裁判所が経営判断介入への消極姿勢を強めると，経営者の規律の低下が招来され，不当な経営判断を助長することにならないかとの疑問が生じる。しかしこの疑問は，ほとんど問題とするに足らないであろう。

なぜならば，経営者の行動に対しては，社会的にさまざまな規律のメカニズムが働いており，それらが不当な経営を抑制しているからである。例えば，経営者が，消費者の需要に合致しない製品の生産をすれば，それは，当然，消費者取引市場においてほとんど売れないことになり，それにより会社は損害を受けるし，経営者はその失敗により退陣等を迫られる可能性がある。これは，すなわち市場の規律である。また企業価値の増加を図る経営をしないでいれば，敵対的買収者が現れて，現経営者は，首をすげ替えられるおそれが生じてくる（会社支配権市場による規律）。さらに違法行為をすれば，課徴金等の行政制裁はもとより刑事制裁も受けねばならない（刑事的制裁等による規律）。さらに経営者がおかしなことをすれば，その信用・評判の失墜という制裁もある（評判等

第6章 コーポレート・ガバナンス——経営の決定と責任（2）

による規律）。

このように経営者の経営判断については，さまざまな規律確保のメカニズムが，すでに存在するのであり，裁判所による善管注意義務違反責任は，こうしたさまざまな規律のメカニズムのなかの1つにすぎない。したがって，裁判所が経営判断介入につき消極的な姿勢をとったとしても，特に問題は生じないのである。むしろ裁判所が経営決定に対して積極的な介入姿勢をとることの方が，会社にとってはもちろん，社会的・経済的にもマイナスが大きいのである。

(c) 原則の法律上の根拠　　この原則が認められる実質的な根拠は，以上述べた通りであるが，その実定法上の根拠は，どこに求めるべきだろうか。それは，会社経営に関する株主と経営者の権限分配の趣旨にある。会社法は，会社経営は，原則的に経営者が行うものであって，株主が行うものではないとしている。このことは，所有と経営が分離した公開的会社においては明らかである（295条2項・3項）が，閉鎖的会社においても，取締役は会社の業務を執行すると定めており（348条1項），経営は基本的に経営者が行うとの趣旨を明らかにしている。したがって，実定法上の根拠は，この趣旨に求められることになる。

(d) 原則の適用範囲　　さらに考えなければならない問題は，経営判断の原則は経営者の経営行動のすべてに及ぶとしてよいかである。この問題の答としては，少なくとも次のような場合には，経営判断の原則の適用はないと考えるべきである。

第1に，経営者が株主の利益よりも自己の利益を優先させる経営決定をした場合である。この場合には，経営判断の原則の適用は問題とならず，通常の注意義務違反の判断枠組みの適用によって解決すべきであろう。自己の個人的利益を優先させる経営決定は，株主の利益を守るべき経営者の本来的な役割に反するものであり，また必要なときにはリスクを取る経営決定を動機づけることにも関係がないからである。

第2に，経営者の経営決定が法令に違反する場合はどうであろうか。この点については，経営者は，法令を遵守すべきもの（355条参照）であり，遵守するか，しないかの選択は，そもそも経営者にはなく，したがって，経営判断の問題ではないというべきであろう。しかしそう解するからといって，法令違反の経営決定が，常に有責となるとは限らない。なぜなら，法令といっても株主の

利益 (もちろん株主の適法な利益) との関係でその重要性につき軽重があるし, また経営決定の時点において当該法令の存在を認識できなかったことがやむを得ないものと判断せざるを得ないような場合等もあり得るからである。このような例外の場合を除き, 法令違反の経営決定には, 経営判断の原則は及ばず, したがって, 通常の注意義務違反の判断枠組みの適用によって解決すべきである。

(e) **原則の具体的な内容** それでは, 前記の基本的な存在根拠に合致するように経営判断の原則を法的に定式化するとしたら, その具体的な内容はどうなるか。それは, 次のようなものと理解すべきである。

第1に, 善管注意義務違反の有無の判断基準時は, 当該経営決定がなされた時点である。すなわち, 当該経営者が当該経営決定をする時点で合理的に入手し得た情報および合理的に予測可能であった情報に基づいて, 当該経営者の当該経営決定は評価されなければならない。換言すれば, その時点から後に生じた事実・事情を考慮してその義務違反の有無を判断してはならない (結果責任論の否定)。経営決定とは, 決定の時点で得られた情報に基づき経営者が行う1つの決断であり, その時点では, 誰にもその結果がどうなるかは分からないことなのである。その意味で経営決定とは, 祈るような決断であり, 不確実な未来に向かっての跳躍に他ならない。

第2に, 善管注意義務違反の有無の判断は, 当該経営者の属する業界における通常の経営者の有すべき知見および経験 (ビジネスの常識といってよい) が基準となるべきである。換言すれば, 普通の経営者が基準となり, ビジネスの神様を基準にしてはならないのである。

第3に, 当該経営決定の前提となった事実の認識につき重大な不注意による誤りがなかったかが問題とされるべきである。事実の認識につき不注意な誤りが生じるのは, 経営決定に至る時点において通常なされるべき情報の収集・調査・検討がなされていたか否かがポイントである。すなわち, 当該経営決定が, インフォームド・ディシジョンであったかどうかである。

第4に, 前記第3による情報収集に問題がない場合でも, それに基づく経営決定については, 複数の選択肢があるのが通常である。そうすると, 経営決定する場合にいかなる選択肢があるか, またその選択肢のなかからどれを選択す

## 第6章 コーポレート・ガバナンス──経営の決定と責任 (2)

るかについてのそれぞれにつき特に不合理な点がなかったか否かが検討されるべきである。この検討は，経営決定の内容そのものの当否を検討することではなく，取締役が経営決定をする当時の状況において可能である選択肢を選定する過程およびそのなかから経営決定として1つの選択肢を選択する過程の合理性に焦点を合わせた検討である。

　第5に，前記第3および第4の観点からそれぞれ検討をしたうえで，当該経営決定をすることが株主全体の長期的な剰余利益の観点からみて著しく不合理であるか否かが検討されるべきである。すなわち，前記第3および第4の観点からの検討を総合評価して，株主全体の長期的利益の観点からみて，著しい不合理のレベルにあると判断された経営決定のみが善管注意義務違反とされるべきである。換言すれば，第5の観点の評価は，経営者の裁量の範囲内にあるとして注意義務違反の有無を問題としないとするにはあまりにも不合理であると判断される場合にのみ限定されるべきである。経営判断の原則が認められる基本的な存在根拠からすれば，ビジネスの決定に裁判所が介入するのは，株主の利益につき看過できない不利益が生じていると確信できる場合でなければならないからである。

　第6に，経営決定は，経営者が誠実に株主の剰余利益確保になると信じて行ったものでなければならない。経営者が株主以外の利益のために経営決定をするならば，それは，原則的に善管注意義務に反すると評価すべきであるからである（株主利益最大化原則）。

　なお，わが国の経営判断原則とアメリカの経営判断原則とが同じかどうかは，それ自体議論があるところであるが，前述のこの原則のよって立つ基本的な正当化根拠を考えれば，わが国の場合もアメリカの場合も違いはないはずである。そうだとすれば，経営判断の原則の内容・解釈は，両国において相違があること自体がおかしいのであり，したがって，収斂する方向での解釈がとられるべきである。

## 2 善管注意義務の具体的検討

### (1) 序

　取締役は、会社に対して善良な管理者としての注意義務（善管注意義務）があり、この義務に違反して会社に損害を与えた場合に、会社に対して損害賠償の責任を負うというのが、取締役の会社に対する基本的な責任である。

　取締役会設置会社における取締役は、取締役会のメンバーとして会社の経営の意思決定に参画するが、その場合に、取締役は、善管注意義務を尽さねばならない。会社法330条は、会社と取締役との法律関係は委任の規定が適用されると定めて、この点を明らかにしている。すなわち、民法には委任に関する一連の規定がおかれているが、そのなかの644条は、委任を受けた者（受任者）は、委任の本旨に従い善良な管理者の注意をもって委任事務を処理する義務を負うと規定しており、この規定が、会社法330条によって取締役に対して適用されるからである。

　この関連で、会社法355条の規定をみると、取締役は、会社のために忠実にその職務を遂行する義務を負うと定められている。これが、取締役の忠実義務である。この忠実義務と会社法330条の善管注意義務とはどういう関係にあるかが問題となるが、最高裁判所の大法廷判決[2]は、忠実義務は、善管注意義務を敷衍し、かつ一層明確にしたものにとどまり、通常の委任関係に伴う善管注意義務とは別個の高度な義務を規定したものではないとしている。この最高裁判決は、会社法制定前のものであるが、会社法のもとにおいても妥当すると考えられ、また学説もこのような理解が通説となっている。

### (2) 具体例

　それでは、取締役が会社に対して負う善管注意義務とは具体的にどのようなものか、またそのレベルはどのくらいに設定されるのであろうか。この問題について、裁判例を取り上げて具体的に考えることにしよう。

---

2）　最大判昭和45年6月24日民集24巻6号625頁。

第 6 章　コーポレート・ガバナンス——経営の決定と責任 (2)

　ここで取り上げるのは，最高裁判所の平成 21 年 7 月 9 日の判決[3]である。会社の取締役には，善管注意義務の一環として，従業員らによる架空売上げ計上を防止する等のリスク管理体制を構築する義務があるが，どの程度の管理体制を構築すれば，義務違反とならないかが問題となった事件である[4]。第 1 審，原審のいずれも取締役の義務違反を認めたが，最高裁は，原審判決を破棄して，リスク管理体制構築義務違反はないとした。

　各裁判所は，いずれもその基本的な事実関係の認識に相違はないにもかかわらず，リスク管理体制構築義務違反の有無の判断が分かれた。したがって，本件は，最高裁と下級審とで会社の経営者の責任をどの程度のレベルのものとすべきかに関する判断が分かれたものであり，最高裁が経営者の義務のレベルをどのように考えているかを知るために，まさに絶好の事件といえる。

　【事実関係】
　Y 会社は，ソフトウエアの開発・販売等を業付する東京証券取引所（東証）第 2 部に上場する株式会社であり，A は，同会社の設立以来代表取締役の地位にある者であり，X は，証券会社を通じて Y 会社の株式を取得した者である。ところが Y 会社のパッケージ事業本部の GAKUEN 事業部長であった B が，その部下数名ぐるみで複数年度にわたり売掛金残高確認書，注文書および検収書等を捏造して同事業部の売上金額をふくらませる架空売上げ計上を行っていたことが判明した（B は刑事訴追を受け，有罪判決を受けた）ので，A は，その事実を公表し，Y 会社の 3 月期の業績予想を修正した。東証は，Y 会社から過去の有価証券報告書を訂正する旨の報告を受け，上場廃止基準に抵触するおそれがあるとして，Y 会社の株式を監理ポストに割り当てた。そしてこれらの事実が新聞報道された後，Y 会社の株価は大幅に下落した。

　X は，Y 会社の株を所有していたが，Y 会社の代表取締役である A が B らの不正行為を防止できず，その結果，有価証券報告書に虚偽の記載がなされ，X に株価下落の損害を与えたことは，A の不法行為であり，したがって，Y 会社は，会社法 350 条に基づき X に対して損害賠償の責任を負うと主張して，Y 会社を相手に訴訟

---

3)　最判平成 21 年 7 月 9 日判時 2055 号 147 頁。
4)　本件は，会社法 350 条による請求であるから，代表取締役の不法行為責任の成立が問題となり，それゆえにリスク管理体制の構築につき代表取締役に不法行為法上の過失があるか否かが直接的争点となっている。しかしその過失が肯定されるか否かは，基本的に善管注意義務違反があるか否かと等しいものと考えられる（もっとも過失の対象が被害者に対する関係か〔350 条〕，それとも会社に対する関係か〔423 条〕の相違はあるが，本質的ではない）。

を提起した。

　第1審は、Xの損害額の主張は減額したものの、Aに過失ありとしてY会社の責任を認めた。すなわち、本件不正行為の当時のGAKUEN事業部の組織体制および本件事務手続には、Bのような事業部の上層部が企図すれば、容易に本件不正行為を行い得るリスクが内在しており、他方、Y会社の各部門の適切なリスク管理体制を構築し、機能させる義務を負うY会社の代表取締役であるAは、事務手続の流れを踏まえて不正行為の可能性を意識すれば、その予見が可能であり、その防止・軽減処置もとれたはずであるから、適切なリスク管理体制の構築を怠ったとしたのである。原審も基本的に第1審と同様の理由でY会社の責任を認め、Y会社の控訴を棄却した。そこでY会社が上告した。

【裁判所の判断】

　最高裁は、Y会社の上告を認容し、Y会社の敗訴部分を取り消し、Xの請求を棄却した。その理由は、次の通りである。

　「本件不正行為当時、Y会社は、①職務分掌規定等を定めて事業部門と財務部門を分離し、②GAKUEN事業部について、営業部とは別に注文書や検収書の形式面の確認を担当するBM課及びソフトの稼働確認を担当するCR部を設置し、それらのチェックを経て財務部に売上報告がされる体制を整え、③監査法人との間で監査契約を締結し、当該監査法人及びY会社の財務部が、それぞれ定期的に、販売会社あてに売掛金残高確認書の用紙を郵送し、その返送を受ける方法で売掛金残高を確認することとしていたというのであるから、Y会社は、通常想定される架空売上げの計上等の不正行為を防止し得る程度の管理体制は整えていたものということができる」として代表取締役Aの当該管理体制構築につき過失はないとした。

　そうすると、なぜ本件不正行為が当該管理体制で防げなかったかが問題となるが、その点については、「本件不正行為は、GAKUEN事業部の部長がその部下である営業担当者数名と共謀して、販売会社の偽造印を用いて注文書等を偽造し、BM課の担当者を欺いて財務部に架空の売上報告をさせたというもので、営業社員らが言葉巧みに販売会社の担当者を欺いて、監査法人及び財務部が販売会社あてに郵送した売掛金残高確認書の用紙を未開封のまま回収し、金額を記入して偽造印を押捺した同用紙を監査法人又は財務部に送付し、見掛け上はY会社の売掛金額と販売会社の買掛金額が一致するように巧妙に偽装するという、通常容易に想定し難い方法によるものであったということができる」とした。

　もっとも同種の不正行為が過去にあったとすると、Y会社の代表取締役Aにその予見可能性があったのではないかとの問題が出てき得るが、「また、本件以前に同様の手法による不正行為が行われたことがあったなど、Y会社の代表取締役であ

るAにおいて本件不正行為の発生を予見すべきであったという特別な事情も見当たらない」とした。さらに下級審は、売掛金の回収が検収から2年間以上回収されないことは例外であること等から、財務部のリスク管理体制が機能していないと判断していることとの関係については、次のように判示している。すなわち、「さらに、前記事実関係によれば、売掛金債権の回収遅延につきBらが挙げていた理由は合理的なもので、販売会社との間で過去に紛争が生じたことがなく、監査法人もY会社の財務諸表につき適正であるとの意見を表明していたというのであるから、財務部が、Bらによる巧妙な偽装工作の結果、販売会社から適正な売掛金残高確認書を受領しているものと認識し、直接販売会社に売掛金債権の存在等を確認しなかったとしても、財務部におけるリスク管理体制が機能していなかったということはできない」とする。

そして最高裁は、「以上によれば、Y会社の代表取締役であるAに、Bらによる本件不正行為を防止するためのリスク管理体制を構築すべき義務に違反した過失があるということはできない」と結論したのである。

### (3) 若干の検討

取締役会は、当該会社にとってふさわしい適切なガバナンスのシステムの確立を決定する必要があり、その構成員である取締役は、その決定が妥当なものとなるにつき善管注意義務を会社に対して負う。また代表取締役は、当該取締役会の決定を実行・実現すべき善管注意義務を負うことになる。これは、いわゆる内部統制システムの構築・維持責任として議論される問題であり、本件の「通常想定される架空売上げ等の計上等の不正行為を防止し得る程度の管理体制」もこのことに関するものである。

この問題の焦点は、取締役会においてどの程度の内部統制システムの構築を決定すれば、取締役として善管注意義務違反とならないか、また代表取締役は、その決定を具体的にどのようにして実行・実現すれば、善管注意義務違反とならないかである。本件では、会社法350条による請求であるがゆえに代表取締役Aの義務のみが問題とされているが、会社法423条1項に基づき取締役に損害賠償請求をする場合には、本件管理体制を決定した取締役会の構成員である個々の取締役の義務も問題となり得る。

それでは、どのような管理体制であれば、義務違反とはされないか。もとより不正行為の完璧な防止は不可能であるから、本件の最高裁判決がいうような

通常想定される不正行為を防止し得る程度の管理体制の構築・維持とすべきである。しかし微妙かつ困難な判断となるのは、具体的にどのようなシステムであれば、通常想定される程度のものといえるかである。システムを厳重にすればするほど、そのコストは増大するから、巧妙な不正をも防止しようとすれば、ますます重装備のものにしなければならない。本件は、どの程度の巧妙な不正とみるべきか。もし裁判所が取締役にとってあまりに厳しい義務を課すとなると、取締役は不必要に重装備のシステムを構築しようとするであろう。それは、当該会社にとって無駄であるし、社会的にも好ましいことではない。

読者は、本件の第1審・第2審と最高裁判所の立場のいずれを妥当と考えるであろうか。読者は、ここで是非一度自分自身で考えて欲しい[5]。そうすれば、取締役の善管注意義務についての理解はより進むであろう。

## 3 経営判断の原則の具体的検討

### (1) 序

経営判断の原則を認めるべき基本的根拠等は、すでに前記1(2)で述べたところであるが、もう一度基本的なポイントを確認しつつ、おさらいをしてみよう。そもそも会社経営は、安全運転に徹するだけでは困るのであり、場合によっては積極的にリスクを取らねばならない。そうでなければ、競争力やイノベーションの向上等もあり得ないからである。それゆえ経営者が、そのリスクを取った結果が失敗に終わったからといって、損害賠償責任があるとされるのでは、経営は必然的に萎縮する。例えば、普通はバントを命じる場面で相手の意表をつく強攻策を監督がとった結果、それが失敗したとしても、失敗の結果を根拠に監督を非難するのは適当でない。経営もまさにそうなのであって、経営決定の時点においては、その結果は分からないのである（不確実な未来に向けての祈るような跳躍）から、経営者の経営決定を評価する際に結果論で批判するのは、妥当でないのである。

しかも経営決定の問題は、野球の場合とは異なり、ステークホルダー間の利

---

[5] その際には、自分で、判決そのものにあたったうえで、それを熟読することを強くお勧めする。

害の対立につながる。例えば，株主は，一般的には積極経営を望むが，経営者はむしろ安全運転を心掛けようとするかもしれない。また経営の専門家ではない裁判官が経営の決定の内容そのものに積極的に踏み込んで，当該決定が適切かどうかを判断するのは妥当でないとの問題がある。つまり経営者は，その経営決定について市場の規律をうけ，その評価が悪ければ，責任をとらねばならないが，裁判官が判決において示す経営判断は，市場の規律をうけることがない。その意味において裁判官はその経営判断につき責任をとることはないのである。また裁判所の判断は，すでに結果が出ているうえでの事後的判断であるから，どうしても経営決定の結果が悪ければ悪いほど事後的結果の影響を受けやすくなる。

　このようにみてくると，裁判所は，原則として善管注意義務の判断をする場合に経営者の経営決定に積極的な介入をするべきではない。判例もまさにこうした問題を認識しているがゆえに，判例上，経営判断の原則を認めてきたのである。

## (2) 具 体 例

　それでは，東京地決平成16年6月23日金判1213号61頁の事案をもとにして，具体的に経営判断の原則の適用をみることにしよう。

　【事実関係】
　　A会社は，経営不振に陥ったB会社の支援のためにB会社が発行する優先株400億円を引き受けることを決めたが，A会社の株主であるXらは，そのような決定は，取締役としての善管注意義務に違反するとして，会社法制定前商法272条（現360条）に基づき，A会社の代表取締役Yは，同会社を代表してB会社の増資新株の引受けをしてはならないとの仮処分決定を求めた。

　　その理由としてXらは，A会社の今回の支援決定は，B会社のリコール隠し・隠ぺい工作の事実関係についての十分な調査・検討を経ずになされたものであって，決定手続が拙速であるうえ，支援決定を行った場合にA会社がこうむる可能性のある利害得失に関しても踏み込んだ調査・検討がなされていないから，本件支援決定には，善管注意義務違反があると主張した。

　　これに対してYは，本件支援決定にあたっては，十分な調査・検討がなされているし，B会社への市場の信頼が急速に失われている状況下では，早急に支援を決

## 3 経営判断の原則の具体的検討

定し発表することが必要であるから，本件支援決定には，善管注意義務違反はないと主張した。

【裁判所の判断】

裁判所は，第1に，「A会社によるB会社への本件支援決定の適法性が争点になっているところ，このような経営不振企業に対し支援を行なうか否か，あるいは支援を行なう場合の時期や支援の規模・内容をどうするかといった判断を行なうに当たっては，企業の経営者である取締役としては，支援をする企業と支援を受ける企業の関係，支援を受ける企業が支援を必要とするに至った原因，支援を必要とする企業が置かれている状況，支援を受ける企業の再建策の合理性等の諸般の状況を踏まえたうえで，企業の経営者としての専門的，予測的，政策的な総合判断を行なうことが要求されるというべきである」とし，「そして，そのような判断は，いわゆる経営判断に他ならないから，本件支援決定の適法性を判断するに当たっては，取締役の判断に許容された裁量の範囲を超えた善管注意義務違反があるか否か，すなわち，意思決定が行われた当時の状況下において，当該判断をする前提となった事実の認識の過程（情報収集とその分析・検討）に不注意な誤りがあり合理性を欠いているか否か，その事実認識に基づく判断の推論過程及び内容が明らかに不合理なものであったか否かという観点から検討がなされるべきである」と判示して，本件支援決定の善管注意義務違反の判断においては，経営判断の原則の適用があることを明らかにした。

第2に，裁判所は，本件支援決定の必要性につき検討し，「B会社が経営不振の状態に陥っていることは明らかであるところ，……A会社とB会社は，○○グループという同一の企業グループを構成し，A会社は，B会社の株2億4000万株余りを保有しており，しかもA会社とB会社の間では年間400億円規模の取引があることなどからすると，……支援を行なうこと自体については，A会社の取締役の経営判断として合理性を肯定できるというべきである」とした。

第3に，支援決定の必要性はあるとしても，①本件支援決定の時期が相当であったかどうかがさらに問題となる。すなわち，B会社の重大な再生障害事由となる危険性があるリコール隠し・隠ぺい工作の事実関係についての十分な調査・検討がなされないままの拙速な決定であるかどうかが問題となるが，裁判所は，A会社の取締役には，本件支援を行うか否かを判断するのに必要な限度でリコール隠しに関する事実関係の調査・検討の義務を認めたうえで，「被支援企業であるB会社については，相次ぐリコール隠しの発覚により，市場の信頼が急速に失われつつあることが明らかであり，そのような状況のもとでは，可能な限り早い時期に具体的な支援を行うことが，企業価値の劣化をくい止めるために必要であり，リコール隠しに関

する全貌が明らかになった後でなければ支援を決定できないとすれば，最も有効な支援の機会を逃し，被支援企業の再建が困難となる可能性も否定できないというべきである」とし，A会社の取締役は，「事実関係の徹底解明と支援の緊急性という相反する2つの要請のバランスをとりつつ，どのタイミングで支援を行うか（支援の時期判断）については，支援決定を行う取締役に裁量があるというべきであり，その時点での客観的な状況についての情報の収集と分析・検討に不注意な誤りがあり，その結果に基づく支援時期の判断が著しく不合理であると認められる場合に初めてそのような判断をした取締役に対して善管注意義務違反の責任を問いうる」が，A会社の取締役にはそのような点は認められないとした。

第4に，本件支援決定の規模・内容が相当であったかどうかも問題になるが，裁判所は，同様に上述の経営判断の原則を適用し，A会社の取締役にはそのような点は認められないとした。

そして裁判所は，結論として，「以上によれば，A会社の取締役が本件支援決定を行った時点での客観的な情勢についての分析・検討に不注意な誤りがあり合理性を欠いていたとまでは認められないし，その結果に基づいて決定した本件支援の時期や規模・内容が明らかに不合理であって善管注意義務に違反するということはできず，A会社の代表取締役であるYが取締役会の決定に従って本件優先株の引受けを行うことが違法であると認めることはできないから，本件申立てについては，被保全権利に関する疎明がないといわざるを得ない」と判示してXらの申立てを却下した。

## (3) 若干の検討

(a) **本判決について**　経営不振に陥ったグループ内の会社を救済するための支援を行うべきか，また行うとしたときでも，どの時期にどの程度の支援を行うかが問題となるケースは，グループ経営が現代の企業で広く取られていること等から，多くみられ，またその支援の当否を扱う判例も少なくない。本件は，結合がそれほど強固ではない旧財閥グループのケースであるが，裁判所は，まず，支援決定は，経営者による経営決定であるから，経営者には，広い裁量が認められ，したがって，通常の過失における注意義務の判断の場合，例えば，交通事故を起こした運転手の運転行為につき不法行為における注意義務の成否を問題とする場合とは異なる判断基準，すなわち，経営判断の原則による取締役の善管注意義務違反の有無を検討している。具体的には，支援の必要性，支

援決定時期の相当性，支援決定の規模・内容の相当性の3つの観点から，経営判断の原則の枠組みに従い，その経営決定の当否につき検討を行っている。

　裁判所が経営判断の原則により本件経営決定を評価していることは，経営者の経営決定の性質を十分に理解しているものであり，正当である。経営決定は，すでに述べた通り，経営者が決定時点の情報に依拠しつつ行う不確実な未来へ向けての決断であり，しかも神ならぬ人間の行為であるから，完璧であることはもとより期待できない。また変転するビジネス環境の急激な変化のゆえに即時に対応する必要がある場合には，その情報収集も限定されざるを得ないし，そして十分に思考する時間も与えられないままに，きわめて短時間のうちに重大な決断をしなければならないことも少なくない。その意味において経営決定は，何度もいうようではあるが，まさに経営者による不確実な未来に向けての祈るような跳躍に他ならないのである。

　これに対して裁判所の判断は，すでに結果が判明した事後の時点において，当事者が主張立証する証拠を基に，第三者的立場で，しかも冷静に経営者の決断の当否を判断するという作業である。したがって，裁判所は，経営決定が事前的な，しかも神ならぬ経営者という人間が行う決断であることを常に意識したうえで判断しなければならない。そして経営決定が持つこの特質に思いを致せば，裁判所がその当否を判断する場合には，経営者が経営決定に際して個人的利益のためでなく，剰余権者である株主共同の長期的利益の確保のために誠実に考慮をしたうえで行動しているかというその経営決定に至るプロセスの検証こそに焦点をあてるべきである。したがって，経営判断の原則とは，かかるプロセスの検証に他ならないのである。

**(b)　アパマンショップホールディングス株主代表訴訟判決**　　経営判断の原則とは，基本的に，上記(a)のように理解すべきであると考えるが，この関係で近時，注目すべき最高裁判例が出された。最判平成22年7月15日の判決[6]であり，その基本的な事実関係は，次の通りである。

　A会社が，経営戦略上の必要性から，自社のグループ子会社であるB社を完全子会社化するに際して，B社の自己株式分を除く，すべての株主に対して

---

[6]　最判平成22年7月15日金判1347号12頁。

1株当たり5万円で買い取る旨の案内書を送付し，それに応じた株主に1株5万円で総額1億5800万円を支払いその株式を買い取ったことが，A会社の取締役の善管注意義務違反となるか争われた事件である。第1審（東京地判平成19年12月4日金判1304号33頁）は，経営判断の原則により善管注意義務違反はないとしたが，第2審（東京高判平成20年10月29日金判1304号28頁）は，第1審とは正反対に，本件買取価格が株式交換に備えて算定されたB会社の株式評価額の約5倍になること等を重視して，善管注意義務違反があるとしたことから，最高裁がどう判断するかが注目されていた。

最高裁は，本件取引は，A会社の事業再編計画の一環としてB社を完全子会社とすることを目的に行われたものであり，「このような事業再編計画の策定は，完全子会社とすることのメリットの評価を含め，将来予測にわたる経営上の専門的判断にゆだねられていると解される。そして，この場合における株式取得の方法や価格についても，取締役において，株式の評価額のほか，取得の必要性，A会社の財務上の負担，株式の取得を円滑に進める必要性の程度等をも総合考慮して決定することができ，その決定の過程，内容に著しく不合理な点がない限り，取締役としての善管注意義務に違反するものではないと解すべきである」との判断枠組みを示したうえで，それを本件の事実関係にあてはめ，A会社の取締役に善管注意義務違反はないと判示した。本最高裁判決は，民事事件において最高裁が初めて経営判断の原則を認めて，それを適用したものであり，わが国の判例法である経営判断の原則のあり方に大きな影響を与えるものである。最高裁のこの対応は，高く評価すべきである[7]。

### (4) ま と め

(a) **正当化根拠**　われわれは，取締役の善管注意義務および経営判断の原則につき若干の具体例を素材として検討を加えてきたが，ここでそのまとめをすることにする。まず，その正当化根拠をどう考えるべきかであるが，その正当化根拠は，突き詰めれば経営者がリスクのある経営決定をエンカレッジすることにより，株主の利益を増大させる経営が行われるようにすることにある。

---

[7] 落合誠一「アパマンショップ株主代表訴訟最高裁判決の意義」商事1913号4頁（2010年）参照。

無論，リスクを取る経営といっても一般論としては，過度のリスクテイキングは避けねばならないが，それだからといって，リスクを取らずに安全運転の経営に終始するのでは，剰余権者である株主利益の増大＝企業価値の向上は，およそ期待できないからである。

　この正当化根拠は，アメリカの経営判断の原則においても同様に採用されている。そもそも原則を基礎づける正当化根拠が同一であるのであれば，アメリカと日本とでその要件が異なるのはおかしい。裁判所が経営決定の内容には立ち入らないアメリカの考え方は，経営決定の内容に立ち入ることを認めると，経営者でもない裁判官が，経営決定がなされる現場のさまざまな状況とその制約を理解せずに，結果がすべて明らかになっている事後的時点において判断することから，どうしても万能者のように経営者の経営決定の欠点をあげつらう懸念が避けられず，経営者の過失がより認定されやすくなるが，そうなると，経営者のリスクテイキングを委縮させるというマイナスを考慮するからである。すなわち，経営決定の内容に立ち入らないとの要件は，経営者によるリスクを取る経営をエンカレッジする効果を狙っているのである。そしてそのような要件にすることは，原則の正当化根拠との関係においてより合目的的だからである。

　しかるに経営決定の内容に立ち入ることを容認するような解釈は，原則の正当化根拠との関係において中途半端であるのみならず，かえって経営者の経営決定を委縮させるマイナス効果をもたらすものというべきである。したがって，わが国の経営判断の原則の解釈においても，この点につきアメリカの場合と同一とすべきである（なお，オーストラリアの Securities and Investments Commission v. Rich〔2009〕NSWSC 1229〕も経営判断の原則につき有益な議論を展開している）。

　(b)　**適用要件**　それでは，わが国における経営判断の原則の適用要件をまとめるとどうなるか。それを箇条書き的に述べれば，次の通りであるが，そのうちの1つでも欠けると，原則の適用はなくなる。そしてその立証責任（事実存否不明の場合に不利益をうける）は，原則の適用を主張する経営者が負うべきである。

　第1に，経営者（取締役・執行役）がなんらかの経営決定をしたことである。

第6章 コーポレート・ガバナンス——経営の決定と責任 (2)

経営決定がなければ，この原則による保護は必要ないからである。ここでいう経営決定には，積極的にある経営決定を行う場合と消極的にある経営決定を選択しない場合（例えば，会社の不祥事を把握したのにそれを公表しないまま隠ぺい放置する経営決定）も含まれる。しかし作為にしろ，不作為にしろ，そもそも経営決定がなされていない場合には，リスクを取る，取らないの問題は生じないからである。

　役員の監視義務との関連では，例えば，当該役員が違法な営業が行われていることに気が付かなかった場合は，決定がなく，したがって，経営判断の原則の適用はない。しかしそのことに気が付いていながらあえて放置したような場合は，決定があるといえる。

　第2に，経営者は，当該経営決定をすれば，株主の利益を増大させるあるいは損失を減少させるということを，誠実かつ合理的に確信していたことである。経営決定の結果が吉とでるか，凶とでるかは，将来の不確実な世界に属することではあるが，少なくとも経営決定をする時点において，経営者は，かかる確信をもって決定をしなければならないからである。

　第3に，当該経営決定につき個人的に重要な利害関係がない（重要な利益相反関係の不存在）ことが必要である。このような関係が存在すると，どうしても自己の利益を会社の利益に優先させるインセンティブが働き，経営者としての誠実かつ独立性ある判断が失われやすいからである。もっとも利益相反関係といっても，事情の相違によって濃淡はある。したがって，どの程度の利益相反性があれば，重要な利害関係があるとされ，経営判断の原則の適用が否定されるべきかは，具体的な事案の事実関係を考慮して慎重に判断されなければならない。

　第4に，当該経営決定が，決定時における会社が置かれた状況を考慮して可能かつ合理的に収集したと判断される情報に基づいてなされることである。経営決定の質は，その決定の基礎となる情報に大きく依存するからである。

　もっとも十分な時間的余裕もなしに経営決定をしなければならない場合もあるから，あくまでも経営決定の時点を基準時として，それまでに合理的に収集可能であった情報でよしとすべきである。

　また経営決定にあたって，重要な情報が欠けていた場合であっても，当該経

営決定をしたその経営者が，決定当時の状況において経営決定を行うために必要な情報を収集するために適切であると自ら合理的に信じるステップを踏んでいたのであれば，経営判断の原則の適用があると解すべきである。経営判断の原則は，当該経営者が，決定時において，その経営決定に必要な重要情報を有したうえで経営決定をすべきことを要求している（インフォームド・ディシジョン）が，その趣旨は，当該経営者が容易に収集できると合理的に信じる重要な情報を収集しないままになされた経営決定は保護すべきではないとの考慮に基づくからである。

さらに合理的収集の判断にあたっては，情報収集のコストも問題とすべきであり，したがって，収集のコストがそのベネフィットを上回る場合には，合理的な収集にはあたらない。

以上の情報収集は，経営者自らがすべて行わねばならないわけではなく，会社組織において当該部署を統括する権限のある部下からの情報は，一般に真実かつ妥当なものとしてそれを信頼することは許される（信頼の原則）。

第5に，裁判所は，当該経営決定の内容に立ち入らないが，当該経営決定が違法でないこと（公正性の確保）は，その適用要件となる。そもそも経営は，法令遵守をしつつ剰余権者である株主の利益をあげることだからである（株主利益最大化原則）。換言すれば，裁判所は，経営決定の内容の妥当性には踏み込まないが，その適法性については，立ち入るべきものなのである。

もっとも経営者においてその法令の遵守につき無過失あるいは期待可能性がない場合には，当該経営決定の違法による経営者の責任は，阻却されることになろう（例えば，独占禁止法違反の認識を欠いたことに過失がないとしてその責任を否定したものとして最判平成12年7月7日民集54巻6号1767頁）。

## 4 株主利益と取締役の個人的利益との利益相反取引規制

### (1) 総　説

これまでみてきた取締役の善管注意義務の問題は，取締役が株主の利益（剰余権者としての株主全体の利益）を考えて，換言すれば，取締役個人の利益を図るのではなく，経営決定あるいはその実行をしたときであっても，取締役に期

待される善管注意義務が果たされていないとしてその責任が成立する場合を検討してきた。しかしこのような場合のほかに，取締役がはじめから会社の利益ではなく，自己または第三者の利益を図るために会社と取引等をする場合があり得る。このような取締役の行為は，もちろん善管注意義務違反となり得る（善管注意義務と忠実義務を区別する少数説の立場からは，この場合が典型的な忠実義務違反となる）。もちろんこのような行為は，きわめて背信性が高い。したがって，会社法ルールとしても，より厳しい態度で臨む必要がある。

具体的には，会社法は，定型的に取締役の個人的な利益と株主利益＝会社の利益とが相反（衝突）する場合である競業取引と利益相反取引を対象として，事実の開示，取締役会の承認（取締役会設置会社以外では株主総会の承認）および事後報告（取締役会設置会社の場合）という特別な手続規制を課している（356条・365条）。すなわち，会社法は，取締役による競業取引と利益相反取引を禁止するのではなく，そうした取引を行う場合は，取締役は一定の手続を踏んだうえで行わねばならないとしているのである。というのは，現実にこうした取引を行う必要性もある（例えば，会社が欲しい土地を取締役が所有している場合）し，また不利益を受ける可能性がある会社自身がその取引を是認するのであれば，法律が禁止するまでもないからである。またこれらの規制は，執行役についても準用される（419条2項）。

### (2) 競業取引の規制

競業取引とは，取締役が自己または第三者のために会社の事業の部類に属する取引をすることである（356条1項1号）。例えば，パンの製造・販売事業を行っている会社の取締役が，自らパンを販売する事業を始めてその販売取引をするような場合であり，競業取引は，会社の利益と取締役の利益が衝突し，会社の利益が害される危険性が高い取引である。ここでいう事業の部類に属する取引とは，会社が実際において行っている取引と競合する取引である。会社が現に取引を行っていない地域であっても，会社の進出が合理的に予想できる場合は，その未進出地域の取引であっても，事業の部類に属する取引となる（東京地判昭和56年3月26日判時1015号27頁）。

取締役が自己または第三者のために（通説は，自己または第三者の計算において

の趣旨と解している）こうした競業取引をしようとする場合には，取締役会（取締役会設置会社以外の会社の場合は，株主総会）において当該取引に関する重要な事実を開示し，承認を受けなければならない（356条1項柱書・365条1項）（当該競業をしようとする取締役は特別利害関係人として議決に参加できない〔369条2項〕）。またその取引後に，当該取引についての重要な事実を取締役会に報告しなければならない（365条2項）。

この承認がない競業取引は，取引の相手方が悪意であっても有効であると解されている。これは，取引の安全への配慮であり，会社は，競業取引の結果，損害が生じた場合には，当該取締役に善管注意義務違反があれば，会社法423条1項の責任を追及すればよいからである。承認を受けない競業取引の場合の取締役の責任については，損害額の推定規定が設けられている（423条2項）。

### (3) 利益相反取引の規制

(a) 意義　利益相反取引とは，取締役が会社と取引をする場合である。この取引には，直接取引と間接取引とがある。直接取引とは，取締役が自己の名前で自己または第三者のために会社と取引をする場合であり（356条1項2号），間接取引とは，会社が取締役の債務を保証することその他取締役以外の者との間において会社と当該取締役との利益が相反する取引をする場合である（356条1項3号）。

直接取引としては，例えば，会社の取締役が自己所有の不動産をその会社に売却するために取締役自身が会社と売買契約を締結するような場合である（会社を代表する者が当該取締役であろうが，他の取締役であろうが，いずれでもよい）。取締役が会社に対する影響力を行使して不動産を時価よりも高額に売却したとすれば，会社に損害が生じるからであり，こうした取引は，利益衝突の典型的な場合である。そして直接取引の場合の「自己または第三者のために」とは，自己の名をもってまたは第三者の代理人・代表者としての趣旨である（通説）。

他方，間接取引としては，例えば，A会社の取締役甲は，友人Bに借金100万円を申し込んだところ，Bは，貸してもよいが，A会社が保証人になってくれることが条件であるといわれたので，A会社へ依頼して保証人になってもらうと同時にBから100万円を貸してもらった場合の保証契約のような

取引をいう（会社を代表する者が当該取締役であるか否かにはかかわらない）。この場合，貸金契約は，甲とＢの間で締結されており，また保証契約は，Ａ会社（代表取締役が会社を代表して取引する）とＢとの間で締結されているから，取締役甲とＡ会社との間でなんら取引はなされていない。しかし甲がＢに約束通りに弁済しないと，Ｂは，Ａ会社に対して保証契約に基づき保証人として責任を追及する。そしてその支払をしたＡ会社が甲に求償しても甲には資力がなく，したがって，求償が功を奏しないと，Ａ会社は，損害をこうむる。これは，取締役と会社との取引（直接取引）ではないのであるが，会社が第三者との間でする契約＝間接取引が，会社の不利益となる一方で取締役の利益になる関係を生じさせるから，利益相反取引とされるのである。またＡ，Ｂ両会社の代表取締役がＡ会社の債務について，Ｂ会社を代表して締結した保証契約も間接取引となる（最判昭和45年4月23日民集24巻4号364頁）。

(b) **規制の内容**　利益相反取引をしようとする取締役は，まず，取締役会において当該取引についての重要事実を開示しなければならない（356条1項柱書・365条1項）（取締役会非設置の場合は，株主総会）。次にその事実に基づき取締役会は審議したうえで承認するかどうかを決定する（事後承認も認められる）。承認の決議をする場合には，利益が相反する取締役は，決議に特別利害関係を有するから議決に加わることはできない（369条2項）。

利益相反取引をした取締役は，当該取引の後に，遅滞なくその重要な事実を取締役会に報告しなければならない（365条2項）。

利益相反取引であっても，会社と取締役の利益衝突がない場合には，このような特別の規制を及ぼす必要はない。例えば，会社が無利息で取締役から借金をするとき，あるいは普通取引約款による取引（例えば，バス会社の取締役が会社のバスに乗る場合，その運送契約の内容は，普通取引約款である運送約款によるから，会社の取締役だからといって他の乗客より有利に扱われるわけではない）の場合等である。

(c) **承認を受けない取引の効力**　会社は，直接取引の相手方に対して常に取引の無効を主張できるが，間接取引の場合には，見解が分かれる。判例は，間接取引の相手方あるいは会社が取締役を受取人として振り出した約束手形の譲受人との関係では，いわゆる相対的無効，すなわち，取引の相手方が善意の

場合には，会社はその無効を主張できないとしている（間接取引につき最判昭和43年12月25日民集22巻13号3511頁，手形につき最判昭和46年10月13日民集25巻7号900頁）。これは，会社の利益を保護するのであれば，絶対的無効とすればよいが，それでは取引の安全が害されるので，そのバランスをとるとすれば，悪意（重過失の場合も含む）の第三者には無効を主張できるとするのが妥当だからである。また会社の利益保護のためであるから，取締役の側が無効を主張することはできない（最判昭和48年12月11日民集27巻11号1529頁）。

取締役会の承認はないが，株主全員の合意のうえでなされた利益相反取引は，無効とならない（最判昭和49年9月26日民集28巻6号1306頁）。

(d) **利益相反取引における取締役の責任**　取締役は，自己のために直接取引した者を除き，取締役会の承認の有無にかかわらず，その取引につき任務懈怠があり，会社に損害を生じさせた場合には，会社法423条1項の責任を負う。また会社法423条3項各号の取締役は，任務懈怠が推定される（監査等委員会設置会社の監査等委員会が承認した利益相反取引については，この推定は及ばない〔423条4項〕）。さらに自己のために直接取引をした取締役は，任務懈怠が自己の責めに帰すことができない事由によるものであっても，責任を免れない（428条1項）し，責任の制限（後記5(2)）もこの責任には適用がない（428条2項）。

## 5　取締役の会社に対する責任の免除・軽減

### (1)　責任の免除

取締役は，剰余権者である株主利益の最大化を目指した経営をすることにつき善管注意義務を負っている。換言すれば，取締役は，株主のために経営をしているのであり，そうだとすると，経営を委託した本人である株主全員が当該取締役の会社に対する責任を免除するというのであれば，それにもかかわらず取締役に全損害を賠償させる必要はないはずである。これが，取締役の責任の免除であり，総株主の同意があれば，取締役の会社に対する任務懈怠の責任を免除できることになる（120条5項・424条・462条3項但書・464条2項・465条2項および55条）。しかし会社債権者との関係があるから，分配可能額を超過し

た剰余金の配当等に関する責任の免除は，総株主の同意があっても，分配可能額の範囲しか効力が生じない（462条3項但書・850条4項）。

### (2) 責任の制限

**(a) 意 義**　取締役の会社に対する423条1項の任務懈怠責任[8]につきその制裁が過大となると，経営を萎縮させるのみならず有能な人材が積極的に経営者になろうとしないおそれがある。そこで，経営を萎縮させず，また有能な人材が経営者になろうとする意欲を阻害せず，さりとて義務違反に対する制裁としての効果が失われない範囲のものであれば，取締役の423条1項の責任をその一部に制限すべきではないか（責任の一部免除＝責任の制限）との考え方が出てくる。もっとも取締役の任務懈怠が著しい場合には，責任の制限を認めるのは問題であるから，取締役に悪意・重過失がない場合のみに限定すべきことになる。平成13年（2001年）の商法改正は，この考え方を取り入れて，取締役の会社に対する責任（任務懈怠の責任）についての責任の制限を認めることにしたが，それは，基本的に会社法にも引き継がれている。

**(b) 責任制限（責任の一部免除）の方法**　責任を制限する第1の方法は，監査役全員の同意を得て，責任制限の議案を株主総会に諮り，その特別決議をもってする事後の責任の制限であり（425条），第2の方法は，定款規定において取締役会の決議により事後に責任を軽減できる旨を定めたうえで，取締役会の決議により責任の制限をするものである（426条）。第3の方法は，社外取締役・非業務執行取締役（監査役，会計参与，会計監査人についても認められる）について認められるもので，定款にその旨の規定をおいたうえで，会社は社外取締役等との間で責任制限契約を締結するもの（責任限定契約）であり，これは，事前の責任の制限となる（427条）。

いずれの場合も，制限される賠償額は，代表取締役・代表執行役はその報酬の6年分，業務執行取締役・執行役は4年分，社外取締役・非業務執行取締役は2年分である（425条1項1号）。

---

[8] 利益相反取引のうち直接取引における相手方である取締役の責任は除外される（428条2項）。

## 6 取締役の第三者に対する責任

### (1) 責任の性質

　取締役は，前述の通り，会社に対して善管注意義務の違反の結果，会社に対して損害を与えた場合には，損害賠償の責任を負う。この責任は，経営者に対する規律として重要性を有する。しかし取締役の責任は，この会社に対する責任にとどまるものではなく，会社以外の第三者に対する責任も存在する。すなわち，取締役の第三者に対する責任であり，職務を行うにつき悪意・重過失があったとき，それによって第三者に生じた損害の賠償を定めるのが，会社法429条1項であり，一定の書類（計算書類等）の重要事項につき虚偽の記載等をしたときに，それによって第三者について生じた損害の賠償責任を定めるのが，同条2項である。

　取締役が，民法709条以下の不法行為による責任の要件を充足すれば，第三者に対して不法行為責任を負うのは当然である。しかし，会社法は，429条において取締役の第三者に対する責任規定をおいている。会社法429条1項は，会社法制定前の商法266条の3第1項を受け継いだ規定であるが，この規定の性質をどう理解するかをめぐって学説は大いに対立した。判例[9]は，第三者保護のための不法行為責任とは異なる特別の法定責任を定めるものとの立場を明らかにした。すなわち，取締役の職務は会社に対するものであるから，第三者に対しては不法行為の要件を満たさない限り責任を負わないはずであるが，第三者保護のために，会社に対する職務違反について悪意・重過失があり，それにより第三者が損害を受けた場合には，被害者である第三者に対する関係での権利侵害や故意・過失の存在を問題とすることなく，取締役は，法定の特別な責任として第三者に対する損害賠償責任を負うことを定める趣旨とした。学説も，この判例の立場を支持するのが通説である。

　取締役が第三者に対して責任を負うのは，不法行為がある場合は分かりやすい。第三者に不法行為をすれば，その加害者は，不法行為責任を負うのは当然

---

[9] 最大判昭和44年11月26日民集23巻11号2150頁。

だからである。しかし不法行為責任の他に，なぜ会社法429条1項の責任が認められるのかは，相当に難しい問題がある。理論的には，取締役は，会社の財務状況が健全である時には，株主に対して善管注意義務を負うが，会社が債務超過に陥り，その回復の見込みがない場合には，債権者に対して善管注意義務を負うことになると考えられる。なぜならば，会社が債務超過であれば（債権の回収可能性がないならば），株主の持分はゼロであり，したがって，その段階からは債権者の利益保護のみが問題となるから，取締役は，株主ではなく債権者の利益の最大化を図る義務を負うものと解すべきだからである。このように考えると，429条1項の責任は，かかる場合における第三者である債権者を保護する趣旨の定めとなるのであろうか。

確かに会社法429条1項の責任が認められる典型的な場合は，会社が債務超過になっているにもかかわらず，取締役が弁済の見込みがないのに，新たに債務を負担した場合に，その債権者が弁済を受けられなくなり，会社の取締役個人を相手として損害賠償請求をするケースである。このような場合には，取締役は債権者に対して善管注意義務を負っていると考えれば，取締役に責任が生じることが理解できる。しかし会社法429条1項は，会社が債務超過の場合にのみ限定されるとは法文上定めておらず，会社の財務状況が健全なときであっても，債権者との関係において取締役の責任が成立し得ると読めるのである。現に，判例・学説は，429条1項の責任を債務超過であってその回復の見込がない場合のみに限定するとは考えていない。そうなると，429条1項の責任の理論的な根拠をどう理解するかは，依然，難問である。

### (2) 責任の内容

**(a) 直接損害・間接損害**　取締役の第三者に対する責任においてまず，問題となるのは，直接損害・間接損害である。判例（前掲注9）の最判）は，429条1項の損害には，両方の損害が含まれるとしている（両損害包含説）。まず，直接損害とは，取締役の任務懈怠によって第三者に直接に損害が生じる場合を意味する。例えば，前述のように，取締役が弁済の見込みがないのに借金し，貸手がそれによって弁済を受けられず損害を受けるといった場合である。また会社法429条2項の責任の場合も，直接損害である。

これに対して間接損害とは，取締役の任務懈怠により会社に損害が生じ，その結果，第三者も損害をこうむる場合を意味する。例えば，会社の取締役が乱脈経営をした結果，会社が倒産し，その結果，当該会社の債権者の債権回収が不能になり，債権者に損害が生じたような場合である。

　この関係で議論があるのは，株主がその間接損害の賠償を429条1項に基づき請求できるかである。会社の取締役が乱脈経営をした結果，当該会社の業績が悪化し，株価が下がったという場合に，会社が損害を受けた結果，株価が下落するという損害を受けているから，当該会社の株主には，間接損害が生じているといえるからである。この問題について，反対説はあるが，通説は，株主は間接損害を受けた場合には，請求はできないと解しており，そのような場合には，株主は423条1項の責任を追及する代表訴訟を提起すべきであるとしている。

　なお，429条1項の責任においても過失相殺が認められる（最判昭和59年10月4日判時1143号143頁）。またその消滅時効は，民法167条1項により10年とする（最判昭和49年12月17日民集28巻10号2059頁）。

(b)　**名目的取締役・登記簿上の取締役**　名目的取締役とは，取締役とはされているが，その実質は従業員にすぎないとか，単に頼まれて名義だけ貸しているような場合をいう。しかし取締役である以上，監視義務を果たさねばならないから，429条の責任が生じる可能性がある（最判昭和48年5月22日民集27巻5号655頁，最判昭和55年3月18日判時971号101頁）。もっともかかる取締役に責任を負わせることが酷な場合があり，例えば，ワンマン経営者が会社を専断しているような場合には，名目的取締役が監視義務を尽くしたとしてもその専断を抑えることは困難であり，したがって，義務違反と損害との間に因果関係がないとしてその責任を否定することも考えられる。

　また登記簿上の取締役とは，そもそも取締役になっていないとか，すでに取締役を退任しているとかではあるが，登記簿上，取締役となっている場合をいう。判例は，会社法908条2項を類推適用し，登記簿上の取締役は，取締役でないことを善意の第三者に対抗できないので，取締役としての責任を免れないとする（最判昭和47年6月15日民集26巻5号984頁。会社法制定前の事件であり，当時の商法14条の類推）。もっとも908条2項は，不実の登記につき故意・過失

を要求するから，登記簿上の取締役にその故意・過失があったかどうかの判断において，この責任が過酷とならないよう配慮する必要があるであろう（判例は，辞任後もなお積極的に取締役として対外的または内部的な行為をあえてした場合を除いて，不実の登記を残存させることにつき明示的な承諾を与えていたなどの場合には，善意の第三者に対して本条の責任を免れないとする（最判昭和62年4月16日判時1248号127頁））。

## 7 D＆O保険

### (1) 総　説

　D＆O保険とは，「会社役員賠償責任保険」といわれるもので，会社の取締役その他の役員が負担する可能性がある損害賠償責任をカバーするための損害保険である。沿革的には訴訟社会といわれるアメリカにおいて発達・普及したものであるが，わが国においても，平成5年（1993年）商法改正から普及したといわれている。それは，代表訴訟の訴額が低い金額の定額とされたことから，代表訴訟のリスクが高まり，現に代表訴訟が急激に増加したからである。

　もちろん役員の損害賠償責任が保険でカバーされることには，プラスとマイナスがある。例えば，役員の資力が及ばないような巨額の損害が生じた場合，責任を課したところで損害塡補機能が働かないが，もし賠償責任保険による塡補がなされれば，会社の損害は，回復し得ることになる。この帰結は，役員のみならず会社にとってもプラスである。

　他方，マイナスとしては，役員が，どうせ保険でカバーされるからとしてその職務執行がおろそかになるとの懸念がある（モラル・ハザード）。この点は，責任の発生抑止機能が減殺されるのではないかとの問題である。

　もっとも取締役の責任の違法抑止機能については，他の場合の責任規制（例えば，交通事故による不法行為責任）とは異なり，特別な考慮が必要である。なぜならば，経営者に専ら安全運転経営を強いることは，かえって会社利益・企業価値の増大にはマイナスとなるからである。リスクを取る経営は，経営判断の原則の検討で述べた通り，会社利益・企業価値の増大に不可欠であり，D＆O保険によって経営者の責任がカバーされることは，経営者がリスクを取

る経営をするようにエンカレッジする効果があることも考慮しなければならないからである。

### (2) 若干の論点

そこでＤ＆Ｏ保険の内容は，そのプラスがマイナスを上回るような，すなわち，責任を課す根拠である損害の塡補機能と抑止機能がともに妥当に確保されるような制度設計が求められる。この関連で会社がＤ＆Ｏ保険の保険料を負担すべきかにつき議論がある。わが国の実情としては，これまでは，代表訴訟リスクをも含めて保険料全額を会社が負担する場合は少なく，その一部（一般に代表訴訟担保特約条項部分）を役員が負担する実務が主流となっていた。こうなっていたのは，会社が代表訴訟担保契約条項部分も含めて全額を負担するのは，実質的に役員を免責するに等しいのではないかとか，保険料の会社負担は，役員の報酬規制との関係で報酬とならないか等の問題が提起されたからである。

しかし近時は，Ｄ＆Ｏ保険の保険料は会社の利益になる支出であり，したがって，会社全額負担は可能かつ適法とする見解が多数となっている[10]。また注10)にある研究会報告もあって，最近では，Ｄ＆Ｏ保険の保険料を全額負担する会社も増加しつつある。

---

10) 山下友信「Ｄ＆Ｏ保険と会社法——ドイツ法の場合」青竹正一先生古稀記念『企業法の現在』525頁（信山社，2014年），甘利公人『会社役員賠償責任保険の研究』85頁（多賀出版，1997年）。2015年7月24日に公表された経産省の「コーポレート・ガバナンス・システムの在り方に関する研究会」報告「コーポレート・ガバナンスの実践——企業価値向上に向けたインセンティブと改革」の法的論点の解釈指針も，会社の全額負担を肯定する見解を示している（指針11頁）。また同指針は，会社補償（役員が賠償責任を追及された場合に，会社が賠償責任額および争訟費用を補償する制度で，アメリカでは広範囲に利用されている）についても，一定の範囲で一定の要件を満たせば，現行の会社法の下でも認められる（指針8頁）としている点も注目される。

# 第7章 コーポレート・ガバナンス——経営監督

本章は，会社経営が効率的かつ公正に行われているかを監督する仕組みの検討である。第6章では，経営者の経営決定およびその実行に関する責任を検討したが，経営者に責任を課するだけでは，適切な経営が確保されるには不十分である。したがって，経営者の経営を監督＝モニタリングする仕組みが会社組織内に設けられる必要がある。従来型の会社では，その役目を果たす機関は，取締役会および監査役会であり，委員会設置会社では，取締役会・3委員会，とりわけ監査委員会であり，監査等委員会設置会社では，取締役会・監査等委員会である。

また経営者の報酬は，経営者の利益と株主の長期的利益とを一致させる経営を行わせるインセンティブを与える機能があるから，適切な報酬制度は，会社経営の効率性確保に大きく貢献し得る。そこで経営者の報酬規制についてもここで併せて検討する。

本章の目標は，こうした経営のモニタリングの課題と対応を理解することにある。

## 1 総　説

### (1) 序

所有と経営が分離した会社においては，基本的に株主は経営者に経営を任せるほかない。このことは，必然であり，合理性がある。したがって，問題は，経営者が株主利益よりも自己の利益を優先させる経営を行うリスクがあり，そのリスクを効果的に防止するシステムをいかにして確立するかである[1]。これ

---

[1] 経営者も，一般に自らすべての経営を実行することはできないから，当然その実行を多かれ，少なかれ従業員等にゆだねることになる。したがって，経営者としては，従業員をモニタリングする必要が生じる。ここに経営者と従業員との関係におけるエージェンシー問題が生じるが，本書ではこの点の検討は行わない。というのは，この点は会社法よりも主として労働法の問題となるからである。

が，本章で取り上げる経営監督である[2]。

　会社は，その企業活動により，あらたな利益を生みださねば存続も，発展もない。それゆえに富を効果的に創出する経営＝効率的な経営がなされねばならない。このことは，会社の目的としての効率性の確保である。富を創出することは，会社を場として取引するさまざまなステークホルダーの満足のために必須である。換言すれば，その満足を求めているからこそ会社を場とする取引がなされるからである。したがって，会社法ルールの評価においては，効率性（economic efficiency）を確保するものとなっているかが重要な基準となる。そもそも効率性とは，簡単にいえば，資源・財の配分について無駄のないことであるが，より厳密にいえば，誰かの満足を引き下げることなく，誰の満足をも引き上げることができない状態（パレート効率性）を意味する。しかし現実の立法あるいは判決においては，誰かの満足を引き下げることは不可避であり，パレート効率性の基準を満足させるのは難しい。そこで法ルールの世界における効率性の基準としては，カルドア・ヒックス効率性（Kaldor-Hicks Efficiency）を用いるのが適切である。すなわち，少なくとも誰かがその行為から得をし，それにより損失を被った者すべてが完全に補償されるのであれば，効率性が満たされたと考えるのである（この効率性においては，損失が現実に補償されることを要求するものではない）。要するに，勝者の得た金額の総計が，敗者の損失の総額を上回るならば，効率的と評価できるのである。本書における効率性もこの意味での効率性を前提とする。

　しかし同時に社会の一員でもある会社は，われわれの社会が大切にする価値を尊重する必要がある。これが，法令・社会規範の遵守であり，会社のもう1つの目的である公正性確保の要請である。したがって，コーポレート・ガバナンスの目的は，効率性の確保と公正性の確保にある[3]。換言すれば，会社の経営者は，効率性と公正性の確保の要請に誠実に応える経営を行わねばならず，経営監督は，この2つの要請が確実に実行・実現されているかを効果的にモニ

---

[2] この問題は，コーポレート・ガバナンスの中心的課題として議論される。

[3] 経営において効率性と公正性とは必ずしも両立し得ない場合があり得る。すなわち，効率性と公正性のトレードオフである。最終的には違法とされない範囲において経営者の価値判断によって決すべきものである。

タリングするシステムの構築・維持の問題である。

　経営監督の問題を考えるにあたって，本書は，はじめに会社法の定める経営監督に関する会社組織内の法ルールのポイントをみることにしよう。そこでは，従来型と指名委員会等設置会社，監査等委員会設置会社とに分けて検討する。

　次いで，経営者の報酬に関する法ルールを検討する。読者は，ここでなぜ経営者の報酬の話がでてくるのかと戸惑うかもしれない。確かに経営監督は，経営者の経営行動に対するモニタリングであるから，株主利益の観点からの経営行動の監視が中心となる。しかし経営監督の目的は，株主利益実現の経営が適切になされることにあるから，経営者が株主利益を実現する経営行動をとるようなインセンティブが生じるシステムを用意することも重要な課題であり，報酬はそれに大いに関係する。したがって，両者は，いわば鞭と飴との関係にあるから，ここで同時に取り上げる意味があるのである。

　なお，経営監督には，会社内部組織としての監督機関の他に，市場による規律も重要な役割を果たしている。経営者の行動は，さまざまな市場による規律を受けている。株価，商品・サービスの売れ行き，経営者の名声・評判，会社支配権の争奪等々であり，市場による規律は，大きな影響を経営者の経営行動に与えているのである。それゆえに法ルール定立・解釈においても，市場による規律の問題には重大な関心をもたねばならない（市場のなかでも特に重要な株式市場については，第8章の株主の役割において取り上げる）。

### (2) コーポレートガバナンス・コードのインパクト

　コーポレートガバナンス・コードは，前記第5章5において述べた通り，わが国の上場会社のガバナンスに大きな影響を与える可能性がある。すなわち，ハードローである会社法の定める法ルールとしての経営管理に加えて，ソフトローであるコードの各要請を会社が真剣に受けとめれば受けとめるほど，従来型である監査役会設置会社にあっても，さらにモニタリング・モデルに近づく余地がでてくる。したがって，各上場会社の経営管理の実情は，この点にも目配りして検討する必要がある。

第7章　コーポレート・ガバナンス——経営監督

## 2　従来型の経営管理

### (1)　序

　従来型の会社の会社組織内における経営管理は，第1に，取締役会であり，第2に，監査役会であり，第3に，会計監査人による監査である。ここでは，前2者を取り上げ，会計監査人は，第10章でふれることにしよう。

　従来型における取締役会による経営者の経営行動のモニタリングは，種々の問題から，その実効性について疑問が提起されてきた。それに対するドラスティックな対応は，指名委員会等設置会社の創設であるが，従来型の取締役会においても，社外性のみならず，経営者からの独立性を有する取締役（独立取締役）の活用がコーポレートガバナンス・コードにおいて説かれている。

　他方，監査役会のモニタリングについても，問題が少なくない。もっとも監査役の権限は，近時，一貫して拡大されてきた。しかしそれにもかかわらず，そのモニタリング力につき疑問が呈されている。また権限が大きくなるにともない，当然その行使にともなう責任，すなわち，監査役自身の善管注意義務の遵守が重要となるが，一部には暴走する監査役の問題もないではないようである。監査役も，あくまでも株主の利益のためにその委託を受けてモニタリングの権限を与えられているのであるから，株主の利益よりも自己の個人的利益を優先させるような権限行使は許されないはずである。したがって，正当なモニタリングを可能とする権限の強化は，重要であるが，それとともに，その暴走を防止する仕組みについても検討が必要と思われる。

　こうした監査役会の問題点を克服しようとする新たな試みとして，平成26年（2014年）会社法改正により新たに導入されたのが監査等委員会設置会社である（詳しくは，後記4参照）。

　また平成26年（2014年）会社法改正は，監査役の監査範囲を会計に関するものに限定する旨の定款の定めがある会社（389条1項）について当該定款の定めを登記事項とする改正がなされた（911条3項17号イ）。非公開会社においては，監査役会設置会社および会計監査人設置会社を除いて，監査役の監査権限を定款で会計に限定することが認められており，業務監査権限をも有する監査

役とは，権限・義務に違いがある（例えば，会計に限定された権限の監査役には，差止請求権，取締役・会社間の訴訟の会社代表権はない）。しかし改正前は，監査役設置会社の登記を見ても，監査役の監査範囲が会計に関するものに限定された会社なのか，そうでないかが分からなかった。そこでこの不備を是正する改正がなされたことになる。

### (2) 取締役会

(a) **取締役会による監督のねらい**　従来型の会社においては，まず取締役会が取締役の職務の執行を監督する責任を負う（362条2項2号・3号）。取締役会は，経営の意思決定（業務執行の決定）をするが，そこで決定されたことを実行する，すなわち，業務の執行をするのは，代表取締役およびその他の業務執行取締役である。

昭和25年（1950年）商法改正により取締役会制度が導入されたのは，第1に，合議体とすることにより，各取締役の英知を集めた経営の意思決定ができるようにすることであり，第2に，経営の中枢である取締役会に参加する取締役に，同僚の取締役がそれぞれ善管注意義務を果たしているかについての監督，とりわけ，代表取締役およびその他の業務執行取締役が経営の意思決定の実現を図るための適確な行動をしているかの監督を行わせるためである（監視義務といわれる）。それゆえに，取締役会によるモニタリングは，適法・違法（違法性）のレベルにとどまらず，当・不当（妥当性）のレベルまで及ぶことになるのである。

取締役会には，代表取締役等を選任・解任する権限（選解任権）が与えられているから，代表取締役の業務執行が不適切であれば，取締役会は，その権限を適切に行使して代表取締役を解任できる。したがって，その選解任権をバックとしたモニタリングにより業務執行の適法性・妥当性の確保が意図されていたのである。

(b) **取締役会による監督の機能不全**　しかし現実には，取締役会による経営の監督は十分機能していないというのが一般の評価である。その基本的理由としては，次のようなものが考えられる。

第1に，取締役の人数が多すぎる会社があるということである。これらの会

社の取締役会では，十分な議論ができない。もっとも近時は，人数を10名くらいに絞る会社も増加しており，この弊害は少なくなりつつある。

第2に，わが国の会社の取締役は，経営の専門家というより，むしろ従業員の上がりのポストという性格が強い。幹部・管理職になるのも，OJT中心の教育・経験が主であり，専門職大学院等の教育を受けた経営者は，まだまだ少数である。また従業員あるいは経営者の流動性が低いことから，経営者市場が未発達であり，したがって，競争圧力が弱い。

第3に，代表取締役である社長が選任する部下が取締役になり，取締役会が構成されていることである。そうすると，取締役は，いずれも社長の指揮命令下にある者であるから，上司である社長の意向に逆らえない。これでは，取締役会が代表取締役を監督することは無理となる。

第4に，ほとんどの取締役が，業務執行も担当するから，自己の業務執行について自らが監督することは困難である。他方，同僚の取締役の業務執行を批判すると，それは，自らに跳ね返ってくる可能性があるから，お互いに他人の領域には口を出さない風潮が生じる。これでは，監視義務が機能しないことになる。

### (3) 監査役会

(a) 沿革　取締役会がモニタリングの機能を十分に果たしていないとなると，会社の内部組織としてモニタリングを担う機関がさらに必要となる。それが監査役会である。本書では，従来型の上場会社を主たる対象としているから，監査役会設置会社（2条10号）の監査役会を取り上げる。

ここで若干，監査役制度を振り返ってみると，監査役は，昭和25年（1950年）商法改正前には，取締役の業務執行に関する業務監査権限と会計監査権限の2つを有していたが，同年の商法改正により取締役会による監督を予定する取締役会制度が導入されたことから，監査役の権限は，会計監査権限に限定されることになった。

しかし，取締役会による業務執行監督は，前記の通り期待はずれの状況であったことから，監査役の権限を強化して，その監督機能を高めるとの方針が採用され，昭和49年（1974年）商法改正において，監査役の業務監査権限が復

活し、また会社または子会社の取締役その他使用人を兼ねることができないとされ（兼任禁止）、その任期も2年（現行法では4年）に延長され、さらに監査役には株主総会における監査役の選任・解任に関する意見陳述権が付与された。

この改正と同時に商法特例法が制定され、大会社には会計監査人による会計監査が強制されることになり、会計監査人は、会計監査を職業とする公認会計士または監査法人から選任され、計算書類と付属明細書を監査することを職務とするとされた（商特2条。なお会社法の成立によりこの法律は廃止された）。会計監査人は、直接的には決算を監査することが任務であるが、そのためには事業年度中においても会計を監査する必要があることになる。

特筆すべきは、平成5年（1993年）商法改正で、監査役の任期は3年に伸張され、大会社については、監査役を3名以上とし、社外監査役を強制し、監査役会を法制化した。

このようにこれまでの商法改正は、一貫して監査役の地位を強化する改正となった。その結果、商法特例法上の会社の種類により、監査役の構成・権限等に相違が設けられ、複雑化していたが、会社法の制定により監査役は、業務監査権限と会計監査権限の両方を有するのが原則とされ（381条）、その例外として会社法上の公開会社でない株式会社（監査役会設置会社、会計監査人設置会社および委員会設置会社は除く）は、定款で定めれば、会計監査権限のみを有する監査役がおける（389条）と整理された。また、大会社（2条6号）である公開会社は、監査役会設置義務がある（328条1項）。なお、会社法上、監査役設置会社とは、業務監査権限および会計監査権限をともに有する監査役のみで構成されるものをいい、監査の範囲を会計に限定する定款の定めがあるものは、除外される（2条9号）。

(b) **監査役会の構成等**

(i) 員数　監査役会設置会社の監査役は、3人以上でなければならない（335条3項）。監査役会を設置しない会社においては、監査役は、1人でもよい。監査役会が設けられたのは、監査役1人では取締役会でなかなかものがいいにくいから、会を構成させれば発言が容易になること等が考慮されたといわれている。3人以上の監査役は、全員で監査役会を構成する。

ところで定時総会においてそれまで取締役であった者が監査役に選任される

場合（いわゆる横滑り監査役）は，少なくない。その場合，当該監査役の監査対象期間は，経過中の事業年度の初日に遡るが，そうなるとその初日から定時総会の終結までの期間は，自ら取締役として活動していたから，それを監査役として監査することになり，自己監査ではないかとの疑問が生じる。335 条 2 項は，監査役と取締役との兼任を禁止してそれによる自己監査を排除しているが，兼任ではなく監査対象期間が遡及することによる自己監査を禁止する明文規定はないからである。この問題につき判例は，かかる横滑りも禁止されていないとしている（最判昭和 62 年 4 月 21 日商事 1110 号 79 頁）。

また 335 条 2 項にいう使用人は，会社に従属する地位にある者を意味し，したがって，必ずしも雇用契約の存在は必須ではない。そこで問題となるのは，弁護士であるが，判例は，弁護士である監査役が特定の訴訟事件につき会社から委任を受けてその訴訟代理人になることは禁止されないとする（最判昭和 61 年 2 月 18 日民集 40 巻 1 号 32 頁）。

　(ii)　常勤監査役　　常勤監査役が強制される（390 条 3 項）。常勤監査役とは，他に常勤の仕事がなく，会社の営業時間中原則としてその会社の監査役の職務に専念する者をいう。常勤者がいないと十分な監査ができないとの認識から，昭和 56 年（1981 年）商法改正で導入された。

　(iii)　半数以上の社外監査役の強制　　社外監査役とは，2 条 16 号イ～ホに掲げる要件のいずれにも該当する者をいう。この社外性の要件は，社外取締役の要件と同様に，平成 26 年（2014 年）会社法改正により修正を受けた。すなわち，第 1 に，その就任前 10 年間その会社または子会社の取締役，会計参与，執行役，使用人であったことがないこと，第 2 に，その就任前 10 年内のいずれかの時にその会社または子会社の監査役であったことがある者は，当該職への就任の前 10 年間その会社または子会社の取締役，会計参与，執行役，使用人であったことがないこと，第 3 に，会社の親会社等（2 条 4 号の 2 に定義されている）（自然人であるものに限る）または親会社等の取締役，監査役，執行役，使用人でないこと，第 4 に，会社の親会社等の子会社等（2 条 3 号の 2 に定義されている）（当該会社およびその子会社を除く）の業務執行取締役等（業務執行取締役等は，2 条 15 号イに定義があり，当該会社またはその子会社の業務執行取締役，執行役，支配人その他の使用人を意味する）でないこと，第 5 に，会社の取締役，

重要な使用人または親会社等（自然人であるものに限る）の配偶者，2親等内の親族でないこと，のいずれにも該当する者である。

　また監査役は，会社の取締役，会計参与，使用人または子会社の取締役，会計参与，執行役，使用人を兼ねることはできない（335条2項・333条3項）。この兼職禁止は，監査する者と監査される者とが同一となると，自己監査となるからである。

　(iv) 選　任　　監査役は，株主総会で選任されるが，後述の通り，監査役または監査役会には，取締役会が総会に提出する監査役の選任議案につき同意権がある（343条1項・3項）。しかしそれだけでは監査役の人選を行う取締役に頭が上がらなくなる可能性があるから，株主総会での監査役の選解任については，監査役の意見陳述権が付与された（345条4項）。これにより，監査役の選解任議案を決定する取締役会に対する牽制効果を期待したのである。

　さらに意見陳述権よりも強力な選任に関する監査役会の同意権は，平成13年（2001年）商法改正で大会社・みなし大会社について認められたものであったが，会社法では，監査役会がない監査役についても同意権を認めることにしている。これにより取締役が監査役の選任に関する議案を株主総会に提出するには，監査役会の同意を得なければならないことになった。これは，監査役選任議案への拒否権付与といえる（343条1項・3項）。また，監査役会は，その決議をもって，監査役選任の議題および議案の提出請求権も有する（343条2項・3項。会社法では監査役会がない監査役にもこの権利が認められる）。

　(v) 任　期　　監査役の任期は，平成13年（2001年）商法改正により4年とされたが，これは会社法でも基本的に維持されている（336条1項。その例外は，同条2項以下参照）。任期が長ければその地位が安定するからである。しかし，途中で辞任させられると，地位は結局のところ安定しない。そこで，平成13年（2001年）商法改正により，監査役を任期途中で辞任した者に，その後最初に招集された株主総会に出席して辞任した理由を述べる権利が付与され，この点は，会社法でも維持されている（345条1項・4項）。

　なお，監査役も総会決議によっていつでも解任されるが，解任に正当な理由がないと損害賠償請求ができる（339条）（会社の故意・過失を要しない法定責任）。

　(vi) 報　酬　　監査役の報酬は，定款または株主総会の決議で決める

(387条1項)。監査役が複数以上で定款・総会決議が各自の金額を定めていないときは，定款・総会決議の枠内で監査役の協議により定める。

(c) **権限関係**

(i) **権　限**　監査役会を構成する監査役の権限は，業務監査および会計監査を行うことである（381条1項）。もっとも取締役会の監督は，業務執行の妥当性にまで及ぶのに対して，監査役の監査は，適法性の監査に限られる（通説）。すなわち，法令・定款違反がないかどうかの監査が中心となる。

この関連で監査役は，現実には適法性のみならず，妥当性に関しても発言していること等から，一部に妥当性の監査権限を認めるべきであるとの主張があるが，賛成できない。権限には責任を伴うから，妥当性についてもその権限の対象にするということは，監査役が妥当性の問題につき適切な監査を行わなかったときには，善管注意義務違反として損害賠償の責任を負うことを意味する。果たして監査役の責任をそこまで拡張すべきかには，疑問があるからである。

監査役については，従来からその監査を支える体制が十分でないのではないか等の指摘があったことを踏まえ，平成26年（2014年）会社法改正により，会社法施行規則100条3項は，新たに次の事項を3号～6号として追加した。すなわち，補助使用人に対する指示の実効性確保に関する事項，子会社の取締役等またはこれらの者から報告を受けた者が当該会社の監査役に報告するための体制，監査役に報告したものが不利な取扱いを受けないことを確保するための体制，監査費用の処理に関する方針である。

また平成26年（2014年）会社法改正は，内部統制システムの運用状況の概要を事業報告の記載事項に追加した（会社則118条2号）。監査役は，システムの構築に関する決定のみならず，その運用状況が相当でないと認めるときにはその旨・理由を監査報告に記載しなければならない（会社則129条1項5号）。さらに親会社等と子会社間の取引に関する開示を充実させ，それについての監査役の意見が監査報告に記載されることになった（第**12**章2(2)(f)参照）。

(ii) **独任制の機関**　監査役は，複数の監査役がいる場合でも，各自が単独でその権限を行使すべきものであるから，独任制の機関である。

この独任制は，監査役会においても基本的に維持される。監査役会は，監査の方針，会社の業務・財産の調査の方法等の監査の職務執行に関する事項をそ

の決議をもって定めることができるが，決議によって個々の監査役の権限行使を妨げることはできない（390条2項）からである。

独任制である根拠について，法令・定款違反がないかどうかの問題は，監査役の多数決で決着をつけるべきものではないからといわれる。しかし例えば，裁判所も合議体の場合には，裁判官の多数決で違法かどうかを決するのであるから，違法性の有無の決定は，独任制と必然的に結びつくものではない。とりわけ監査役会という合議体を認める場合には，独任制を維持しないとの選択もあり得る（現に監査委員会や監査等委員会では独任制はとられていない）のであり，今後の立法論としては検討に値すると思われる。

(iii) 調査権限　監査役には，調査権限がなければ監査はできないから，一定の調査権限は必須である。もっとも円滑な経営活動とのバランスを考慮しなければならないから，その権限の範囲・行使方法等をいかにすべきかが問題となる。現行会社法においては，その調査権限として取締役・使用人に対する報告請求・業務財産調査権，子会社調査権等が与えられている（381条2項〜4項）。

(iv) 是正権限　監査役が，取締役の違法行為をみつけたときに何もできないのは妥当でない。したがって，取締役が法令・定款違反行為をなし，またはするおそれがあるときは，取締役会への報告権限があり（382条），またそれに伴い取締役会を自ら招集する権限も認められ（383条2項），さらには取締役の違法行為の差止請求権もある（385条1項）。

(v) その他の権限　監査役には，その他の権限として，会社・取締役間の訴訟の会社代表権（386条），取締役の責任制限への同意権（425条3項・426条2項・427条3項），監査の結果を株主等に示すため監査役会が監査役会監査報告を作成する報告権限（390条2項1号）等がある。また監査役会設置会社の会計監査人の選解任・不再任に関する議案の内容の決定が，平成26年（2014年）改正により，会計監査人の独立性強化の観点から，取締役会ではなく，監査役会の権限とされた。したがって，その議案は，監査役の過半数の賛成で決定する（344条1項・2項・3項）（議案の決定ではなく，会計監査人を解任する場合には，監査役の全員の同意が必要である（340条1項・2項・4項））。会計監査人の報酬については，監査役会は同意権を有する（399条1項・2項）。監査役会監査報告

は，監査役会が作成するが，監査役会監査報告には各監査役の意見を付記することができ，この点でも独任制が維持されている。

(d) **監査役の責任**

(i) 会社に対する責任　監査役と会社との関係は，委任の規定に従うから（330条），取締役の場合と同様に会社に対して善管注意義務を負う。したがって，会社に対する責任は，過失責任である。

この責任の免除は，総株主の同意がないとできない（424条）。しかし監査役の責任制限は，第1に，株主総会決議または定款の定めに基づく取締役会決議の2つの方法が認められ，賠償額は，社外取締役の場合と同じ額に制限される（425条・426条）。第2に，社外監査役の場合は，会社法427条による責任限定契約が認められる。この点は，平成26年（2014年）会社法改正によって，社内の監査役も責任限定契約を締結できるものとされた。

(ii) 第三者に対する責任　監査役の第三者に対する責任は，取締役の場合と同様である（429条1項）。

(e) **監査役監査の評価**　これまでみてきたように，監査役の地位は非常に強化されているが，監査役の監査が実効性のあるものとして実際に機能しているかについては，依然として，疑問の声も少なくない。いかに監査役の地位を強化したといえども，第1に，そのモニタリングは，違法性に限定され，第2に，監査役は，取締役会における議決権がないから，会社の経営意思決定には参画せず，代表取締役を解任する権限がないこと，第3に，独立取締役が相当数を占める取締役会においては，監査役会・監査役の存在意義が乏しいものになること等から，モニタリング機関としては中途半端な面があることは否定できず，これをつきつめれば監査役という制度そのものに問題があるといわざるを得ないであろう。

こうした基本的な現状認識から，従来の監査役制度とは全く異なるモニタリングの制度の導入が意図されたのが委員会等設置会社であり，それは，平成14年（2002年）商法改正で実現した。そして会社法も委員会等設置会社の名称を委員会設置会社としたが，その制度をそのまま基本的に継承した。さらに平成26年（2014年）会社法改正により，その名称は，指名委員会等設置会社となった。そこで次に，指名委員会等設置会社における業務執行の監督の仕組み

をみることにする。

## 3　指名委員会等設置会社

### (1)　経営監督の基本構造

(a)　**基本的なねらい**　指名委員会等設置会社においては，監査役・監査役会による監督の仕組みはとられず，取締役会による監督が基本となる。そして，取締役会は，その監督の実をあげるために，社外取締役が過半数を占める指名委員会，監査委員会，報酬委員会の3委員会が設置され，その3委員会に強い権限が与えられる。

ところで，取締役会による監督は，昭和25年（1950年）商法改正が目指したものであったが，それは現実に十分機能しなかった。そこで監査役制度を強化したのであるが，それも必ずしもうまくいっていない。指名委員会等設置会社は，これらの教訓を踏まえて構想されたものである。

指名委員会等設置会社によるモニタリングの基本的ポイントは，次の通りである。

第1に，経営の意思決定とその実行（経営者による会社経営）と会社経営の監督（経営者の監督）の分離である。従来型では，この分離がなされていないことから，経営者を経営者が監督することになり，その実効性があがらなかった。そこで経営の意思決定とその実行は，取締役会ではなく，大幅に執行役（経営者）に移譲することにし，取締役会は，その執行役を監督することに焦点を絞るものとしたのである。

第2に，もっとも取締役は，執行役を兼任できることから，執行役との兼任取締役が取締役会の多数を占めると，これまた経営者による経営者の監督となり，取締役会による執行役の監督が不十分となるおそれがある。そこで，過半数が社外取締役で構成される3委員会の設置を強制し，かつその委員会の権限を強力にすることにより，執行役の監督が十分となることをねらったのである。すなわち，指名委員会は，株主総会に提出する取締役の選解任に関する議案の内容を決定できる（404条1項）のであり，しかもその決定は，取締役会において覆すことはできないのである（416条4項5号）。報酬委員会は，執行役・取

第7章 コーポレート・ガバナンス──経営監督

締役が受ける個人別の報酬等を決定する権限をもつ（404条3項前段）。また執行役が使用人を兼任しているときは，その使用人部分の報酬も決定できる（404条3項後段）。さらに監査委員会は，執行役等の職務執行を監査する権限を有し（404条2項1号），会計監査人の選解任等の議案の決定権限を有する（404条2項2号）。

第3に，取締役会は，これら3委員会の監督をもとにして執行役を選任できるのみならず，執行役が不適任（取締役会によるモニタリングは違法性のみならず妥当性にも及ぶ）であれば，その決議に基づき執行役を解任できるから，選解任権をバックにしたモニタリングの実効性が確保されることである。

(b) **アメリカとの比較** アメリカの取締役会は，社外取締役（正確には独立取締役）を中心として構成され，経営者（CEO）の経営意思決定とその実行の監督が主な任務であり，その監督の方法は，取締役会から権限を委譲された監査委員会等の各種委員会が大きな役割を果たしている。このように経営者モニタリングの仕組みを強く意識したものとなっている点では，わが国の指名委員会等設置会社は似ているといえる。しかし両者には相当な違いがある。ここでは，その基本的な3点を指摘しておこう。

第1に，指名委員会等設置会社は，アメリカのように，取締役会のメンバーの過半数が独立取締役（すぐ次の第2でその意味を説明する）とはなっておらず，取締役会に設置される3委員会のメンバーの過半数が社外取締役でなければならないとするにとどまっている。わが国の現状では，取締役会において社外取締役が過半数を占めるよう義務づけることは困難であるとの認識があり，したがって委員会のレベルにおいてのみ社外取締役の過半数の義務づけを行い，同時に委員会に強い権限を与えることによって，その実効的な監督の実現を意図したのである。

第2に，指名委員会等設置会社における社外取締役とアメリカにおける独立取締役とは相当に異なっている。アメリカの独立取締役は，当該会社の経営者との関係において独立性が高い者が選任される。すなわち，親会社関係者，重要な取引先，親族等は，そもそも独立取締役とは認められないのである。

これに対して，指名委員会等設置会社の社外取締役の社外性は，前記第5章2(1)(a)で述べた通りであり，例えば，重要な取引先等であっても，社外取締

役になれるのであり，アメリカのような独立性基準と比べると，相当ゆるやかなものとなっている。

　第3に，アメリカの取締役会は，経営者の経営をモニタリングすることに特化している。確かに指名委員会等設置会社もモニタリングに特化するものとすることも可能であるが，執行役への決定権限の委譲は任意であり，それを強制していない。そもそも，アメリカの取締役会は，多数を占める独立取締役が経営者の経営が株主利益の確保になっているかを監視し，そうなっていないときには，当該経営者を解任して新しい経営者に代えることがその中核的任務である。それゆえに過半数以上の経営者から独立した取締役（独立取締役）が必須となるのである。これがアメリカのモニタリング・モデルである。

　これに対して指名委員会等設置会社の取締役会の取締役は，執行役との兼任が許容され，また社外取締役には高度の独立性は要求されず，しかも社外取締役は委員会のレベルにおいてのみ過半数とされるにすぎない。指名委員会等設置会社は，アメリカのモニタリング・モデルを取り入れたとよくいわれるが，実際のところそれとは似て非なるものといわざるを得ないのである。この関係でわが国の会社法は，従来型と指名委員会等設置会社，さらには監査等委員会設置会社の選択制として，そのいずれが優れているかは，会社法の関知するところではなく，経営者そして市場に任せる態度をとっている。しかしこれは，会社のガバナンスのあり方についての明確な立法政策がないことの裏返しである。企業組織法の中核である会社法が，モニタリング・モデルを目指すのか，そうでないのかについて，はっきりしないのは問題であり，基本法としてそのあり方を示すべきである。会社法がそのような姿勢であることが，指名委員会等設置会社が全上場企業のわずか約2％にとどまるゆえんである。この関係でわが国の会社の現状がよく引合いに出される。しかし立法とは，問題のある現状を是正し，変更するものではなかったのか。会社ガバナンスのあり方という根本的かつ重要な課題は，漸進的な対応でよしとするものではないからである。

## (2) 各委員会
### (a) 監査委員会

(i) 権限　指名委員会等設置会社においては，監査役制度は存在せず，取締役および執行役の職務執行の監督は，取締役会による監督となるが，実際上，その監督は，監査委員会によるものが中核をなす。すなわち，監査委員会は，第1に，取締役および執行役の職務執行を監査する（404条2項1号）。この監査は，違法性の監査のほかに妥当性の監査にも及ぶ。本委員会による監査は，過半数が社外取締役であることから，実際上は，情報を充実させるために会社内部者である非業務執行取締役を監査委員に加えるとともに，会社の内部監査部門・コンプライアンス部門との密接な連携関係のもとに実行されることになる。

第2に，株主総会に提出する会計監査人の選任・解任ならびに会計監査人を再任しないことに関する議案の内容を決定する（404条2項2号）。

第3に，以上の権限を適切に行使するために調査権限が付与される（405条）。この調査権限の行使は，監査委員会の決議があるときは，それに従うことが求められる。すなわち，独任制はとられていない。

第4に，毎決算期ごとに監査報告を作成するという報告権限を有する（404条2項1号）。

(ii) 構成　取締役3人以上で構成し，その過半数は，社外取締役でなければならない（400条3項）。委員会を組織する取締役は，取締役会の決議により定める（400条2項）。また，監査委員会を組織する取締役（監査委員）は，当該会社もしくはその子会社の執行役・業務執行取締役・会計参与・支配人その他の使用人をかねることはできない（400条4項・331条4項・333条3項1号）。自己監査となることを避ける趣旨である。

(iii) 運営　監査委員会は，委員である各取締役が招集できる。委員会の招集手続，決議方法および議事録については，取締役会の場合と基本的に同様である（411条～414条）。

### (b) 報酬委員会

(i) 権限　報酬委員会は，取締役および執行役が受ける個人別の報酬の内容を決定する権限を有する（404条3項。執行役が使用人をかねているときは，

使用人の報酬の内容も決定する)。その場合の報酬決定の方法は,個人別の報酬の内容の決定に関する方針を定め,その方針によらねばならない(409条)。従来型では,取締役の報酬の決定権限は,株主総会にあるが,指名委員会等設置会社では,報酬委員会にある。

　(ⅱ)　構成・運営　　構成は,取締役3人以上で構成し,その過半数は,社外取締役でなければならないし,運営は,監査委員会と同様である。

(c)　指名委員会

　(ⅰ)　権　限　　指名委員会は,株主総会に提出する取締役の選解任議案の内容を決定する権限を有する(404条1項)。従来型では,この権限は取締役会にあるが,指名委員会等設置会社では,指名委員会にあることになる。

　(ⅱ)　構成・運営　　報酬委員会と基本的に同様である。

## 4　監査等委員会設置会社

### (1)　意　義

　監査等委員会設置会社とは,定款の定めにより監査等委員会を設置する株式会社である(2条11号の2・326条2項)。このガバナンス類型では,取締役会および会計監査人の設置が必須となるが,監査役は置かれない。

　前記第5章1(3)(c)においてこの類型が認められるにいたった経緯等につき若干述べたが,なぜその名称が監査委員会ではなく,監査等委員会となっているか。これは,指名委員会や報酬委員会が強制されないとすると,監査委員会のみが設置されることになるが,それで十分な経営者のモニタリングができるかの疑問が当然,生じる。3委員会で十分なモニタリングとなるのに,その1つである監査委員会のみしか設置しないのでは,不十分のそしりは免れないからである。この点の批判があることを踏まえて,それに対応しようとするものが,監査等委員への監査等委員会の意見を述べる意見陳述権の付与である。すなわち,監査等委員会は,監査をするだけではなく,監査等委員会が選定した監査等委員は,監査等委員以外の取締役の選任等および報酬等につき株主総会で監査等委員会の意見を述べる意見陳述権を有すると定めて,指名および報酬についても,一定程度の影響力を行使できる定めを置いた(342条の2第4項・

361条6項・399条の2第3項3号)。

　これが,「監査」の後に「等」が付記されて監査等委員会となっている理由である。しかしこのことは諸刃の剣ともなり得る。

　第1に, もし指名委員会も報酬委員会も設けないままでの意見陳述となると, 指名・報酬事項についての十分な情報を持たないままに総会において見当はずれの意見が述べられるリスクがある。指名委員会・報酬委員会が設置される場合は, 指名・報酬についての十分な情報のもとに責任ある検討がなされるが, そうした委員会の設置なしの指名・報酬に関する意見は, その適正性につき疑問が生じるからである。

　第2に, 任意で指名委員会・報酬委員会を設置し, その委員に監査等委員も入る形をとれば, 情報の問題はある程度解消されるかもしれない。しかし法定の委員会には決定権があり, 決定権があるかないかは, 当該委員会の情報・検討の十分性に影響する。任意と法定の機関では, やはり大きな違いがあり, そのことは看過すべきでないのである。

　第3に, 総会での意見陳述権は, 意見陳述が強制されているわけではなく, あくまでも任意にとどまるし, 意見を述べた場合でも, それには決定権はなく, あくまでも単なる意見陳述でしかない。

　以上, 要するに, 総会での意見陳述権は, 中途半端であるのみならず, 会社に無用な混乱をもたらすリスクもある。したがって, 監査等委員会設置会社のモニタリング機能は, 指名委員会等設置会社と比較すれば, その仕組みにおいて十分ではないといわざるを得ないであろう。

　他方, 監査等委員会設置会社は, 監査役会設置会社と比較すれば, プラスがある。それは, 経営の執行と監督の分離が可能となっているからである。すなわち, 第1に, 取締役の過半数が社外取締役である場合, または第2に, 定款の定めがある場合には, 取締役会の決議によって, 指名委員会等設置会社と同様な範囲で, 重要な業務執行の全部または一部を取締役に委任することができる (399条の13第5項・6項)。これは, 実際に大幅な権限委譲をすることにより, 経営の迅速性を確保するとともに, 取締役会・監査等委員会は, 経営者のモニタリングに専念できる余裕が生じることになる。

### (2) 取締役

(a) **選任・解任等** 監査等委員会設置会社の取締役は，実質的に2つのタイプに分かれる。すなわち，監査等委員になる取締役とそうでない取締役であり，それぞれ区別して株主総会で選任されることになる (329条2項)。また監査等委員になる取締役の独立性への配慮としては，監査等委員会は，監査等委員になる取締役の選任議案についての同意権・提案権を有するのみならず (344条の2)，監査等委員である取締役は，株主総会においてその選任・不再任に関する意見陳述権がある (342条の2第1項)。

監査等委員になる取締役の選任にあっては，監査等委員会の過半数は社外取締役である必要がある (331条6項) から，その社外性の要件 (2条15号) を満たす員数にしなければならない。

監査等委員である取締役の任期は，選任後2年以内に終了する事業年度のうち最終のものに関する定時総会終結の時までであり，定款あるいは総会決議をもってそれを短縮することはできない (332条1項・4項・5項)。監査等委員でない取締役の任期 (1年である〔332条3項〕) と比較して長くなっているのは，独立性確保の一環である。もっとも取締役の中に任期が異なる2種類の取締役を認めることは，従来にない点であり，今後，そのプラス，マイナスを慎重に評価する必要があるであろう。

監査等委員である取締役の解任には，株主総会の特別決議が必要であり (309条2項7号)，そうでない取締役の解任よりもハードルが高くなっている。これもその独立性の確保のためである。

(b) **権限・責任等** 監査等委員会設置会社の業務執行は，その決定を取締役会が行い，その決定の執行は，代表取締役・業務執行取締役が実行する (指名委員会等設置会社のような執行役は存在しない) (399条の13第1項・363条1項)。また取締役会は，その業務執行の決定権限を大幅に取締役へ委任できることは，すでに述べた。

報酬の決定は，基本的に従来型の会社と同様である (詳しくは，後記5(3)(d)参照)。また会社に対する責任および第三者に対する責任も変わらない。ただし監査等委員でない取締役と会社との利益相反取引は，監査等委員会の承認があると，任務懈怠の推定が生じない (423条4項)。これは，監査等委員会設置会

社への移行を促進するためのものであろうが，なぜ指名委員会等設置会社の監査委員会の承認にはこの効果を認めないのかは疑問が残る。また監査委員会には，指名・報酬に関する意見陳述権はないが，監査委員会の監査の結果は，指名・報酬の各委員会の決定に有機的に反映されることを前提としている。すなわち，3委員会の有機的連携であり，それが欠如している監査等委員による意見陳述権のモニタリング効果を過大評価することには賛成できない。

**(3) 監査等委員会**
　(a) **構 成 等**　監査等委員会は，監査等委員の全員で構成されるが，3人以上の委員が必要であり，その構成員の過半数は，社外取締役でなければならない。監査等委員である取締役は，会社およびその子会社の業務執行取締役，使用人もしくは会計参与あるいは子会社の執行役を兼ねることはできない（331条3項・333条3項1号）。

　監査等委員会には，常勤者の委員を置くことは強制されない。これは，指名委員会等設置会社の監査委員会と同様に，その監査は，内部統制システムを利用しての監査だからである。また監査等委員会の招集，決議方法，議事録の作成，職務執行につき費用の前払い・償還等も監査委員会の場合と異ならない。

　(b) **権 限**　監査等委員会の権限の中核は，取締役の職務執行を監査し，その監査の結果につき監査報告を作成することである（399条の2第3項1号）。その監査にあっては，違法性のみならず妥当性についても監査をする。この点が監査役と異なる点であり，監査等委員は，取締役であることからの帰結である（この点は，指名委員会等設置会社の監査委員と同様である）。また前述の通り，監査等委員会が選定した監査等委員は，監査等委員以外の取締役の指名・報酬につき株主総会での意見陳述権があるから，その前提としてそのことを委員会で決定する必要がある（399条の2第3項3号）。

　監査等委員会は，その権限を適確に行使できるようにするために会社・子会社に対する調査権限が与えられている（399条の3第1項・2項）。また監査等委員以外の取締役と会社との訴訟につき会社代表権限等がある（399条の7第1項・3項・4項）。さらに各監査等委員は，取締役の違法行為に対する差止請求権（399条の6），取締役の不正行為等の取締役会に対する報告権（399条の4）

も有する。さらに会計監査人の選任・解任・不再任に関する議案の内容の決定権限がある（399条の2第3項2号）が，これも含めてその権限は，指名委員会等設置会社の監査委員会と基本的に同様である。

## 5 経営者の報酬規制

### (1) 序

　所有と経営の分離した会社におけるコーポレート・ガバナンスの中心問題は，経営者（従来型および監査等委員会設置会社の取締役あるいは指名委員会等設置会社の執行役）が株主の利益よりも自分自身の利益を優先する経営を行わないようにするための制度（システム）をいかに構築・維持するかにある。そのためには経営者の経営をモニタリングする制度が重要であり，この問題は，前記1～4においてみてきた。しかしここでは，少しアプローチの角度を変えて，いかにしたら経営者が自己の利益よりも株主の利益を優先させる経営を行うように動機づけることができる（インセンティブを付与する）かの観点から，経営者の報酬問題を検討してみよう。ここでの基本的発想は，経営者が会社の業績を向上させる経営をやるように仕向けるためには（これはすなわち，剰余権者である株主全体の取り分を増加させる経営をさせるためには），いかなる報酬体系にすればよいか，換言すれば，経営者にやる気を起こさせるためにはその報酬体系をどうしたらよいかである。

　ところで経営者の報酬は，さまざまなタイプがあり得るが，一般には，固定的に支給されるもの（base salary）と業績[4]に応じて支給されるもの（bonus）とで構成される。前者は，一般に役員報酬と呼ばれ，後者は，賞与，新株予約権の付与（ストック・オプション）等である（もっとも法律上は，いずれも報酬であることに変わりはない）。そして経営者にインセンティブを付与する報酬としては，近時は，わが国の会社においても新株予約権の付与が利用されるようになってきている。

---

4) 業績の指標は，会計上の税引前利益額，経済的付加価値額（EVA），ROE などが用いられる。

## (2) 新株予約権の付与（ストック・オプション）

**(a) 意　義**　新株予約権は，あらかじめ定められた期間（権利行使期間）内に，あらかじめ定められた額の金銭等（行使価額）の出資をすると，会社から一定数の当該会社の株式の交付を受ける権利（2条21号・236条1項）である（コール・オプション）から，その権利を有する者は，株価が行使価額よりも上昇すればするほど安い対価で株式を入手できることになる。それゆえ経営者が新株予約権の付与を受けると，権利行使期間内にその株価を上昇させようとするインセンティブが働くことになる。株価の向上は，通常は会社業績の向上と連動するから，新株予約権の付与を受けた経営者は，会社業績の向上を目指した経営をすることになり，それはとりもなおさず剰余権者である株主全体の取り分の増大を目指す経営がなされることとなる。したがって，新株予約権の付与（ストック・オプション）は，経営者が自己の利益よりも株主の利益を優先させる経営を行わせるための有力な手段になると考えられるのである。

**(b) 問題点**　もっとも経営者に対する新株予約権の付与は，プラスばかりではなくマイナスもある。その基本的なポイントを若干をあげれば，次のようになる。

第1に，会社業績は，経営者の経営努力のみによって変動するのではなく，それ以外のさまざまな要因によって変動するから，不適切な経営がなされていても，会社業績は向上することはあるし，またその逆に最大限の努力を払った経営であっても，会社業績が低迷することがあり得る。

第2に，株価が行使価額を大きく下回るとなると，新株予約権は経営者に対するインセンティブの効果がなくなる。そこでそれに対処するため，行使価額を改定して下げることを許容すれば，確かに経営者のインセンティブは回復するが，その下げる手続が不当となるおそれがあるのみならず，経営者がよりハイリスク・ハイリターンな危険な経営を行うことを助長しかねない。なぜなら危険な経営をやって成功すれば，株価は上がり，経営者はストック・オプション行使により大きな利益を得るが，失敗した場合においても，再度，行使価額の修正をやればよいといった行動になりがちだからである。

第3に，経営者がストック・オプションの行使による大きな利益をねらって，不正な利益操作を行って，その株価を高めようとする誘惑に駆られる危険があ

る。また将来大きく実を結ぶような長期的投資等を行わずに、現在の株価を高めることをねらったいわゆる短期的経営を行う可能性も生じやすい。

現にアメリカでは、1990年代あるいは2000年の初めにストック・オプションのこうしたマイナス面が大きく露呈した結果、譲渡制限株式（Restricted Share）[5]あるいはパフォーマンス株式（Performance Share）[6]がその代替策として利用されるようになっている。このように株式の交付を受ける権利の付与ではなく、一定の条件付きの株式自体を付与する理由は、次の通りである。すなわち、ストック・オプションでは、株価がどんなに下落しても、付与を受けた経営者は、その権利を行使しなければゼロを超える損失を受けることはなく、その意味で業績悪化による株価下落の損失を被らない仕組みとなっている。これに対して株式自体の付与であれば、株価下落の損失も被ることになるから、経営者に痛みをより感じさせる仕組みとなるのである。

### (3) 報酬規制

(a) **報酬の意義**　会社法における経営者の報酬とは、その職務執行の対価として受け取る財産上の利益であるから、いわゆる報酬のみならず、賞与、ストック・オプションも含まれる（361条1項）。また退職慰労金も、職務執行の対価であるかぎり、報酬に含まれる。

(b) **従来型**　報酬の額の決定は、従来型では、定款または株主総会の決議で定める（361条1項）。その際、定款あるいは株主総会の決議において、①確定金額を報酬とする場合は、その額、②不確定金額を報酬とする場合は、その具体的な算定方法、③金銭以外を報酬とする場合は、その具体的な内容をそれぞれ定めるか、決議する必要がある。②または③の場合には、議案を提出し

---

[5] 一定の長期間の保有が義務づけられるか、あるいは一定の業績が達成されない限りは、当該株式の譲渡が制限される株式を経営者に付与する場合のその株式をいう。制限株式付与による報酬は、本文に述べたような利点があるため、欧米では広く利用されているが、わが国では、その会社法上の位置づけや法人税法上の取扱いがはっきりせず、利用はない状況であった。しかし経産省の「コーポレート・ガバナンス・システムの在り方に関する研究会」報告公表（2015年7月）を契機にそれら問題点が解決されたので、わが国でも今後、導入が進むと思われる。

[6] 一定の業績条件が満たされたことがあって初めて経営者に株式が付与される場合のその株式をいう。コーポレート・ガバナンス・コードも会社の中長期の業績と連動する報酬を推奨している。

た取締役は，総会でその議案内容が相当である理由を開示しなければならない（361条4項）。

　こうした規制がかかるのは，取締役会に任せるとその同僚意識からお手盛りが行われる危険があるからであるとする（通説）。そして定款または株主総会の決議での定めがなければ，具体的な報酬請求権は発生しない[7]。しかし具体的に報酬請求権が発生した場合には，その報酬額は，会社と取締役との契約内容となり，会社は，一方的に変更できなくなる。このことは，株主総会において当該取締役の報酬を無報酬にするとの決議をした場合でも同様である[8]。

　会社法のこの規制は，判例によれば，定款・株主総会は，個々の取締役の額を定める必要はなく，全取締役の報酬の総額の最高額を定めればよいとする[9]から，各取締役の具体的な額の妥当性に総会が直接的に介入するものではなく，その意味で手続的な報酬規制である。しかも通説の考え方からすれば，取締役全員の報酬総額の上限を株主総会で決めれば，お手盛り防止の趣旨が達成されることになる。しかしそもそも報酬は，各取締役に対する株主利益を図るためのインセンティブの付与が重要であるから，それぞれの取締役のはたらきによって個別的に決めるべきものである。通説のような理解であると，どうしてもその点があいまいになる問題がある。

　新株予約権の付与（ストック・オプション）は，オプションの公正価値が算定できるから，前記①の額が確定している報酬であり，かつ，③の金銭以外の報酬である[10]。

　退職慰労金の場合は，判例は，株主総会において無条件に取締役会の決定に一任する決議は無効であるが，その金額，支給期日，支給方法に関する一定の基準に従い取締役会が決定する趣旨の決議であれば，有効であるとする[11]。

　それでは，報酬につき定款の定め・総会決議等がない場合はどう解するべき

---

7) 最判平成15年2月21日金判1180号29頁。
8) 最判平成4年12月18日民集46巻9号3006頁。この理は，退職慰労金についても妥当する（最判平成22年3月16日判時2078号155頁）。
9) 最判昭和60年3月26日判時1159号150頁。報酬総額の最高額の決議があった後，個々の取締役の報酬額決定は，取締役会にゆだねられる。
10) 会社法361条1項1号および3号に該当する報酬となる。
11) 最判昭和39年12月11日民集18巻10号2143頁。

か。取締役の報酬は，定款の定めまたは総会決議がなければ認められず，たとえ取締役が取締役としての職務を行ったとしても，それに関する報酬請求はできないことになる。しかしそれでは，取締役に酷ではないか，あるいは取締役の無償の労務提供により，会社は不当利得を得たのではないか等の疑問が生じる。

判例は，定款の定め・総会決議等がなければ，具体的な報酬請求権は発生せず，したがって，報酬請求はできず，不当利得の関係も生じないとしている（最判平成15年2月21日金判1180号29頁）。もっともこの判例も，定款の定め・総会決議等がなくとも全株主が同意していれば，報酬請求ができるとしており，また判例は，定款の定め・総会決議等なしに支給された報酬につき後にそれを承認する総会決議を受けた場合には，報酬支給は適法有効なものとなるとする（最判平成17年2月15日判時1890号143頁）。

(c) **指名委員会等設置会社**　指名委員会等設置会社では，前記3(2)(b)の通り，定款または株主総会の決議は必要ではなく，報酬委員会が取締役・執行役の個人別の報酬を決定する（404条3項前段。409条も参照）。執行役が使用人を兼ねている場合には，使用人部分の給与額についても，委員会が決定する（404条3項後段)[12]。

(d) **監査等委員会設置会社**　監査等委員会設置会社の報酬規制は，前記4(2)(b)で述べた通り，従来型の会社の場合と基本的に変わらない。すなわち，定款で定めなければ，株主総会決議により決定される。ただしその決議においては，監査等委員である取締役の独立性の確保のため，監査等委員である取締役とそれ以外の取締役とを区別して定めなければならず，監査等委員である取締役は，その報酬につき意見を述べることができる（361条2項・5項）。また監査等委員である取締役それぞれの配分は，定款ないし決議に定めがない場合には，監査等委員である取締役の協議によって決められる（361条3項）。

さらに前述（4(1)）の通り，監査等委員会が選定する監査等委員は，株主総会で監査等委員である取締役以外の取締役の報酬につき監査等委員会としての

---

[12] 従来型では，使用人兼務の取締役の使用人部分の給与は，給与体系が明確に確立しており，かつ，それによって支給されている限り，総会決議を必要としないとするのが判例（前掲注7）の判決）である。

第 7 章　コーポレート・ガバナンス──経営監督

意見を述べることができる。

# 第8章 コーポレート・ガバナンス——株主の役割

　本章は，コーポレート・ガバナンスに関する最終章となる。ここでは，会社利益の最大化につき最もインセンティブがある株主の役割を検討する。株式会社は，剰余権者である株主利益の最大化を目指す（それにより他のステークホルダーも満足が得られる）企業組織であるが，そのガバナンスにおいて株主は具体的にいかなる役割を果たすべきか。所有と経営が分離すれば，株主自身が日々の会社経営の主体＝経営者にはなれないから，経営者に経営を任せるのが合理的である。そうすると，株主の最大関心事は，経営者が株主利益を第1に経営をしているかどうかである。そのためには株主はどうしたらよいだろうか。本章の目標は，会社の効率性と公正性を確保する目的を実現するにあたっての株主の役割を考えることにある。

## 1　株主の権利

### (1) 総　説

　株主の役割についての会社法ルールはどうなっているか。その解明のためには，株主の役割を定める法ルールをみることからはじめなければならない。そこでまず，株主が会社との関係においていかなる権利を有しているかを概観しておこう。

　株主は，株式会社の社員であり，株式は，その社員の地位を細分化して割合的地位にしたものである。株式は，均一的な割合的地位であるから，1人で数株を有すれば，その株式の数だけ株主の地位を有することになる。株式は，会社の剰余権者である地位を示すものであるから，通常の債権とは異なる。したがって，通常の債権者と株主とでは，会社に対する利害状況は異なるが，この点は，すでに第2章3および第3章2などにおいて説明した。

　株主の権利は，法律または定款で定められるが，それには，さまざまのもの

がある。その多様な権利の分類方法としては，自益権と共益権とに分けるものがある。自益権は，例えば，剰余金配当請求権，株式買取請求権のような会社から直接に経済的利益を受ける権利である。これに対して，共益権とは，議決権のように会社の経営に参画する権利をいう。自益権・共益権からなる社員の持分である株式の法的性質をいかに解するかは，社員権（社員権説）か，それとも債権（社員権否認論を発展させた株式債権説）かの対立があるが，判例は，その法的性質は，社員権であり，株式を譲渡（特定承継）すれば，自益権のみならず共益権もともに移転されるが，訴訟の当事者たる地位は移転しない（相続により株式を取得した場合（包括承継）は訴訟の当事者の地位も移転する）とする（最判昭和45年7月15日民集24巻7号804頁）。

　被相続人である株主が死亡すると，その株式は，相続開始と同時に当然相続分に応じて分割されるかが問題となる。この問題につき株式は，相続開始と同時に当然相続分に応じて分割されるのではなく（最判平成26年2月25日民集68巻2号173頁），共同相続人らの準共有になる（最判昭和45年1月22日民集24巻1号1頁）。しかし当該株式の権利を行使するためには，権利を行使する者1人を定めて，会社に通知をしなければならない（106条）（権利行使者を定めるには，全員一致の必要はなく，共有物管理行為に関する民法252条を準用して決定する〔最判平成9年1月28日判時1599号139頁〕）。

　もっとも判例（最判平成2年12月4日民集44巻9号1165頁）によれば，特段の事由のある場合には，株式の共有において権利行使者の選定・通知ができなくとも権利の行使ができる場合があり，それは，当該株式が会社の発行済株式総数であり，相続開始後に共同相続人の1人を取締役に選任する株主総会決議がなされた旨の登記があるときには，他の各共同相続人は，総会決議不存在の訴えを提起できるとする。かかる訴えの原告適格を認めないと，その是正ができないからである。

　またこれとは別の観点からの分類としては，単独株主権と少数株主権の区別がある。単独株主権は，1株の株主でも行使できる権利であり，代表訴訟提起権や違法行為差止請求権等がそうである。少数株主権は，例えば，総株式の議決権の100分の1以上，または300個以上の議決権を有する株主に認められる総会の議題・議案提案権のような総株式の議決権の一定割合以上，または一定

1　株主の権利

数以上の株式を有する株主のみが行使できる権利である[1]。

　コーポレート・ガバナンスの観点からは，株主の議決権が最も重要である。株主はこの権利を有するから，会社にとって根本的な影響を与える事項につき決定権があることになるからである。他方，株主以外のステークホルダーは，議決権を有しないから，当然には会社の重要事項につき決定権をもたない。なぜそのような権利分配となっているかは，すでに述べた通り（前記第3章2），剰余権者である株主に会社経営決定につきコントロールを任せるのが効率性の確保につき適切かつ合目的的だからである。もっともそれは，株主の利益のみが最優先されるわけではなく，株主の権利は，あくまでも剰余権である以上，同時に株主以外のステークホルダーにとっても利益となるからである。

### (2) 株主の期待＝期待収益率＝資本コスト

　株主は，会社への投資者であるから，その投資に対するリターン（収益の期待値）を求めるのは当然である。ビジネスの世界では，リターンのない投資はあり得ないからである。他方，経営者の立場からすると，投資家の収益期待の実現が至上命題となる。そうでなければ，株主の期待に応えていないことになるからである。そうすると，株主が期待する最低限のリターンが，最低投資収益率であり，それは，同時に，経営者が株主の拠出した資本を活用するためのコストを意味するから，これが，（株主）資本コストとなる。

　ところで資本コストは，資本資産評価モデル（Capital Asset Pricing Model，略してCAPM〔キャップエム〕）といわれるモデルにより計算される。その詳細は，ファイナンス理論[2]に譲るが，その基本的な考え方は，より高いリターンは，より高いリスクを取ることによってのみ可能となるということに帰着する。これを定式化すれば，次の通りである。

　資本コスト（cost of equity）　＝　Rf（無リスク利子率）　＋　$\beta$(Rm－Rf)

---

[1] 少数株主要件は，単独株主の場合だけではなく複数の株主が共同することにより，その要件を満たすこともできる。

[2] 例えば，伊藤邦雄『新・企業価値評価』313頁（日本経済新聞出版社，2014年）参照。Robert J. Rhee，前掲第2章注12）の文献 pp. 161-170 も参照。

第8章　コーポレート・ガバナンス——株主の役割

　投資家がある会社の株式に投資したとすると、リスクのない証券に投資したら得られるであろう利子率（Rf＝Risk free の interest rate を示す）（それは、実務では一般に国債の利子率と考えている）では満足できない。リスクがある会社株式に投資しているのだから、そのリスクに応じたリターンが得られないと投資する意味がない。そうすると、Rf のリターンがあるのは、当然としても、それに加えて当該株式の利子率（$\beta(Rm-Rf)$）を加算したものが、最低限の期待収益率、すなわち資本コストとなる。

　ところで当該株式の利子率は、株式市場全体の期待収益率（Rm＝株式市場全体の Risk に対する利子率を示す）から無リスク利子率（Rf）を差し引いた値（Rm−Rf）に $\beta$ をかけて算出する。その場合の $\beta$ とは、当該株式の市場リスクに対する感応度（$\beta$ が 1 であれば、当該株式は株式市場全体の値動きと同じ動きであり、1 より大きくなればなる程、株式市場全体の値動きより大きく変動し、1 より少なければ、その変動は小さくなる）を示すものである[3]。

　わが国の経営者は、これまであまり資本コストを意識した経営をせずに、売上額や経常利益といった絶対値を増加させることに関心があった。しかし経営において重要なのは、むしろ絶対値よりも、投下した資本に対するリターンの割合である。例えば、200 の利益をあげるのに 500 の投資をしたのと 100 の利益をあげるのに 100 の投資をする場合とを比較すれば、絶対値としての利益は、前者が高いが、経営効率は、後者の方が高く、したがって、経営としては、後者の方が優れている。そうだとすれば、経営の成果は、絶対値ではなく、率（例えば、ROE〔return on equity. 自己資本利益率〕）を重視すべきであり、現に近時は、効率性を重視した経営の重要性が強調されつつある（その契機となったのは、平成 26 年〔2014 年〕8 月に公表された経産省の伊藤レポートであり、ROE を 8% 以上とする経営が推奨されている）。それゆえコーポレートガバナンス・コードも、取締役会に対して会社の持続的成長と中長期的な企業価値の向上を促すとともに、収益力・資本効率等の改善を要請するのである（基本原則 4 参照）。

---

3）　$\beta$ は、当該株式の株式投資収益率と株式市場全体の投資収益率を回帰分析して求める。

## 2 株主の経営への関与

### (1) 総　　説

(a) **消極的・受動的な関与**　　閉鎖的会社では，所有と経営とが分離せず，したがって，株主と経営者は一般に一致することになる。しかし大規模な公開的会社では，所有と経営は分離し，株主は，日々の経営に関与するのは不可能となる。そこで株主は，株主総会で経営者を選任し，日々の経営は，経営者に基本的に委ねることになる。

しかし株主は，経営者に会社経営のすべてを白紙委任するのではなく，会社のあり方に根本的な変更をもたらすような基本的に重要な事項，例えば合併，解散等については，株主が直接的にその決定に関与することになる。基本的に重要な事項は，日々生じる日常的な事項ではないので，所有と経営が分離している会社の株主であっても，経営者にその決定を委ねるのではなく，株主自身が集まって自らで決めるべきだからである。これが，株主総会における株主の議決権の行使であり，株主は，この限度で，会社経営に直接的に関与する[4]。しかしいずれにしても株主の会社経営に対する関与は，株主総会における議決権の行使にあっても，一般には経営者が株主総会に提案した議案に対して，その賛成・反対の意思を表示するものであるから，基本的に，消極的かつ受動的なものにとどまるのである[5]。そして株主の会社経営に対する基本的に消極的かつ受動的な役割は，所有と経営が分離している会社においては必然性があり，また合理性があるといえるのである。

(b) **株主総会の活性化問題**　　株主が議決権を行使する場である株主総会に

---

[4]　会社法ルールは，根本的な事項であれば，そのすべてにつき株主の意思を問うているかというと，必ずしもそうではない。例えば，内容的には大した変更ではなくとも定款変更については株主の意思を問うている一方で，会社の社運をかける大工場を建設する場合であっても，それは取締役会の決定事項であり，株主総会の決議事項ではない。つまり，法ルールは，必ずしも一貫していないのである。そしてこのことは，株主をいかなる範囲で経営に直接的に関与させるべきかの問題が，実はそう単純なことではないことを示している。

[5]　もっとも，株主が積極的行動に出る場合がないではない。例えば，株主の会社の議題・議案提案権（303条2項・305条1項），株主の総会招集権（297条1項）等がそうである。

第8章 コーポレート・ガバナンス——株主の役割

ついては，その活性化を大いに図るべきであるとの議論がある。すなわち，「会社の実質的な所有者である株主が会社経営に直接的に参加する場である株主総会は，株主が積極的かつ能動的に活躍すべきところであるはずであるのに，現状はその形骸化が著しく，したがって，本来の姿に戻すべきである」との考え方がしばしば主張される。

　しかしこの主張には，相当に無理がある。確かに所有と経営が一致している閉鎖的会社においては，株主総会は活性化し得るであろう。しかし所有と経営が分離している会社，典型的には上場会社を考えてみると，大部分の株主は，投資目的の株式保有であり，そもそも会社経営には関心はないし，また会社経営の能力があるわけでもない。さらに株主といっても，その保有する株式数は全体からみればはなはだ微々たるものであり，いわゆる大衆株主がほとんどである。そのような株主が，総会議題・議案の当否につき自ら十分な調査・検討を行い，しかも交通費と時間をかけて総会に参加するメリットが本当にあるだろうか。実際にそれだけのコストをかけてわざわざ出席したところで，きわめてわずかな数の議決権の行使でしかないから，大勢には全く影響がない。そうだとすると，株主が総会出席に要するコストとそれにより得られる利益とを比較した場合，総会参加がプラスになるはずはなく，したがって，株主総会に参加しないことの方が，大部分の株主にとってまさに合理的な行動なのである[6]。

　大部分の株主が置かれた現実が，以上の通りであるとすると，総会出席にコストをかけても，なおメリットがある株主，すなわち，大株主は，議案等の検討にコストをかけたうえでその議決権を行使するから，大部分を占める零細株主は，むしろそうした大株主の議決権行使によって得られる成果にただ乗りする方が合理的である。すなわち，大部分の株主には，ただ乗りのインセンティブが働くことになる[7]。また一般株主は，その会社の経営が気に入らなければ，その経営を変えるために多大のコストをかけるよりも，その会社の株式を市場で売却すればよいのである[8]。

---

 6) このことは，株主の合理的無関心（rationally apathetic）といわれる。
 7) このことは，多数の者が集団的に行動する場合にみられることであり，集合的行為（collective action）におけるただ乗り問題（free rider 問題）といわれる。
 8) このことは，Wall Street Rule といわれる。

このようにみてくると，大規模な公開的会社を念頭におけば，株主総会の活性化は，本来的にきわめて困難であるのみならず，果たしてそもそも妥当な主張なのかも問題となり得るであろう。そうすると，株主総会の議決権行使が適確になされるためには，株主総会の議決権行使にコストをかけてもそれを上回るプラスが得られる可能性がある大株主の行動に期待するほかないであろう。その意味でいわゆる機関投資家（生保，年金基金，投資ファンド等）には，そうした期待が生じるのであり，それゆえにその議決権行使に関する適切な行動が求められることになる[9]。

もっとも，最近のITの進展によりインターネットによる議決権行使が進めば，議案の調査・検討のコストは依然要するとしても，総会出席のコストは，大幅に低減する。そうすると，こうしたIT化の進展が，これからの株主の行動にいかなる影響を与えるかは，会社法としても興味ある問題である。

### (2) 株 主 総 会
(a) 権 限　株主総会は，会社経営の意思決定機関であり，決定された行為を執行・実行するのには適しない。それゆえその執行はおよそ経営者に委ねざるを得なくなる。また取締役会設置会社においては，株主総会が決議できる事項は，法律または定款で定められた事項に限られる（295条2項）[10]。これは，所有と経営が分離した会社における会社経営に関する株主と経営者の権限分配の反映である。

---

[9] 機関投資家の行動も必ずしも手放しで期待してよいものではない。機関投資家にとっても，あくまでも機関自身の利益実現が第一義であり，あくまでもそのうえでの議決権行使であるから，そこに利害不一致の問題が生じ得る。またファンドは，それを実際に運用してその成果に応じて手数料を受けるファンド・マネジャーが重要となるが，そのマネジャーの利益とファンド自体との利益相反問題も考えなければならない。この関係で日本版スチュワードシップ・コードの制定（第5章5参照）は興味深く，今後の進展を注視する必要がある。

[10] もっとも会社法は，有限会社を株式会社として取り込んだ関係で，株主総会が一切の事項につき決議できることを原則として定めており（295条1項），その例外として，取締役会設置会社の規定としての2項を定める形になっている。すなわち，会社法制定前の商法の株式会社の規定は，公開的会社を念頭においていたのだが，会社法は，有限会社を株式会社として取り込んだ関係上，公開的会社に関する法ルールは，原則としてよりも例外として位置づけられた規定振りになっていることに注意が必要である。

決議事項としては，会社の基礎的変動事項，会社の取締役等の機関の選解任，計算書類の承認等，利益処分等，取締役の報酬決定（従来型の場合）等がある。

(b) **招集権者** 取締役会（指名委員会等設置会社でも執行役に任せられない）が，開催の日時・場所・議題を決定し，代表取締役（指名委員会等設置会社では代表執行役）がその決定の執行として招集するのが原則である。ただしその例外として，少数株主による招集がある（297条1項）。

(c) **招集手続** 会日の2週間前（発信日・会日を算入せず，その間に2週間以上ある必要がある）に招集通知を株主に発送する。その際に，計算書類と監査役会等による監査報告の謄本が添付される。株主の側からも議題・議案を提案する権利が認められる（303条2項・305条1項）。

ここで議題とは，会社法298条1項2号にいう株主総会の目的である事項を意味する。これに対して議案とは，議題を具体化した提案である。例えば，議題が取締役の選任であれば，議案は，具体的な氏名があげられた取締役8名選任の件のようなものとなる。

ところで株主提案権は，議題提案権と議案提案権とに分かれる。まず，議題提案権は，当該株主が権利を行使できる事項（株主総会の決議事項）につき株主の側から議題を提案することを認めたものであり，取締役会設置会社においては，少数株主権となる（取締役会設置会社以外では単独株主権）。なぜなら取締役会設置会社では，原則として取締役会が決定した議題以外の事項については決議ができない（309条5項）から（取締役会設置会社以外の会社においては，株主は，総会の場で議題の請求ができる〔303条1項〕），株主がそれと異なる議題を提案できるようにする必要があるからである。

次に，株主議案提案権は，304条と305条とが関係する。304条は，総会議場において株主による議案提案を認めるものであり，それは，いわば株主の当然の権利というべきものであるから，取締役会設置会社であるか否かを問わず，単独株主権として認められる（304条）。例えば，会社提案の取締役選任議案にあげられていない別の人を取締役に選任すべきであると株主が考えた場合に，そうした議案を総会で提出することになる。

これに対して305条は，株主が自己の提案する議案につきその議案の概要に記載して株主に通知をすることを要求できる権利を定めている（招集通知に記

載される。書面投票または電子投票制度を採用し，株主総会参考書類を作成する場合には，それに記載されることになる）（取締役会設置会社では303条と同じ要件の少数株主権）。これは，株主が総会において議案を提案してみても，総会開始前の段階において株主に知らされていなければ，実際上，他の株主の賛同を得ることは難しいことを考慮し，会社の費用負担で株主に送付される議案の概要にその提案を記載させ，株主に通知することを要求できるようにしたものである。

なお，一人会社の場合は，その1人の株主が出席すれば，株主総会はそれで成立し，招集の手続はとる必要がない（最判昭和46年6月24日民集25巻4号596頁）。またいわゆる全員出席総会（招集手続が履行されていなくとも，株主の全員がその開催に同意して出席した総会）の場合も適法な総会として成立し，そこでなされた決議も有効となる。全員出席総会において出席した株主のなかに委任状による代理人が含まれていたとしても，当該株主が議題を了知して委任状を作成したものであり，かつ当該決議が議題の範囲内にある限り，その決議は有効となる（最判昭和60年12月20日民集39巻8号1869頁）。

(d) **議 決 権**　議決権については，1株1議決権の原則がある（308条1項）。その例外である制限議決権株式は，発行済株式総数の2分の1まで許容される（115条）。

議決権は，株主自身が総会に出席して行使するのが原則であるが，病気等の特別の事情や前記2(1)(b)で述べた通り，本人出席が合理的ではない場合がある。そこで本人が現に総会に出席せずとも，議決権を行使できる場合として3つの方法が認められる。いずれの方法も，議決権は，事実上，総会前に行使されることになる。

第1は，株主が議決権の行使につき代理人を選任する方法である（310条）。一般に会社は定款で代理人となれるのは株主に限るとする定めを置いているが，その定款の定めは，有効とされている（最判昭和43年11月1日民集22巻12号2402頁）。そのような定款の定めがある場合に株主でない弁護士を代理人としたとき，それが認められるかについては，下級審判例は分かれている。

委任状による場合は，会社が，決議の定足数充足等の必要から招集通知の際に委任状用紙を同封して株主に送付する例が多いが，会社の提案に反対の株主が，自ら委任状を勧誘することがあり，これは，委任状合戦（プロキシー・ファ

イト）といわれる。そして上場株式の議決権行使に関する委任状を勧誘するには，委任状勧誘規則に従って行わなければならない（金商194条）。

　第2は，書面（議決権行使書）による行使である。これは，総会に出席しない株主に，書面によりその議決権行使を認める制度である（311条。書面投票制度）。そして議決権を有する株主数が1000人以上の会社では，この制度が強制される（1000人に満たない会社は任意となる）。

　第3は，電磁的方法による議決権の行使である（312条。電子投票制度）。これは，総会ごとに取締役会の決議をもってなされるが，IT時代にふさわしい議決権行使の方法といえる。上場会社は，書面による行使と電磁的方法による行使をともに認めている場合が多く，その場合には，株主がインターネット上の議決権行使サイトにアクセスするためのID・パスワードが書面による議決権行使書に記載されているのが普通である。

　なお，以上の場合を通じて，議決権は，一定の要件の下に不統一行使が可能である（313条）。

　ところで議決権の行使については，利益供与の禁止がある。すなわち，株主の権利行使に影響を与える趣旨で会社自身またはその子会社の計算で（その名義のいかんは問わずに）財産上の利益供与をすることは禁止される（120条1項）。違反者は刑事制裁も受ける（970条。本条は，968条（株主等の権利行使に関する贈収賄罪）とは異なり不正の請託の要件はない）。これを認めると議決権行使がゆがめられ，企業経営の健全性が害されるからである（いわゆる総会屋の活動を封じるために設けられたが，それに限定されるものではない）。会社からみて好ましくない株主が議決権等の株主の権利を行使することを回避する目的で，当該株主から株式を譲り受けるための対価を何人かに供与することも，この禁止の違反となる（最判平成18年4月10日民集60巻4号1273頁）。

　まず，供与を受けた者（現に株主である必要はないし，またその善意・悪意を問わない）は，そのすべてを会社または子会社に返還しなければならないし（120条3項），返還請求については，株主の代表訴訟が認められる（847条以下）。

　次に，違法な利益供与に関与した取締役・執行役（利益供与をした者は，無過失責任，それ以外の者は，過失責任）は，その供与した利益相当額を連帯して会社に支払わねばならない（120条4項）（損害賠償責任ではなく，法定の責任）。総

株主の同意があれば,この責任を免除できる(120条5項)。

(e) **総会運営**　総会における議事は,議長が進行させる。その裏付けとして,議長は,広く合理的な裁量をもって秩序維持権と議事整理権を行使して総会開催の目的を達成させる(315条)(議長は総会の機関であるから,株主である必要はないと解されている。また少数株主が招集した総会においては,当該総会で議長を選任する)。開会前の株主資格の確認や手荷物検査等は,代表取締役の権限であるが,開会後は,議長の権限に属し,傍聴や通訳同行の許可,警察の臨場等も議長が決める。

議長は,議案を総会に諮る権限があり(議案上程権),その議案審議の順序もその合理的裁量による。どの株主の発言を許すか,許すとしてその時期・発言時間をどうするかも同様である。株主から議案の提案があれば,その理由も含めて発言の機会を与えるべきであるが,提案議案が,すでに決議された事項に含まれる場合には,それを認める必要はない。議長が議案の審議が尽くされたと合理的に判断した場合には,質疑を打ち切り,採決することができる。

また討議過程の最終段階にいたって,議案に対する各株主の確定的な賛否の態度がおのずと明らかとなって,その議案に対する賛成の議決権数が決議に必要な議決権数に達したことが明白になった以上,その時において表決が成立するから,議長が改めてその議案につき株主に対し挙手・起立・投票などの採決の手続をとらなかったとしても,総会決議が成立しないとはいえない(最判昭和42年7月25日民集21巻6号1669頁)。

総会における動議には,議事進行上の動議と実質動議がある。前者の動議の取扱い,例えば,審議打ち切り動議,議案の審議順序の動議等は,議長の裁量である。しかし必ず総会に諮り,総会が決定しなければならないのは,議長不信任動議,調査者選任動議(316条),延期・続行動議(317条)および会計監査人の出席要請動議(398条2項)である。後者の実質動議は,304条の議案修正動議であり,この点は,前記(c)参照。

取締役等は,総会において株主から特定の事項につき説明を求められた場合には,説明義務がある(314条。ただし同条但書に該当するときはその義務はない)。説明義務の対象は,議題に関係するものでなければならず,また議題に関して通常一般の株主が判断できるようになる程度の説明でよい。さらに取締役等の

説明義務は，総会において実際に説明を求められることによって生じるから，株主があらかじめ会社に質問状を出していた場合でも，総会で質問しなければ，それにつき説明する必要はない（東京高判昭和61年2月19日判時1207号120頁）。

**(f) 決議** 決議の種類としては，第1に，普通決議がある（309条1項）。これは，総株主の議決権の過半数を有する株主が出席し（定足数），その議決権の過半数の賛成で成立する。もっとも定足数は，定款で変更できるので，単に出席株主の議決権の過半数で成立すると定めるのが一般である。ただし，取締役・監査役等の役員の選解任決議および支配株主の異動を伴う募集株式の発行等の決議（244条の2第6項）は，定足数を総株主の議決権の3分の1未満にすることはできない（341条）。

第2に，特別決議は，総株主の議決権数の過半数または定款に定める議決権数（総株主の議決権の3分の1未満と定めることはできない）を有する株主が出席し（定足数），その議決権の3分の2以上にあたる賛成で成立する（309条2項。定足数のみならず決議要件も定款で加重ができる）。

第3に，特殊の決議は，2つの場合がある。

第1は，議決権行使ができる株主の半数以上（頭数）で，かつ総株主の議決権の3分の2以上の賛成で成立する（309条3項）。株式譲渡制限をするための定款変更等はこれにあたる。

第2は，会社法309条4項が規定するもので，株主ごとに異なる取扱いについての定款の定め（19条2項）を変更する場合（当該定款の廃止の場合は除く）であり，総株主の半数以上（頭数）で，かつ，総株主の議決権の4分の3以上の賛成で成立する。

なお，株主総会の決議事項に関し会議を省略して提案の可決があったものとみなす書面決議も一定の要件のもとに認められる（319条1項）。閉鎖的会社につき手続を簡素化するためである。

**(g) 決議の瑕疵** 株主総会の決議に手続上または内容上の瑕疵がある場合は，本来は当然無効となるはずであるが，会社・株主・債権者等多数の者に影響があることを考慮すると，法律関係の安定性の確保と権利関係の画一的確定のために一定の手当てが必要と考えられ，会社法もそのための規定を設けている。

まず第1に，決議取消しの訴えがある（831条）。この訴えでは，提訴権者および提訴期間が限定され，判決で決議が取り消されるまで，決議は有効であり（この取り消す判決に遡及効があるとするのが判例であるが，学説には反対説もある），また取消判決は対世的効力，すなわち判決の既判力は訴訟当事者以外の第三者も拘束する効力が認められる（838条）。

また，決議取消しは，訴えをもってのみなすことができる。さらにその取消事由が総会の招集手続または決議方法の法令・定款違反であるときは，裁判所は，一定の要件のもとに裁量で棄却することができる（831条2項）。

この訴えは，原告適格，被告適格，提訴期間がそれぞれ法定されている（831条1項・828条2項1号・834条17号）。

取締役会設置会社において総会決議取消事由があると判断されるものは，例えば，次の通りである。代表取締役が取締役会の決議に基づかず招集した総会決議（最判昭和46年3月18日民集25巻2号183頁），招集通知のもれ（このもれは自己ではなく，他の株主に対するものであっても，決議取消しの訴えを提起できる〔最判昭和42年9月28日民集21巻7号1970頁〕），総会前の計算書類等の備置の怠り，招集通知に記載のない事項の決議，総会開催が社会通念上是認できないほど遅延した総会の決議，代表訴訟が提起された取締役が議決権行使した当該取締役の責任免除決議等である。

他方，報告事項について説明義務違反があっても，それにより当該取締役に過料の制裁があるのは別として，その違反は決議取消事由とはならない（決議事項につき説明義務違反があれば，取消事由になり得る）。

また決議取消しの訴えには，裁量棄却が認められる（831条2項）が，その瑕疵が重大であるときは，たとえその瑕疵が決議の結果に影響を及ぼさないと認められるときでも，裁判所は，決議取消しの請求を認容しなければならない（最判昭和46年3月18日民集25巻2号183頁）。

さらに訴えの利益も問題となるが，この訴えは，形成訴訟であるから，法定の要件を満たせば，当然に訴えの利益があるのが原則である。しかしその後の事情の変化により訴えの利益がなくなる場合がある。例えば，役員選任の総会決議取消しの訴えが継続中，その決議に基づいて選任された取締役ら役員がすべて任期満了により退任し，その後の総会決議によって取締役ら役員が新たに

選任され，その結果，取消しを求める選任決議に基づく取締役ら役員がもはや現存しなくなったとき（最判昭和45年4月2日民集24巻4号223頁）などがそれにあたる。また役員退職慰労金贈呈の総会決議についての取消訴訟が継続中に，同一内容で，かつ，決議取消判決が確定した場合に遡って効力を生ずるとする総会決議が有効に成立したとき（最判平成4年10月29日民集46巻7号2580頁）も同様である。しかし計算書類の承認決議が取り消されると，その計算書類は，未確定となるから，改めてその承認決議をしなければならず，次期以降の計算書類が承認されたことをもって，訴えの利益がなくなるとはいえない（最判昭和58年6月7日民集37巻5号517頁）。さらに議案を否決する株主総会決議は，新たな法律関係を生じさせず，またそれを取り消すことによって新たな法律関係が生じるものでもないから，決議取消事由の対象とならない（最判平成28年3月4日金判1490号10頁）。

　決議取消しの訴えは，決議の日から3か月以内に提起しなければならない（831条1項）（提訴期間の定め）が，取消事由を追加するのはその期間経過後でも可能か。この問題につき判例は，期間経過後の新たな主張の追加は許されないとする（最判昭和51年12月24日民集30巻11号1076頁）。また平成26年（2014年）会社法改正は，総会決議の取消しが認容されれば，株主の地位を回復する者（例えば，全部取得条項付種類株式によりスクイーズアウトされた者が，その総会決議の取消しの訴えを提起するような場合）についても決議取消しの原告適格を認める明文の規定を設けた（831条1項）。

　第2に，決議無効確認の訴えがある（830条2項）。決議の内容が法令違反の場合に認められるが，この場合は，訴えによらずに決議の無効を主張することもできる。もっとも無効確認の訴えを提起した場合には，その勝訴判決には，対世的効力（この効力が認められると，画一的確定が実現できる）が認められ，この点にこの訴え提起の実益がある。この訴えは，誰でもいつでも提起可能である。

　判例は，無効事由として主張された瑕疵が取消事由に該当しており，かつ，決議取消訴訟の出訴期間内に提起されているときは，決議取消しの主張自体は当該出訴期間経過後になされたとしても，決議無効訴訟提起時から決議取消訴訟が提起されていたものと同様に扱うのが相当とする（最判昭和54年11月16

日民集 33 巻 7 号 709 頁)。

　第 3 に，決議不存在確認の訴えも認められる（830 条 1 項）。決議の不存在（総会決議が全く存在しない）は，訴えによらずに主張をすることも可能であるが，この訴えの実益は，決議無効の訴えの場合と同様に，勝訴判決には対世的効力が生ずることである。この訴えも，原則として誰でもいつでも提起が可能である。

　取締役選任の総会決議が不存在である場合，そこで選任された取締役によって構成される取締役会は，正当な取締役会とはいえず，またそこで選任された代表取締役も正当な代表取締役とはいえない。したがって，株主総会の招集権限を有しないから，かかる取締役会の招集決定に基づき当該代表取締役が招集した株主総会において取締役の選任決議がなされたとしても，全員出席総会等の特段の事情がない限り，当該決議は法律上不存在である（最判平成 2 年 4 月 17 日民集 44 巻 3 号 526 頁)。

## 3　株主の経営監督への関与

### (1)　総　説

　大規模な公開的会社では，所有と経営とが分離し，株主は，株主総会で取締役を選任して，取締役に経営を委ねるのは必然であり，したがって，株主は，経営者の経営をモニタリングする必要があるが，自らそれを積極的かつ能動的に行うことはそもそも不可能である。そこで株主に代わってその利益を守るためのモニタリング組織が必要となるが，この問題は，前章においてその基本的ポイントについて検討した。またストック・オプション等により経営者に株主利益を考慮する経営決定・実行へのインセンティブを与える工夫も同時に必要であるが，この点も前章で取り上げた。

　公開的会社における株主の経営監督についての関与は，消極的・受動的なものにとどまらざるを得ないとしても，いわば全くの他人任せにしてよいかは，別問題である。この点は，特に能動的な関与を望む株主がいる場合に，それを一般的に否定するのは適当ではない。会社のガバナンスを有効に機能させるためには，株主も一定の積極的な役割を果たすことが期待されるからである。し

たがって，法は，会社経営の円滑性・機動性とのバランスにも配慮しながら，株主の経営監督への積極的な関与を認めるルートも確保することになる。

　この関係で会社法が認める株主の監督是正権としては，取締役・執行役の違法行為の差止請求権（360条1項にいう法令には，善管注意義務・忠実義務の規定も含まれる），代表訴訟提起権，取締役・監査役・執行役解任請求権，総会決議の瑕疵を争う権利，情報収集権[11]等がある。

　平成26年（2014年）会社法改正は，株主名簿の閲覧拒否事由から「請求者が当該株式会社の業務と実質的に競争関係にある事業を営み，又はこれに従事するものであるとき」を削除した（125条2項）。これは，会計帳簿の場合（433条2項3号）とは異なり，株主名簿には，営業上の秘密が含まれることは少なく，また競争関係にある者が，営業上の秘密を知るためではなく，株主としての権利行使等の必要性（例えば，委任状合戦〔プロキシーファイト〕を行うための閲覧）から閲覧請求をした場合にそれを認めないのは不都合であるからである。同様の趣旨から新株予約権原簿の閲覧拒否事由についても削除の改正がなされた（252条2項）。

　ところで会計帳簿閲覧請求権は，検査役選任請求権（358条）とならぶ株主（少数株主および親会社の株主）の強力な経営監督権の行使である。その行使にあたっての請求の理由は，具体的なものである必要があるが，基礎づける事実の存在を立証する必要はなく（最判平成16年7月1日民集58巻5号1214頁），また拒絶事由があるというためには，客観的事実が認められれば足り，閲覧により知り得る情報を自己の競業に利用するなどの主観的な意図の存在は必要がない（最決平成21年1月15日民集63巻1号1頁）。

　ここでは，近時特に議論が多い株主の代表訴訟提起権を取り上げて検討する。

### (2) 株主の代表訴訟提起権

　**(a) 意義**　代表訴訟は，近時盛んに利用されるようになり，この訴えによる株主の経営監督機能が注目され，また議論になっている。代表訴訟とは，取締役または執行役が会社に対して果たすべき義務を怠り，その結果，会社に

---

[11] 定款・株主名簿等の閲覧請求権，取締役会議事録閲覧請求権，計算書類閲覧等請求権，会計帳簿等閲覧等請求権，検査役による業務・財産状況調査請求権等である。

損害を与えた場合，会社は，会社法423条1項に基づき当該取締役または執行役に対して損害賠償請求ができる。しかし同じ経営者同士の仲間意識等から，するべき請求をしないことがあり得るが，それをそのまま放置するのは妥当ではないので，株主が会社のために取締役または執行役に対して会社が有する損害賠償請求権を行使することを認める制度である[12]。つまり代表訴訟には，①会社の損害回復および②取締役または執行役の任務懈怠の抑止の機能があり，その機能の活用を図るために，株主につき一定の積極的な役割を認めたものである。

(b) **株主代表訴訟の流れ**

(i) 単独株主権　株主代表訴訟は，単独株主権である。すなわち，6か月前から引き続き株式（1株でもよい。ただし会社法189条2項の定款の定めにより権利行使ができない単位未満株主を除く）を有する株主は，まず，会社に対して書面をもって取締役または執行役の責任（株主代表訴訟は，取締役に対するもの以外に，発起人，取締役以外の役員等，清算人，利益供与を受けた者，不公正な払込金額で株式・新株予約権を引き受けた者の責任についても提起できる）を追及する訴えの提起を請求する[13]。この請求に対して，会社がその請求の日から60日以内に訴えを提起しないと，その株主は会社のために自ら取締役または執行役の責任を追及する訴えを提起できる（847条3項)[14]。この際に会社は，訴えを提起しな

---

[12] 代表訴訟の対象となる取締役の責任には，取締役の地位に基づく責任のほか，取締役の会社に対する取引債務（例えば，会社による取締役に対する貸付金の支払債務）についての責任も含まれるが，所有権に基づく所有権移転登記手続を求める請求は，それらに該当せず，代表訴訟の対象とならないとするのが判例（最判平成21年3月10日民集63巻3号361頁）である。さらに利益供与を受けた者からの利益の返還を求める訴え，不公正な価額で株式・新株予約権を引き受けた者に差額の支払を求める訴えについても代表訴訟が認められる（847条1項）。

[13] 事前の提訴請求がないまま代表訴訟を提起しても，不適法となる（東京地判平成4年2月13日判時1427号137頁）。会社に判断の機会を与える必要があるからである。提訴請求は，監査役設置会社の場合は監査役にしなければならないが，代表取締役にされた場合でも，監査役がその請求の内容を正確に認識したうえで当該取締役に対する訴訟を提起すべきか否かを自ら判断する機会があったときは，不適法としてその代表訴訟を却下できない（農業協同組合のケースにつき同旨の判例として最判平成21年3月31日民集63巻3号472頁）。なお，非公開会社の場合は，6ヵ月間保有の必要はない（847条2項）。

[14] また会社に回復すべからざる損害が生じる場合には，直ちに株主は訴えを提起できる（847条5項）。

い場合はその理由を書面その他の方法で請求した株主に通知しなければならない (847 条 4 項)。

この関連で代表訴訟を提起した株主が, 訴訟係属中に当該会社の株式交換・株式移転・合併により当該会社の株主でなくなる場合であっても, 一定の場合にはその訴訟を継続できる旨の定めが設けられている (851 条)。さらに平成 26 年 (2014 年) 会社法改正により, 旧株主, すなわち, 株式交換・株式移転・吸収合併 (三角合併) が行われ, その効力が生じた日に株主であった者は, 当該会社の完全子会社化により株主ではなくなるが, 第 1 に, 当該株式交換・株式移転により完全親会社の株式を取得した場合, または第 2 に, 当該吸収合併により吸収合併存続会社の完全親会社の株式を取得した場合には, 完全子会社化される前に取締役の責任発生原因となる事実が生じており, 代表訴訟を提起できたときには, 当該会社・吸収合併存続会社 (株式交換等完全子会社という) に対して, 一定の要件のもとに代表訴訟が提起できることになった (847 条の 2。旧株主による責任追及の訴えといわれる) (単独株主権)。

この新しい制度と後記(3)の多重代表訴訟とを比較すると, 完全親子会社関係が成立する前か, 後か, また単独株主権か, 少数株主権か, さらには, 子会社の重要性を問題としないか, するか等において相違がある。

会社が, 責任追及の訴えを提起したときは, 遅滞なく訴えの提起を公告または株主に通知をしなければならないし, 株主から代表訴訟提起の訴訟告知を受けたときも, 同様の措置をとらねばならない (849 条 4 項)。

(ii) 訴訟費用　株主は, 代表訴訟提起の際に裁判所に費用を納付しなければならないが, その際問題となるのが, 訴状に貼付する印紙の代金である。この点は, 訴訟の目的の価額が算定できない場合として, 現在は一律 1 万 3000 円となっている (847 条の 4 第 1 項, 民訴費 4 条 2 項)。例えば, 10 億円の損害賠償請求であっても, 代表訴訟の場合は, 1 万 3000 円でよいのである。この印紙貼付金額の定額化は, 平成 5 年 (1993 年) 商法改正で実現したものであり, その当時は一律 8200 円とされたが, これにより飛躍的に代表訴訟の数が増えたといわれている。

わが国では, 敗訴者が負担すべき訴訟費用には, 弁護士費用は含まれない。しかし, 代表訴訟の場合は, 株主が勝訴すると, その弁護士費用は, 相当とさ

れる範囲において会社負担となる（852条1項）。勝訴株主は，訴訟費用とはされない費用，例えば，調査費用等も，会社に請求できる（同条1項）。反対に取締役または執行役が勝訴した場合の弁護士費用については規定がないが，委任事務処理にかかる損害として会社に請求できると解するのが妥当であろう。

　株主は敗訴した場合でも，悪意による訴えの提起でない限り，会社に対して損害賠償責任を負わない（852条2項）。

　　(iii)　担保提供　　被告取締役または執行役は，訴えの提起が悪意によることを疎明すれば，原告株主に対し相当な担保の提供を請求できる（847条の4第2項）。担保提供は，不当な代表訴訟の歯止めとなるからプラスであるが，これがあまり広く許容されると，適切な代表訴訟が不必要に抑制されるマイナスがある。したがって，このバランスをうまくとることが裁判所に求められるが，それには，会社法847条の4第3項にいう悪意をどう解釈するかがポイントになる。

　そこで悪意のあるべき解釈であるが，①不当訴訟の場合と②不法不当目的の場合に分けて考える必要がある。①の場合は，提訴株主の請求に理由がなく，かつそのことを知っていて提訴をしたときであると解されているが，過失による不当訴訟については，悪意とする見解とそうでないとする見解が対立している。②の場合は，提訴株主が代表訴訟を不法不当な利益を得るための手段とするときである。いずれにしても現状では，悪意は狭く厳格に解釈されているが，後記(c)の通り，わが国の代表訴訟制度が硬直的であることを考えると，もう少し柔軟な解釈が必要である。例えば，経営者から独立した第三者委員会が，当該代表訴訟追行は株主全体の利益にならないと判断したような場合には，悪意があると解してもよいのではなかろうか。

　　(iv)　訴訟参加　　まず，会社が責任追及の訴えを提起したときは，株主の参加が可能である。馴れ合い訴訟を防止する必要があるからである。

　株主が代表訴訟を提起したときは，会社または株主が原告株主側へ参加することも可能である。これも馴れ合い訴訟の防止のためである。問題は，取締役または執行役には責任がないと考える会社が取締役または執行役側に補助参加できるかである。この場合の補助参加の利益をどう理解するかは議論がある[15]が，現行会社法では，その点を問題とすることなく，監査役・監査等委

員・監査委員の全員の同意があれば，補助参加が可能とされる（849条3項）。

(v) 訴訟上の和解　代表訴訟を含む取締役または執行役の責任追及訴訟について訴訟上の和解をする場合には，総株主の同意は必要とされない（850条）。

株主と取締役または執行役とで訴訟上の和解をするときは，会社に対して和解内容を通知し，和解内容に異議があれば，2週間以内に異議を述べるべきことを催告し，異議がなければ，会社は，その和解を承認したとみなされる（850条3項）。異議が出されると，その和解には再訴禁止の効果は生じない。

(vi) 判決の効果　代表訴訟の判決は，勝訴および敗訴のいずれの場合でもその効力は会社に及ぶ（民訴115条1項2号）。株主は，会社のために訴訟をしたからである。したがって，株主が勝訴した場合でも，会社に対して当該取締役等による損害賠償がなされるだけであり，株主自身に対する支払はなされないし，またその要求もできない。

(c) **代表訴訟と株主全体の利益確保**　代表訴訟は，確かに有益な制度ではあるが，問題は，当該代表訴訟の追行が株主全体の利益にならない場合であっても，原告株主が責任追及をやめるべきでないと考えると，他のすべての株主が追行すべきでないとしたときであっても，その訴訟追行をとめる方法がないことである。もっとも会社法は847条1項但書において「責任追及等の訴えが当該株主若しくは第三者の不正な利益を図り又は当該株式会社に損害を加えることを目的とする場合は，この限りでない」の定めを設け，一定の対応は考えていないでもない。しかし経営者に対して会社に生じた損害の賠償請求をするか否かは，それが株主全体の長期的利益になるかどうかの経営判断問題である。換言すれば，会社に損害が生じた場合はすべて賠償請求をすべきであるという問題ではない。会社法847条1項但書の定めでは，このような株主全体の利益とのバランスにおいて代表訴訟の追行の許否を経営として判断する余地はない。

この点につきアメリカにおいては，代表訴訟の継続の許否は，経営判断であるから，本来経営者に任せるべきものであるが，利益相反の可能性があるので，経営者から独立した第三者委員会（訴訟委員会）がその判断を行うとされ，裁

---

15）代表訴訟において会社の意思決定の違法性が問題となっている場合は，会社の補助参加の利益を肯定すべきであるとの見解が有力であった。

判所は、その委員会の判断を原則として尊重する扱いがなされている。わが国においては、社外取締役の導入も不十分であり、いわんや経営者から独立した独立取締役はまだまだ多いとはいえないのが現状である。しかし今後、コーポレートガバナンス・コードの制定を契機としてその改善が進むことになれば、裁判所が、第三者委員会の判断を原則として尊重するという取扱いが妥当と考えられる[16]。

　しかし代表訴訟は、あくまでも剰余権者である株主全体の長期的利益を図る経営を経営者に実行させるための手段であるから、株主全体の利益とできるだけ乖離が生じない制度にする必要があり、そのような制度にすることは、依然、検討課題である。株主代表訴訟による過剰な経営介入は、会社経営の円滑性・機動性を害することになり、それは、とりもなおさず株主利益に反することになるからである。

　なお、取締役の責任を追及するのは、事後的な措置であるが、もし事前的な措置が可能であれば、より有効である。会社法は、この視点から、株主による取締役の行為の差止めを認める（360条）。しかしそれが認められる要件は、360条1項を読めば分かる通り、厳しいものとなっている。これは、本来、経営は経営者が行うべきものであり、十分な情報を有しない株主が安易に経営者の経営行為の差止めができるとなると、株主全体の利益を害するからである。経営者による経営判断は、原則的に尊重されるべきであり、それに株主が直接的に介入できるのは、例外的な場合に限定される必要がある。そしてそれがまさに経営判断の原則の存在意義に他ならないのである。

### (3) 多重代表訴訟（特定責任追及訴訟）提起権

　(a) 意　義　　多重代表訴訟（最終完全親会社等の株主による特定責任追及の訴え）は、平成26年（2014年）会社法改正により、新たに導入されたものであり、最終完全親会社等の株主に、その重要な完全子会社の取締役等の責任を追及するための訴訟提起権を認めるものである（847条の3）。

　改正前においては、親会社株主は、親会社の取締役に子会社の管理体制につ

---

[16] 独立取締役制度の会社法への導入には反対しつつ、訴訟委員会制度の導入を主張するのは、虫がよすぎるといわれても仕方がないであろう。

き任務懈怠等があり，親会社に損害が生じた場合には，親会社の取締役の責任を追及することはできる（親会社の取締役に任務懈怠がなければ，責任追及ができないのはいうまでもない）が，子会社の取締役の任務懈怠により子会社に損害が生じても，子会社の取締役に対して代表訴訟を提起することはできなかった。もっとも子会社の取締役の任務懈怠により子会社に損害が生じた場合には，親会社自体は，子会社の株主として，子会社の取締役の責任を追及できるが，親会社の取締役と子会社の取締役との人的関係等の理由から，そうした責任追及が行われない懸念があった。

　こうした事情から，多重代表訴訟をひろく導入すべきであるとの意見があったが，企業グループの効率経営への支障あるいは濫用的な提起等の懸念から反対する意見もあった。その結果，改正法では，相当に制限をかけた形での多重代表訴訟制度の導入となった。

(b) 要 件

　(i) 原告適格　　原告適格は，最終完全親会社等の株主であり，公開会社の場合は，6か月の株式保有要件があり，単独株主権ではなく，少数株主権となる（847条の3第1項・6項）。ここにいう最終完全親会社等とは，子会社の発行済株式の全部を直接・間接に保有する会社であって，かつ，当該会社の完全親会社が存在しない会社である（847条の3第1項）。

　なぜ単なる親会社ではなく，完全親会社でなければならないかといえば，少数株主がいる子会社の場合は，当該少数株主が代表訴訟を提起できるからである。また最終完全親会社における「最終」の意味は，当該グループ会社の頂点に位置する完全親会社であることを意味する。最終完全親会社等における「等」は，株式会社の完全親会社（847条の2第1項）のみならず，株式会社の発行株式のすべてを自身と自身の完全子会社等（847条の3第2項2号）が保有するか，あるいは自身の完全子会社等が保有する株式会社も含める趣旨である（847条の3第2項・3項）。

　(ii) 特定責任　　最終完全親会社等の株主が完全子会社等（847条の3第2項・3項）の取締役の責任を追及できるのは，特定責任でなければならない。そして特定責任とは，完全子会社等の取締役等の責任発生原因が生じた日において，最終完全親会社等と完全子会社等における完全子会社等の株式の帳簿価

額が当該最終完全親会社等の純資産の5分の1を超える場合（この計算方法は，会社則218条の6）における完全子会社等の責任である（847条の3第4項）。

これは，完全子会社のすべてが特定責任の対象になるのではなく，その株式の帳簿価額が最終完全親会社等の純資産の5分の1を超える重要性を有する会社に限定する趣旨である。なぜ重要性をみるかといえば，会社グループにおける子会社の取締役といっても，親会社の部長クラス程度の従業員である場合も少なくないが，これらの者を代表訴訟の対象とするのは適切でない等の意見を考慮し，親会社の取締役に近い地位にある者に限定する趣旨である。

重要性の判定基準は，責任原因の発生時点において完全親子関係が存在し，かつ，その時点で前記の5分の1を超える財産上の重要性を有することであり，それで足りる。例えば，その時点の後に完全親子関係でなくなっても，また，5分の1を超えなくなったとしても，特定責任であることに変わりはない。また最終完全親会社がその時点の後に他の会社の完全子会社になった場合でも，5分の1を超えるか否かの判定は，完全子会社になっている当該会社を最終完全親会社とみなして計算する（847条の3第5項）。

また特定責任追及の提訴請求は，最終完全親会社の株主が，完全子会社に対して行う（847条の3第1項）（振替株式である場合には提訴請求を行うに際して個別株主通知は不要）。その請求の日から60日以内に完全子会社が特定請求の訴えを提起しないときは，完全親会社の株主は，完全親会社のために特定責任追及の訴えを提起できる（847条の3第7項）。

さらに特定責任の免除は，完全子会社の総株主の同意だけではなく，最終完全親会社の総株主の同意も必要である（847条の3第10項）。株主総会決議により一部責任を免除する場合も，両方の会社の決議が必要となる（425条1項）。定款の定めによる一部免除においても，両方の会社において100分の3以上の異議がでないことが必要である（426条7項）。これに対して取締役会の決議による特定責任の一部免除を許容する定款あるいは非業務執行取締役の責任限定契約締結を許容する定款を定める場合は，完全子会社での総会決議でよい（426条2項・427条3項）。

　　(iii) 責任追及ができなくなる要件　　これは，847条の3第1項但書に規定されている。すなわち，第1に，特定責任の訴えが，当該株主・第三者の不

正な利益を図りまたは当該会社・当該最終完全親会社等に損害を加えることを目的とする場合である（1号）。これは，通常の代表訴訟の場合と基本的に同様の趣旨である（847条1項但書との対比）。

　第2は，当該特定責任の原因となった事実によって当該最終完全親会社等に損害が生じていない場合である（2号）。

　ここで損害が生じている場合とは，例えば，完全子会社の取締役が自社の製品を横領して第三者に横流しした場合は，完全子会社に損害が生じ，それは同時に完全子会社の100％株主である完全親会社の利益，ひいてはその株主全体の利益が害されることになるから，完全親会社にも損害が生じていることになる。またこの場合，完全親会社が保有する完全子会社の株式の価値が毀損され，その毀損が完全親会社の損害の発生であるともいえる。

　これに対して，損害が生じない場合とは，例えば，完全親会社が，その完全子会社からその製品を市場価格よりも安く買った場合は，完全子会社が安く売ったその損失は，実質的には完全子会社の100％株式を保有する完全親会社の損失となるが，しかしその損失は，完全親会社が安く買ったことによる利益で塡補されている。したがって，この場合には完全親会社には損害がないことになる。

## 4　株式市場の規律

### (1) 序

　経営者が剰余権者である株主の取り分を最大化させる経営を行うことを確保するためには，経営のモニタリングのための制度を充実させる必要がある。会社法もこの点に意識し，上述の通りの経営監督の制度を用意している。しかし経営者の規律づけは，こうした会社法ルールによるものだけではない。経営判断の原則を論じる際の第6章1(2)(b)でふれたように，市場による規律も，経営者の行動に大きな影響を与えている。例えば，経営者の経営のまずさが原因で株価が大きく下がれば，それは経営者の経営につきイエロー・カードが出されたことを意味するのであり，またよい商品を商品市場に供給できなければ，当該商品は売れず，したがって，会社の業績は低下し，場合によっては経営者

は，辞めざるを得なくなる。これは，株式市場あるいは商品市場による規律が働いたからである。換言すれば，経営者は，会社法の経営監督制度の規律を受けるのみならず，さまざまな市場による規律を受けているのであり，ときとして市場の規律の方がはるかに強力に作用する場合もあるのである。そこでここでは，株式市場の規律を取り上げてその基本的なポイントを述べることにする。

### (2) 株式市場の規律

(a) 意　義　会社法ルールが定める株主有限責任の原則と株式自由譲渡性の原則により，株式市場の形成・発展が可能となり，会社は，株式を発行して巨額の資金を株式市場から調達できる[17]。また投資家も，株式市場の存在により，株式投資をすれば，会社の業績向上による株価上昇のキャピタルゲインと配当等のインカムゲインの両方を期待できる。もし会社に魅力を感じれば，市場を通じて低コストで容易に当該会社の株式を取得し，魅力を感じなくなれば，やはり低コストで容易に当該会社の株式を市場で売却することで，有益な投資活動ができることになる。そして投資家による株式の売り，買いを通じて株価は変動するから，株価の変動は，市場による当該会社の価値評価としての重要な指標となる。そうだとすると，経営者は，否応なしに株価の動向に関心を払わざるを得なくなり，株価を高めようと努力することになる。株価が下落することは，株式市場が当該会社の評価を下げたことを意味し，株価が上がることは，評価が高まったことになるからである。このことは，会社経営者の経営についての成績評価を示すものといえる。したがって，余りにもその成績が悪ければ，その経営者の評判は下がり，場合によっては，退陣を迫られることにもなる。その意味で株式市場は，会社経営者を規律する効果的な機能を有することから，これを株式市場の規律というのである。

　さらに株式市場は，経営者にのみ大きな影響を与えるわけではない。株式市場が効率的であるかどうかは，会社にとっては，資金調達コストに関係するし，投資家にとっては，効率的な投資ができるかどうかに関係するからである。それゆえに株式市場の効率性は，一国のみならず，グローバルな競争力にも大き

---

17) これは，発行市場といわれる。

な影響を与え，世界の資金の流れを自国に引きつけるべく，各国とも魅力的な株式市場の形成にしのぎを削ることになる。その意味で競争力のある株式市場をもつかどうかは，投資家および上場会社のみならず，当該国にとっても重大な関心事であり，したがって，わが国も効率的で競争力がある市場の維持・形成に努力することは当然である。

(b) **効率的市場仮説**　　株式市場では，市場参加者のそれぞれが自己の利益の実現を求めて日々活発な取引を行っている。その場合に株式の売買価格はどのようにして決まるのであろうか。この点に関する重要な仮説は，効率的市場仮説（Efficient Capital Market Hypothesis）である。これは，簡単にいえば，株式市場は情報を株式の価格に織り込むというものである。例えば，フォルクスワーゲンが排ガス規制を不正に免れていたという情報は，株式市場における同社の株価に反映され，株価が下がるということである。

ところでこの仮説は，株式市場の情報の織込みの程度に応じて市場の効率性（ここでの効率性は，情報の市場への反映度合いを意味する）を3つのタイプに分類する。すなわち，ウィーク・フォーム，セミストロング・フォーム，ストロング・フォームの3つである。まず，ウィーク・フォームの効率性では，過去の株価情報はすべて株価に織り込まれているが，セミストロング・フォームの効率性の市場は，過去の株価情報のみならず投資家が利用可能な公表情報も株価に反映している市場である。そしてストロング・フォームの効率性の市場においては，さらに未公表情報までもが株価に織り込まれていることになる。

そうすると，ウィーク・フォームの効率性の市場においては，過去の株式価格の変動（チャート）のみから将来の株価を予想する投資戦略は有効性を持たない。なぜならば，過去の情報の反映である過去の株価の変動と将来の株価の変動とは無関係だからである。またセミストロング・フォームの効率性の市場では，例えば，トヨタが増益を発表したときにはその情報が直ちに株価に反映されるから，その発表を聞いてすぐにトヨタ株式を購入して異常な利益をあげようとしても，それはできないことになる。さらに市場がストロング・フォームの効率性であれば，内部情報を得た者であっても，異常な利益を得られないことになる。

25年ほど前には，効率的市場仮説を疑問視する立場はなかったが，現在で

は，これを支持する者がいる一方で行動経済学等の知見から反対する者，あるいはいずれの立場にも完全には説得されていない者（これがおそらく大多数）に分かれている[18]。

東京株式市場の効率性についても議論（ウィーク・フォームか，それともセミストロング・フォームか）が分かれる。しかし効率的市場仮説は，誤った情報による株式取引の損失の賠償を求める訴訟等において，例えば，法的な因果関係の問題を考えるにあたっても依然として一定の効用を有し得るから，会社法の解釈においても，それにつき一定の知見をもっておく必要がある。

(c) **市場の法ルール**　株式市場を規制する基本的な法律は，金融商品取引法である。この法律は，①情報開示の規制と②市場の不正行為の規制という2大目標を基礎にして組み立てられている。まず，前者である情報開示の規制は，会社に関する重要情報が迅速かつ正確に市場に伝われなければ，市場における公正な株価形成が妨げられるので，一定の重要情報の開示を会社に強制するものである。また後者の市場の不正行為の規制は，例えば，内部者取引のような市場を利用した不正行為の規制を目的とするものである。

金融商品取引法は，株式市場の健全性・効率性を確保するための法ルールの中核となっており，そのエンフォースメントは，行政庁である金融庁・証券取引等監視委員会等による行政的な取締規制が中心となる。株式市場を利用する上場会社は，会社法の規制を受けるとともに金融商品取引法の規制遵守も求められる。もっとも会社法は，会社を場とする株主，債権者，従業員，経営者等のステークホルダー間の私的利害を妥当に調整する私法ルールであり，そのエンフォースメントは，裁判所が中心となるのに対して，金融商品取引法は，市場の投資家保護を目的とする公法ルールが中心となる。その意味で両者の規制目的は異なり，したがって，そのエンフォースメントの手法も異なる。しかし上場会社であれば，そのいずれも遵守しなければならないから，もし両者の規制に不必要な重複等がある場合には，両者の調整を図り，上場会社に対する規制を適正なものとする必要がある。近時は，このことから，いわば会社法と金融商品取引法を融合するいわゆる公開会社法を制定すべきであるとの主張もな

---

18) Stephen A. Ross, Randolph W. Westerfield, and Jeffrey F. Jaffe（大野薫訳）『コーポレートファイナンスの原理〔第9版〕』700頁（金融財政事情研究会，2012年）参照。

第 8 章 コーポレート・ガバナンス——株主の役割

されている。

　株式市場の規律として会社支配権市場の規律（敵対的買収）も重要であるが，この問題は第 11 章 3 で取り扱う。

# 第9章 会社の資金調達

本章は、会社の資金調達の法ルールを検討する。株式会社は、企業活動によって新たな利益を生み出し、それを株主に分配するための企業組織であるが、そのビジネス活動のためには、資金が必要となる。株式会社はいかにして資金を調達するのか、またそれに関する法ルールはどのようになっているか。これらの基本的なポイントを理解することが、本章の目標である。

## 1 総　　説

### (1) 概　観

　会社は、企業活動をするために資金が必要となる。それでは、いかにして資金を調達するのか。資金調達の方法としては、内部資金の利用と外部資金の調達とに分かれる。

　まず、内部資金（Internal Funds）の利用とは、企業に留保された資金を使用することである。企業に留保された資金は、企業活動から得た利益の内部留保（earnings that are not paid out as dividends）と減価償却費（depreciation）[1]から構成される。企業活動から得た利益の内部留保は、株主に配当しないでそれを企業内部に留保することであるから、配当政策の問題とも関係する。配当の問題は、第10章で取り扱う。

　次に、外部資金の調達とは、外部から資金を調達してそれを利用することを意味するが、そのなかでも重要なものとしては、株式発行（Equity）および借入れ（Debt）がある。株式発行は、銀行からの借入れのような間接的な資金調達とは異なり直接的な資金調達である。借入れも、銀行からの融資、あるいは

---

1) 減価償却費（depreciation）とは、固定資産の価値の減少を毎営業年度の減価額として計上して、資産評価にあたり、資産の帳簿価額からその減価額を控除するその費用をいう。

資本市場からの直接の調達としての社債（Bond or Debenture）の発行がある。会社法ルールとしては，株式発行および社債発行の規制が中心[2]となる。公開的会社の株式あるいは社債の発行は，一般に資本市場からの資金の調達であるから，後記(2)でみるような金融商品取引法の規制も問題となる。

　会社は，資金調達にあたって，内部資金と外部資金とを使い分けることになる。例えば，外部資金の調達のコストがより高ければ，内部資金に依拠するのが適当である。また内部資金が不足すれば，外部資金の調達に頼らざるを得ない。いずれにしろ資金調達手段の選択は，基本的に経営者の経営判断の問題となる。

　公開的会社と閉鎖的会社とでは，資金調達手段が異なる。公開的会社は，資本市場を利用して株式または社債発行による直接的かつ大規模な資金調達を行うが，閉鎖的会社は，一般に資本市場を利用できないから，銀行等からの借入れに頼ることになる。ここでは，公開的会社の場合を念頭においた検討を行う。

### (2) 金融商品取引法の規制

**(a) ディスクロージャー規制**　　金融商品取引法は，市場機能の効率性を確保して，株式や社債等の証券を資本市場から購入する投資家を保護するための法律である。この法律は，第8章4(2)(c)において若干ふれたように，基本的に2つの規制が中心となっている。第1に，ディスクロージャー（開示）規制であり，第2に，不公正な取引禁止規制である。

　まず，ディスクロージャー規制は，発行市場と流通市場のいずれにおいても要求される。発行市場とは，会社が資金調達のために株式あるいは社債等を発行する市場である。発行市場における規制は，金融商品取引法にいう有価証券の募集・売出であって，その場合には，有価証券届出書を金融庁長官に届け出なければ，これをすることができない。有価証券届出書は，提出会社の本店所在地の財務局に備え置き，公衆の縦覧に供される。また，証券情報等を記載した目論見書も投資家に交付される。したがって，株式あるいは社債の発行が，有価証券の募集・売出に該当すると，投資家に対するディスクロージャーが必

---

[2] 直接調達としての株式・社債の発行は，一般に長期資金の調達方法である。短期資金の調達方法は，CP，短期社債等がある。

要となる（強制開示規制）。そして投資家は，このディスクロージャーによる情報に基づき発行される株式あるいは社債等の購入の是非を判断することになる。

　流通市場とは，いったん発行された株式あるいは社債等が取引され，流通する市場である。流通市場では，証券取引所に上場している有価証券発行会社は，原則として有価証券報告書を毎決算期経過後3か月以内に金融庁長官に届け出なければならない（金商24条）。そしてこの書類は，有価証券届書と同様に公衆に開示される（金商25条）。したがって，投資家は，流通市場で株式あるいは社債等を購入しようとする場合，強制的に開示される有価証券報告書の情報により，その是非を判断することになる。

　ディスクロージャー規制は，株式・社債等を発行しようとする会社あるいは株式・社債等がすでに流通している会社に対し，その重要情報を強制的に開示させる規制である。株価は，基本的に発行会社情報に基づき形成されるから，その発行会社からの十分な情報を市場に開示させる必要があるのである。したがって，会社が開示した情報に虚偽等があれば，損害賠償責任あるいは行政上・刑事上の制裁が加えられる。

　(b)　**不公正な取引禁止規制**　　資本市場の健全性を確保するためには，ディスクロージャー規制だけでは不十分である。なぜなら資本市場における金融商品取引においては，虚偽の情報を流したり，株式の価格を人為的に操作したり，あるいは公開されていない内部情報を利用して売り・買いをしたり等のさまざまな不公正な取引が行われる可能性があり，そうした不公正な取引がなされると，市場の効率性は害され，投資家が損害を被る危険性がある。そこで金融商品取引法は，そうした取引がなされないために不公正な取引の禁止規定をおいている。すなわち，証券取引における詐欺的行為の禁止，内部者取引（インサイダー取引）禁止規制，相場操縦の禁止等がある。

　(c)　**市場監督**　　金融商品取引法は，資本市場の効率性を確保し，投資家を保護することを目的とするから，行政庁がその法ルール（行政法規が中心）の執行の主役となる。この点は，私法ルールである会社法とはそのエンフォースメントの手法が大きく異なることになる。

## 2　株式発行による資金調達

### (1)　発行会社と投資家の需要

　株式には，普通株式，優先株式，譲渡制限株式，議決権制限株式，取得請求権付株式，取得条項付株式等のいろいろなものがある。なぜ株式にはこのようなバラエティがあるのだろうか。それは，基本的に発行会社および投資家には，それぞれ種々の経済的・会社支配的な需要があることから，そうしたさまざまな需要に応えるためにバラエティがあるのである。例えば，配当には興味があるが，議決権には関心がないという投資家がいる一方で，会社の支配権は維持したいが，必要な資金は調達したいという会社がある場合には，配当においては優先するが，議決権のない株式（配当優先・無議決権株式）を発行すれば，そうした需要に応えることができる。

### (2)　種類株式

　(a)　意　義　　種類株式（権利内容が異なる複数の種類の株式）は，会社法108条1項に規定がある。すなわち，①剰余金の配当，②残余財産の分配，③株主総会の議決権行使ができる事項，④譲渡による取得につき会社の承認を要すること，⑤当該株式につき，株主がその取得を会社に対して請求できること，⑥当該株式につき会社が一定の事由の発生を条件としてその取得ができること，⑦当該種類の株式につき，会社が株主総会の決議によりその全部を取得できること，⑧株主総会・取締役会等において決議すべき事項のうち，当該決議のほか，当該種類株主の種類株主総会の決議を必要とするもの，⑨当該種類株主の種類株主総会で取締役・監査役を選任することについて，その内容が異なるごとに，株式の種類が異なることになり，それらを「種類株式」という。種類株式を発行するには，どの種類の株式につき，いかなる数の発行を予定するかを定款に定めなければならない（108条2項）。

　なお，⑩として，309条4項の特殊決議に基づくいわゆる属人的みなし種類株式も認められている。

　種類株式発行会社とは，定款に内容の異なる2以上の種類の株式の内容が規

定されている会社である（2条13号）から，現に2以上の種類の株式を発行している必要はない。

なお，株式はすべて無額面株式である。

(b) **優先株式・劣後株式**　優先株式・劣後株式とは，前記(a)の①および②の事項について内容の異なる株式である。実際には，配当について普通株式に優先する株式である優先株式が多く利用されている。

優先株式には，配当に関して参加的か非参加的か，あるいは累積的か非累積的かの区別がある。参加的か非参加的かは，優先株主が定款所定の優先配当金の支払を得た後に，さらに残余の利益からも配当を追加して受けられるかどうかの区別である。これに対して，累積的か非累積的かは，ある営業年度に定款所定の優先配当金額の支払がなかったときに，不足分について翌期以降の利益から補填支払がなされるかどうかの区別である。

(c) **トラッキング・ストック**　トラッキング・ストックとは，当該会社の特定の事業部門または子会社の業績に連動して配当額が決定される株式であり，前記(a)の①の事項について内容の異なる株式である。特にトラッキング・ストックを保有する株主と普通株式を保有する株主との利害調整あるいは取締役または執行役の責任等をめぐって議論がある。

(d) **議決権制限株式**　議決権制限株式は，前記(a)の③の事項について内容の異なる株式である。議決権があらゆる事項につき存在しない完全無議決権株式と一定の事項についてのみ議決権がある株式とがある。資本多数決によらない支配権の分配需要に応えるためのものである。

(e) **譲渡制限株式**　会社法制定前の商法では，一部の種類株式のみを対象とする譲渡制限はできなかったが，会社法はこれを認めることにした。それが，前記(a)の④の譲渡制限株式である（2条17号）。これにより，例えば，配当優先株式のみにつき譲渡制限したいといった需要に応えることができるようになる。

譲渡制限株式は，当該株式の譲渡を会社の承認にかからしめることにより，会社にとって好ましくない者が株主となるのを防止するための株式である。すなわち，譲渡そのものが禁止されるわけではなく，株主は，譲渡したい相手である譲受人の取得についての承認を求め，会社が承認しない場合には，会社が

それを買い取るか，または会社が指定する買取人（先買権者）による買取を求めることになる（136条以下）。買取の価格について合意ができないときは，当事者または会社が価格決定の申立てをし，裁判所がそれを決める（144条）。

ところで，会社の承認が得られない譲渡でも，譲渡当事者間では有効としてよいかが問題となる。この点につき判例は有効としており（最判昭和48年6月15日民集27巻6号700頁），したがって，譲受人からも会社に対する譲渡承認請求が可能となる（137条）。譲受人からかかる請求がなされない間は，会社は，譲渡人を株主として取り扱うことになる（譲渡制限株式が会社の承認なくして競売に付されて競落人がでたケースにつき最判昭和63年3月15日判時1273号124頁）。この場合，会社は，株主総会を開催するにつき譲渡人である株主に対して招集通知を出さねばならない（最判平成9年9月9日判時1618号138頁）。

さらに一人会社の株主が譲渡承認を得ずに譲渡した場合，会社に対する関係でその効力はどうなるか。判例は，譲渡制限は譲渡人以外の株主の利益を守ることにあるから，一人会社の株主の譲渡の場合にはその懸念はなく，したがって，会社に対しても有効となるとした（最判平成5年3月30日民集47巻4号3439頁）。

譲渡制限株式の株主が譲渡承認および承認しないときの先買権者指定の請求をし，会社が先買権者を指定したが，当該株主は指定された先買権者への譲渡を望まず，指定請求を撤回したいと考えた。この撤回は可能か。判例は，取締役会が指定した先買権者が株主に対して当該株式を売り渡すべき旨を通知するまで，その請求の撤回が可能とした（最決平成15年2月27日民集57巻2号202頁）。もっとも会社法は，この趣旨での立法的解決をしている（143条）。

**(f) 取得請求権付株式・取得条項付株式**　取得請求権付株式とは，前記(a)の⑤の事項について内容の異なる株式で，株主が会社に対して自己の有する株式の取得を請求できる内容の株式である（2条18号）。取得条項付株式とは，前記(a)の⑥の事項について内容の異なる株式で，会社が株主の同意を要せずに一定の事由が生じたことを条件として当該株式を取得できる内容の株式である（2条19号）。いずれの場合も取得の対価は現金に限られない。従来あった対価が現金の場合のいわゆる義務償還株式は，取得請求権付株式によって，また随意償還株式は，取得条項付株式によって法的な対応がなされることになる。

(g) **全部取得条項付種類株式**　この株式は，前記(a)の⑦がこれにあたるもので，2以上の種類株式を発行する会社が，そのうちの1つの種類の株式の全部を株主総会の特別決議によって取得することができる内容の株式である（171条1項）。すなわち，まず，2以上の種類株式を発行する旨の定款を定め，次に，そのうちの1種類の株式の全部を株主総会の特別決議で有償または無償で取得できる旨の定款の定めを設け，さらに，その1種類の株式全部を取得する株主総会の特別決議をすると，会社は，その1種類の株式全部を取得できることになる。定款の定めを設けることと全部取得の特別決議は，同じ株主総会でも可能であるから，これにより，いわゆる100％減資（減資にあわせて発行済株式全部を会社が取得して消却すること）が全株主の同意がなくともできることになる。また減資以外にも，少数株主を締め出す目的でも利用される（Squeeze-out）。もっともこの手続においては，その1種類の株主による種類株主総会の特別決議が必要であり（324条2項1号），また当該種類株主には株式買取請求権が認められる（116条1項2号）。さらに全部取得の決議において決められた取得対価に不満な株主には，裁判所に対し取得価格の決定の申立てができる（172条）。この株式については，もう一度，後記第11章3(6)で取り上げる。

(h) **拒否権付種類株式**　この株式は，株主総会または取締役会において決議すべき事項のうち，当該決議のほか，当該種類の株式の種類株主総会の決議を必要とする旨の内容の株式であり，前記(a)の⑧がこれにあたる。いわゆる黄金株ともいわれるもので，この株式を有することにより，一定事項について拒否権をもつに等しくなるから，拒否権付株式との名称がつくことになる。

(i) **種類株主総会により取締役・監査役を選任できる株式**　種類株主総会により取締役・監査役を選任できる株式とは，前記(a)の⑨の事項について内容の異なる株式である。この株式は，指名委員会等設置会社および公開会社を除き，全株式について譲渡制限を定めている会社（非公開会社）について認められる（108条1項但書）。この株式を発行すると，全体の総会での取締役・監査役の選任は行われなくなる。アメリカのクラス・ボーティングによる取締役選任の方法を取り入れたものである。

なお，全株式について譲渡制限を定めている会社は，剰余金の配当または残余財産の分配を受ける権利および議決権について，株主ごとに異なる扱いをす

る旨を定款で定めることができる（109条2項・105条1項1号〜3号）。このような閉鎖的な会社においては，属人的な定めをする必要性がある場合もあるからである。

(j)　**種類株式間の利害調整**　異なる種類の株主間で利害調整を要する場合があり，その原則的対応は，種類株主総会である。すなわち，ある種類の種類株主に損害を与えるおそれがあるときは，その種類株主総会の決議が必要となる（322条1項本文）。この例外としては，322条3項本文が規定する場合がある。また損害を与えるおそれがない場合でも，種類株主総会の決議が必要とされる場合がある（111条2項・199条4項・200条4項・238条4項・239条4項・347条1項2項・783条3項・795条4項・804条3項等）。

### (3)　新株予約権

(a)　**意　義**　新株予約権は，株式そのものではなく，将来の一定期間内に一定の金額で一定の株式を取得できる権利である。すなわち，新株予約権を有する者が，会社に対してそれを行使したときは，会社は，新株を発行し，またはこれに代えて会社の有する自己株式を移転する義務を負うものであるから，会社が付与する株式のコール・オプションである（2条21号）。オプションは，権利であって，行使する義務はない。またこれが，取締役のインセンティブ報酬としても利用されることは，前述の通りである（第**7**章5）。また新株予約権買取請求権については，後記第**11**章3(7)(b)を参照。

(b)　**発行手続**　公開的会社では取締役会決議で法定事項を定め，新株発行と同様な手続で発行される（238条以下）。新株予約権を株主以外の者に対して特に有利な条件で発行する場合は，株主総会の特別決議が必要である（240条1項・238条3項・309条2項6号）。特に有利な条件かどうかは，新株予約権自体の価値を測定[3]して，それとの対比で判定される。

新株予約権を発行する場合は，募集事項の1つとして割当日（238条1項4号）を定めなければならず，有償で発行する場合であっても，払込みの有無にかかわらず，新株予約権の申込者は，割当日において募集新株予約権者となる

---

[3]　測定方法としては，ブラック・ショールズ・モデルが有名である。

(245条1項)。したがって，払込みは，すでに発生している新株予約権という権利を行使するための条件と位置づけられることになる。

　平成26年(2014年)会社法改正は，新株予約権の無償割当通知の期間を短縮する改正を行った。新株予約権の無償割当てとは，株主全員に新株予約権を無償で割り当てることである(277条)。この割当ては，増資の1つの方法として利用され，ライツ・オファリングと呼ばれる。しかし新株無償割当ての効力発生日(278条1項3号)から新株予約権の権利行使期間の開始日までの期間が長くなると，株価変動のリスクが増加し，会社関係者は，ライツ・オファリングがやりづらくなる。

　ところが改正前は，無償割当通知は，当該新株予約権の行使期間の初日の2週間前までにする必要があり，そのためライツ・オファリングが新株予約権の権利行使期間の満了によって完結するまで実務上，約2.5か月を要するとされ，その期間の長さが問題視されていた。そこでその問題点を解消するため，無償割当通知は，第1に，新株無償割当ての効力発生日から遅滞なくするべきこと，第2に，当該新株予約権の行使期間の末日の2週間前までとする改正がなされた(279条2項・3項)。この改正によりライツ・オファリングにつき実務上必要な期間は，約1.5か月に短縮された。

　新株予約権の発行についても，新株発行の場合(後記(4)(c))と同様に，その差止請求権(247条)，新株予約権発行無効の訴え(828条1項4号・2項4号)が認められる。

　なお，譲渡制限株式を対象とする新株予約権発行等の際の総数引受契約の締結に関する平成26年(2014年)会社法改正については，後記(4)(a)参照。

### (4) 新株発行の法ルール
#### (a) 新株発行の種類
　(i) 通常の新株発行・特殊の新株発行　　新株発行とは，発行済株式総数を増加する場合をいう。そして通常の新株発行とは，会社法199条以下の法ルールによる新株発行である。それ以外の場合の新株発行は，特殊の新株発行であり，例えば，取得請求権付株式あるいは取得条項付株式の対価が株式である場合，株式分割の場合，新株予約権の行使の場合，吸収合併・吸収分割・株式

交換等の場合における新株発行等である。会社法は，通常の新株発行（募集株式の発行）と自己株式の処分とを合わせて「募集株式の発行等」としてその規律の一元化をしている。

新株発行とは，会社成立後の株式の発行（通常の新株発行と特殊の新株発行）をいい，会社成立の際の発行は，設立時株式の発行である。会社の設立時の新株発行では，会社法成立前の商法においては，予定した株式のすべての引受け・払込みが必要であった。なぜなら，資本確定の原則，すなわち設立の資本的基礎を固める必要があるとされたからである。これに対して通常の新株発行では，資本確定の原則の適用がないから，予定した数量にいたらない場合は，引受け・払込みのあった部分についてのみ新株発行を認める打切り発行が許容されていた。このように設立時と通常時とでは規制に差異を設けていたのであるが，会社法では設立時の募集においても打切り発行が認められるから，現在ではその点の差異はなくなっている。

(ii) 通常の新株発行の流れ　公開的会社の通常の新株発行では，有利発行の場合（199条3項）を除き，取締役会決議により募集株式（自己株式の処分を含む）の募集事項を決定する（201条1項）。もっとも平成26年（2014年）会社法改正により支配権の異動を伴う新株発行については，株主総会決議が必要となる場合が規定されたので，その場合には，取締役会限りでの募集ができなくなる（第11章3(3)参照）。また取締役会決議なしに代表取締役が新株発行をした場合でも，その新株発行は有効なものとなる（最判昭和36年3月31日民集15巻3号645頁）し，有利発行の際に必要な株主総会決議なしに新株発行がなされた場合でも，代表取締役が新株発行をしたときは，その新株発行は有効なものとなる（最判昭和46年7月16日判時641号97頁）。さらには，新株が著しく不公正な方法により発行された場合（210条2号）も，代表取締役が新株発行をし，取締役の地位にある者によって引き受けられ，その者が現にすべてを保有しているときでも，その新株発行は有効なものとなる（最判平成6年7月14日判時1512号178頁）。しかし非公開会社の場合は，株主割当て以外の方法による募集株式の発行は，株主総会決議が必要であり，それがない場合は，新株発行の無効原因となる（最判平成24年4月24日民集66巻6号2908頁）。

次に，いかなる株式が発行されるかを株主に知らせるために，その募集事項

を公示する (201条3項~5項)。そして会社は株式の申込みを募集し，それに対して株式を引き受けようとする者がその申込みをし (203条)，それに対して会社が割当てをする (204条) と，株式引受人が決まり (206条)，その者が払込期日または払込期間内に出資を履行する (208条)。払込みのない株式は，当然に失権する (208条5項)。出資を履行すると，払込期日に（払込期間の場合は払込みをした日に）それぞれ株主になる (209条)。新株発行の効力が生じると，会社の発行済株式総数および資本の額が増加するから，会社は，それぞれその変更登記をする (915条)。

株式引受人の決め方には，株主割当て，第三者割当て，公募がある。株主割当てとは，すべての株主に対して，その持株数に応じて株式の割当てを受ける権利を与えてする募集株式の発行等である (202条)。第三者割当ては，株主以外の者に対して株式の割当てを受ける権利を与えてする募集株式の発行等である。その第三者がたまたま株主であっても，すべての株主にその持株数に応じて株式の割当てを受ける権利を与えているのではないのであれば，第三者割当てである。株主割当ておよび第三者割当ての場合には，募集事項の公示はいらない。そして公募（一般募集）とは，誰にも株式の割当てを受ける権利を与えずに，しかも募集の範囲を限定せずに，広く株式を引き受ける者を募集し，引受けの申込みをした者のなかから株式の割当てをする者を決める募集株式の発行等である。従業員あるいは取引先のように募集の範囲を限定する場合は，縁故募集といわれるが，これは第三者割当ての一種となる。

ところで他人名義で株式を引き受けた場合に，引受人としての権利・義務は，名義を貸した者か，それとも名義を借用した者に帰属するか。判例は，名義借用者に帰属するとしている（最判昭和42年11月17日民集21巻9号2448頁）。

また平成26年 (2014年) 会社法改正は，総数引受契約につき次のような改正を行った。総数引受契約とは，会社が募集株式発行に際して，特定の第三者（1人でも複数でもよい）が総額を引き受ける約束をする契約をいうが，かかる契約をする場合に改正前においては，募集株式が譲渡制限株式であるときでも，株主総会（取締役会設置会社では取締役会）の承認決議は不要とされていた。

しかしそれでは，譲渡制限株式の閉鎖性あるいは既存株主の支配権割合維持利益（後記(b)参照）の保護に問題があるとの指摘があり，その指摘に応える改

正がなされた。すなわち，譲渡制限株式を募集株式とする募集を行う場合には，総数引受契約により引受けがなされるときでも，定款に定めがない限り，当該契約締結につきあらかじめ株主総会（取締役会設置会社では取締役会）の承認決議を要するものとされたのである（205条2項・309条2項5号）。

さらにこの理は，募集新株予約権の目的である株式の全部または一部が譲渡制限株式であったり，あるいは譲渡制限新株予約権とする募集を行うときの総数引受契約にも妥当するから，同様の改正がなされた（244条3項・309条2項6号）。

(b) **新株発行による既存株主利益の保護**

(i) 問題の所在　　新株発行の規制の核心は，新旧株主間の利害調整の必要性である。すなわち，新株発行があると，株式数が増加するから，既存の株主の支配権および経済的地位に影響が生じるからである[4]。

新株発行があると，第1に，総株主の議決権数に対する既存株主の議決権の割合が低下し，支配権に影響が出る。また第2に，時価より低い額で新株が発行されると，既存の株式1株あたりの価値の低下が生じる可能性があり，既存株主から新株主への富の移転が起こり得る[5]。

(ii) 既存株主の支配権割合維持利益についての法ルールの有無　　会社法は，公開的会社については，募集株式の発行等の場合に，取締役会決議により株主に株式の割当てを受ける権利の付与ができるが，それを強制していないから，既存株主の議決権比率維持は保障されていない（202条3項3号）[6]。そうなっている理由は，公開的会社では，大量の株式が流通しており，他方，個々の株主の保有する株式数は，一般に微小であるから，その議決権比率維持の利益

---

[4] 新株発行による既存株主利益の希釈化（dilution of existing shareholders' interest）の問題である。

[5] もっともこの経済的不利益問題は，会社の現在価値への影響は無視していることに注意する必要がある。新株発行により調達した資金は，新しい事業に投資されるが，会社の現在価値は，その新投資の効果に依存しており，たとえ発行価額では既存株主に経済的不利益が生じていたとしても，その調達によりなされた新投資がそれ以上の会社価値の増加をもたらすならば，その新株発行は，単純に既存株主に経済的不利益があるとはいえないからである。

[6] 閉鎖的会社の場合には，株主に株式を割り当てる権利を与えないで株式の募集をする場合には，株主総会の特別決議が要求される（202条3項4号・309条2項5号）から，その限度での既存株主の利益確保が配慮されているといえる。

は大きくないのが普通であり，またビジネスの必要に応じ適宜にその資金需要に応えていくためには，制約のない形での株式の募集を許容する必要性が大きいからである。もっとも平成26年（2014年）会社法改正により，支配株主の異動を伴う募集株式の発行等の場合，株主総会決議が必要となるときがある（後記第11章3(3)）。

なお，会社が将来発行する予定の株式数を定款で定め（37条），その範囲内で取締役会決議による発行を認め，しかも定款変更の場合も発行済株式数の4倍までしか増加できない（113条3項1号。非公開会社にはその制限はない〔同項2号〕）とするから，株式発行数の増加に制約があり，その限りで持分比率の変化が防止されるといえる。

　　(iii)　既存株主の経済的地位の合理的な調整のための法ルールの有無　　公開的会社の場合は，既存株主以外の第三者に対する新株発行，すなわち，第三者割当て・公募の場合には，それが特に有利な金額であるとき（有利発行）には，株主総会の特別決議を必要としている（201条1項・199条2項・309条2項5号）。したがって，既存株主の経済的利益は，特に有利な金額での第三者割当て・公募の場合に総会の特別決議を必要とするとの限度で保護されているといえる。

　問題は，特に有利な金額とは何を意味するかである。取締役会は，新株発行事項の公示との関係で少なくとも払込期日の2週間前に発行価額を決議しなければならないが，払込期日の株価が決議した発行価額よりも下落する可能性があるから，それを考慮して新株発行を成功させるためには（発行価額よりも下落していると，新株の引受けの申込みがなされない可能性がある），発行価額を決議する時点での株価よりも低めの価額を決議しても，特に有利な金額とは当然にはいえない（最判昭和50年4月8日民集29巻4号350頁）。株式を発行すると，市場への供給が増加するから，株価が値下がりする可能性があり，実務的には，時価を基準として払込金額を定める場合に10パーセント程度のディスカウントをすることが行われている（日本証券業協会の自主ルール）。もっとも上場株式については，現在，募集事項としての払込金額（199条1項2号）に関して金額を定めるのではなく，ブックビルディング（投資家の需要状況を調査して払込金額を決める方法）で定めることが認められる（201条2項）から，引受人を集める

リスクは相当に軽減されている。

(c) **新株発行の瑕疵**　会社設立時の新株発行の場合の瑕疵は，設立無効の訴えの問題となるが，通常の新株発行の場合の瑕疵は，第1に，新株発行の効力発生前においては，不公正な新株発行差止めの問題となる（210条)[7]。第2に，新株発行の効力発生後においては，その無効を主張するには新株発行無効の訴えによってのみ可能となる（828条以下）。これは，発行された新株の取引の安全等が考慮されるからである。したがって，新株発行無効の訴えは，総会決議取消しの訴えと同様の形成訴訟であり，その無効は，形成判決の効力として生ずることになる。

無効の訴えの提訴期間は，発行の効力が生じた日から6か月以内である（828条1項2号・3号）。新株発行の効力を早期に確定させて，法的安定性を確保するためである。

新株発行の無効事由は，取引の安全の考慮からきわめて制限的に理解されており，定款所定の授権株式数を超過した新株発行，定款に定めがない種類の新株発行，新株発行差止仮処分命令に違反した新株発行[8]，募集事項の株主への通知・公告を欠く新株発行（最判平成9年1月28日民集51巻1号71頁）等は，これに該当するが，前述の通り，特別決議を受けない特に有利な金額の新株発行は無効事由とはならない[9]。新株発行無効の判決による無効の効力は，遡及しないが，対世的効力がある。

また新株無効の訴えの他に，新株発行等の不存在確認の訴えも認められる（829条1号）。例えば，新株発行の実態がないのに新株発行の登記がなされているような場合が不存在である。その不存在の主張は，訴えの提起を要せず，何人から何人に対していかなる方法でも主張できるが，不存在を確認する判決を得た場合には，対世効がある（838条）。しかし提訴期間を制限する規定はな

---

7)　一連の下級審判決は，株式会社においてその支配権につき争いがある場合に，既存株主の持株比率に重大な影響を与える第三者割当てがなされたとき，その割当てが，資金調達目的ではなく，特定の株主の持株比率を低下させ，現経営者の支配権を維持することを主要な目的としてなされたときには，不公正発行になるとしており，これを主要目的ルールという。このルールが適切かどうかは，議論がある（第11章3(4)(d)を参照）。

8)　最判平成5年12月16日民集47巻10号5423頁。

9)　最判昭和46年7月16日判時641号97頁。

いことから，828条1項2号・3号が類推適用されるかが問題となるが，その類推適用はなく，期間の制限はないものと解される（最判平成15年3月27日民集57巻3号312頁参照）。

### (5) 自己株式処分

自己株式処分は，新株予約権の行使に際して新株発行に代えて自己株式を移転する等の場合を除けば，新株を発行して資金を調達する場合と機能的には同様とみることができる。したがって，会社法は，かかる場合の自己株式処分を新株発行と同一の規制においており，自己株式処分と新株発行の両者を合わせての用語として「募集株式の発行等」を用いている。それゆえ新株発行について述べたところは，基本的に自己株式処分についても妥当し，違法な自己株式の処分については，自己株式処分無効の訴え（828条1項3号），自己株式処分の差止請求（210条）が認められる。

## 3　社債による資金調達

### (1) 社債の意義

会社法は，社債は，株式会社に限らず，すべての会社が発行できるものとし，その定義は2条23号に定めがある。すなわち，会社法の規定により会社が行う割当てにより発生する当該会社を債務者とする金銭債権であって，676条各号に掲げる事項についての定めに従い償還されるものをいうと規定している[10]。また会社法では株券の不発行が原則であるのと同様に，社債についても社債券の発行をしないのが原則とされた（社債券を発行することを決議した場合は発行される。676条6号）。

社債は，会社が負担する債務の一種であるが，銀行などからの借入債務とは異なり，有価証券とすること（あるいは振替制度に乗せること）ができ，一般に債権者は単独ではなく（単独の債権者への発行が許されないわけではないが），多数

---

[10]　この社債の定義については，問題があり，実際上定義的な機能に乏しい（奥島孝康＝落合誠一＝浜田道代編『新基本法コンメンタール・会社法3〔第2版〕』113頁（日本評論社，2015年）〔落合誠一執筆「社債・解説」〕参照）。

の社債権者が存在し，契約条件は定型的で再交渉が難しい点に特徴がある。この社債の集団性，附合契約性，有価証券性から，特別な法規制の必要性が生じる。また資金調達の観点からは，会社が銀行から借り入れる債務は，間接金融の代表例であるのに対して，社債発行による資金調達は，新株発行の場合と同様に資本市場から直接に資金を調達するものであるから，直接金融に該当する。

社債の種類はいろいろあるが，担保付社債とは，担保付社債信託法に基づく物上担保が付けられた社債であり，そうでない社債を無担保社債という。担保付社債には，会社法の社債規定および担保付社債信託法の規制を受けることになる。またエクイティ・リンク社債とは，後記(3)において説明する新株予約権付社債のような株式にリンクする社債をいう。さらに短期社債は，コマーシャル・ペーパーのペーパレス化を意図したものであり，社債，株式等の振替に関する法律（平成13年法律第75号）66条1号の掲げる要件のすべてに合致するものをいう。短期社債は，社債券は発行されず，その権利の帰属は，振替口座の記載・記録により定められる。このように社債にはバリエーションがあるが，ここでは，会社法が規定する社債の法ルールの中核である無担保社債を中心に説明する。

### (2) 社債の法ルール

(a) 原 則　社債は，会社の債務であるから，債権債務に関する契約法のルールが原則として適用される。会社法は，この原則を前提としての特則として，第1に，無担保社債について一連の規定を用意している。具体的には，676条から701条までは総則，702条から714条までは社債管理者，715条から742条までは社債権者集会についてそれぞれ定めている。また第2に，新株予約権付社債については，後記(3)で述べるように，株式会社の法ルールである新株予約権に関する規定のなかに定められている。

(b) 社債の問題状況

(i) 序　社債発行は，一般に長期に多額の資金を公衆から借り入れるための資金調達方法であるから，たくさんの人が購入できるように社債の額面を比較的小額にして同一の条件で大量に発行することになる。これは，同じ債務の性質を有していても，銀行から多額の資金を借り入れる場合とは大きく異な

る。銀行からの借入れは，相対取引であるから，会社と銀行を当事者とする直接的な交渉によってその契約内容が決められるし，またその後の事情の変化に応じた再交渉も容易であり，その意味で社債発行後の事態の変化に柔軟な対応ができる。

これに対して，社債契約は，発行会社が社債を購入する予定の多数の社債権者との間での個別的な直接的な交渉を行って決めるものではなく（そのような交渉はそもそも不可能である），会社がいわば一方的にすべての社債権者に共通する契約内容を決めることになるから，社債権者になろうとする者は，その契約内容をすべて受け入れて社債契約を締結するほかはない。すなわち，多数の社債権者が存在するが，社債契約の内容はすべて同一であって，個々の社債権者が社債契約の内容について交渉する余地がそもそもないから，社債契約は，典型的な附合契約である。

したがって，社債の法ルールの主要課題は，もちろん社債権者の保護であるが，より具体的には，第1に，社債契約の内容が会社と社債権者の利害につき妥当な調整が図られているかという附合契約に特有な問題にいかに適切に対応するのかである。そして第2には，社債発行後の事態の変化，例えば，発行会社の資産の悪化が生じた場合に，多数存在する社債権者の利益をいかにして確保するか，すなわち，社債の集団性への対応問題である。

(ii) 附合契約性への対応　社債契約においては，会社法676条各号の事項のほかに担保制限・配当制限等のいわゆる財務上の特約が定められる。しかし，社債契約の内容は，すべての社債権者について同一であり，しかも社債権者には交渉の余地がない。すなわち，社債契約は附合契約であるから，その内容が社債権者の一方的な不利益とならないよう配慮が必要となる。民法の公序良俗あるいは信義則の原則の適用に加えて，会社法においても，例えば，社債管理者の善管注意義務のような一定の強行的規制が必要となる。また，社債契約が消費者契約に該当する場合は，消費者契約法の適用による保護もある。

(iii) 集団性への対応

1) 社債管理者　社債の集団性への法的ルールは，第1に，社債管理者の設置強制であり，第2に，社債権者集会制度である。まず，社債管理者とは，社債の発行会社から社債の管理の委託を受けてこれを行う者であり，社債権者

のための管理が主たる任務となり，その設置が原則的に強制される（702条）。社債管理者は，社債権者のために弁済を受け，また社債債権の実現の保全のための一切の裁判上・裁判外の行為をする権限を有する（705条1項）。社債管理者は，社債権者のために公平・誠実に社債の管理をする義務および管理につき善管注意義務を負う[11]から，その違反により社債権者に損害を与えたときには，損害を賠償する責任がある（710条1項）。社債管理者が，社債発行会社のメイン・バンクである場合には，自己の貸付債権の回収を社債権者の保護に優先させるリスクがあるが，担保の取得とともに行う救済融資は，公平・誠実義務違反にはならないと解される（通説）。

 2) 社債権者集会　社債権者集会とは，社債権者の利害に重大な関係がある事項について集団としての社債権者の意思を決定するために構成される集会である。集会は，社債権者の保護のためであると同時に多数決による社債権者の意思決定を可能にするためのものでもある。決議事項として法定されているものは，社債の期限の利益喪失，資本減少・法定準備金の減少・合併または分割に対する異議等である。集会の決議方法は，定足数の規定はなく，出席した社債権者の議決権[12]の過半数の賛成で成立する普通決議が原則である（724条1項）。また特別決議事項に関する定足数の定めはなく，決議要件も緩和された（同条2項）。集会の決議は，裁判所の認可を得て初めて効力を生じる（732条以下）。

 (c) **社債の発行手続**　社債の発行は，すなわち，会社法の募集社債の場合は，取締役会設置会社においては取締役会決議から始まる（362条4項5号）[13]。その際に原則として社債管理者を設置する。社債の申込みに対して割当てがなされると，社債の引受けとなり，申込者は社債権者となる（678条・680条）。社債の申込みが発行予定総額に達しなかった場合でも，実際に割当てがなされた募集社債の金額を社債の総額として社債は成立する（676条11号）（打切発行

---

11) 会社法704条は，1項が公平・誠実義務，2項が善管注意義務を定めている。これらの義務は，社債契約で定められた社債管理者の権限にも及ぶ。
12) 社債権者は社債の金額の合計額（償還済みの額を除く）に応じて議決権を有する（723条1項）。
13) 指名委員会等設置会社では，取締役会決議で執行役にその権限が委譲されていれば，執行役が決定する（416条4項）。

の許容)。社債の引受けが確定すると,払込みがなされ,社債券発行の決議があるときには,社債全額の払込みがあると,社債券が発行される(もっとも社債金額の払込みは,社債券発行の要件ではない)。

(d) **社債の譲渡等**　社債の譲渡は,社債券を発行している場合と発行していない場合とで相違がある。社債券を発行している場合は,その譲渡について社債券の交付が効力要件である(687条)。また社債券にも善意取得制度の適用がある(689条2項)。

社債券を発行していない場合は,意思表示のみによって譲渡できるが,社債原簿への記載が発行会社その他の第三者に対する対抗要件となる(688条1項)。社債には,記名社債(社債原簿に社債権者の氏名・住所等が記載される社債をいう。681条4号)と無記名社債(無記名式の社債券が発行されている社債をいう。681条4号)とがあるが,わが国では無記名社債がほとんどである。記名社債の譲渡は,社債券を発行している場合は,意思表示と社債券の交付が必要であり,発行会社に対抗するためには,社債原簿に記載することが必要である(688条2項)が,第三者に対抗するには社債券の所持があればよい。これに対して,社債券が発行される無記名社債の譲渡は,社債券の交付のみでよく(688条3項,民86条3項),また社債券の所持が,第三者への対抗要件となる。

さらに社債等の振替に関する法律の適用がある振替社債については,その口座の記載・記録によって譲渡がなされることになる。

**(3) 新株予約権付社債**

(a) **意　義**　会社法の定める新株予約権付社債は,社債に新株予約権が付与され,新株予約権を社債から分離譲渡ができないものを意味する。そして新株予約権付社債については,原則的に新株予約権と社債との両方の規制がかかるが,その発行手続は,新株予約権の規制による(248条)。また新株予約権付社債に関する特別な規定が,若干設けられている(236条2項・254条2項・3項・267条2項・3項等)。

これに対して新株予約権を社債から分離譲渡できるもの(分離型タイプ)は,会社法上,新株予約権付社債ではない。このタイプのものは,新株予約権と社債が同時に発行されるものとみることができるから,特別な規定は設けられて

おらず，新株予約権および社債のそれぞれの規制を受ける。

**(b) 発行手続** 取締役会設置会社においては，原則として取締役会で発行に関する必要事項を決議する（236条1項・238条1項6号・7号・240条1項）。新株予約権を株主割当てではなく，第三者に対して特に有利な条件で発行する場合[14]には，株主総会の特別決議が必要である（238条3項・240条1項・309条2項6号）。

申込みは，書面で行い（242条2項），割当てを受けると，割当日に当該新株予約権の新株予約権者と当該新株予約権付社債についての社債権者となり（245条2項），払込期日に社債および新株予約権の払込金額の全額を払い込む。

新株予約権付社債について社債券（新株予約権付社債券）が発行される場合は，社債について記載しなければならない事項のほか，新株予約権の内容・数を記載しなければならない（292条1項）。新株予約権付社債券は，記名式と無記名式が認められるが（249条2号・3号），記名式の新株予約権付社債券については，その新株予約権部分についての発行会社への対抗要件は新株予約権原簿への記載であり（257条2項。第三者への対抗要件は，社債券の所持である），その社債部分についての発行会社への対抗要件は，社債原簿の記載である（688条2項。第三者への対抗要件は，社債券の所持である）。無記名式の新株予約権付社債券の場合は，その新株予約権部分についての発行会社への対抗要件は社債券の所持であり（257条3項），その社債部分についての発行会社への対抗要件も所持である（688条3項）。

**(4) 違法な社債発行**

まず，社債発行が違法に行われようとしているときの株主による差止めが問題となるが，会社法にはその点に関する社債に特有の規定は置かれていない。したがって，会社法360条・385条・407条・422条に基づき行うことになる。

社債発行は，新株予約権付社債の場合（新株予約権の発行の無効確認の訴えがあ

---

[14] 新株予約権付社債の新株予約権部分について，①無償（払込金額がゼロ）で発行し，その新株引受権を引き受ける者に特に有利である場合と，②払込金額がその新株引受権を引き受ける者に特に有利である場合の2つの場合がある。特に有利であるかどうかは，新株予約権自体の価額（ブラック・ショールズ・モデル等により算定する）との比較となる。

る）を除き，会社の組織に関する事項ではないので，無効の訴えについても規定はない。またその無効事由の定めがないから，その解釈については，社債の発行は，取引の安全を重視しなければならないから，その無効事由はきわめて限定的に解すべきである（この点は，新株発行の無効事由の解釈と同様の考慮が働くから，例えば，取締役会の決議のない社債発行も有効と解すべきである）。そうなると，違法な社債発行については，取締役・執行役に対する損害賠償責任（423条1項・429条）に依拠せざるを得ないことになろう。

# 第10章　会社の財務・剰余金の配当等

　本章では，会社の財務・剰余金配当等を取り上げる。まず，会社の財務の問題は，いかにして会社の財産状況を正確に把握し，またその情報をステークホルダーに開示するかである。すなわち，会社の業績についての成績表の作成と報告に関する法ルールの理解である。

　次に，剰余金の配当等は，会社が創出した利益を会社に留保（内部留保）して新たな投資を行うか，それとも株主に分配するかであるから，まず第1に，株主の利害に関係する問題である。この問題は，基本的に経営者によって決定されるべき経営判断事項である。

　しかし第2に，実際に配当等による分配が行われると，会社から株主に財産が移転することになるから，会社の弁済資力をあてにしている会社の債権者にとっても大きな関心事となる。もっとも経営者による新投資も会社の債権者にも影響があるが，会社法ルールは，それは会社の債権者の自衛に基本的に委ねており，原則的に特別な法ルールを用意していない。しかし剰余金の配当等については，会社法は，株主と債権者との公平な利害の調整に関する特別な法ルールを用意するから，その基本的な理解が必要となる。

## 1　会社の財務

### (1)　総　説

**(a)　決算の意義**　　会社がその事業年度において利益をあげたかどうかは，一般に期末に決算を行うことによって明らかとなる。そのためには，第1に，会社は，企業の財産に影響を及ぼす取引等を簿記・会計の原則に従って，それぞれ勘定に分ける等して会計帳簿[1]に記帳する。これは，日々の取引等を金銭表示にて正確に帳簿に記録する作業であり，この作業を適時かつ正確に続けることによって，会社の企業活動状況の計数的な把握が可能となる。

---

1) 会計帳簿は，仕訳帳，総勘定元帳等で構成される。

第 2 に、こうした帳簿に記帳した記録を一定期間（事業年度）ごとにまとめて総括した書類・電磁的記録を作成し、株主等へ報告することになる。具体的には、会社は、定款所定の決算期に、①貸借対照表、②損益計算書、③株主資本等変動計算書、④注記表、⑤事業報告、⑥付属明細書を作成する（435 条）。⑤事業報告は、事業年度中の会社の状況等を説明する書類である（会社則 117 条～133 条）。そして、①から④までの書類は、「計算書類」と呼ばれる。計算書類が作成されると、当該事業年度における会社の損益の状況が明らかとなり、それに基づき株主等への報告（決算情報の開示）が可能となる[2]。もっとも各社がそれぞれ任意の方法で帳簿記帳や計算書類の作成を行うことにすると、帳簿記帳やそれに基づいて作成される計算書類の正確性・妥当性に問題が生じ得るし、また一定の認められた基準によるものでないと、当該会社の過去の計算書類との比較あるいは他社の計算書類との比較をすることができなくなる（財務状況の比較可能性の喪失）。

そこで会社法は、株式会社の会計は、一般に公正妥当と認められる企業会計の慣行[3]に従うことを義務づけており（431 条）、それゆえに会計帳簿は、法務省令の定めるところにより、適時に正確に作成しなければならず（432 条）、計算書類等も、同様に法務省令の定めるところにより作成しなければならない[4]（435 条 1 項・2 項）。もっとも何が公正な会計慣行かは一義的に明らかではない場合があり、例えば、銀行の会計基準であった「決算経理基準」が変更された場合、その新しい基準によらずに従前の基準で処理した有価証券報告書の記載が虚偽かどうか争われた事案につき、最高裁は、新たな基準は、直ちに適用するには明確性に乏しく、本件当時、従来の基準による処理を排除して厳格に改正後の基準に従うべきことも明確ではないとして、新基準から逸脱した査定を行ったとしても直ちに違法ではないと判示したものがある（最判平成 20 年 7 月 18 日刑集 62 巻 7 号 2101 頁）。

---

2) 計算書類の情報の正確性・妥当性を確認するために、監査役（監査役会・監査等委員会・監査委員会）あるいは会計監査人による監査が行われる。こうした監査を経ることにより、報告情報の信頼性が高められることになる。

3) 上場会社の場合には、企業会計審議会が作成した企業会計原則が一般に公正妥当と認められる企業会計の慣行とされることになる。

4) ここでの法務省令は、主として会社計算規則となる。

計算書類等の正確性・適法性を確保するために監査役，会計監査人の監査が，行われる。会計監査法人は，一定の調査権限等と計算書類等の監査権限を有し，会社に対して善管注意義務を負う（330条）。これに対して会計参与は，従来型の会社では取締役と，指名委員会等設置会社では執行役と，それぞれ共同して計算書類等を作成する（374条）。つまり作成に関与することで，計算書類等の正確性・適法性を確保しようとするものである。

ここで注意すべきは，いかに正確かつ適正に作成された計算書類等であっても，当該会社の真の経済状態を示すとはいえないことである。換言すれば，計算書類等が示す情報には限界があるのである[5]。第1に，これら情報には当該会社の人的資源やブランドや評判等に関する価値は，表示されていないからである。第2に，計算書類等の情報は，過去の取引から生じた損益やキャッシュフロー等の表示であり，当該会社が将来においていかなる利益をあげるかにつき語るものではない。しかしファイナンスや経済においては，過去ではなくこれからの将来に向かっての稼ぐ力こそが重要であるが，計算書類等は，それらに関する情報を提供するものではないからである。読者は，このような限界を意識しつつ計算書類等を読む必要がある。

**(b) 会社法会計と企業会計**　会社法は，その第2編第5章において株式会社の財務に関する一連の規定を設けており，この会計規制は，「会社法会計」ということができる。これに対して，金融商品取引法の適用がある会社については，投資家保護の目的から詳細な会計に関する規制（財務諸表規則）が設けられており，この規制は，会社法会計と対比して「企業会計」ということができる。企業会計は，会社法会計が剰余金の配当等の算定が主要目的であることとは異なり，もっぱら投資家に対する情報開示が目的となっている。

しかし株式会社であって金融商品取引法の適用がある会社は，会社法会計および企業会計に基づく両方の書類を作成しなければならない。確かに会社法と金融商品取引法とがそれぞれ異なる目的を有する法ルールであるから，該当会社は，その両方の要請に従わねばならないとしても，可能な限り会社に無用の負担をかけないようにする必要がある。したがって，会社法会計と企業会計の

---

[5]　Robert J. Rhee，前掲第**2**章注12）の文献 pp. 12-13 も参照。

合理的な調整が必要であり，現在では，両方の規制を極力一致させる方向がとられ，現行の会社法は，相当程度それを実現するものとなっている。

　(c) **会社法会計と税法会計**　会社は，その所得について納税しなければならないが，そうすると法人税法等の税法ルールにも従わねばならない。税法は，法人の所得の算定等に関する詳細なルールを定めており，それは税法会計といわれる。したがって，会社法会計と税法会計との調整も同様に問題となる。しかし税法は，適正な税収を実現することを目的とするから，会社法の目的とは大きく異なるので，企業会計よりもさらにその調整は難しい問題となる場合が多い。

### (2) 決算の流れ

　(a) **従来型**　従来型の会社においては，次の流れで決算がなされる。すなわち，①代表取締役は，決算期[6]ごとに計算書類および付属明細書（会社計算117条）を作成する。この関連で会計監査人設置会社（2条11号）は，連結計算書類（連結貸借対照表，連結損益計算書，連結株主資本等変動計算書，連結注記表で構成される）の作成ができるが，事業年度の末日において大会社（2条6号）であって金融商品取引法24条1項の規定により有価証券報告書を提出しなければならない会社は，連結計算書類を作成しなければならない（444条1項・3項）。したがって，上場会社は，連結計算書類の作成義務を負うことになる。連結計算書類は，その会社および子会社から構成される企業グループの財産・損益の状況を示すものであり，これによって企業グループ全体の財務状況の把握・開示が可能となる。

　②次に，これらの書類は，監査を受けることになる。公開会社でかつ大会社である会社の場合は，監査役会と会計監査人の監査である。監査役会は，主として業務監査を行い，会計に関する監査は，会計監査人の監査方法・結果の相当性が中心である。会計監査人は，計算書類およびその附属明細書，連結計算書類を監査し，会計監査報告を作成しなければならない。③監査が終わると，取締役会の承認を得て，計算書類および監査役会監査報告は，総会招集通知と

---

6)　一般に決算期は，1年決算の会社が多い。

ともに株主に送付される[7]。株主に対する監査を経た決算情報の開示の趣旨である。

④計算書類・事業報告・付属明細書・監査役会監査報告・会計監査報告は，会社の本・支店へ備え置かれて開示される。株主および債権者への開示の趣旨である。

⑤それから，株主総会で承認または報告がなされる。すなわち，株主総会では事業報告の内容が報告され，計算書類は承認を受ける。もっとも会計監査人設置会社の場合は，株主総会に事業報告の内容が報告され，会計監査報告の意見が無限定適正意見であり，かつ，監査役会監査報告において，会計監査人の監査の方法・結果を相当でないと認める意見がないと認められたときは，取締役会の承認で確定し，計算書類の内容は，報告事項となる（439条）。

⑥総会終了後，一定の計算書類は，公告またはインターネットによる開示がなされる。ただし金融商品取引法に基づき有価証券報告書を提出しなければならない会社は，この公告の必要はない（440条4項）。

(b) **指名委員会等設置会社** ①取締役会が指定した執行役が，決算期ごとに，計算書類（事業年度の末日において大会社であって金融商品取引法の規定により有価証券報告書を提出しなければならない会社は，連結計算書類を作成しなければならない）・事業報告および付属明細書を作成する。

②次いで監査がなされ（計算書類およびその付属明細書は，監査委員会および会計監査人が，また事業報告およびその付属明細書は，監査委員会がそれぞれ行う），監査委員会および会計監査人の監査委員会監査報告・会計監査報告が作成される。

③計算書類（事業年度の末日において大会社であって金融商品取引法の規定により有価証券報告書を提出しなければならない会社は，連結計算書類を作成しなければならない）・事業報告および付属明細書・監査報告が各取締役（監査委員を除く）に

---

7) 取締役会設置会社以外の会社は，こうした提供義務はない（437条）。また連結計算書類の監査役会・会計監査人の監査報告は，株主には送付されない。もっとも上場会社の半数近くは，株主総会参考書類，事業報告，株主資本等変動計算書，個別注記表および連結計算書類の全部または一部につきWEB開示（自社のホームページに掲載し，そのページのアドレス等を株主に通知すると，当該事項についての情報が株主に提供されたとされる制度。会社則94条等，会社計算133条4項等）をしている。なぜならば，これにより印刷・郵便等のコストの削減ができるからである。

213

提供され，取締役会の承認を受ける（これら書類は付属明細書を含めて本店・支店で開示される）。この場合に，監査委員および会計監査人の適法意見があれば，取締役会の承認のみで確定され，株主総会の承認は不要となることは，従来型の会計監査人設置会社の場合と同様である（439条・441条4項，会社計算135条）。

④計算書類（事業年度の末日において大会社であって金融商品取引法の規定により有価証券報告書を提出しなければならない会社は，連結計算書類を作成しなければならない）および監査委員会・会計監査人の監査報告は，招集通知と共に株主に送付される。もっとも，連結計算書類に関する監査委員会・会計監査人の監査報告は株主に送付されない。

⑤それから，株主総会での報告または承認がなされる。

⑥総会終了後，計算書類等の備置および公告またはインターネットによる開示がされる。ただし金融商品取引法24条1項に基づき有価証券報告書を提出しなければならない会社は，この公告の必要はない（440条4項）。

(c) **監査等委員会設置会社**　監査等委員会が，計算書類・事業報告およびそれぞれの付属明細書につき監査を担当する（436条2項1号）他は，その流れは，指名委員会等設置会社の場合と同様となる。もちろん計算書類・事業報告等を作成するのは代表取締役である。

### (3) 計算書類

#### (a) 意　義

(i) 計算書類　計算書類は，貸借対照表（連結貸借対照表を含み得る），損益計算書（連結損益計算書を含み得る），株主資本等変動計算書，注記表（連結株主資本等変動計算書・連結注記表を含み得る）である。

株式会社の会計は，前述の通り，一般に公正妥当と認められる企業会計の慣行に従うものとされ（431条），計算書類は，会計帳簿に継続的に記録された会計記録に基づき作成されなければならない[8]。また会計帳簿は，法務省令の定めるところに従い，適時に，正確に作成されねばならない（432条1項）。また資産の評価基準についても会社計算規則において定められている[9]。

---

[8] 会計帳簿に基づき計算書類を作成するやり方を誘導法という。株式会社は誘導法を義務づけられていることになる。

(ii) 付属明細書　　付属明細書は，計算書類と同様に決算期ごとに作成され，貸借対照表，損益計算書，株主資本等変動計算書，注記表の記載を補足する書面である。したがって，取締役会設置会社の場合は，付属明細書の備置は義務（437条・442条）であり，総会招集通知ともに株主に提供される計算書類の内容に疑問がある場合，株主は，株主総会前に付属明細書にあたる必要が生じ得るが，その備置がなされていないと，それができず，株主への情報開示が不十分となるから，備置の懈怠は総会決議取消事由となり得る（福岡高宮崎支判平成13年3月2日判タ1093号197頁）。

(iii) 連結計算書類　　連結計算書類は，前述の通り，事業年度の末日において大会社であって金融商品取引法の規定により有価証券報告書を提出しなければならない会社について作成義務がある。それ以外の会計監査人設置会社は，作成は任意である。

現実の経済社会では，大きな会社は単独で存在するよりも，企業グループを形成してグループとして企業活動する場合が多い。そうすると，企業グループに属する単体の会社をピックアップし，その単体の会社の財務状況をみているだけでは，本当のことが分からない。そこで企業グループについては，グループ全体の財務状況の把握が重要となる。

その結果，平成14年（2002年）商法改正により，連結計算書類，すなわち会社の決算期における会社およびその子会社・連結子会社からなる企業グループ全体の財産・損益の状況を示す書類の作成を義務づけることになり，この点は会社法でも引き継がれている（444条）。

この関係で，金融商品取引法の適用を受ける会社は，すでに企業グループ全体の財産・損益の状況を示す書類として連結財務諸表の作成が義務づけられていることから，会社法の要求する連結計算書類との調整が必要となる[10]。

さらに連結計算書類は，事業年度ごとに連結配当規制の適用を受けることができる[11]から，分配可能額の算定の目的にも使用できることになる。

(iv) 様式等の法的ルール　　計算書類および付属明細書の様式，すなわち

---

9) 会社計算5条。負債は，会社計算6条1項により，原則として債務額を表示する。
10) その調整は，法務省令，すなわち，会社計算規則によってなされることになる。
11) 会社計算2条3項51号。

記載（記録）すべき事項および記載（記録）の方法などは，法務省令である会社計算規則において規定される。

　(v) 臨時計算書類　　臨時計算書類とは，最終事業年度の直後の事業年度に属する一定の日（臨時決算日）における当該会社の財産の状況を把握するために作成される書類をいい，臨時決算日の貸借対照表と臨時決算日の属する事業年度の初日から臨時決算日までの期間にかかる損益計算書から構成される（441条1項）。公告による開示が要求されていない点を除けば，その監査・承認の規制は計算書類と同様である（441条2項～4項）。

　この臨時計算書類制度の導入により，いわゆる四半期決算の導入がスムーズとなり，また期中での損益状況を反映できるから，剰余金の配当も期中のいつでも行うことが可能となる。

### (b) 貸借対照表

　(i) 意　義　　貸借対照表とは，決算期における会社の資産，負債，資本を記載することにより，その時点における会社の財務状況（資産，負債，純資産の状況）を明らかにする計算書類の1つである。貸借対照表の純資産の額が株主に対する剰余金の配当等の分配計算の出発点となる。

　貸借対照表は，簡潔な等式である「純資産（equity）＝資産（assets）－負債（liability）」に基づくものである。この等式は，純資産あるいは資本は，資産から負債を控除したものであり，それが，株主の取り分であり，剰余部分であることを示す。貸借対照表は，この等式を変形した「資産＝負債＋純資産」形式で表示される会計上の最も基本的な書類である。どんなに小さい会社でも，またどんなに大きな会社でも，この等式は成り立つから，貸借対照表の基本的形式は，同一となる。

　貸借対照表は，第1に，貸借対照表の対象となるビジネスは，1つの独立したビジネス単位＝会社とされ，そのビジネス単位についての帳簿記帳がなされて，そのビジネス単位としての会社の貸借対照表が作成される。そしてそれは，当該独立した1つの単位としての会社における一時点のストック，すなわち，純資産，資産，負債のそれぞれの割合が表示（後述の通り，その時点でのストックのスナップショット）されることになる。

　第2に，貸借対照表で表示される純資産，資産，負債は，すべて金銭をもっ

て表示（金額表示）されることである。換言すれば，金銭で表示できるものが貸借対照表に表示されるから，それに適しないものは，例えば，当該会社が創業以来生産しているがゆえに大変思い入れのある商品だとしても，その思い入れは，貸借対照表にはのらないことになる。

第3に，貸借対照表は，左側（借方という）にある資産の合計は，右側（貸方という）にある負債と純資産との合計と必ず一致しなければならない。それゆえに貸借対照表は，バランス・シート（Balance Sheet）と呼ばれるのであり，もし一致しないときは，どこかに誤りがあることになる。

　(ii)　表示方法　　会社計算規則は，次の通り3つの部に分けて記載がなされることを定めている（会社計算73条1項）。すなわち，①資産の部は，流動資産，固定資産，繰延資産[12]の3つの区分に（会社計算74条1項），また②負債の部は，流動負債，固定負債の2つの区分に（会社計算75条1項），さらに③純資産の部は，株主資本，評価・換算差額等，新株予約権の3つの区分に（会社計算76条1項），それぞれ分かれた記載がなされる（連結貸借対照表では，非支配株主持分が入るので4つの区分となる）。

**(c)　損益計算書**

　(i)　意　義　　損益計算書とは，当該事業年度に発生した収益と費用を記載することにより，その期間内の会社の経営成績である利益を明らかにする計算書類である。これによって，当該事業期間における取引活動の損益が明らかにされる。損益計算書は，事業年度における会社の経営成績（会社の純資産の流出・流入〔フロー〕）を示すものである。他方，貸借対照表は，決算時点における会社の資産・負債・純資産という会社ストックの静止画像であり，いわばスナップ・ショットである。

　損益計算書の等式は，これも簡潔なものであり，「純利益（income）＝収益（revenues）－費用（expenses）」である。例えば，会社が製品を売れば，収益があがるが，そのためには費用がかかっているから，その費用を差し引いた残額が，純利益となる。したがって，当該事業年度の収益，費用，純利益を表にして示せば，会社の経営成績が把握できることになる。それゆえにプロフィッ

---

12)　繰延資産となるかどうかは，一般に公正妥当と認められる企業会計慣行による。

ト・アンド・ロス・ステイトメント（Profit and Loss Statement）といわれるのである（Income Statement といわれることもある）。

また貸借対照表と損益計算書とは，それぞれ別個の無関係の書類のようにみえるが，実は密接な関係がある。損益計算書における純利益は，会社の正味財産の増加をもたらすから，純資産の増加である。そしてこの純資産の増加は，本年度の貸借対照表の純資産の額から前事業年度の貸借対照表の純資産の額を控除した額と理論的に一致する。

(ii) 表示方法　損益計算書は，①売上高，②売上原価，③販売費および一般管理費，④営業外収益，⑤営業外費用，⑥特別利益，⑦特別損失の項目に分類して表示される（会社計算88条1項）。そして①売上高から②売上原価を控除して得た額（売上総損益金額）が，売上総利益金額（マイナスのときは売上総損失金額）として①と②の項目の後に示される。また売上総損益金額から③販売費および一般管理費の合計額を控除して得た額（営業損益金額）が，営業利益金額（マイナスのときは営業損失金額）として③の項目の後に表示される。さらに営業損益金額に④営業外収益を加算して得た額から⑤営業外費用を控除して得た額（経常損益金額）が，⑤の項目の後に経常利益金額として表示され，経常損益金額に特別利益を加算して得た額から特別損失を控除して得た額（マイナスのときは売上総損失金額）が，⑦の項目の後に税引前当期純利益金額（マイナスのときは税引前当期純損失金額）として示される。最後に，税引前当期純損益金額に税金等の支払等を調整して得た額（当期純損益金額）が，当期純利益金額（マイナスのときは当期純損失金額）として末尾に表記される（会社計算89条〜94条）。

(d) **株主資本等変動計算書**

(i) 意　義　株主資本等変動計算書は，株主資本，評価・換算差額等，新株予約権の項目に分類して表示される（会社計算96条2項）。この書類は，純資産の部（資本の部ではないことに注意）の各項目がどのような増減をしたかを表示するためのものである。いわば株主のとり分＝純資産の当該事業年度の変動を示す計算書といえる。

(e) **注　記　表**　注記表は，継続企業の前提に関する注記，重要な会計方針に係る事項に関する注記，貸借対照表等に関する注記，損益計算書に関する注

記，株主資本等変動計算書に関する注記，リースにより使用する固定資産に関する注記，税効果会計に関する注記，持分法損益等に関する注記，関連当事者との取引に関する注記，一株あたりの情報に関する注記，重要な後発事象に関する注記，その他の注記に分類して表示されねばならない（会社計算98条）。これまでは，それぞれの計算書類の脚注表示であったものを全部の注記を一括して表として示す方式となったことに伴う書類である。

### (4) 資本金・準備金
#### (a) 意　義
（i）総　説　　貸借対照表の純資産項目である資本金および準備金は，剰余金の分配可能額を算定するために用いられる計数として意味があるものである。すなわち，会社が剰余金の配当等をする際に，最低限維持すべき計数である（換言すれば，資産が負債と資本金・準備金の合計額を超える額が原則として分配可能額となる）から，その増加・減少は，会社財産の増加・減少を意味するものではない。

それでは，資本金も準備金も，後記(ii)および(iii)で述べるように，株主の払込みによるものである点で共通性があり，しかも両者の機能は，分配可能額算定のための計数であるとすると，両者の相違はどこにあるか。それは，第1に，資本金の減少には，原則として株主総会の特別決議が必要であるが，準備金は，普通決議でできる点が大きい（447条・309条2項9号・448条）。第2に，資本金の減少の場合には，必ず債権者保護手続がなされるが，準備金の減少の場合には，減少した準備金の額をすべて欠損てん補にあてるときには，債権者保護手続がいらないことである。保護手続における知れている債権者とは，会社が債権者が誰であり，その債権がいかなる原因に基づくいかなる内容のものかの大体を知っている債権者をいい，会社がその債権の存在を争う訴訟を係属中であっても，知れている債権者に該当しないわけではない（大判昭和7年4月30日民集11巻706頁）。

（ii）資本金　　資本金の額は，会社法の規定により算出される。資本金の額は，株式の実際の払込額（現物出資のときには給付額）の総額が原則である（445条1項）。しかし払込額の2分の1までの額は，資本金の額にしないでも

よい（同条2項）。資本金の額にされなかった額は，資本準備金の額となる（同条3項）。資本金は，貸借対照表の純資産の部に資本金として表示される。

　(iii)　準備金　　準備金には資本準備金と利益準備金があるが，両者に基本的な違いはない。利益準備金は，剰余金の配当をする際に法務省令の定めるところにより，当該剰余金の配当により減少する剰余金の額に10分の1を乗じて得た額を利益準備金として計上することにより認められる（445条4項）。しかしその額を資本準備金として計上してもよい。資本準備金は，貸借対照表の純資産の部の資本剰余金のなかに表示され，利益準備金は，同じく利益剰余金のなかに表示される。

　**(b)　資本金・準備金の減少**　　先にふれたが，資本金・準備金の額を減少する（金額数字〔計数〕を減少させることであり，計算上のものである）には，原則として株主総会の決議および会社債権者保護手続が必要である。資本金の額の減少については，特別決議等の要件に関し会社法447条に定めがあり，準備金の額の減少については，普通決議等の要件に関し448条に規定がある。

　両者の会社債権者保護手続は，449条に定めがある。資本金・準備金の額の減少の効力発生時期は，株主総会の決議で定めた効力発生日であるが，会社債権者保護手続が終了していないと，その手続が終了した日となる（449条6項）。資本金の額の減少に関する手続に瑕疵がある場合は，資本金減少無効の訴えによってのみ無効の主張ができる（828条1項5号）。その原告適格・被告適格・管轄・判決の効力等は，828条2項5号・834条5号・835条・839条等に定めがある。

　若干，敷衍すると，資本金を減少する（マイナスにならない限度で減少できるから，資本金がゼロとなることも認められる）と，その減少額は，全部または一部を準備金にするか，あるいは準備金とされた額を資本金の減少額から控除した額を剰余金とするか，のいずれも可能である。また準備金の減少の場合にもその額の制限はない（マイナスにならない限度で減少できるから，準備金がゼロとなることも認められる）。

## 2　剰余金の配当等

### (1) 意　義

　株式会社は，剰余利益をあげて，それを社員である株主に分配することを目的とした経済組織である（会社の営利性）。もっともその分配は，企業継続中において株主に対する会社財産の分配でも，会社の清算の際の残余財産分配でもよいが，ここで取り上げるのは，前者の場合である。

　会社法は，企業継続中における株主への分配を，剰余金の配当等といっている。なぜ剰余金の配当ではなく，剰余金の配当等といっているかというと，剰余金の配当だけが会社財産の分配ではなく，自己株式の有償取得も同様であるから，それも含めて統一的な法規制のもとにおくとの趣旨である（461条1項）。

　ところで剰余金の配当等は，株主にとって重大な関心事である。株主になったのは，その後の株価の値上がりによるキャピタルゲインをねらうのみならず，会社があげた剰余利益の分配にあずかれることがその主要な動機であり，まさにこのインセンティブがあるから株主に会社のコントロールを委ねる理由となっているのである（株主利益最大化原則）。しかしそのことは，同時に，会社の債権者にとっても重大な関心事である。なぜなら，剰余金の配当等は，会社から財産が流出することを意味するからである。すなわち，会社の債権者は，株主有限責任の原則があるから，個々の株主の個人財産をあてにできず，会社財産のみが引当てとなる。したがって，会社が株主に対して剰余金の配当等をする場合には，債権者の利益も考慮する必要があるのである。つまり，剰余金の配当等を会社の全くの自由に任せるわけにはいかないから，会社法は，株主と債権者との利害の調整を図るために，剰余金の配当等につき一定の強行法的制限を課することになる。

　それでは，いかなる法的制限を課すべきか。会社法は，貸借対照表の資産の額，負債の額，純資産の額等に基づいて，一定の制限をかけている（この詳細は次の(2)で述べる）。これは，会計原則によって作成される貸借対照表に基づいて制限をかけていくとの考え方によるものであり，こうした方法は，貸借対照表テストといわれる[13]。

しかし貸借対照表テストには，問題がないでもなく，現在最も先進的な制約の考え方は，支払不能テストと呼ばれる方法であり，それは，会社財産の株主への分配後に予測される将来キャッシュ・フローに基づき制限をかけるとするものである[14]。したがって，会社財産の分配につきいかなる制限を課すのが適当かの問題は，まだまだ決着がついていないのであり，その意味で会社法の制限方法についても，なお検討すべき課題があるといわねばならないであろう。

### (2) 剰余金の配当

(a) **分配可能額**　剰余金とは，貸借対照表上の純資産額から資本金と準備金の合計額を控除すると得られる額が基本となる。より具体的には，貸借対照表の純資産の部にある資本剰余金のうちの「その他資本剰余金」と利益剰余金のうちの「その他利益剰余金」を合計した額が基本となる。しかし分配可能額の算定においては，決算日以後の剰余金の変動も考慮することになるから，会社法は，剰余金の額を定義しており，最終の決算期の貸借対照表から算出される額に，最終の決算期後からその配当を行う時までになされた額の増減を反映させて算定される額となる（446条）。そしてこのようにして算定される剰余金の額が，株主への剰余金の配当の原資となる（453条）[15]が，剰余金の額すべてが配当できるわけではない。

すなわち，剰余金の配当は，第1に，純資産額が300万円を下回る場合はできず（458条），第2に，分配可能額の範囲内で行わねばならない（461条1項8号）。それでは，分配可能額はどのようにして決まるのか。これは，会社法461条2項が定義をしている。

まず，その他剰余金の額（「その他資本剰余金」＋「その他利益剰余金」）に，臨

---

[13) 貸借対照表テストは，1種類しかないのではなく，例えば，アメリカでは19世紀から現代まで3段階の発展があるから，3種類のものがあることになる。この観点からラフにいえば，会社法制定前の商法は，アメリカの第1段階のものに近く，会社法のものは，第3段階のものに近いようにも思われる。

14) これは，金融経済学に基づく発想によるものであるが，貸借対照表テストは，会計学に依拠するものであるといえるであろう。

15) 剰余金の額の機能は，第1に，分配可能額を算定するための基礎となることであり，第2に，剰余金を減少させて資本金あるいは準備金を増加させる場合の減少の限度額となることである。

時決算書類を作成・承認を受けた場合の当期中の利益額・自己株式処分の対価の額を加算した合計額（461条2項1号・2号）から次のものを差し引いた残額が，分配可能額となる。すなわち，自己株式の帳簿価額，最終事業年度の末日後の自己株式処分の対価額，臨時計算書類を作成・承認を受けた場合の当期中の損失額，その他法務省令に定める額（同条同項3号～6号）をそれぞれ控除した残額である。したがって，分配可能額には，最終の決算期後の金銭の分配，自己株式取得の対価，資本金・準備金の減少などの増減が反映され，また臨時計算書類を作成・承認を受ければ，その時までの期間損益も反映できることになる。

(b) 剰余金の配当の手続

(i) 配当決定機関　剰余金の配当は，株主総会の決議が原則である（454条1項）。ただし会計監査人設置会社であって，監査役会設置会社・指名委員会等設置会社・監査等委員会設置会社で，かつ，取締役（監査等委員会設置会社の監査等委員である取締役を除く）の任期が1年である会社の場合には，定款の定めにより取締役会決議により剰余金の配当が決定できる（459条）。

(ii) 現物配当　会社法は，金銭以外の財産による配当すなわち，現物配当を許容する（454条4項）。現物配当をするためには，株主総会の特別決議により配当される財産の種類，帳簿価額の総額等を決定する必要がある（309条2項10号）。ただし株主に金銭分配請求権を与える場合は，普通決議でよいし，取締役会で剰余金の配当が決定できる会社は，取締役会決議のみでよい（309条2項10号括弧書・454条1項・459条1項4号）。

(iii) 中間配当　会社法は，取締役会設置会社は1事業年度の途中において1回限り取締役会決議によって剰余金の配当（金銭による配当に限る）ができる旨を定款で定めることができると規定している（454条5項）。会社法改正前の中間配当は，主として前期末の財源によるものであったが，会社法では配当時の剰余金が原資である点が異なる。

なお，剰余金の配当ができない状況において特定の株主のみに直前の期になされた配当に相当する金額を支払うことは，株主平等の原則に反し無効となる（最判昭和45年11月24日民集24巻12号1963頁）。

### (3) 自己株式の有償取得

(a) **総説**　会社が株主との合意により，自己株式を有償取得することは，剰余金の配当と並ぶ重要な剰余金の分配のやり方である。上場企業においては，公開市場でこれを行うことはきわめて一般的なことであり，市場は，好意的な反応，すなわち，株価を上げる効果があるのが通常である。また新株を発行することよりも，会社は，自己株式の有償取得の方を好む傾向がある。なぜならばその方が，一般に株価を上げる効果があるし，また株主が有する会社の持株割合を希釈化することがないからである。

　もちろん会社は，自己株式を取得しても，それにより会社財産が増加するわけではないから，他社の株式を取得する場合とは異なる。他社の株式を取得すれば，その株式は，会社の財産となるからである。また会社がある特定の株主が有する自己株式を有償取得すると，当該株主のみが，会社から対価としての財産を得ることになるが，他の株主の視点からみても，それは，当然に不利なこととはいえない。なぜならば，会社が自己株式を有償取得すれば，その分だけ現実に流通している株式の数が減少するので，事実上，他の株主は，自己の有する会社の持株割合を同時に増加させることになるからである。

　他方，株主との合意による取得ではない，その意味での特殊な自己株式取得の場合もある。すなわち，①法令・定款の定めに基づく株主の請求による取得（155条2号・4号・7号・13号），②法令・定款の定めに基づく強制取得等（同条1号・5号・6号・8号），③組織再編等による取得（同条10号〜12号）である。④としては，同条13号を受けた会社法施行規則27条において具体的に規定されており，例えば，株式の無償取得，株式買取請求に応じることによる自己株式の取得等である。これらの取得の手続は，株主との合意による取得の場合と異なるが，取得財源規制がかかる場合とそうでない場合がある（後記(c)参照）。

　会社は，取得した自己株式をそのまま保持できる（金庫株）が，消却する場合には，取締役会の決議によらねばならない（178条）。自己株式の有償取得により取得した自己株式数だけ発行済株式総数は減少するわけではない。なお，自己株式の無償取得には特段の規制はない。また会社が自己株式を担保として取得することについても規制はない。さらに発行会社による新株予約権や新株予約権付社債の取得等についても規制はない。

(b) **分配可能額による財源規制**　会社法は，前述の通り，剰余金の配当のみならず，会社が株主との合意に基づく自己株式の有償取得のような会社財産の株主への任意的な流出の性質を有する行為については，分配可能額の範囲内で行わねばならないとの統一的規制を設けている（461条1項）。

この461条1項による統一的な財源規制を受ける行為は，次の通りである。第1は，会社が譲渡制限株式の株主またはそれを取得した株式取得者の譲渡承認請求を承認しない旨の決定をする場合に，当該会社がその請求に応じてする自己株式の買取りである（同項1号・138条1号ハ・2号ハ）。第2には，子会社からの自己株式の取得，または市場取引もしくは公開買付けによる自己株式の取得である（同項2号・156条1項・163条・165条1項）。第3は，株主との合意による自己株式の取得である（同項3号・157条1項）。第4は，全部取得条項付株式の全部の取得である（同項4号・173条1項）。第5は，相続人などに対する売渡請求に基づく自己株式の取得である（同項5号・176条1項）。第6は，所在不明株主の株式の買取りである（同項6号・197条3項）。第7は，端数処理により売却する株式の買取りである（同項7号・234条4項）。第8は，剰余金の配当であるが，これはすでに説明した。

この分配可能額規制に反した行為をした場合の取締役・執行役等の業務執行者および株主の責任は，次の(4)で述べる。また欠損が生じた場合の責任は，後記(5)でふれる。

(c) **財源規制がかからない場合**　自己株式の有償所得でも，会社が株主との合意によらない場合，すなわち，①合併，会社分割，他の会社からの事業の全部の譲受けにより，相手方の有する自己株式を取得する場合，②合併，会社分割，株式交換・株式移転，事業譲渡等の際の反対株主の買取請求に応じて自己株式を買い受ける場合，③単元未満株主の買取請求に応じて買い受ける場合は，分配可能額の範囲内との財源規制はかからない。

①の場合は，債権者保護手続がかかるからであり（事業の全部の譲受けは合併に等しいから），②および③の場合は，株主の権利保障のためだからである。

(d) **株主との合意による自己株式取得の手続**　株主との合意による自己株式取得は，機能としては株主への財産分配であり，その点において剰余金の配当と同様であるから，基本的に，剰余金の配当と同様の手続により行われる。

すなわち，株主総会の決議によるが，その際に決議すべき事項は，取得する株式の種類・数，取得と引き換えに交付する金銭等（株式の交付は不可）の内容・総額，株式を取得できる期間（1年を超えることは不可）であり（156条1項・2項），これが原則である。

しかしその例外の第1として，従来型の会計監査人設置会社であって取締役の任期を1年とする監査役会設置会社は，剰余金の配当とともに，取締役会の決議によることを定款で定めることができる（459条1項1号）。ただし会社が特定の株主から取得する場合には，換金が難しい株式の場合の売却機会の平等あるいはグリーン・メイラーからの高値買取要求防止の観点から，株主総会の特別決議が必要となる（160条1項・459条1項1号）。

例外の第2は，例外の第1に該当する会社でなくとも，取締役会設置会社は，市場において取得する場合および金融商品取引法に基づく公開買付けにより取得する場合は，取締役会の決議によることを定款で定めることができる（165条2項・3項）。

以上の株主との合意による自己株式の有償取得の手続に違反した自己株式の取得は，私法上，無効であるが，取引の安全の考慮から，会社は，違法な取得につき悪意である株主に対してのみその無効を主張できる（相対的無効）。また取得財源規制に違反した場合および期末に欠損が生じた場合の責任は，次の(4)および(5)参照。

(4) **違法な剰余金の配当等に関する責任**

剰余金の配当等により株主に交付する金銭等の帳簿価額の総額が，配当が効力を生じる日における分配可能額を超えてはならず（461条1項），それに違反した場合，その分配に関与した取締役・執行役等の業務執行者および株主は一定の責任を負う（462条）。まず，取締役・執行役等の業務執行者であるが，交付された金額等の帳簿価額に相当する金銭を会社に対して連帯して支払う義務を負う（462条1項）。ただし無過失の立証ができれば，責任を負わない（同条2項。過失責任）。そしてこの責任は，総株主の同意による免除があっても，剰余金の配当を行ったときの分配可能額を超えては免除することはできない（同条3項）。また悪意・重過失による剰余金の違法配当により第三者に損害を与える

と会社法429条の責任も生じる。

次に，分配可能額を超えて配当を受けた悪意の株主の責任であるが，会社に対してその帳簿価額に相当する金銭を連帯して支払う義務を負う（462条1項。善意の株主はかかる責任を負わない）。この場合に会社の債権者は，当該株主に対して会社にではなく，自らに直接，その金銭（金銭額が債権額を超過する場合には債権額）を支払うよう請求できる（463条2項）。

分配可能額を超える剰余金の配当等の私法上の効力については，説が分かれるが，無効とするのが通説である。

### (5) 期末に欠損が生じた場合の責任

会社が剰余金の配当等をした場合（ただし定時株主総会の決議に基づく剰余金の配当等は除かれる。465条1項10号イ），当該配当をした日の属する事業年度末にかかる計算書類において分配可能額にマイナスを生じたときは，当該配当に関する職務を行った業務執行者は，当該会社に対して連帯して当該マイナス額と当該取得により株主に交付した金銭等の帳簿価額の総額とのいずれか少ない額を支払う義務を負うし，また自己株式の有償取得の場合には，会社から流出した財産である取得価額を弁済しなければならない（465条1項）。

ただしこの責任は，無過失の立証ができれば，責任を免れる（同条1項但書。過失責任）。そしてこの責任は，総株主の同意がない限り免除できない（同条2項）。

# 第11章　会社組織の誕生と変動

　会社は，設立されることにより誕生し，利益をあげてそれを株主へ分配すべく企業活動を展開していくことで，成長をしていく。しかし人の一生と同じように，会社も良いときもあれば，悪いときもある。また当該会社をとりまくビジネス環境の変化への適切な対応がなければ，最悪の場合には，会社は，市場から退出して消滅するほかはない。このような現実を踏まえて会社法は，それぞれの過程に合わせてさまざまな法ルールを用意している。本章の目標は，会社の誕生，展開，消滅，すなわち，設立から企業再編（組織再編，企業買収等），解散・清算などに関する一連の法ルールの基本を理解することである。

## 1　設　立

### (1)　意　義

**(a)　設立の容易化**　　株式会社の設立とは，発起人（1人でもよい）が中心となって団体を形成し，法人格を取得して株式会社として成立することである。
　ところで会社の設立については，基本的に2つの考え方がある。第1の考え方は，株式会社は，一定額以上の出資がなされている場合に認められる会社形態であると考えることから，一定の出資（資本）を有する場合にのみその設立が認められるとするものである。会社法制定前の商法は，この立場であり，したがって，株式会社の設立にあたっては1000万円以上の出資が必要とされていた（最低資本金制度）。これに対して第2の考え方は，株式会社を設立して企業活動を行いたいとの需要があるのであれば，それを制約するのは妥当ではなく，なるべく設立を容易として起業を活発化するのが望ましいとの考え方であり，会社法は基本的にこの考え方に依拠しているから，最低資本制度は廃止されている。
　比較法的には，ヨーロッパ諸国は，一般に前者の考え方であるが，アメリカ

の各州会社法は，後者の考え方であり，一般に最低資本制度は採用していない。したがって，会社法は，会社設立の面においてもさらにアメリカ法に接近したといえる。

　株式会社という形態を使ってビジネスを始めたいとする人がいるにもかかわらず，国が1000万円を用意しなければそれはできないという必要が本当にあるかは，そう簡単な問題ではない。さらに株式会社形態は多くの人が広く容易に活用できるものとすべきであり，そうすることにより，私人の起業精神がよりエンカレッジされ，トータルとしてわが国経済の活性化・発展にとって有益となる。そう考えると，最低資本金制度を廃止した会社法の立場は，適切なものであったとみるべきであろう。

　このようにいうと，すぐに株式会社形態の濫用が増えるのではないかとの反論があがる。しかしそもそも最低資本制度が株式会社形態の濫用の防止に有用であったかは，それ自体相当な疑問がある。また会社を場として活動するさまざまなステークホルダーは，慈善あるいは公益のためではなく，それぞれの自由意思で各自の利益の最大化を求めてステークホルダーになるから，自らの信じるところに従い自らの責任において行動すべきが原則（ビジネスにおいては自己責任が基本である）である。したがって，法人格の濫用により他人が迷惑を受けるようになることが心配されるとして，「株式会社形態の利用を望む場合には，少なくとも1000万円を用意すべし」として国家が事前的に一般的な介入をする必要はないはずである。もし介入することがあるとしても，それは，一般に事後的なもの（例えば，裁判所による法人格濫用の法理の適用）にとどめるべきものであろう。国家によるパターナリスティック（paternallistic）な積極的な介入は，ビジネスの世界においては基本的に好ましいものではないからである。

　(b)　**設立の方法**　　設立には，2つの方法がある。

　第1は，発起設立であり，発起人（定款に発起人として署名した者をいう。大判明治41年1月29日民録14輯22頁）が設立の際に発行するすべての株式を引き受ける設立方法である（25条1項1号）。

　第2は，募集設立であり，発起人は設立の際に発行する株式の一部を引き受け，残りについては，発起人以外の者に対して募集を行う設立方法である（25

条1項2号)。

　設立の過程は，いずれの設立の方法でも，徐々に株式会社となるべき実体が形成され（実体形成），それが設立登記による法人格の取得をもって最終的に完成するのが基本的な流れである。

## (2) 実 体 形 成

**(a) 概　観**　　実体形成を概観すると，①団体の根本ルールである定款の作成があり，次いで②団体のメンバーである社員，すなわち株主の確定があり，③会社の機関が具備され，④社員の出資による会社財産の形成がなされる。会社法制定前の商法では，④のところが最低資本金制度により，1000万円以上の出資を必要としたが，会社法では最低資本金制度はないから，いくらかでも出資がなされればよく，極端な場合には1円の出資でも④の過程は満たされる。

**(b) 定款の作成**

　(i) 意　義　　設立の際の定款（原始定款）の作成とは，会社の根本ルールを決めて，それを書面（電磁的記録でもよい）に記載（記録）することである。定款は，公証人による認証が要求される[1]。

　(ii) 絶対的記載事項　　絶対的記載事項とは，その事項を記載しないと定款が無効になる記載事項をいう（27条）。具体的には，①目的，②商号，③設立に際して出資される財産の価額またはその最低額，④本店の所在地[2]，⑤発起人の氏名・住所[3] 等である。

　③の定めは，出資される財産の価額（またはその最低額）を定めて，それを定款に記載する趣旨であり，設立に際して発行する株式の総数は，絶対的記載事項ではない。また発行可能株式総数は，定款作成時に決める必要はなく，設立過程における株式の引受けの状況を見極めながら，発起人全員の同意をもって設立手続の完了時までに定款で定めればよい。

　平成26年（2014年）会社法改正は，公開会社の発行可能株式総数に関するいわゆる4倍規制規定（4倍ルール）を改正した。4倍規制とは，公開会社（2

---

[1] 設立の場合以外の一般の定款変更の場合には，公証人の認証は不要である。
[2] 所在地とは，最小独立行政区画で表示され，市町村がこれにあたる。東京都の場合は区となる。
[3] 発起人の同一性の確認のために記載させる。

条 5 号）においては，設立時発行株式の総数は，発行可能株式総数の 4 分の 1 を下ることはできず（37 条 3 項），また定款を変更して発行可能株式総数を増加させる場合には，変更後の発行可能株式総数は，当該定款の変更の効力が生じた時における発行済株式総数の 4 倍を超えることができない（旧 113 条 3 項）とのルールをいう。

　この規制の趣旨は，公開会社が，譲渡制限株式以外の株式を発行する場合には，原則として取締役会の決議のみで発行できること，換言すれば，株式発行につき取締役会に原則的に無限定の授権をすることになるから，それを発行可能株式総数との関係で一定の制約をかけるためである。しかしこの 4 倍規制は，必ずしも徹底した形になっていなかったこと（公開会社の株式併合，非公開会社の公開会社化，新設合併等による公開会社の場合）から，それを徹底させるために次のような改正を行った。

　第 1 に，株式併合をする場合には，株主総会の決議によって，効力発生日における発行可能株式総数を定めること（180 条 2 項 4 号）とし，公開会社の場合には，その発行可能株式総数は，株式併合の効力発生日における発行済株式総数の 4 倍を超えることはできないもの（180 条 3 項）とし，株式併合をした会社は，株式併合の効力発生日にその趣旨に従う発行可能株式総数に定款変更をしたものとみなされる（182 条 2 項）。

　第 2 に，非公開会社が定款を変更して公開会社になる場合，定款変更後の発行可能株式総数は，定款変更の効力発生日における発行済株式総数の 4 倍を超えることはできないものとする（113 条 3 項 2 号）。

　第 3 に，新設合併等によって設立される公開会社の設立時の発行株式の総数は，その発行可能株式総数の 4 分の 1 を下ることはできないとする（814 条 1 項）。

　(iii) 相対的記載事項　相対的記載事項とは，定款に記載することは必要ではないが，定款に記載しないと効力が認められない事項をいう。

　このなかでは，特に変態設立事項[4]が問題となるから，その点を説明する。

　①発起人の特別利益とは，設立の功労者としての発起人に帰属する利益であ

---

[4]　会社法 28 条各号の列挙事項である。

るが，相対的記載事項とされたのは，濫用の問題があるからである。

②現物出資は，金銭以外の出資をいい，出資の目的物が過大評価されやすいとの問題があるからである。現物出資は，発起人のみがすることができる（63条1項と34条1項を対比せよ）。③財産引受けとは，発起人が会社のために会社の成立を条件として特定の財産を譲り受ける契約であるが，現物出資の潜脱の可能性があるからである。それゆえに原則として検査役の調査が必要となる。

しかし現物出資・財産引受について余りに規制を厳しくすると，その必要性はあるにもかかわらず，ほとんど利用されないことになってしまうので，500万円以下の財産については，検査役の調査を不要としている（33条10項1号）。また市場価格のある有価証券の場合にその市場価格を超えない場合にも，検査役の調査は不要となる（33条10項2号）。さらに弁護士等による価額の相当性を示す証明がある場合も，検査役の調査は不要となる（33条10項3号）。

検査役の選任の申立ては，発起設立・募集設立のいずれの場合も発起人が行う（会社設立時までは発起人が設立中の会社の代表機関であるから）。

出資された財産等の価額が定款に記載された価額に著しく不足した場合には，発起人，設立時の取締役は，その不足額の支払責任を負う。発起設立の場合は，過失責任である（52条2項2号）が，募集設立の場合には，無過失責任である（103条1項）。募集設立の場合には，発起人以外に株式引受人がおり，その保護のために無過失責任とされるのである。

また現物出資・財産引受けの脱法行為となり得る事後設立（会社成立後2年内に会社成立前から存在する財産であって，その事業のために継続して使用するものの取得）についての検査役の調査は廃止された（467条1項5号参照）。

④発起人の報酬および⑤設立費用は，いずれも濫用の問題があるからである。

ここで設立費用につき若干補足する。定款作成のための印刷費・印紙税，株主募集の広告費用，設立事務所の賃料等は，設立費用となる。しかしこれらの支出は，設立中の会社の機関である発起人の権限に属する行為であるから，本来，成立後の会社に帰属し，その負担となるべきものである。しかし，前述の通り，これを無制限に認めると濫用のおそれがあるから，定款にその予定額を記載させ（28条4号。ただし会社則5条各号のものは除外される），検査役の検査を義務づけ（33条1項），しかもその範囲内でのみ会社が負担するとしている。

ところで会社成立後も未払いの設立費用がある場合にその債権者は，会社あるいは発起人のいずれに請求すべきかが問題となる。判例は，設立費用は，当然に成立後の会社に帰属し，取引の相手方は，会社に対して支払を請求できるとする（大判昭和2年7月4日民集6巻428頁）。しかしこの立場をとると，もし当該債権の総額が定款記載の金額を超過した場合に，どの債権者が会社に請求できるかがはっきりしない。そこでこの点をいかに解決すべきかにつき学説は分かれているが，取引の相手方は，発起人にすべて請求することとし，発起人がそれを弁済した場合には，定款記載の限度で会社に対して求償できると解すべきである。

### (3) 社員の確定

社員とは，株主であるから，株主となるには株式を発行しなければならない。発起設立においては，発起人が発行されるすべての株式を引き受けることにより，社員が確定する。

これに対して，募集設立では，発起人が一部の発行株式を引き受け，残りは，株式募集がなされ，募集される株式への申込み，割当て（割当てを受けると株式引受人となり，払込みにより株主になる権利〔権利株〕を有することになる），払込み（発起人が定めた払込取扱機関において払込みをする。63条1項）により残りの株主が決まり，社員が確定する。

### (4) 会社の機関の具備

発起設立の場合は，発起人がその1株につき1議決権を有し，その議決権の過半数で設立時の取締役又は設立時の監査役を選任する。また定款で設立時の取締役を定めることもできる（38条3項）。募集設立の場合は，設立時の株主からなる創立総会で設立時の取締役又は設立時の監査役を選任する。選任された取締役は，取締役会を開催し，代表取締役（指名委員会等設置会社の場合は，執行役，代表執行役）を選任する。

創立総会は，原始定款の変更権を有する（96条）が，そこに記載された変態設立事項の変更の範囲につき見解が分かれている。旧商法下の判例は，縮小または削除するための変更のみが可能としていた（最判昭和41年12月23日民集20

巻10号2227頁)が，会社法の制定後の解釈としては，当該事項の追加・拡張も可能と解すべきである。

### (5) 社員の出資による会社財産形成

設立にあたっては，出資が必要とされる以上，それが確実に行われる必要がある。そこで，会社成立前に払込金額全額の払込みあるいは現物出資の全部給付がなされなければならない（34条1項・63条1項）。そして払込みは，前述の通り，発起人の定めた銀行・信託会社等（払込取扱機関）の払込取扱場所にしなければならないし，募集設立の場合は，払込取扱機関は払込保管証明書を発行し，払込保管証明責任を負う（64条）。設立登記の申請の際，募集設立では，払込保管証明書がその添付書類となるが，発起設立では，払込みがあったことを証する書面（例えば，預金通帳の写し）の添付で足りる。

また，前述の通り，変態設立事項についての検査役の調査が原則として要求される（33条）。会社法では，現物出資・財産引受けの場合の検査役の調査が免除される範囲が改正前の商法規定よりも拡大されている。この点は，前記(2)(b)(iii)ですでに述べた通りである。

さらに，設立経過の調査がなされる。発起設立では，発起人によって選任されあるいは定款で定められた設立時の取締役および設立時の監査役が引受け，払込み，現物出資を調査し，法令・定款違反等があると，各発起人への通知が義務づけられる（46条）。募集設立では，創立総会において選任された設立時取締役および設立時監査役が設立事項を調査する（93条1項）。すなわち，引受け，払込み，現物出資を調査し，創立総会に報告する（93条）。

### (6) 払込み（出資）の仮装

引き受けた株式に対する払込みが確実に履行されれば，問題は生じないが，現実には，ときとして発起人または設立時募集株式の引受人が払込み（現物出資の場合は給付）を仮装することがある。その手口としては，「預合」と「見せ金」がある。

預合は，払込取扱機関の役職員と通謀して行われるもので，払込みの履行義務を発起人等が，真実の払込みをする意図なしに個人の資格で払込取扱機関か

ら払込相当額の金銭を借り入れるとともに，同人がその借入れを弁済するまで会社として払込取扱機関に対し払込金の返済を請求しない旨を約束するものである（最判昭和42年12月14日刑集21巻10号1369頁）。預合は，会社法965条において犯罪（預合罪）とされる（預合に応じた金融機関の役職員も応預合罪になる）。また会社法64条2項によって払込保管証明書を発行した払込取扱機関は，そのような約束があることをもって成立後の会社に対抗できないから，払込保管証明書が発行された場合には，払込みがあったものと取り扱われるので，その場合の預合の私法上の効力は，無効説もあるが，有効と解すべきである。

　他方，見せ金は，払込みの履行義務を負う者が，払込取扱機関以外から払込相当額の金銭の借入れを行い，払込みを行った後，会社の成立後に取締役に就任したその者が，直ちにそれを引き出し，自己の借入れの弁済に充てるものである。見せ金は，預合とは異なり，払込取扱機関との通謀はなく，金銭の実際の移動もあるから，有効説もある。しかし当該払込みがその全体として仮装のものと評価できる場合には，払込みの実体がないのであるから，無効と解するのが判例である（最判昭和38年12月6日民集17巻12号1633頁）。また見せ金が犯罪になるかについては，判例は，公正証書原本不実記載罪になるとする（最決平成3年2月28日刑集45巻2号77頁）。

　ところで平成26年（2014年）会社法改正は，第1に，仮装を行った発起人・株式引受人は，払込期日または払込期間等の経過後も，仮装した金銭等の全額の支払義務を負うとし，その義務は総株主の同意がなければ免除できないと定めた（52条の2第1項・55条・213条の2第1項・2項）。

　第2に，その仮装を行った発起人・設立時の取締役あるいは募集株式の引受人の出資の仮装を行った取締役・執行役は，仮装した金銭等につき会社に対してその支払義務を負い，また仮装に関与した他の発起人・設立時の取締役あるいは募集株式の引受人の出資の仮装に関与した取締役・執行役も，会社に対して仮装された金銭等の支払義務を負う（前者の責任は，無過失責任であり，後者の責任は，過失責任であり，前記第1の責任とこの第2の責任とは連帯債務となる）（52条の2第2項・3項・213条の3）。そしてこの責任は，株主代表訴訟による責任追及の対象となる（847条1項）。

　第3に，仮装の払込みを行った発起人・募集株式の引受人は，その仮装した

金銭等の支払をするか，または前記第2の取締役・執行役等が仮装された金銭等の支払をした後でなければ，当該株式にかかる株主としての権利を行使することはできない（52条の2第4項・209条2項）。

　第4に，仮装した金銭等の支払により発行された株式またはその株主となる権利を譲り受けた者は，悪意・重過失がない限り，当該株式の株主としての権利を行使できる（52条の2第5項・209条3項）。株式が流通過程にのれば，払込みの仮装による株式であることを知らないでそれを取得する者が生じ得るので，その保護が必要だからである。

　もっとも平成26年（2014年）会社法改正は，仮装の払込みにより発行された株式の効力はどうなるかにつき規定していないので，その効力は解釈問題となる。学説は，2つの立場に分かれる。1つの立場は，仮装の払込みをした者は，失権するが，発起人・募集株式の引受人あるいは仮装ないし仮装に関与した発起人・取締役・執行役が，仮装された金銭等の支払義務を果たしたときに，株式は有効に成立したと解する。もう1つの立場は，仮装の払込みは，外形的には出資の履行があるから，払込期日に株式は有効に成立していると解する。前者の立場が妥当であろう。

### (7) 設立の登記等

　設立の登記が，その本店所在地においてなされることにより，会社は成立することになる（49条。また911条2項も参照）。その際に登記される事項は，会社法911条3項が定めている。

　ところで設立の過程においては，発起人（総代）の権利義務であったものが，どうして当然に成立した会社の権利義務となるのだろうか。この点については，設立中の会社を観念することにより，その当然の帰属性が説明される。

　すなわち，設立の登記がなされる前の段階では，会社は法的には成立していないが，会社の実態が形成される過程においては，まず，発起人からなる発起人組合（発起人が複数である場合）が存在し，それが組合契約に従い会社の設立を目指して行為することになる。そして設立につきある程度，実態が形成された段階からは，権利能力なき社団である設立中の会社が存在することになる。そして設立中の会社における執行機関は，発起人であり，発起人がその権限の

範囲内においてした行為の効果は，設立中の会社に帰属する。そして設立の登記がされると，設立中の会社に帰属していた権利義務が当然に成立した会社のものとなる。この説明は，設立中の会社と成立した会社は同一とみるものであり，同一性説と呼ばれる。

設立中の会社の機関である発起人の権限には，開業準備行為（設立に必要な行為ではないが，例えば，開業してからすぐに製品を販売できるようにするために原材料を仕入れる契約のような，開業に備えるための行為）が含まれるかは争いがある。判例[5]は，発起人は会社の設立に必要な行為をする権限しか有しないから，開業準備行為はその権限外である（したがって，設立中の会社に帰属しない）が，財産引受けについては，会社法が定める要件に従う場合には，例外的に発起人の権限となるとしている。設立中の会社の機関である発起人の権限であるとなると，同一性説をとる以上，発起人のした行為は，設立中の会社に帰属し，成立後の会社にも当然に帰属することになるから，それは，成立後の会社の資力に影響を与えることになる。それゆえどの程度のものを成立後の会社に帰属させるのが妥当かとの問題は，設立中の会社の発起人の権限範囲をどう解するかという解釈問題として議論されることになる。

発起人は，会社成立前は，設立中の会社の執行機関であり，また発起人組合の組合員でもある。設立中の会社の執行機関としての発起人の権限内の行為は，成立後の会社に帰属し，その資力に影響を与えることを考慮すれば，やはり会社設立自体に必要な行為に限定されると解すべきであるから，そうでない行為の効果は，設立中の会社に帰属しないとすべきである。

それでは，A会社の設立を目的とする発起人組合の過半数の組合員が，共同してまだ成立していないA会社名義で商品の購入契約をBと締結した場合には，それは開業準備行為であって，会社設立自体に必要な行為でないことは明らかであり，したがって，その行為の効果は，設立中の会社には帰属しない。

そうすると，その行為の効果は，発起人組合の組合員に帰属するかが問題となる。この点につき判例は，業務執行組合員が定められていない場合には，対外的には発起人組合の過半数の組合員が組合を代理する権限がある（民670条

---

5) 最判昭和33年10月24日民集12巻14号3228頁。

1項)から,組合員全員がその全額につき支払の責任(民675条によれば,組合員の債務は分割債務となるが,本件では商511条1項が適用される)を負うと判示した(最判昭和35年12月9日民集14巻13号2994頁)。

また定款に記載のない財産引受けは,効力を生じない(28条2号)。この場合に成立した会社が追認できるかが問題となる。学説は分かれるが,判例は,会社側のみならず譲渡人もその無効を主張できる(信義則を理由として会社の無効主張を認めなかったものとして,最判昭和61年9月11日判時1215号125頁)としたうえで,その追認を否定する(最判昭和28年12月3日民集7巻12号1299頁)。

さらに成立後の会社に対しては効力を有しない財産引受けの場合に,その契約上の権利・義務は誰に帰属するかが問題となる。判例は,発起人あるいは発起人組合が当然にその権利を取得し,義務を負うとはならないとする一方で,会社に対しては無効な財産引受けにより成立後の会社が譲渡人から財貨を得ているときには,不当利得の返還の問題が生じ得るとする(最判昭和42年9月26日民集21巻7号1870頁)。

(8) **違法な設立・会社の不成立**

会社の設立過程に重大な違法があれば(例えば,定款の絶対的記載事項の重大な瑕疵,設立登記が資格のない者によってなされた等の場合)設立は無効であるが,法的安定性を確保するため,その無効は,会社成立の日から2年以内に設立無効の訴えによってしか主張できない(828条1項1号。この場合に担保提供の申立てもできる。836条1項)。設立無効判決は,対世的効力があるが,遡及せず,有効に成立した会社が解散した場合と同様に清算手続がとられる。

設立登記がなされていない場合,あるいは登記はあるが設立手続が全くなされていない場合は,会社の不存在であり,誰でもいつでもその不存在を主張できる(大判昭和10年11月16日判決全集1輯24号19頁)。また会社不存在確認の訴えも提起可能である。会社不成立の場合(会社が設立途中で挫折した場合)も同様である(会社不成立の場合の責任は,(9)(d)参照)。

(9) **設立に関する民事責任**

(a) **任務懈怠責任** 発起人は,設立中の会社の機関として設立に関してそ

の任務を怠ったときは，会社に対して連帯して損害賠償の責任を負う（過失責任）（53条1項）。設立時取締役および設立時監査役もその任務について同様の責任を負う（53条1項・54条）。擬似発起人についても同様である（103条4項）。

(b) **目的物不足額塡補責任**　現物出資・財産引受けの価額が，定款に記載（記録）された価額に著しく不足する場合には，前述の通り，発起人・設立時取締役は，その不足額を会社に対して連帯して塡補する責任を負う。擬似発起人も同様の責任を負う（103条4項）。

(c) **会社・第三者に対する責任**　発起人は，設立に関して任務懈怠責任を負うから，その違反について会社に対して損害賠償責任を負う。また，第三者に対しても設立に関して悪意・重過失があると，損害賠償責任を負う（53条2項・103条4項）。

(d) **会社不成立の責任**　会社が不成立になったときは，発起人（擬似発起人を含む）は，会社の設立に関してした行為について連帯責任を負う（56条・103条4項）。これは，無過失責任である。

(e) **払込み（出資）の仮装責任**　払込みの仮装をした者は，仮装した金銭等の支払義務を負うが，この点は，すでに前記(6)において説明した。

## 2　組織再編

### (1)　総　説

　会社はビジネス環境に適切に適合できなければ，市場からの退出を迫られる。それゆえ組織再編[6]，すなわち，合併，会社分割，株式交換・株式移転，事業の譲渡等は，会社にとってビジネス環境への適合の有力な経営手法となる。

　会社法は，第5編に合併，会社分割，株式交換・株式移転に関する規定を置き，また事業の譲渡等は，株式会社に関する規定である第2編第7章に規定が置かれている。合併，会社分割，株式交換・株式移転の法的性質は，いわゆる組織法的行為（包括承継等の特別の効果が認められる行為）であり，事業の譲渡等は，通常の取引行為であるが，その機能においては，事業の譲渡等は，合併あ

---

[6] 組織再編との文言は，会社法には出てこないが，会社計算規則は，本文で述べた諸行為を含めて組織再編行為との文言を使用している（会社計算8条等参照）。

るいは会社分割と類似するので，本書では，まず，事業の譲渡等から説明をはじめ，合併，会社分割，株式交換・株式移転の順に取り上げることにする。

　もちろん会社のビジネス環境への適合手法としては，組織再編にとどまらず，企業買収等があるが，企業買収は，後記の3以下において扱うことにする。

### (2) 事業の譲渡等

　(a) **意　義**　　事業の譲渡等は，会社の事業移転の方法の1つであり，譲渡の場合と譲受けの場合とがある。事業の譲渡等の対象は，会社の事業である。それでは，ここでの事業とは何を意味するか。この点は，会社法制定前の商法において営業概念の意義をめぐる争いがあったところであるが，営業とは，有機的一体性のある組織的財産であれば足り，現実に競業避止義務を負うか否かは問わないものをいうものと解される[7]。そして会社法における事業の意義は，この場合の営業の意義と同義と解してよいであろう。

　事業の譲渡等の法的性質は，譲渡会社と譲受会社との事業を対象とする譲渡契約である。それは，合併とは異なり，通常の取引行為であり，したがって，特定承継であるから，事業を構成する債務・契約上の地位の移転をするには，それぞれ個別に契約の相手方の同意が必要となる（労働契約の移転も同様）。また権利の譲渡を第三者に対抗するために対抗要件を要するものは，対抗要件の具備が必要となる。

　(b) **事業の譲渡**　　会社が事業の全部または重要な一部を譲渡するのは，株主の重大な利害に影響するから，株主総会の特別決議が必要である（467条1項1号・2号・309条2項11号）。たとえ事業の重要な一部の譲渡であっても，当該譲渡により譲り渡す資産の帳簿価額が当該会社の総資産額として法務省令で定める方法[8]により算定される額の5分の1を超えない場合には，株主総会

---

[7] 最大判昭和40年9月22日民集19巻6号1600頁は，会社法改正前の商法24条以下に規定される営業と同じ意味とするが，その判旨の意味するところが競業避止義務を現実に負っていることを必要とするかにつきその理解が分かれている。また事業は有機的一体性のある組織的財産であるというだけでは取引の安全を害するとの批判がある。しかし取引の安全は，株主総会の特別決議が必要であることを知らず，かつ知らなかったことにつき重過失がない相手方に対しては，会社はその無効を主張できない（相対的無効）と解すれば十分である。

[8] 会社則134条。

の決議はいらない（簡易の事業譲渡。467条1項2号括弧書）。重要な一部の譲渡におけるその重要性の判断は相当にむずかしい解釈となるので，その緩和のため，一定の明確な決議不要の場合を認めたものである。

　決議がない事業の譲渡は無効であるが，それは，会社保護のためであるから，当該会社のみが無効を主張できる。また株主総会の特別決議が必要であることを知らず，かつ知らなかったことにつき重過失がない相手方に対しては，会社はその無効を主張できないと解すべきである（相対的無効）。

　事業の譲渡に反対の株主には，株式買取請求権が認められる（469条）。ただし事業の全部の譲渡であって，譲渡承認の決議と同時に会社解散の決議（471条3号）をした場合には，譲渡会社の反対株主には買取請求権は認められない[9]。株式買取請求権の行使のためには，譲渡承認の総会前に事業譲渡に反対の意思を通知し，総会で反対することが必要である。

(c)　**親会社による子会社株式等の譲渡**　親会社が子会社の株式または持分（株式等）の全部または一部を譲渡する場合，その子会社が重要であり，かつ，その譲渡により当該子会社の支配権を失うときには，親会社は，株主総会の特別決議が必要な事業の譲渡に匹敵する影響がある。しかしそうした子会社株式等の譲渡が，事業の譲渡に該当すると解釈すべきかは，見解が分かれていた。平成26年（2014年）会社法改正は，その点につき明文をもって株主総会の特別決議を必要とする旨（総会承認の特別決議の対象は，子会社株式譲渡契約）の定めを置いた（467条1項2号の2・309条2項11号）。

　それでは，親会社による子会社株式等の譲渡につき総会決議が必要となる要件は，いかなるものか。それは，次の2つであり，そのいずれも満たす必要がある。

　第1は，当該譲渡により譲り渡す株式等の帳簿価額が，当該会社の総資産額の5分の1（これを下回る割合を定款で定めた場合は，その割合）を超えるときである。当該会社の総資産額の計算は，法務省令で定める方法（会社則134条）により算定することになる。

　第2は，当該会社が，株式等の譲渡の効力発生日において当該子会社の議決

---

[9]　会社法469条1項1号。会社が解散し，清算されれば，株主には残余財産分配請求権が認められるからである。

権の総数の過半数の議決権を有しないときである。

　もっとも当該子会社の議決権総数の 90% を有する親会社に対して当該子会社の株式等を譲渡する場合には，略式事業の譲渡の適用がある（468条）。子会社株式等の譲渡に反対する親会社の株主には，株式買取請求が認められる（469条）。

　(d)　**事業全部の譲受け**　　事業の譲受けは，事業の全部を譲り受ける場合において原則として株主総会の特別決議が必要である（467条1項3号）。事業全部の譲受けは，吸収合併の場合と類似するからである。

　この原則の例外として，事業の全部の譲受けでも，株主に大きな影響を与えないならば，決議は不要としてよい。これが，簡易な事業全部の譲受けである（468条2項）。具体的には，その対価が譲受会社の純資産額として法務省令で定める方法[10]により算定される額の5分の1を超えない場合であり，その場合は，株主総会の決議は不要となる（ここでは純資産額が基準となるが，事業の重要な一部の場合の基準は，総資産額であることに注意）。ただし，法務省令で定める数の株式を有する株主が一定の要件のもとに反対の通知をしたときは，総会決議が必要となる（468条3項）。簡易な事業全部の譲受けの場合も，反対の株主には，株式買取請求権が認められる。またこの場合，譲渡会社については，株主総会決議が必要である。

　(e)　**事業の賃貸等**　　事業全部の賃貸，事業全部の経営委任，他人と事業上の損益全部を共通にする契約その他これに準じる契約の締結・変更・解約は，株主総会の特別決議が必要である（467条1項4号）。この場合も，反対の株主には，株式買取請求権が認められる。

　(f)　**略式事業の譲渡等**　　事業譲渡等（事業全部の譲渡，事業の重要な一部の譲渡，事業全部の譲受け，事業全部の賃貸等）の契約の当事者が支配・被支配の関係にある（ある会社〔特別支配会社〕が他の会社〔被支配会社〕の総株主の議決権の10分の9以上を有するなど法務省令の定める要件[11]を満たした場合にその関係が認められる）ときは，被支配会社において株主総会の特別決議は必要とされない（468条1項）。このような被支配会社に決議を要求してみても意味がないからであ

---

10)　会社則137条。
11)　会社則136条。

る。

(g) **詐害的事業譲渡の債権者保護**　事業譲渡がなされる場合に，譲渡会社が譲受会社に承継されない債務の債権者（残存債権者）を害することを知って事業を譲渡する場合があり，その場合には，残存債権者の保護をいかに図るかが問題となる。平成 26 年（2014 年）会社法改正は，この問題に対処する規定を設けた（23 条の 2）。この問題は，会社分割においても生じることであり，それについても平成 26 年（2014 年）会社法改正は対処規定を設けている（後記(4) (h)参照）から，詳しくはそこを参照されたい。

## (3)　会社の合併

(a)　**意　義**　会社の合併とは，2 つ以上の会社が合併契約によって 1 つの会社に合体することである。合併には，新設合併と吸収合併とがある。新設合併は，全当事会社がすべて消滅して，新しい会社を設立する場合であり（2 条 28 号），吸収合併は，当事会社の 1 つが存続会社となり，他方の消滅会社を吸収する場合である（2 条 27 号）。実際には吸収合併が普通であるから，吸収合併を例にとり説明する。

(b)　**合併と事業の譲渡との比較**　いずれも，会社の事業を合体させる点において同様の機能を有し，また株主総会の特別決議や反対株主の株式買取請求権が認められる点でも両者は類似する。しかし次の点が異なる。

　第 1 に，事業の譲渡は，通常の取引法上の行為であるが，合併は，組織法上の行為[12]である。

　第 2 に，事業の譲渡では，契約で決めた範囲に限定した譲渡が可能であるが，合併では，消滅会社の全財産（すべての権利・義務）が当然に包括的に移転[13]する。

---

[12]　組織法（あるいは団体法）上の行為においては，各個の権利義務につき各別の移転行為を必要とせず（免責的債務引受けになる場合があっても，債権者の承諾は不要である），また契約によりその一部を留保することもできず，合併の効力により，当然にすべての権利義務が包括的に移転することになる。したがって，通常の取引法上の行為の場合とは法ルールにおいて相違する点があり，そうした相違点を包括的に示す趣旨で，取引上の行為と対比させて組織法（あるいは団体法）上の行為と呼称するのである。

[13]　このような承継を包括承継という。

第3に，事業の譲渡では，譲渡会社は当然には解散しないが，合併では，消滅会社は当然に解散となる。

第4に，事業の譲渡では，債務の譲渡は債権者の承諾を得た債務引受けとなるが，合併では，消滅会社の債務は当然に移転するから，債権者保護手続が必要とされる。

(c) **合併の効果**　消滅会社は，解散するが，全財産は，合併の効力により当然に包括的に存続会社に吸収されるので，清算手続はいらない。株主の収容との関係では，吸収合併では，後述の通り，消滅会社の株主は，合併対価等の柔軟化（柔軟化されたのは合併に限らず，会社分割，株式交換・株式移転の場合もそうであるから，合併対価等の柔軟化という）により，存続会社の株式が交付されるとは限らないから，必ずしも当然に存続会社の株主として承継されるわけではない[14]。

消滅会社は，合併契約書に定める効力発生日に（債権者保護手続が終了していない場合は，合併の効力は生じない〔750条6項〕から，効力発生日を延期する必要がある）解散し，同時に消滅する。消滅会社の全財産は，合併契約に定める効力発生日に（債権者保護手続が終了していない場合は，合併の効力は生じない〔750条6項〕から，効力発生日を延期する必要がある）存続会社へ包括承継される[15]。しかし合併による解散は，合併登記の後でなければ第三者に対抗することはできない（750条2項）。

存続会社は，消滅会社の株主に対してその持株数に応じて存続会社の株式等（金銭その他の財産でもよい。すなわち，合併対価等の柔軟化である）を交付する。対価が存続会社の株式である場合には，消滅会社の株主は，存続会社へ収容されることになる。この際，消滅会社の株主には，その株主が有していた価値と等しい価値の存続会社の株式等（金銭その他の財産でもよい。合併対価の柔軟化である）が交付される必要がある。これが，株式割当比率（合併比率）の公正性の問題である。この比率が著しく不公正な場合に，合併無効事由になるかは，見

---

14) 新設合併では，消滅会社の株主は必ず消滅会社の株式に代えて新設会社の株式を交付されることになる。

15) 権利は当然に移転するが，その権利の移転を第三者に対抗するために対抗要件の具備を必要とするものは，対抗要件を備えないとその移転を第三者に対抗できない。

解が分かれている（後記(f)参照）。

　(d)　**三角合併**　　合併対価等の柔軟化により，いわゆる三角合併が可能となった。これは，消滅会社の株主に交付するものが，存続会社の株式ではなく，存続会社の親会社の株式である場合をいう。例えば，外国の会社が日本に子会社を設立し，その子会社を存続会社として他の日本の会社を消滅会社として合併するような場合が想定されるであろう。こういうことが可能になると，外資による日本会社の敵対的買収を容易にするとの批判が経済界からなされ，会社法の合併対価の柔軟化に関する部分の会社法規定の施行は，1年伸びることになった。しかし合併対価の柔軟化は，そもそも経済界からの強い要請に応じるものであったのであり，またわが国の経済を活性化させるのであれば，内資であろうが，外資であろうが，基本的にいずれでもよいと考えるべきであろう。こうした消極的姿勢ではなく，いかなる環境でも勝ち抜く強い企業を目指すことこそが企業本来のあり方であり，経営者の役割である。

　　この関係で存続会社が三角合併を行うために親会社の株式を取得・保有することは，子会社による親会社株式取得の禁止（135条1項）の例外として，許容されることになる（800条・135条2項5号）。

　(e)　**合併手続**

　　(i)　**合併契約の締結**　　合併は，まず当事会社間において合併契約を締結する必要がある（748条・749条・753条）[16]。また取締役会設置会社であれば，合併契約の締結は，取締役会の決議も必要である。

　　(ii)　**株主総会の特別決議**　　当事会社の株主は，いずれも大きな影響を受けるから，合併契約につき株主総会の特別決議が必要となる（783条・795条・309条2項12号）。また，反対株主[17]には株式買取請求権が認められる（785条・797条）。買取請求がなされると，裁判所がその「公正な価格」を決定する[18]。

---

[16]　法定記載事項は，会社法749条（吸収合併）・753条（新設合併）に定められている。

[17]　買取請求が認められる反対株主には，反対の通知をし，かつ，総会で実際に反対の議決権行使をした株主のほか，次の株主も含まれる。総会で議決権を行使できなかった株主（例えば，議決権制限株主，基準日以後総会の日までに株主になった者等），当該合併につき総会の承認がいらないとされた場合（簡易合併，簡易株式交換・株式移転あるいは略式合併，略式分割，略式株式交換・株式移転の場合）の株主である。

しかし，第1に，存続会社にとって影響が軽微な場合は，決議を不要としても不都合はない。これが，簡易合併である（796条2項）。具体的には，会社法796条2項1号に掲げる額の同条同項2号に掲げる額に対する割合が5分の1を超えない場合には，存続会社の株主総会の決議を必要としない。しかし一定の株主が反対すると，原則に戻り決議が必要となる（796条3項）。簡易合併でも，反対株主には株式買取請求権が認められる（797条1項・2項）。

第2として，支配・被支配の関係にある（468条1項参照）当事者間の吸収合併，すなわち略式合併の場合も，被支配会社の総会決議が不要となる（784条1項・796条1項）。この場合の被支配会社の少数株主保護は，株主への合併差止請求権の付与による（784条の2・796条の2）。この差止請求権については，後記(6)を参照。

　(iii) 債権者保護手続　合併は，債権者にも大きな影響があるから，債権者保護手続が必要となる（789条・799条）。これは，後述の会社の分割の場合と基本的に同様である。

(f) **合併の無効**　合併の無効は，法的安定性の要請から，合併無効の訴えによってのみ主張できる（828条1項7号・8号）。合併無効判決は，対世的効力があるが，遡及はせず，存続会社は将来に向かっていわば分割され，合併により消滅した会社は復活し，新設会社は消滅し，発行した株式は無効となる（838条・839条・843条）。合併契約がその法定記載事項（749条）を欠く場合は，合併無効事由となる（大判昭和19年8月25日民集23巻524頁）。他方，合併比率の不公正は，合併無効事由とはならない（最判平成5年10月5日資料商事116号196頁）。

## (4) 会社の分割

(a) **意　義**　会社の分割とは，1つの会社を2つ以上の会社に分けることである。これは，種々の目的で利用されるが，例えば，特定の事業部門を独立させて，それを別の会社に承継させて会社経営の効率化を図るための分割がある。あるいは，不採算事業部門と良好な事業分門とを分割して，それぞれ別個

---

18)　「公正な価格」とは何かについては議論が多い。詳しくは，後記(7)(a)(ii)以下参照。

の会社に承継させて，不採算事業部門を承継した会社は，解散・清算する一方で，良好な事業分門を承継した会社は，さらにその発展を図る目的での分割もある。

会社分割は，事業の譲渡と機能的に類似する。しかしその法的性質は，前者は，組織法的行為であるのに対して，後者は，取引法的行為である。すなわち，会社分割では，分割の対象とされた事業に関する権利義務は，分割の法的効力として分割会社から他の会社に当然に移転することになる（免責的債務引受けになる場合でも債権者の承諾は不要である）。その限りでは，一種の包括承継であるから，部分的包括承継ともいわれることがある。

(b) **新設分割・吸収分割** 会社の分割には，新設分割と吸収分割がある。前者は，分割する会社（分割会社）がその事業に関して有する権利義務の全部または一部を新たに設立した会社（新設会社）に承継させる方法（2条30号）であり，後者は，分割会社がその事業に関して有する権利義務の全部または一部を既存の会社（承継会社）に承継させる方法（2条29号）である。

分割は，新設会社の場合は，本店所在地の登記により会社が成立した日に効力を生じ（764条・49条），承継会社の場合は，分割契約の定める効力発生日に分割会社の権利義務が承継される（759条）。

(c) **物的分割・人的分割** 物的分割とは，新設会社あるいは承継会社から分割の対価である株式等が分割会社に交付される場合をいい，人的分割とは，分割の対価となる株式等が分割会社の株主に交付される場合である。この2つのやり方は，ミックスして行うことも可能である。

もっとも人的分割は，会社法では物的分割にプラスして分割会社からその株主に剰余金の配当（分割会社が交付を受けた新設会社・承継会社の株式をその株主に配当する。会社法は，現物配当も許容する〔454条4項〕から，こうしたことができるのである。また全部取得条項付種類株式による取得対価として交付する場合も同様）が同時になされる場合と整理されたため，会社法においては，人的分割という概念はなくなり，会社分割は，物的分割のみを意味することになる。

分割会社が分割で受け取った対価である承継会社の株式を株主に剰余金の配当として分配する場合（人的分割に相当する場合）は，分配可能額の制限を受けないが，その代わり分割会社の債権者には，債権者保護手続がとられる（789

条1項2号・810条1項2号)。

　平成26年 (2014年) 会社法改正は，人的分割の場合についての準備金の計上の義務づけを廃止した (792条2項)。第1に，いわゆる人的分割の場合には，前述の通り，分割会社の債権者に対して債権者保護手続がとられる (789条1項2号・810条1項2号) から，剰余金の配当につき財源規制を設けなくとも，債権者を害することはない。第2に，剰余金の配当に準備金の計上を義務づける趣旨は，将来の損失に備えるためであり，債権者保護である。ところが人的分割においては，前述の通り，すでに債権者保護が実現できており，したがって，さらに準備金の計上を義務づける必要はないからである。

　(d) **分割の対象**　分割の対象は，会社の事業に関して有する権利義務の全部または一部である。会社法制定前の商法では，その対象は「営業の全部または一部」とされていたことから，分割の対象となるものには有機的一体性の要素が必要と考えられていた。しかし有機的一体性の要素を必要とすると，分割が柔軟に行えないとの問題があった。この点につき会社法では，分割の対象は，「事業に関して有する権利義務の全部又は一部」(757条) と変更されたので，有機的一体性の要素は必要なくなったと解する (したがって，事業に該当しない単なる個別財産でも分割の対象にできることになる) のが多数説であり，妥当である。

　(e) **分割の効果**　分割の対象となる事業に関して有する権利義務は，新設会社または承継会社に承継される (764条1項・759条1項)。会社の分割は，事業の譲渡の場合とは異なり，一種の包括承継であり[19]，事業に関して有する権利義務の移転は，分割の効力により当然に移転されるから，それぞれ個別に契約の相手方の同意を得る必要はない[20]。

　労働契約については，特別にいわゆる「会社分割に伴う労働契約の承継等に関する法律」(労働契約承継法) により規制される。この規律の基本は，承継される事業に主として従事する労働者のうち承継されない労働者または主として従事していない労働者が承継の対象となるときには，不利益が生じ得るから，それぞれ異議申出権を与えることにある (承継法ができた当時は，分割の対象は事

---

[19]　部分的な包括承継である。
[20]　その移転を対抗するために対抗要件が必要な場合には，対抗要件の具備は求められる。

業とされていたが，会社法は，事業に該当しない単なる権利義務でも分割の対象とすることから，承継法の異議申出権の解釈が従前通りでよいかが問題となるが，やはり権利義務単位ではなく，事業単位で「主として従事する労働者」か否かは，決定されるべきものである）。

　なお，判例は，特定の労働者との間で協議（労働承継5条）が全く行われなかったり，会社の説明・協議の内容が著しく不十分だったため，協議義務の趣旨に反することが明らかな場合には，当該労働者は，労働契約の承継の効力を争えるとしている（最判平成22年7月12日民集64巻5号1333頁）。

**(f)　株主総会の特別決議・債権者保護手続**

　(i)　株主総会の特別決議　　分割は，分割会社が分割の対象となる会社の事業に関して有する権利義務を新設会社または承継会社に移転し，その対価である新設会社または承継会社の株式等（金銭その他の財産でもよい。前述の通りの組織再編対価の柔軟化の一環である）を分割会社が取得することであるが，そのためには，新設分割のときは，分割会社において新設分割計画[21]が，また吸収分割のときには，当事会社間で吸収分割契約[22]がそれぞれ作成される。

　分割は，一般に株主に大きな影響があるから，新設分割計画または吸収分割契約は，株主総会の特別決議をもって承認されねばならない（新設分割の場合は分割会社において総会決議が必要であり〔804条1項〕，吸収分割の場合は，分割会社および承継会社においてそれぞれ総会決議が必要である。783条1項・795条1項）。

　ただし，第1に，簡易分割の場合には，株主への影響が小さいから，分割承認の総会決議は不要とされる[23]。まず，新設分割の場合は，新設分割により新設会社に承継される資産の帳簿価額の合計額が分割会社の総資産額の5分の1を超えない場合は，株主総会決議は不要となる。この場合には反対株主には株式買取請求権は与えられず（806条1項2号），また一定の場合には原則に戻って総会決議が必要とされることもない。次に，吸収分割の場合の分割会社については，承継会社に承継させる資産の帳簿価額の合計額が分割会社の総資産

---

　21)　その法定記載事項は，会社法763条に定められている。
　22)　その法定記載事項は，会社法758条に定められている。
　23)　会社法805条は，簡易新設分割の場合に，784条は，分割会社の簡易吸収分割の場合に，796条は，承継会社の簡易吸収分割の場合に，それぞれ決議を不要としている。

額の5分の1を超えない場合株主総会決議は不要となる。この場合にも反対株主には株式買取請求権は与えられず（785条1項2号），また一定の場合には原則に戻って総会決議が必要とされることもない。さらに吸収分割の承継会社の場合は，796条3項の要件を満たすときには反対株主には株式買取請求権が与えられ（797条1項），また一定の場合には総会決議が必要とされる（796条4項）。

第2に，いわゆる略式分割の制度があり，会社法468条1項が定める支配・被支配の関係にある会社間の吸収分割については，会社法784条1項あるいは796条1項の定めに従い被支配会社の株主総会の決議が不要とされる。この場合の被支配会社の少数株主保護の手段は，吸収分割の差止請求権である（784条の2・796条の2）。また株式買取請求権も認められる（785条1項・797条1項）。

　(ii)　債権者保護手続　　会社分割では，次の分割会社の債権者が債権者異議手続[24]の対象となり，異議がいえる。

第1は，分割後に分割会社に対し債務の履行を請求できなくなる債権者である（789条1項2号・810条1項2号）。

これに対して分割会社に債務の履行を請求できる債権者は，分割により移転された財産に等しい対価が分割会社に入るから，分割会社の財産状態に変化はなく，したがって，異議の対象とする必要はないとされている。しかし詐害的な会社分割においては，かかる債権者は損害を被る可能性がある。そこでその対応が必要となるが，この点は，後記(h)において説明する。

第2は，分割会社が分割対価である株式等を株主に分配する場合の分割会社の債権者である（789条1項2号・810条1項2号のそれぞれの括弧書）。この場合は，分割会社に債務の履行を請求できる債権者も異議がいえることになる。

第3は，承継会社の債権者であり（799条1項2号），承継した財産によって会社の財産状態が変化するからである。

　(iii)　公告・催告　　異議をいえる債権者がいるときには，分割会社・承継会社は，それを知らせるために公告・催告を行う（789条2項・3項・799条2

---

24)　分割会社・承継会社は，分割に異議がある債権者は一定期間内に異議を述べるべきことを公告し，知れている債権者には個別に催告する。異議がなければ，分割を承認したことになり，異議を述べた債権者には，原則として弁済・担保提供等をすることになる。

項・3項・810条2項・3項)。そしてその効力は，759条2項・3項・761条2項・3項・764条2項・3項・766条2項・3項に定めがある[25]が，その内容は，次の通りである。

　第1に，その公告が官報のみであった場合は，各別の催告を受けなかった異議をいえる債権者は，知れている債権者であるか否かを問わず，吸収分割契約（新設分割計画）の定めにより債務を負担しない会社に対しても，当該会社が分割効力発生日に有した財産の価額を限度に，債務の履行を請求できる。

　第2に，官報公告に加えて日刊新聞紙公告あるいは電子公告がなされた場合には，各別の催告を受けなかった不法行為債権者であれば，知れている債権者であるか否かを問わず，第1の場合と同様の債務履行請求ができる。

　(g) **分割の無効**　　分割の無効は，法的安定性の観点から，分割無効の訴えによってのみで主張できる（828条1項9号・10号）。分割無効判決には，対世的効力があるが，遡及はしない（838条・839条・843条）。

　(h) **詐害的分割の債権者保護**　　会社分割は，会社事業を再生させる方法として有用であるが，近時それを悪用して債権者を害する分割を行う例がみられた。すでに述べた通り，事業を再生するためには，まず，会社の事業をバッドな部分とグッドな部分に分けたうえで，次に，グッドな部分は，新設会社・承継会社に承継させる一方，バッドな部分は，分割会社に残し清算する。まともな再生の場合には，バッドな部分が残される分割会社の残存債権者と事前に十分協議し，その同意を得て分割手続を進めることになる。しかし分割会社の残存債権者を害する意図のもとに協議等をしないままに一方的に分割手続を進めて，グッドな部分を承継した新設会社・承継会社のみの再生を図ろうとする分割も行われたから，そのような場合に分割会社の残存債権者をいかに保護するかが問題となっていた。

　判例は，民法424条の詐害行為取消権（最判平成24年10月12日民集66巻10号3311頁），会社法22条の譲渡会社の商号を続用する譲受会社責任の類推適用（承継会社のゴルフクラブの名称続用）（最判平成20年6月10日判時2014号150頁）

---

25) 公告・催告は，資本金・準備金の減少の際も必要とされ，公告を官報に加えて日刊紙あるいは電子公告ですれば，知れている債権者に対する催告が不要となるが，会社分割の場合は，その場合でも催告が必要とされる。

あるいは法人格否認の法理等によりその保護を図ろうとしていた。こうしたなかにおいて平成 26 年（2014 年）会社法改正も，この問題に焦点をあて新たに次のような会社法上の対応を設けた（この制度ができたからといって，これまでの制度が利用できなくなるわけではない）。

その第 1 は，新設会社・承継会社に承継されない分割会社の債権者（残存債権者）に一定の要件のもとに新設会社・承継会社に対して債務の履行を請求する権利を付与することである（759 条 4 項〜7 項・761 条 4 項〜7 項・764 条 4 項〜7 項・766 条 4 項〜7 項）。その要件は，①分割会社が残存債権者を害することを知っていたこと，②吸収分割の場合には，分割の効力発生時において，承継会社が残存債権者を害することを知っていたこと（新設分割の場合は，新設会社の善意・悪意は問題とならない），③いわゆる人的分割ではないことである。

この要件が満たされると，残存債権者は，承継した財産の価額（承継した積極財産の総額を意味し，その額から承継した債務の額を控除した額ではない）を限度として，新設会社・承継会社に対してその債務の履行を請求できることになる。詐害行為取消権の場合とは異なり，現物返還の原則はなく，他人間の法律行為の取消しも必要とせず，また裁判上の請求に限られない。残存債権者のこの権利は，残存債権者を害する会社分割がなされたことを知った時から，2 年で時効にかかり，会社分割の効力発生日から 20 年がその除斥期間となる。また破産手続・再生手続・更生手続開始の決定があると，残存債権者の権利は，これら手続のなかで処理されるから，この権利を行使できなくなる。

### (5) 株式交換・株式移転

(a) **意 義** 株式交換・株式移転は，ある会社を他の会社の 100％ 子会社（完全子会社）にする方法であり，持株会社形成の手段・企業買収等の目的で用いられる。会社法制定により実務上不都合を指摘されていた新株予約権付社債の承継が認められ，また新株予約権の承継手続も整備された（769 条 3 項・4 項・5 項）。

(b) **株式交換・株式移転**

(i) 株式交換　株式交換（2 条 31 号）の場合は，まず完全子会社（株式会社に限る）となる A 会社と完全親会社（株式会社でも合同会社でもよい）となる

B会社とが，株式交換契約を締結する[26]。そして，株式交換契約において定められる株式交換の日に，A会社の全株式をB会社が取得し，B会社は，その取得の対価としてA会社の株主に持株数に応じてB会社の株式等（金銭その他の財産でもよい。合併対価等の柔軟化による）を交付する。そして株式交換の効力は，株式交換契約で定めた効力発生日に生じることになる（769条）。

完全親会社となるB会社は，発行可能株式総数，発行済株式総数，資本金の額等の登記事項が変更となる場合には，その変更の登記をするが，登記は，株式交換の効力とは関係がない。

　(ii)　**株式移転**　株式移転（2条32号）は，親会社となる会社（完全親会社）が新設会社である場合（772条・774条）であり，親会社も子会社もいずれも株式会社に限定される。これに対して株式交換は，親会社となる会社（完全親会社）が既存会社である場合である（767条）。

株式移転の場合は，完全子会社となるA会社が株式移転計画[27]をつくり，新しく完全親会社となるB会社を設立し，株式移転計画において定められる株式移転の日に，A会社の株式は，すべてB会社に移転し，その代わりA会社の株主にB会社の株式（株式ではなく社債，新株予約権，新株予約権付社債でもよい〔773条1項7号〕が，金銭その他の財産は認められない）がA会社の株主の持株数に応じて交付されて株式移転の効力が発生する。株式移転は，新設親会社の本店所在地における登記によって効力が生じる（774条1項・925条・49条）。

　**(c)　株主総会の特別決議・株式買取請求権**　株式交換・株式移転は，株主に大きな影響があるから，株主総会の特別決議が必要となる。株式交換では，各当事会社において株式交換契約の承認が，また株式移転では，完全子会社になる会社において株式移転計画の承認が，それぞれ求められる（783条・795条・804条1項・309条2項12号・3項）。

しかし，株式交換において完全親会社となる会社の株主に与える影響が軽微な場合は，完全親会社になる会社は，決議を不要としてもよい。これが，簡易株式交換である（796条2項）。また被支配会社が完全子会社になる場合でも，完全親会社になる場合でも，被支配会社の総会決議を不要とする略式株式交換

---

26)　法定記載事項は，会社法768条1項に定められている。
27)　法定記載事項は，会社法773条1項に定められている。

も認められる（784条1項・796条1項）。

反対株主には，簡易株式交換・略式株式交換も含む株式交換の場合，および株式移転の場合に，株式買取請求権が認められる（785条・797条・806条）。

(d) **債権者保護手続** 株式交換および株式移転においては，一般に債権者の地位に影響が生じることはないので債権者保護手続は原則として要求されないが，一定の場合に債権者保護手続が必要な場合がある。すなわち，完全子会社の新株予約権付社債の社債権者に対するもの（789条1項3号・810条1項3号）であり，また完全親会社が株式以外のものを交付した場合等の完全親会社の債権者に対するもの（799条1項3号）の場合である。

(e) **無効の主張** 株式交換・株式移転の無効の主張は，法的安定性の要請から株式交換・株式移転の無効の訴えによってのみ主張できる（828条1項11号・12号）。無効判決には，対世的効力が認められるが，遡及効はない（838条・839条・844条）。また平成26年（2014年）会社法改正により，この無効の訴えを提起できる者として株式移転により設立する会社の破産管財人と株式移転につき承認しなかった債権者が追加された。

### (6) 組織再編等の差止請求

(a) **意　義** 平成26年（2014年）会社法改正は，従来は，いわゆる略式組織再編の場合のみに明文で認めていた差止請求をそれ以外の組織再編一般に拡張する定めを置いた（784条の2・796条の2・805条の2）。それは，株主が不利益を受ける組織再編に対する事前の救済手段が一般的に必要と判断されたからである。その理由としては，組織再編一般につき事前的な差止請求が許容されるかにつき解釈が分かれていたこと，また組織再編無効の訴え（828条）という事後的な救済策では，その法律関係が不安定・複雑となるとの問題があったからである。

ただし簡易組織再編の要件を満たす場合は，差止請求は認められない。その場合には，事前的に株主の保護を考えねばならないほどの影響がないからである（784条の2但書・796条の2但書・805条の2但書）。

このほかに同様な理由から株主保護の必要があるキャッシュアウト，すなわち，特別支配株主による株式売渡請求（179条の7第1項），全部取得条項付種

類株式の取得（171条の3），株式の併合（182条の3）についても，差止請求を認める改正が同時になされた（後記3⑹参照）。これらの場合の差止事由は，以下に述べる通り，略式組織再編以外の場合の組織再編の差止事由と同じである。

(b) **要　件**　差止請求が認められるための要件は，第1に，当該組織再編が法令・定款に違反すること（784条の2第1号・796条の2第1号・805条の2柱書）であり，第2に，当該組織再編により株主が不利益を受けるおそれがあることである（784条の2柱書・796条の2柱書・805条の2柱書）。

ここで注意すべきは，第1の要件である法令・定款違反には，会社を規範の名宛人とするもののみが該当すると解されており，したがって，取締役の善管注意義務の違反は，本号にいう法令・定款違反とはならない（これら義務は，取締役を名宛人としている）。それゆえ対価の著しい不当性は，取締役の善管注意義務の違反が問題となるが，その義務違反は，差止事由とはならない。

他方，従前から認められていた略式組織再編の差止事由においては，対価の著しい不当性がその差止事由とされていたから，むろんそれは維持される（784条の2第2号・796条の2第2号・805条の2）。

## 3　企業買収等

### (1) 意　義

企業買収とは，法律用語ではないので，論者によりその意味は異なるが，ここでは，株式の取得により，当該会社の支配権を取得することとする。株式の取得には，流通市場における買入れ，相対取引による取得，公開買付け，第三者割当てによる取得，株式交換による取得等があり得る。そこで以下では，特に重要な公開買付け，第三者割当て，敵対的買収についてのポイントを説明する。

### (2) 公開買付け

公開買付け（Tender-offers, Takeover bids. TOBともいう）とは，流通市場外（取引所金融商品市場外）において，ターゲットになる会社（被買収会社）の株主に対して直接的に一定期間内に，一定価格で，一定数の株式を買い付ける旨を

公告し，それに応募してきた株主からは株式を買い取る方法である。公開買付けは，株式が大量に流通している場合に可能であるから，主として上場会社がターゲットになり，公開買付けの手続等は，金融商品取引法の規制を受ける。

金融商品取引法が規制の対象とする公開買付けは，有価証券報告書の提出義務を負う会社（典型的には上場会社である）の株式を取引所金融商品市場外で買い付ける場合である（市場での買付けは規制対象外）。そして買付け後の買付者の株式保有割合が5％を超える場合には，原則として公開買付けをしなければならないし，買付け後の買付者の株式保有割合が3分の1を超える場合には，必ず公開買付けをしなければならない（金商27条の2第1項2号）。

公開買付けは，あらかじめ公開買付開始公告で定めた買付け予定数の限度で買い付けることもできる（部分的公開買付け）が，買付け後の買付者の株式保有割合が3分の2以上になるような公開買付けを行う場合には，全株式の買付け義務が課せられる（金商27条の13第4項，金商令14条の2の2）。

金融商品取引法は，公開買付けの規制についても，第1に，情報開示を強制し（買付け者による公開買付開始公告・公開買付開始届出書，ターゲット会社の経営者の意見表明書〔そのなかで買付者に一定の事項の質問が可能〕），第2に，不公正な行為の禁止を定めている（虚偽の開示の禁止，内部者取引禁止等）。

公開買付けは，友好的な買収（ターゲット会社の経営者の協力がある買収）の場合にも行われるが，敵対的な買収（ターゲット会社の経営者の協力がない買収）の場合には，ターゲット会社の経営者の協力を得ることなしに直接に株主に働きかけられるから，その利用価値はきわめて高いものとなる。

### (3) 支配株主の異動を伴う第三者割当て

公開会社は，原則として取締役会限りで授権株式数の範囲内であれば，募集株式等の発行ができるから（37条3項・113条3項），買収者に対して当該会社の支配権を得るに必要な株式の保有割合となるような数を割り当てる形で株式を発行すれば，企業買収が実現できることになる。しかし会社法は，特に有利な金額で株式を発行する場合（有利発行）には，株主総会の特別決議を要求しているが，会社支配権に大きな変動を及ぼす場合には，いわゆる判例法ともいうべき主要目的ルール（これについては(4)(d)で後述する）による発行差止めの他

には特に規制をしていなかった。

　他方，欧米では，法律あるいは取引所規則等で，会社支配権を取得させるほどの大量の株式の発行等をする場合には，株主総会の承認を原則的に要求する例があり，わが国でもこうした規制の是非が議論されていたが，東京証券取引所は，平成21年（2009年）8月24日から上場規則等で次の対応をとることになった。

　すなわち，上場会社が第三者割当てを行う場合，希釈化率25％以上（希釈化率とは，当該第三者割当てによる募集株式等にかかる議決権と当該第三者割当てにかかる募集事項の決定前における発行済株式にかかる総議決権数との割合をいう）となるとき，または，支配株主が異動するときは，原則として①経営陣から一定程度独立した者による第三者割当ての必要性・相当性に関する意見の入手をするか，②株主総会の決議などの株主の意思確認のいずれかの手続をとることを企業行動規範の「遵守すべき事項」として規定することにした。そして企業行動規範の「遵守すべき事項」に違反をすると，改善を促す見地からの改善報告書，特設注意市場銘柄とペナルティーの観点からの公表措置，上場契約違約金の適用対象となるのである[28]。

　そして平成26年（2014年）会社法改正は，支配権の異動を伴う第三者割当て（厳密には後述の通り，公募の場合にも適用がある）につき一定の要件のもとに株主総会の普通決議が必要となるとの定めを設けた（206条の2）。ここにおいて公開会社においては，有利発行の場合を除き募集株式の発行等は，取締役会のみの判断でできるとされていた従来の法規制につき新たな会社法上の制約が課されたことになる。

　この規制の対象となるのは，公開会社における支配権の異動（支配株主の異動）をもたらすような募集株式等の発行がなされるときである。したがって，前記の通り，第三者割当ての場合のみならず，公募の場合にも適用される（そ

---

28）　この他に，割当先の払込みに要する財産の存在確認の内容，払込金額の算定根拠等が適時開示の対象となり，割当先が反社会的勢力と関係がないことを示す確認書の提出も要求し，希釈化率が300％を超えるときは，株主・投資家の利益を侵害するおそれが少ないと取引所が認める場合を除き，その上場廃止をするなどを決めている（2009年7月30日付『2008年度上場制度整備の対応について』に基づく有価証券上場規定等の一部改正について」参照）。

の意味では本規制は，第三者割当てのみをターゲットにした改正ではない）。ただし引受人が発行会社の親会社等（2条4号の2）である場合または株主割当ての場合は，適用から除外される。

　ここにいう支配権の異動とは，具体的には，募集株式の引受人（その子会社等（2条3号の2）も含まれる）が引き受けた募集株式の株主になった場合に有することとなる議決権の数が，当該募集株式の引受人の全員がその引き受けた募集株式の株主となった場合における総株主の議決権の数に対する割合が2分の1を超える場合である。

　もっとも上記の意味での支配権の異動があれば，常に株主総会の普通決議が要求されるかというとそうではない。手続的には，まず，会社は，かかる発行をする旨を払込期日（払込期間のときはその初日）の2週間前までに引受人の氏名，引受けにより有することになる議決権数等を既存株主に通知あるいは公告しなければならない（206条の2第1項・2項）。そうでなければ，既存株主にはその発行が分からないからである（金融商品取引法による届出書の提出がある場合には，通知・公告は不要となる。届出書により分かるからである）。

　次に，通知・公告を受けた株主のうち総株主の議決権の10％以上の議決権を有する株主が，通知・公告の日から2週間以内に，そうした発行に反対する旨を会社に通知すると，会社は，払込期日（払込期間のときはその初日）の前日までにかかる発行につき承認の総会決議が必要となる（206条の2第4項本文）。ただし会社の財産状況が著しく悪化している場合で，会社の事業の継続のため緊急の必要があるときは，総会決議を要さずに発行ができる（206条の2第4項但書）。

　この総会決議は，普通決議であるが，その決議の定足数は，役員の選解任決議の場合と同様に定款でもって引き下げるときには，議決権総数の3分1が下限となる（206条の2第5項）。

　そしてこれと同様の規制が，募集新株予約権の発行についても導入された（244条の2）。そうでないと，新株予約権を使うことにより本規制が脱法されるからである。

### (4) 敵対的買収

**(a) 意 義** 敵対的買収とは，ターゲット会社の経営者の協力なしに会社支配権をその株式取得により買収することをいう。なぜこのような買収が行われるかというと，買収者はターゲット会社を買収して，その支配権を握ることにより，現経営者が経営を続けるよりも，より利益をあげることができると考えているからである。なぜより利益をあげられるかといえば，ターゲット会社の全株式の時価合計額が当該会社のあるべき企業価値を大きく下回っており，もし時価近辺の価格で株式を取得してその支配権を得て経営を刷新すれば，当該会社のあるべき企業価値との差額が利得として見込めるからである。

敵対的買収は，したがって，会社経営者に効率的な経営を行わせる規律的な効果があることになる。なぜならば，効率的な経営をしていなければ，株価は当該会社のあるべき企業価値を反映せず，当然それよりも下回る価格となるが，これはとりもなおさず敵対的買収のターゲットになる可能性の増加となるからである。これは，会社支配権市場（Market for Corporate Control）による経営者に対する規律づけの効果であり，敵対的買収は，そうした効果を生じさせる点において有意義な役割があることになる（経営者の規律づけ以外に，資源を最も効果的に利用する者に委ねること，買収当事会社にシナジーを創出すること，株価についての市場の効率性を高めること等がある）。

もっとも敵対的買収の買収者は，すべての場合に，ターゲット会社のあるべき企業価値を実現させようと考えているわけでは必ずしもない。買収に成功すれば，時を移さずに当該会社を解体して切り売りをすることにより，手っ取り早く利益を実現させようと考えているかもしれないからである（いわゆる掠奪的買収）。このような敵対的買収は，剰余権者である株主全体の長期的利益の増大には役立たない。したがって，敵対的買収には，当該会社の株主全体の長期的利益の増大を図るようなものとそうでないものとがあることになる。

そこで敵対的買収に対する法ルールのあり方が問題となるが，剰余権者である株主全体の長期的利益を増大させるような買収は，これを容易にし，他方，株主全体の長期的利益を減少させるような買収は，できないようにさせるような法ルールの設定が好ましいと考えられる。経営者を効率的な経営に向けて動機づけることは，コーポレート・ガバナンスの基本的課題であり，その意味で

会社支配権市場を有効に機能させることは，大いに望ましいからである。
　それでは，敵対的買収に対する具体的な法ルールをいかにすべきか。この問題を次に検討することにしよう。

**(b)　経営者と株主との権限分配問題**

　(i)　**基本的な2つの考え方**　敵対的買収がターゲット会社の株主全体の長期的利益の増大を図るものではなく，減少させるものであるような場合は，それを阻止するための買収防衛策を認める必要がある。しかし買収防衛策を決定し，実行するのは，経営者とすべきか，それとも株主とすべきかが法ルールにおける基本的な問題となる。

　この問題については，基本的に2つの考え方がある。第1は，原則として株主にあるとするものであり，第2は，原則として経営者にあるとするものである。第1の考え方は，敵対的買収は，ターゲット会社の根本的な変動であるから，会社のコントロール権を有する株主の意思を問うべきであるとするのである。

　これに対して第2の考え方は，上場会社を典型とする公開的会社（所有と経営が分離している会社）においては，株主と経営者との間で経営に関する権限分配がなされるのは必然かつ合理的であり，その分配において業務執行の権限は，経営者にある。そして防衛策の発動の是非の決定は，業務執行であり，経営判断事項そのものに他ならない。しかもその適確な判断をするには，当該会社に関する十分な情報が必要であり，それを最も豊富に有するのはまさに当該会社の経営者である。他方，それに比して株主の情報量は格段に劣る。したがって，経営者に決定させるのがより適切であるとするのである（もっともこの考え方においても，経営者に全くの自由を与えるわけではない〔後記(c)参照〕）。

　そしてこの2つの考え方の対立は，比較法的にもみられることであり，第1の考え方は，ヨーロッパ諸国のもの[29]であり，第2の考え方は，アメリカの会社法判例[30]の立場である。

---

29)　2004年のEU公開買付け指令参照。この指令は，イギリス法の影響が強いものであり，同じ英米法系のなかでも敵対的買収の問題では，イギリスとアメリカの立場が大きく相違する点は，興味深い。

30)　アメリカの学説では，第1の考え方が多数であるが，アメリカ会社法判例をリードするデラ

(ii) 基本的な評価　第1の考え方は，株主至上主義的発想になじみ易いものである。しかしそれだからといって何でもすべて株主の意思にかからしめるのは，所有と経営の分離した会社においては，現実的でもないし，また合理的でもない。したがって，株主と経営者の適切な権限分配のあり方が問題となるのである。私見としては，公開的会社の権限分配の具体的な線引きは，基本的に会社経営の効率性を高めるとの観点から決定されるべきである。なぜなら，株主は経営のプロである経営者に経営を任せるのが，株主全体の長期的利益の向上を図る最も正しい方法だからである。所有と経営の分離した会社については，そもそも株主に多くを期待するのは，現実的とはいえないからである。

それでは，この点に関する現行会社法ルールはどうなっているか。この点につき公開会社においては，株主総会は最高万能の機関ではなく，法定あるいは定款で定めた事項についてのみ決議できるにすぎないから，それ以外の事項は，基本的に経営者（取締役会）の権限に属することになる。そして会社法に買収防衛策につき総会決議を要するとの規定はないから，第1の見解による者は，解釈としてそれが要求されるという主張になる。私見によれば，第1の見解を解釈で正当化するためには，相当の難しい問題がある。というのは，会社の根本的な変動に関係する事項は，総会決議が必要とよくいわれるのであるが，会社法は，必ずしもそれを一貫させていないからである。例えば，会社が危殆に瀕するかもしれないような多額の借財をする場合でも，それは総会決議ではなく，取締役会決議で可能だからである。要するに会社法ルールは，会社の根本的な変動に関係する事項のすべてを総会決議事項としているわけではなく，その一部についてのみそれを要求するにとどまっている[31]。したがって，防衛策の発動は会社の根本的な変動であるというだけでは，法律上，総会決議が必要であるとの結論を導き出すには不十分なのであり，さらにもう一段の理由づけが必要といわねばならない。しかしながらこの点に関する説得的な理由づけは，必ずしもなされていないように思われるのである。

第2の考え方は，防衛策の発動の是非は，業務執行に属する問題として経営者の権限に属するものとするが，所有と経営の分離した会社においては，きわ

---

ウェア州の判例を代表として判例は，第2の考え方を基本的にとっている。
31) この点は，日本のみに限らず，例えば，アメリカの会社法においても同様である。

めて合理的かつ自然な帰結であるように思われる。ただし敵対的買収はターゲット会社の経営者にとって利益相反状況の典型的場合であるから，その問題をいかに合理的に解決するかをあわせて提示する必要があるであろう。この点に関しては，次に検討を行う。

(c) **利益相反問題への対応**　ターゲット会社の経営者は，敵対的買収が成功すれば，一般に買収者の選定した新しい経営者が経営を行うことになるから，その地位を追われることになる。そうだとすると，敵対的買収に応じた方が株主全体の長期的利益が増大される場合であっても，自己の保身のために防衛策を発動する行動をとる危険性がある。すなわち，株主の利益よりも，自己の個人的利益を優先する行動のリスクが存在する（株主利益と自己の個人的利益の対立）という意味での典型的な利益相反状況が，敵対的買収にはある。

　第1の考え方は，防衛策発動の是非を，経営者ではなく，株主の意思に委ねるのであるから，この利益相反問題への対応は，理論的にはなされているということになる。しかし株主総会の現実をみると，前記第8章2(1)(b)で述べた問題に加えて，持合いの存在等により，経営者が株主総会を実質的に支配することは必ずしも困難でないから，株主総会が実質的には経営者の意思の反映となり得る。したがって，株主総会の無機能化の現実のなかで株主総会決議のみを金科玉条とすることが本当に株主全体の長期的利益の確保になるのかどうかは，慎重な検討が必要であるというべきであろう。株主総会の現実を直視した場合にも，なお株主の権限を拡大するのが本当に妥当かどうかの問題があるのである。

　これに対して第2の考え方からは，利益相反問題に対する対応は，次のようなものとなる。すなわち，利益相反問題は何も敵対的買収問題に限らず存在するのであり，例えば，取締役の利益相反取引の規制のように会社法はそうした問題に対して対応策を用意しており，総会決議までも要求はしていないのであるから，利益相反問題の存在を理由に防衛策発動の決定権を経営者からはく奪するのはおかしいと考えるのである。そして具体的には，取締役の利益相反取引の規制としての取締役会の承認と同レベルの対応[32]として，経営者として

---

32)　利益相反取引が，取締役会の承認にかからしめることで認められるのは，利益相反取引当事者である取締役以外の取締役は，株主利益の確保の観点から，承認の是非を合理的に判断できる

第 11 章　会社組織の誕生と変動

の取締役の地位に恋々とすることが少ない独立した社外取締役（独立取締役）あるいは経営者から独立した第三者からなる委員会（いわゆる第三者委員会）を構成し，その判断に基づいて経営者が決定することにすれば，利益相反問題への対応は可能であると考えるのである。換言すれば，経営者の経営決定については善管注意義務が課せられ，通常の場合には経営判断の原則が適用されるのであるが，利益相反状況がある場合には，経営判断の原則をそのまま適用するのではなく，より厳格にその義務違反の有無を判定するようにすればよいと考えるのである[33]）。

確かにこれまでは，上場企業は，社外取締役さらには経営者からの独立性のある取締役の導入にきわめて消極的であったから，取締役会はいうに及ばず，第三者委員会の構成がそもそも困難であったり，設置があっても委員会の結論そのものに対する信頼性が必ずしも高くないといった問題があった。しかしこうした環境は変化しつつあり，東京証券取引所は，その上場規則等で独立性のある役員の増加をエンカレッジしようとしている。また前記第 5 章 5 で述べたコーポレートガバナンス・コードのインパクトもある。こうした方向に積極的に取り組む会社が増加するにつれて，わが国においても第 2 の考え方による

---

と考えているからである。そうだとすれば，この規制と同程度の利益相反対応を実現するためには，次のようにすることが考えられる。すなわち，敵対的買収の場合には，社内出身の取締役が利益相反状況にあることになるので，取締役会の承認では到底不十分であるから，独立取締役あるいは公正な第三者から構成される委員会の判断に依拠することとすればよいとすることになる。現にこうした対応の合理性は，アメリカの判例が認めるところである。

33) デラウェア州の判例によるとこの点は次のようになる。すなわち，①経営者が，当該敵対的買収が会社の効果的経営に脅威となると信じる合理的理由があるかどうか，また②経営者が発動しようとする防衛策が①の脅威との関係で相当なものであるかどうか，について，経営者が善意かつ相当な調査をしたうえで決定したものであるかが，経営者による防衛策の発動が許されるか否かの裁判所の審理対象であり，その際に，経営者から独立した第三者委員会等の判断を経営決定の材料としていることは重要であり，他方，株主総会の承認を得たかどうかは要件ではない（いわゆるユノカル・テスト）。さらに会社を売却するとなった場合には，経営者は，株主の利益のためにいわばオークションの競売人の立場になってオークションを継続させ，最も高額で買収しようとする者に売却すべき義務を負う（いわゆるレブロン義務）。もっとも経営者は，例えば，買収提案の内容・条件，時期等の買収額以外の要素も考慮できるとされる。したがって，経営者の防衛策発動についての裁判所による審理は，経営判断の原則が適用される場合とそうでない場合との中間的なものとして位置づけられている。

対応がより説得力をもってくるであろう。しかも独立取締役の増加は，敵対的買収の問題にとどまらず，わが国のコーポレート・ガバナンスの前進にも有益といえるのである。

　(d)　**いわゆる主要目的ルールの意義**　ところで防衛策の代表としては，買収者である株主の株式保有割合を低下させる方法が効果的であるから，株式あるいは新株予約権の発行がなされることになる。しかし下級審判例は，「会社においてその支配権につき争いがある場合に，従来の株主の持株比率に重大な影響を及ぼすような数の新株が発行され，それが第三者に割り当てられる場合，その新株発行が特定の株主の持株比率を低下させ現経営者の支配権を維持することを主要な目的としてされたものであるときは，その新株発行は不公正発行にあたる」としており[34]，こうした判例により形成された法ルールが，いわゆる主要目的ルールといわれるものである。

　このルールの基礎にある基本的な発想は，株式あるいは新株予約権の発行は，基本的に資金調達の目的のために用意されているものであるから，資金調達目的のために発行するべきであり，それを現経営陣の支配権維持等のために用いるのは，妥当でなく，したがって，著しい不公正な発行として差止めの対象となるとするのである。

　しかしこの論理は，敵対的買収が現実の問題とならなかった時代においてはあるいは妥当するのかもしれないが，敵対的買収が現実の問題となった状況においては，もはやとるべきルールではなくなったと判断される。なぜなら，最高裁が防衛策の発動を認めたブルドックソース事件[35]を考えれば明らかな通り，当該防衛策としての新株予約権・新株の発行は，いささかも資金調達目的のためではなく，敵対的買収者の持株割合を大幅に減少させることのみを目的として発行されており，もし主要目的ルールを本件にあてはめれば，この防衛策の発動は，到底認められるものではないからである。

　したがって，主要目的ルールはもはや従前の理解のままでは維持できないから，資金調達目的でない場合も含めて新株予約権・新株の発行の適否を判定し

---

[34]　例えば，東京地決平成元年7月25日判時1317号28頁であり，同趣旨を判示する下級審判例は多い。

[35]　最決平成19年8月7日民集61巻5号2215頁。

得る新しいルールの形成が目指されるべきである（主要目的ルールは維持したうえで、それは原則であり、例外とされる場合があるとすることも考えられないでもないが、敵対的買収が一般化した現状を考えると妥当ではない）。

　株式あるいは新株予約権発行は、もともと既存株主の経済的利益のみならず、支配権にも影響する問題でもあるのであるから、企業価値のき損を防止し、その価値を維持するための発行も当然理論的にあり得ることであった。それにもかかわらず、新株・新株予約権の発行は、資金調達目的のためになされるべきであるとしたその発想自体がそもそも妥当ではなかった。さらにいえば、資金調達の目的でなされる場合であっても、その調達によってなされる投資が企業価値＝剰余権者である株主全体の長期的利益を増加させないものであれば、経営決定として許容されるべきではないはずである（このような資金調達決定は、剰余権者である株主の長期的利益の最大化を目指すべき経営者としての善管注意義務に違反する）。すなわち、問題の核心は、その目的が何であるかではなく、その発行決定が株主全体の長期的利益を図るものであるか否かである。したがって、新株・新株予約権の発行が不公正発行となるかどうかは、株主全体の長期的利益を維持・増加させるものか否かを基準とすべきであり、そうすることにより、資金調達の場合のみならず、防衛策の場合についても、その許容性の判断が可能となるのであり、そうした判断基準をとることによって、包括的・統一的な解釈が可能となるのである。

## (5) Ｍ Ｂ Ｏ

　(a) **意　義**　　MBO（Management Buy Out）とは、一般に会社の全株式あるいは支配的な割合の株式を当該会社のマネジメント（取締役）あるいはマネジメントとそれに協力するファンドが他の株主から買い取る取引をいう。すなわち、MBOには、当該会社のマネジメントのみが単独で買主になる場合のみならず、バイアウトファンドなどの外部の投資家が資金を提供してマネジメント側に加わる場合（マネジメント・グループ）もあり、いずれもMBOといわれる。

　他の株主からの買付けのための資金全額を、マネジメントのみでは調達できない場合には、買主側は、投資家であるファンドの協力を得なければならない

からである。

ところでMBOが株主価値を向上させる取引（新たな富を創出させる取引）なのかについては，そもそも争いがあるが，私見としては，株主価値を向上させる場合があると考えており，この点は，現時の多数の見解・判例も同様である。

(b) **MBOの取引当事者の利益追求行為の許容**　MBOは，当該会社のマネジメントあるいはマネジメント・グループが他の株主から株式を買い取るビジネス取引であるから，買主は，できる限り安く株式を買いたいと考えて行動するし，他方，売主である他の株主は，できる限り高く売りつけたいと考え行動する（以下，「自己利益追求行為」という）。このように売主・買主がそれぞれ自己の利益を最大化しようとして行動することは，通常の売買取引の場合と同一であり，MBOも変わることはない。

それゆえMBOだからといって，売主および買主の一方あるいは双方につきそれぞれの自己利益追求行為を法的に禁止あるいは制限するのは妥当でない。そのようなことをすれば，自己の利益が実現せず，換言すれば，MBOをすることのメリットがなくなるから，MBOという取引がそもそも行われなくなってしまう。したがって，MBOにおいても，通常のビジネス取引の場合と同様に，取引の各当事者の自己利益追求行為は法的に許されるものとしなければならない。

そもそもビジネス取引とは，取引の各当事者のそれぞれが自己の利益の最大化を目指して交渉することによって，お互いが満足できる一致点を探索する営為であり，その一致点がみつかれば，そこで初めて契約が締結される（お互いに満足となるがゆえに，契約は締結されるし，そうでなければ締結はない）。換言すれば，各取引当事者の利益追求行為は，ビジネス取引が成立するための本質的かつ基本的な要素であり，その原動力となるのである。

しかしながら，この点につき近時の下級審判例（例えば，神戸地判平成26年10月16日金判1456号15頁）には，マネジメントに公正取引義務を課すとしてMBOの原動力である買主側の利益追求行為を不当ないし過度に制約しすぎるものがある（手続的公正配慮義務ないし完遂尽力義務なる義務を定立し，MBOがビジネス取引であるという本質を忘れてそれを過度に拡張して当事者の利益追求行為を禁止してしまう法解釈）が，賛成できない。ビジネス取引は，慈善取引とは異なるの

であり，自己利益追求行為そのものの広範囲な禁止は，角を矯めて牛を殺すことになりかねず，一部下級審のこうした妥当でない法解釈は，早期に最高裁による是正が求められる。

(c) **MBO 取引の特殊性への法的対応**　ところで MBO の取引における問題点は，独立当事者間の取引とは異なり，第1に，買主である当該会社のマネジメントあるいはマネジメント・グループと売主である株主との間には情報と交渉力の格差が存在することであり，また第2に，本来株主の利益を図るべきマネジメント（取締役）が，買主として取引の一方当事者となるから，利益相反の問題が生じることにある。

したがって，MBO に対する法的対応の要諦は，取引当事者の自己利益追求行為を一般的に許容したうえで，この2つの問題点に適確に対処する仕組みをMBO の手続のなかに適切にインプットさせること（法的対応のインプット）になる。

(d) **あるべき法的対応の具体的な内容**　それでは，この法的対応を具体的にいかなるものとすべきか。より具体的に述べれば，前述の2つの課題，すなわち，第1の MBO の取引における買主・売主の情報・交渉力格差および第2の買主の利益相反性について，その弊害を防止するための歯止めとしていかなる法的対応が用意されるべきかが問題となる。

この問いは，相当の難問であるが，会社法はこの点に関する明示的なルールを用意していない。確かに取締役の利益相反取引については，取締役会の承認という手続規制があるが，MBO においても単純に取締役会の承認をもって足りるとするわけにはいかない。例えば，取締役会の構成等も問題とせざるを得ないからである。

この関係で経済産業省は，平成19年（2007年）9月4日に「企業価値の向上及び公正な手続確保のための経営者による企業買収（MBO）に関する指針」を公表した。そしてそれ以降は，指針をベースとした法的対応が一般に受け入れられてきている。

指針の基本ポイントは，①MBO が望ましいものか，否かは，企業価値の向上の有無を基準に判定すべきこと，②MBO 価格の決定についての公正な手続を通じた株主利益の配慮，③株主の適切な判断を確保するためのディスクロー

ジャーの充実,④強圧的な公開買付けではないこと,⑤社外役員または独立した第三者委員会の活用,⑥弁護士・アドバイザー等の独立したアドバイスの取得等々である。

指針は,前述の2つの問題にどう応えているか。第1の情報・交渉力の格差という点に関しては,上記の②,③,④および⑥等がその法的対応策であり,また第2の利益相反についての法的対応は,②,④,⑤および⑥等がそれに該当する。そしてこの対応は,妥当と評すべきであるから,指針が定めるかかる対応措置を,MBOの取引過程の諸段階に適切にインプットすることにより,MBOが適切になされるようになるのである。

(e) **法的対応と当事者の自己利益追求行為との関係** MBOの進展過程においてインプットされるべき上記の法的対応措置と取引当事者の自己利益追求行為との関係はどうなるか。まず,第1に,各取引当事者は,インプットされる法的対応(前述の2つの問題点に対処するための諸措置)そのものに対して干渉あるいは影響力を行使しないようにしなければならない。例えば,情報の格差を解消させる措置としてのディスクロージャーについては,当事者は,その開示内容に干渉せず,売主である株主の売却するかどうかの判断が可能になるような十分な情報を開示しなければならない。次に第2として,利益相反への対応措置として考えられる第三者委員会については,当事者は,同委員会の人選・判断に介入・干渉しないということである。換言すれば,MBOの取引の各当事者は,ビジネス取引の交渉において各自の利益の最大化を目指す自己利益追求行為を発揮しなければならないが,他方,MBO手続中にインプットされる上記諸措置については,介入・干渉をしない義務が課せられるのである。換言すれば,その限りで自己利益追求行為は,制約を受けることになるのである。

したがって,ビジネス取引の原動力というべき自己利益追求行為は,MBOにおいても一般的に許容されるのであり,それを許容することにより,MBO取引を活発化させる一方で,MBO取引における前述の2つの問題点に対処するための諸対応措置についての介入・干渉を排除することにより,公正なMBOを実現させるというのが,わが国のMBOの法的戦略と理解すべきなのである。

### (6) 特別支配株主による株式等売渡請求等（キャッシュアウト）

**(a) 意 義** 会社の支配権を取得するために，公開買付けあるいは市場取引による株式の取得がなされるが，それによって必ずしも100％の株式取得となるとは限らない。株式の売却に応じない株主があり得るからである。それにもかかわらず，100％の株式取得，すなわち，完全買収を実現しなければならない場合があり，そのためには，現金を支払うことで強制的に少数株主を締め出す（キャッシュアウト）必要がある。

それでは，キャッシュアウトのための法的方法には，いかなるものがあるか。従来は，現金を対価とする組織再編，全部取得条項付種類株式による株式取得，株式の併合等があった。しかしこれらの制度の利用は，いずれも基本的に株主総会の決議が必要とされるが，上場会社が，総会決議を得るためには，相当な時間とコストがかかる。またこれらの制度は，本来，キャッシュアウトのための制度としてできたわけではない。さらにキャッシュアウトは，多数株主と少数株主との利害が先鋭に対立する場面であるが，これら制度は，その点につき十分な配慮がなされているわけではなかった。

そこで平成26年（2014年）会社法改正は，新たにキャッシュアウトのための制度として特別支配株主による株式等売渡請求の制度を創設するとともに，全部取得条項付種類株式による株式取得，株式の併合についても所要の改正を行った。

**(b) 特別支配株主による株式等売渡請求**

**(i) 意 義** この制度は，議決権の10分の9以上を保有（直接でも間接でもよい）する株主（特別支配株主）は，いつでも他のすべての株主に対して，その株式の全部を自己に売り渡すことを請求できる権利を有するとするものであり，これにより株主総会の特別決議を要さずに，また相手方株主の同意を要さずにキャッシュアウトができるようになる（179条・179条の2〜179条の10）。

売渡請求の対象は，株式のみならず新株予約権，新株予約権付社債も含まれる（それゆえ株式等売渡請求といわれる）。そうでなければ，会社が新株予約権，新株予約権付社債を発行している場合，それらも取得できなければ，少数株主が残ってしまうからである。

他方，少数株主の利益保護が必要であるが，そのために株主による差止請求

権（179条の7），売買価格決定申立権（179条の8），売渡請求取得の無効の訴え（846条の2〜846条の9）等が定められた。

(ii) 手続　売渡請求の手続は，まず，特別支配株主が，売渡株主に対して交付する対価の額，対価の額の割当方法，売渡株式を取得する日（取得日）等の事項を定めて対象会社に通知する（179条の3第1項）。

次に，通知を受けた会社（取締役会設置会社においては取締役会）は，その売渡請求を承認するか否かを判断し，その判断結果を特別支配株主に通知する（179条の3第4項）。そして会社が承認をした場合には，特別支配株主の費用負担のもとで取得日の20日前までに売渡株主に所要の事項を通知し，売渡新株予約権者・売渡株式の登録質権者に通知または公告をする（179条の4第1項・2項・4項）。この通知・公告により，特別支配株主から売渡株主に対する株式等売渡請求がなされたものとみなされる（179条の4第3項）。対象会社には，事前の情報開示手続（179条の5）および事後の情報開示手続（179条の10）の履践が求められる。

かくして特別支配株主は，取得日に売渡株式等の全部を取得し，キャッシュアウトが完成する（179条の9第1項）。

なお，特別支配株主が株式等売渡請求を撤回する場合には，会社法179条の6に定める手続により行う。

#### (c) 全部取得条項付種類株式の取得の改正

(i) 全部取得条項付種類株式によるキャッシュアウト手続　まず，第1に，普通株式のみを発行しており，種類株式を発行する旨の定款の定めがない会社は，定款に普通株式以外の適宜の内容の種類株式，例えば，残余財産優先株式であるA種類株式を発行する旨の規定を設けるための定款の一部変更を行い，種類株式発行会社となる（108条1項7号）。

次いで，第2に，さらに定款の一部を変更して会社が発行するすべての普通株式に全部取得条項を付す旨の定めを新設し，前記第1のものを含めた変更後の定款に基づき，会社が全部取得条項付種類株式である会社の全部の株式を取得すること，および，当該取得と引換えに会社株式を有する株主に対して，会社株式1株につき買収者（会社）以外の株主の株式が1株未満の端数になるように定められた割当比率により算定された数のA種類株式を交付することの

総会決議を行う（171条）。

そして第3に，上記の総会決議とは別に，普通株主による種類株主総会を開催し，会社が発行するすべての普通株式に全部取得条項を付す旨の定めを設ける定款変更につき同種類株主総会の特別決議を得る（111条2項1号・324条2項1号）。

第4に，かくして発行会社は，一定の日（取得日）に全部取得条項付種類株式の全部を取得し，その対価として，前記の割当比率に基づき，A種類株式を交付するが，それは端数の交付となるから，裁判所の許可を得て，端数となった株式を売却し，その売却により得た現金を少数株主に交付することにより（234条），キャッシュアウトがなされることになる。

実務上は，前記第1および第2の決議は，同じ株主総会で一緒に行い，また第3の種類株主総会も前記株主総会の日と同一の日に開催することになる（株主総会も種類株主総会もその構成員は，同じ普通株主である）。

(ii) 平成26年（2014年）会社法改正の内容　　平成26年（2014年）会社法改正によって，第1に，会社は，全部取得条項付種類株式の株主に対する所得日の20日前までに，その全部を取得する旨の通知・公告が必要となった（172条2項・3項。それが振替株式である場合には公告による〔社債株式振替161条2項〕）。

第2に，会社は，全部取得条項付種類株式の取得に関する情報を事前および事後に備置することにより開示しなければならなくなった（事前備置手続は，171条の2，事後備置手続は，173条の2）。

第3に，前記第2の普通株式に全部取得条項を付す旨の定款変更に対する反対株主の株式買取請求（116条1項2号）の効力発生日が，買取代金の支払時から前記第2の定款変更の効力発生日に変更されることとなった（117条6項）。

これまでの効力発生日の定めによると，実務の手続日程では，買取請求の効力発生前に，全部取得条項付種類株式の取得日が到来するのが普通であり，そうすると，反対の株主は，株式買取請求の対象となる株式を失い，買取価格決定の申立て（117条2項）の適格性がなくなる（最決平成24年3月28日民集66巻5号2344頁）から，株式買取請求をする実質的な意義はないと解されていた。株主は，172条1項に基づき取得価格決定の申立てができ得るとしても，株式

買取請求をした株主がそれに伴う買取価格決定の申立て（117条2項）ができなくなるのは妥当でない。したがって，買取請求の効力発生日を上述の通りに変更することとし，株式買取請求をした株主が買取価格決定の申立てができるようにしたのである。

第4に，取得価格に不満の株主は，取得価格決定の申立てができる（172条）が，その申立期間が，取得日の20日前から取得日の前日までに変更され（172条1項），また申立てをした株主には，取得対価が交付されない旨の明文の定めがなされ（173条2項），さらに裁判所による価格決定前の支払制度（決定がある前に会社が公正と考える価格を支払う制度）も新設された（172条5項）。

第5に，株主に全部取得条項付種類株式の取得の差止請求権が認められ（171条の3），またキャッシュアウトされる株主に株主総会決議取消しの原告適格が認められた（831条1項後段）。

(d) **株式併合の改正**　株式併合によるキャッシュアウトは，各少数株主の保有する株式がすべて1株未満の端数になるような併合割合による株式併合に関する株主総会決議（180条2項）を行うことにより可能となる。株式併合の改正に関する平成26年（2014年）会社法改正は，単元株式数を定めていない会社の株式併合と単元株式数を定めている会社のうち当該単元株式数に併合の割合を乗じて得た数が1に満たない端数を生じるものについて適用があり（182条の2第1項），その改正は次の通りである。

第1に，株式併合の通知・公告は，効力発生日の20日前までに行うとされた（182条の4第3項。それが振替株式である場合には公告による〔社債株式振替161条2項〕）。第2に，株主総会等の前に併合の割合等について情報を開示する事前備置手続（182条の2）と併合の効力発生後の発行株式総数等についての情報を開示する事後備置手続（182条の6）が設けられた。第3に，反対株主の株式買取請求権を認め（182条の4），第4に，株主による株式併合差止請求権を定めた（182条の3）。

## (7) 株式等買取請求権

### (a) 株式買取請求権

(i) 制度目的　株式買取請求権は，昭和25年（1950年）商法改正によ

## 第11章　会社組織の誕生と変動

り，営業譲渡および合併につき導入された（その後いろいろな場面においてこの権利が認められるようになっている〔116条・182条の4・469条・785条・797条・806条等〕）。しかし商法は，すでに会社の基礎的変更についても，多数決によることを認めていたことから，この制度目的をアメリカのように多数決原理の導入による代償措置とは解し得ない。そこでこの制度趣旨をいかなるものと理解するかは，その導入当初から問題があった。

ところで買取請求権を行使すると，「公正な価格」を得て会社から離脱できること（買取請求をすると，会社に買い取る義務が生じる〔形成権〕）から，この点に着目して，学説の多くが株式買取請求権を投下資本の回収を図る手段を認めるのがその制度趣旨であるとする。

しかし単に投下資本の回収手段の付与というのみでは，株式買取請求権の制度趣旨を明らかにしたとは到底いえない（さらに資本の払戻しは会社法は原則的に認めないことから，それを認める根拠が明らかにされる必要がある）。なぜなら閉鎖的な会社の場合はともかく，上場会社の株主は，市場で容易に株式を売却できるから，そもそも投下資本の回収手段は，すでに存在する。それにもかかわらず，投下資本回収の手段を認めたというだけでは，答えとなっていない。したがって，会社による株式の買取という投下資本の回収をなぜ認めたかが問題なのであり，その理由・根拠が示されてこそ，初めて制度目的を明らかにしたといえるのである。

その理由・根拠を明らかにするためには，わが国における株式買取請求権行使のケースにおいてその紛争原因として何が問題とされていたかを検討することが有益である。すなわち，なぜ当該株主は株式買取請求権の行使という手段を取らざるを得なかったかを検討すれば，株式買取請求権制度の目的が明らかになるからである。

ここでは紙幅等の関係からこれまでの株式買取請求権に関する個々の事案を取り上げての検討を行う余裕はないが，これらの事案において共通するのは，株式買取請求権を行使する株主は，多数派株主による少数派株主の排除の場合がその典型であり，不当に不利益な取扱いを受けたと考えている。そしてかかる株主の不満は，裁判所の審理に基づく「公正な価格」の決定で最終的に解決されることになる（もちろん裁判所による審理の結果，当該株主の杞憂あるいは邪推

であったとされる場合も当然ある)(近時の著名なものとしては，株式買取請求の場合と基本的な利害状況は同じである172条1項に基づく取得価格決定を申し立てたレックス・ホールディングス事件〔東京地決平成19年12月19日判時2001号109頁，東京高決平成20年9月12日金判1301号28頁〕は記憶に新しい)。

　このようにみてくると，不当な不利益感は，上場会社はもちろんのこと，閉鎖的会社においても妥当するから，本制度目的は，投下資本の回収の付与にあるのではなく，不当に不利益な取扱いを受けたとの不公平感を是正ないし救済するための手段として認めたものと解すべきである。そしてこのように解することによって，上場会社のみならず閉鎖的会社においても買取請求権が認められることが説明できるのである。

　したがって，わが国における株式買取請求権の制度目的は，単に投下資本回収の手段付与にあるのではなく，少数派株主が受けた不当な不利益を救済する手段であると位置づけることが妥当である。

　(ii)　「公正な価格」決定の手続　　株式買取請求権制度の目的は，少数派株主が受けた不当な不利益を救済する手段であるとすると，株式買取請求権制度の要件・効果のあり方は，この目的と整合性のある形で解釈される必要がある。

　まず，裁判所による株式買取請求権の行使による「公正な価格」の決定手続(株主と会社との間で合意ができない場合に，株主あるいは会社から価格決定申立がなされることにより裁判所の決定手続が開始される)においては，少数派株主に不当な不利益を生じさせることがあったか否かが重要となるから，その点に焦点を当てた審理がなされるべきである。もっともその場合の不当な不利益とは，違法である必要は必ずしもなく，不当にとどまるものであってもよい。裁判所は，そうした違法あるいは不当な事実の存在を認定した場合には，その不当性の程度を考慮しつつその裁量により「公正な価格」の決定を行うことになる。

　もっともこの手続は，あくまでも株式の「公正な価格」を決定する手続である。換言すれば，裁判所の審理の焦点は，多数派株主あるいは多数派株主の意を受けた取締役等の行為が違法であるか否かではないから，当該行為が違法かどうかを認定・判示する必要は必ずしもないし，その点につき何らかの訴訟上の効力を生じさせるものではない。

したがって，株式買取請求権を行使したからといって，取締役の職務上の善管注意義務違反を理由とする423条もしくは429条の請求あるいは350条の請求，さらには民法上の不法行為による請求ができなくなるわけではない。

(ⅲ)「公正な価格」の算定方法　それでは具体的にどのような株式価格の算定方法が用いられるべきであろうか。理論的には，将来において当該会社が生み出すであろうキャッシュフローの現在価値（the preset value of its projected future cash flow）が当該会社の価値であるから，それを算定することを目的とするDCF（Discounted Cash Flow）の算定方法が原則として最も妥当なものであると考えるべきである（もちろんこれ以外の方法を一切認めないとの趣旨ではない）。

もっともわが国おいては，上場会社の株式価格算定においては，まず，市場における株式価格（市場価格）に基づくのがより適当であるとの考え方が強い。しかし市場価格によるとした場合でも，どの時点のあるいはどの期間の市場価格が当該会社の価値をよりよくあらわしているかが問題となるから，この方法も，一見したほどには明確かつ理論的な方法ではなく，したがって，唯一で最も優れたものとは必ずしもいえない。

しかも市場価格については，次のようなことも考えねばならない。例えば，多数派株主の意向を受けた取締役等経営者が意図的にある期間につき利益の創出を抑制するような経営を行うと，そのことは，当該会社株式の市場価格に反映して株価は下落するが，その下落した時期をねらって少数派株主に対するキャッシュアウトを行い，締出しが完了した後には通常の経営に復帰して，企業価値を高めるといった意図的な操作が行われたような場合は，キャッシュアウト時の市場の株価に着目するのでは問題が生じる。

また多数派株主およびその意向を受けた取締役等経営者は，少数派株主よりも当該会社についての情報をより多く有している場合が普通であるから，その情報格差を不当に利用する行為が行われる可能性も十分ある。さらには大株主がいるような会社においては，その株式が市場に出回らず，したがって，どうしても市場で流通する株式量は少なくなるから，それに応じたマイノリティ・ディスカウントがなされた株価となりやすく，市場価格は，本来の価格よりも低い価格となっていることが考えられる。

3 企業買収等

　このように「公正な価格」の算定において株式の市場価格をそのまま利用するのは必ずしも適切ではない場合があり得る。この点，DCFの算定方法は，株式の市場価格の意図的な操作やマイノリティ・ディスカウント等の影響を受けない計算方法であるから，この方法は，上場会社の「公正な価格」の算定においてもより積極的に用いるべきではないだろうか。

　この関連でDCFの算定方法は，理論的には正当だとしても，少なからぬ仮定を置いたものであるから問題があるとしてその利用を批判し，市場価格による方法を用いるべきであるとの議論がある。しかし新株予約権の価値算定においては，すでにブラック・ショールズ・モデル，2項モデル等による理論的な算定方式が学説・判例において支持・確立したものとなっているのに，株式価格算定の場合には，その理論による仮定性を批判するのは，論理が一貫しないように思われるのである。

　(iv) 判例の状況　「公正な価格」に関する判例の状況は，未だ確定したといえる状況ではないが，最高裁の判例（最決平成23年4月19日民集65巻3号1311頁，最決平成24年2月29日民集66巻3号1784頁等）等から窺えるところからすると，その基本は，次のようなものであると考えられる。

　第1に，企業再編によりシナジー効果その他の企業価値の増加が生じない場合と，生じる場合とに分けて検討を行う。

　まず，シナジーが生じない場合は，当該株式買取請求がなされた日（算定の基準時）における，企業再編を承認する旨の株主総会決議がなければその株式が有していたであろう価格（ナカリセバ価格）が，原則として「公正な価格」とされる。

　他方，シナジーが生じる場合には，それは企業再編により株主に割り当てられる株式により分配されるから，そこで定められていた割当比率が公正なものであったならば，当該株式買取請求がされた日においてその株式が有していると認められる価格が原則として「公正な価格」となる。

　次に，シナジー効果その他の企業価値の増加が生じる場合の割当比率の公正性は，どのように判断されるべきか。その公正性は，相互に特別の資本関係がない会社間の交渉（独立当事者間の取引といえる場合）においては，そこで決定された割当比率が公正なものとなる。なぜならば，独立当事者間と評価できる

277

場合には，それぞれの会社において善管注意義務を負う取締役が株主の利益にかなうべく真摯に交渉をすることが期待できるし，株主においても，自らの利益が企業再編によりどのように変化するかなどを考慮したうえで，その割当比率が公正であると判断した場合に株主総会において当該企業再編に賛成の議決権行使をするといえるからである。それゆえ割当比率の公正性の判断の基準日は，企業組織再編を決定する株主総会決議時となる。

したがって，独立当事者間の関係にある場合の当該企業再編の公正性は，当該株主および取締役の判断を原則として尊重すべきことになる。他方，独立当事者間の関係にない場合には，割当比率ないし当該企業再編の公正性は，企業再編に至る過程においてその公正性を確保するための措置がどのくらいとられていたか等を勘案して裁判所がその裁量において「公正な価格」を決定することになる。また公開買付けを行った後，全部取得条項付種類株式を取得してなされるキャッシュアウトについて，判例は，公開買付価格が多数株主等と少数株主との利益相反関係により意思決定過程が恣意的になることを排除する措置が講じられる等の一般に公正と認められる手続をとって設定されている限り，公開買付け後の株式市場に予期しない変動がない限り，公開買付価格と取得価格を同額としてよいとする（最決平成 28 年 7 月 1 日金判 1497 号 8 頁）。

そして判例がとるこの解釈基準は，現時の通説的な理解に沿うものと考えられるが，これに対して近時注目すべき批判がなされている[36]。

その基本的な批判の第 1 は，少数株主保護のために買取価格においてシナジーの分配を行うべきとするその根拠が明らかにされておらず，それが必要であることを前提として解釈論が構築されていること（分配することが公正というのでは，その公正の意味が明確にされてない以上，説得的な根拠とならない），第 2 に，通説的な立場は，支配株主の忠実義務違反の責任を認めることに近似することになるが，買取請求権と忠実義務違反の責任とは，別個の制度である（買取請求は，行使しなかった株主にも負担をせまるが，忠実義務違反は，支配株主のみが負担する）のみならず，通説的な立場は，表では支配株主の忠実義務は導入しないとしつつ，裏ではそれを実現しようとするに等しい。第 3 に，利益相反の要素

---

[36] 飯田秀総『株式買取請求権の構造と買取価格算定の考慮要素』（商事法務，2013 年）。

のある企業再編においては，少数株主の利益が害されるおそれがあるとしても，現実にどの程度存在するのかにつき実証的なデータの検証がなされないままそれが所与の前提として議論がなされている。第4に，現時の通説的な理解は，企業価値を向上させる企業再編を促進させるための方策として合目的的なものであるかが検討されねばならない（効率的な企業再編を阻害するマイナス面がないか，あるとしてそれを解消する新たな法的構成の探求の必要がある）。

今後の解釈論は，こうした批判にも耐え得るような，また，事前の予測可能性がより高い法的構成に向けてさらなる深化が求められるであろう。

(v) その他　株式買取請求権制度の目的は，少数派株主が受けた不当な不利益を救済する手段であるとすると，株主総会において議決権を行使できたか否かは，株式買取請求権を認めるかどうかとは関係がないことになる。なぜならここでの核心は，少数派株主が受けた不当な不利益を価格面において救済することであるから，そのような事実が存在する以上，当該少数株主が議決権を行使できたかどうかにかかわりなく救済すべきであると考えるのが基本となるからである（116条2項参照。172条1項等も同様）。

また株式買取請求権における「公正な価格」の算定においてマイノリティ・ディスカウントあるいは市場流通可能性によるディスカウント（市場流動性ディスカウント）をすべきかどうかも問題となるが，いずれもディスカウントすべきではないと考える（市場流動性ディスカウントにつき結論同旨として最決平成27年3月26日民集69巻2号365頁）。なぜなら本制度は，少数派株主がその意に反して受けた不当な不利益の救済を目的とする以上，そうしたディスカウントを行うのは適当ではないからである。

(vi) 平成26年（2014年）会社法改正　第1は，株式買取請求の撤回制限の実効化である（社債株式振替155条1項等・785条6項・9項等）。もし買取請求をした後，市場ないし相対での当該株式の売却が可能であるとすると，株主にとっては不当に有利な選択権が認められることになる。したがって，請求後一定期間の経過がなければ売却できないとか（470条3項・786条3項・798条3項・807条3項），あるいは決定手続の開始後は，会社の承諾がなければ撤回できない（改正前の469条6項・785条6項・797条6項・806条6項）との制約が課されていた。

第11章　会社組織の誕生と変動

　しかし株主は，かかる制約を実質的に逃れることが可能であった。すなわち，買取請求の対象となっている振替株式につき株主名義の振替口座が残っている場合，あるいは買取請求の対象となる株式が当該株主の手元にあるような場合は，対象株式を市場ないし相対で売却できるからである。

　そこでこうした事実上の抜け穴をふさぐための改正がなされ，前者の振替株式については，当該株式の発行者が開設した買取口座への振替を強制させ（社債株式振替155条），また後者については，まず，株券が発行されているときには，当該株主に会社に対する株券の提出を強制させる（469条6項・785条6項・797条6項・806条6項）一方，株券が不発行でかつ振替株式でないときには，株式の譲受人による株主名簿の書換えを禁止すること（469条9項・785条9項・797条9項・806条9項）とした。

　第2は，株式買取請求にかかる株式等の買取りの効力発生時点の統一化である（470条6項・786条6項・798条6項・807条6項）。

　改正前においては，事業譲渡を行う会社，吸収合併存続会社，吸収分割承継会社，株式交換完全親会社，吸収分割会社・新設分割会社に対する株式買取請求の効力発生時点は，当該株式の代金支払の時と定められていたから，代金支払の時までは株主であることになる。そうすると買取請求株主は，剰余金配当，議決権等の権利も行使できることになる。また価格決定の手続においては，裁判所の決定価格につき組織再編の効力発生日から60日の期間満了日から年6分の利息が支払われることになる。したがって，買取請求株主は，剰余金配当等も，また利息の受領もできることになり，それは経済的利益の二重取りであるとの批判があった。

　そこで改正法は，かかる場合の買取請求の効力発生時点を吸収合併消滅会社，株式交換完全子会社に対する買取請求の効力発生時点（組織再編の効力発生日）にそろえることにしたのである。

　第3は，株式等にかかる価格決定前の仮払制度の創設である（470条5項・786条5項・798条5項・807条5項）。

　会社は，価格決定手続により価格が決定されると，その決定価格につき組織再編の効力発生日から60日の期間満了日から年6分の利息を支払わねばならないが，現下の金利水準からすると，利息の支払は，会社にとって少なからず

の負担となり，また利息狙いの買取請求を誘発する懸念もあるから，会社は，価格決定があるまで株主に対して自らが「公正な価格と認める額」を支払うことができ，また株主が受け取らないときには弁済供託ができる制度を創設した。

第4は，株式併合の際に端数が生じる場合および株主総会決議が必要とされる親会社による子会社株式譲渡の場合（前記2(2)(c)参照）にその株主の利益保護のために株式買取請求権を認めた（182条の4等・469条）。

また簡易・略式組織再編，簡易・略式事業譲渡における存続会社あるいは事業譲受会社の株主につきその株式買取請求を否定する改正を行った（469条1項2号・2項・3項・785条1項2号・2項・3項・797条1項但書・2項・3項・806条1項2号）。これら株主には，簡易・略式組織再編等による影響は軽微だからである。

第5は，普通株式に全部取得条項を付す旨の定款変更につき反対株主の株式買取請求（116条1項2号）の効力発生日が，定款変更の効力発生日に変更されたこと（117条6項）であり，これにより株式買取請求権の実効性が確保された（前記(6)(c)(ii)参照）。

### (b) 新株予約権買取請求権

（i）経緯と現状　平成17年（2005年）改正前商法（旧商法）では，新株予約権買取請求権という制度は認められていなかったが，会社法は，これを新設した。それは，平成17年（2005年）改正前商法（旧商法）においては，会社により新株予約権が創設される場合がきわめて限定されていたのに対し，会社法は，それを大幅に拡大したからである[37]。その結果，新株予約権の利用範囲が大幅に拡大したことにともない，会社の行為によって新株予約権者の利益が大きく影響される場合には，株主の場合と同様に買取請求権による保護を与えるのが適当かつ必要であるとされた。

新株予約権買取請求権が認められるのは，一定の定款変更（118条1項），組織変更（777条1項），組織再編における他の会社への新株予約権の承継（787条1項・808条1項）の各場合である（777条・787条等）。そしていずれの場合も，新株予約権者には権利行使前に反対通知をする義務はなく，したがって，反対

---

37) 相澤哲編著『立案担当者による新・会社法の解説』63頁（商事法務，2006年）参照。

通知をせずとも買取請求権の行使ができる。

　(ii)　「公正な価格」の決定　　新株予約権の「公正な価格」は，まず，ブラック・ショールズ・モデルや2項モデル等による理論的な算定方式が用いられることになり，この点については，学説・判例において争いはないと思われる。次に，不当性等の程度による価格の増減の問題は，株式買取請求権において述べたことが基本的に妥当する。

## 4　定款変更

　定款変更とは，会社の根本ルールを変更することであり，原始定款の場合とは異なり，書面の作成は要件ではなく，公証人の認証も不要である。会社の根本ルールの変更は，株主に重大な影響があり得るから，株主総会の特別決議が必要とされる（466条・309条2項11号）。

　種類株式が発行されていて，定款変更によりある種類の株主に損害を与える場合は，その種類の株主による総会，すなわち種類株主総会の特別決議による承認が必要である（322条1項1号・324条2項4号。また322条1項1号の2・2号〜13号も参照）。

　定款を変更して株式譲渡制限の定めを設ける場合は，株主総会の特殊の決議が必要である（309条3項1号）。またこの場合は，反対株主に株式買取請求権が認められる（116条1項1号）。

## 5　組織変更

　組織変更とは，例えば，株式会社を持分会社に変更するとか，あるいは合名会社を合資会社に変更するといったように，会社が法人格の同一性を維持しながら，組織を変更して別の種類の会社に変わることをいう。もっともこの講学上の組織変更概念とは異なり，会社法2条26号が定める組織変更は，より限定的であり，株式会社が持分会社になる場合および持分会社が株式会社になる場合を意味するので，持分会社内での変更（例えば，合名会社が合資会社になる）は，持分会社の種類の変更として別途規定されている（638条）。その意味で会

社法上の組織変更は，講学上の組織変更よりも狭い概念である。

　第1に，株式会社から持分会社への変更は，組織変更計画を作成し（743条・744条），その計画について総株主の同意を得なければならず（776条1項），債権者保護手続をとり（779条2項），計画に定めた効力発生日に持分会社となる（745条1項）。第2に，持分会社から株式会社への変更は，組織変更計画を作成し（743条・744条），その計画について総株主の同意を得なければならず（781条1項），債権者保護手続をとり（781条2項が準用する779条2項），計画に定めた効力発生日に株式会社となる（747条1項）。第3に，持分会社内の種類の変更は，定款の変更により行う（638条）。

## 6　解散・清算

### (1) 意　義

　解散とは，会社の法人格の消滅をもたらす原因となる事実である。清算とは，会社が解散すると，会社財産を債権者・株主に分配する手続が必要となり，この手続を「清算」という。会社は，合併・破産の場合を除き，解散によって直ちに法人格が消滅するのではなく，清算の手続が終了（清算の結了）してから消滅することになる。

### (2) 解散事由

　解散事由は，会社法471条各号の場合，会社法472条の休眠会社の整理の場合がある。

　また裁判所による解散命令（824条），解散判決（833条）による場合もある。前者は，公益確保のため会社の解散を裁判所が命じる制度であり，後者は，多数派株主と少数派株主との対立あるいは株式保有割合が50％ずつの株主の場合等により，いわばデッドロックになっているような場合に株主の申立てにより行われるものである。

### (3) 清　算

　合併・破産の場合を除き，解散の効果として清算が開始する。清算の手続に

おいては，取締役は地位を失い，清算人が清算事務を行う（委員会，執行役，会計参与・会計監査人は設置できないが，清算人会，監査役・監査役会はおける。477条参照）。もっとも，解散時の取締役が清算人となるのが原則である（478条1項。監査等委員会設置会社の場合は，監査等委員以外の取締役〔同条5項〕）[38]。清算中の会社の権利能力は，清算の目的の範囲内のものとなる（476条）から，清算人がその目的の範囲外の行為をした場合，その効果は，会社に帰属しない[39]。

清算には，通常清算（475条以下）と特別清算（510条以下）がある。通常清算は，倒産でない場合の清算であり，特別清算は，債務超過の疑いがある場合の清算で倒産処理手続の1つである（510条～574条・879条～902条）。したがって，特別清算については，倒産法にゆずる。また会社法においては，特別清算とは異なり，通常清算では裁判所による監督制度はない。

### (4) 通常清算の基本的な流れ

まず，解散の時点で取引関係を完結させて現務を結了する（481条1号）。そして，債権取立て・金銭以外の財産の換価および債務の弁済を行い，残余財産があれば，株主に分配する（481条2号・3号）。清算人は，決算報告書を作成し，株主総会で承認を得ることにより清算事務を終了させて，清算の結了となり会社の法人格が消滅する（507条1項・3項）。そうすると，清算の結了の登記をする（929条1号）。この登記は，あくまでも確認的なもので，清算事務が終了していなければ，登記があっても清算は終了しておらず，したがって会社消滅の効果は生じない。

---

38) 指名委員会等設置会社の場合は，会社法478条6項による。
39) 最判昭和42年12月15日民集25巻7号962頁。

# 第12章　会社グループの法規制

本章では，会社グループの問題を取り上げる。現代の大規模株式会社は，単独でよりも，会社グループとして企業活動をするのが普通である。会社がグループとして活動することは，経済的に効率的な場合が多いからである。こうした現実にもかかわらず，わが国の会社法は，会社が単独で活動する場合を念頭に形成されており（単体中心会社法），会社グループに対する法ルールは，不十分な状況にある。この法ルールと現実のずれが，さまざまな法的問題を生じさせている。本章の目標は，こうした会社グループの基本的な法的問題の理解にある。

## 1　総　　説

　会社グループに関する会社法規制の基本目標は，会社のグループ活動によるメリットを損なうことなく，しかも同時に親会社，子会社の少数株主や債権者の正当な利益を確保することにある。この基本目標からみた場合，わが国の現在の会社法は，はなはだ断片的な規制にとどまっており，その目標からは遠い状況にある。その意味でわが国の会社法は，会社グループ規制の基本目標を正面から受けとめたうえで，その包括的な法ルールを用意するまでには到っておらず，パッチワーク的な断片的・部分的な対応にとどまっている。

　もっとも，わが国の会社法の不十分性を一方的に批判するのは，フェアではないであろう。なぜなら，世界的にみた場合に，会社グループに関する包括的な法ルールを有する国はきわめて少なく，またそうした包括的な法ルールも必ずしも有効に機能しているとはいい難い面があるからである。その意味で会社グループに関する包括的でしかも効果的な法ルールの構築は，現代株式会社法の難問中の難問なのである。

　本章の検討においては，まず，2においてこの問題に関する株式会社法規制の現状を明らかにする。現状の理解が，今後この問題への対応を考える出発点

となるからである。そして，わが国の法ルールの現状が，断片的で不十分であることは，その解決は解釈によって対応していかねばならないことになる。そこで，3において解釈による解決の試みの若干を検討することにする。そしていわゆる親会社株主の権利縮減を4においてみることにする。最後に，5において今後の会社グループ規制問題のあるべき方向について簡単にふれる。

## 2 株式会社法ルールの現状

### (1) 会社グループの意義

**(a) 親子会社の定義** 会社法では，会社グループ[1]は親子会社として把握され，それに関する若干の規定が存在する。すなわち，会社法2条3号に子会社の，同条3号の2に子会社等の定義が，また同条4号に親会社の，また同条4号の2に親会社等の定義が，それぞれあり，したがって，そこで定義された会社関係が，会社法上の親子会社関係となる。平成26年（2014年）会社法改正により，子会社等および親会社等の定めが新設されたが，親会社等には自然人も含まれるとしたことは評価できる。

ここで注目すべきは，親子会社関係を定める基準が，ある会社が他の会社の経営を支配しているかどうかという実質的な基準となっており，ある会社が他の会社の総株主の議決権の過半数を有する場合は支配関係がある場合の例示にすぎないことである（会社法制定前の商法の形式基準から実質基準への変更）。そして会社の経営を支配しているかどうかは，具体的には法務省令[2]が定めることとされている。

**(b) 定義のメリット・デメリット** 会社法改正前の商法の親子会社の定義は，総株主・総社員の議決権の過半数の所有が基準とされていたが，この定義のメリットは，株式会社法における親子会社関係が明確に把握できることである。議決権の過半数を所有しているかどうかは，明確に確認できることだからである。

しかし，この定義には，デメリットもあった。議決権の過半数を所有してい

---

1) 企業グループは，「結合企業」あるいは「支配従属企業」とも呼ばれる。
2) 会社則3条・3条の2である。

なくとも，他の会社を実質的にコントロールできる場合があるが，そうした他の会社を実質的にコントロールしている会社関係は，株式会社法の親子会社規制から除外されてしまう。例えば，A会社が他の会社であるB会社の議決権の過半数には達しない割合である40％を所有しており，しかもA会社の従業員が，B会社の取締役会の過半数を占めている場合は，A会社は，B会社を十分コントロールしているといえるであろう。しかし，このような場合であっても，会社法改正前の商法においては，親子会社とはされず，親子会社に関する法ルールは，適用されないままとなっていた。

会社法改正前の商法の親子会社の定義は，基準としては明確であるが，ある会社が他の会社をコントロールする関係にあるのが企業グループ関係の実質であることからすると，議決権の過半数基準では十分ではないとの問題があった[3]。こうした点を考慮し，会社法においては，前述の通り，形式的な基準ではなく実質的な基準を採用することにしたのである。

### (2) 親子会社関係の法的ルール

(a) **子会社による親会社株式取得の制限**　会社法は，親子会社関係を定義したうえで，それに関する若干の法的ルールを用意している。まず，子会社は，親会社の株式を取得することが原則的に禁止される（135条1項）。

この規制の主たる根拠は，自己株式の取得禁止の潜脱防止にあった。というのは，会社法改正前の商法は，会社が自己の発行した株式を買い受けることを原則として禁止しており，子会社による親会社の株式取得は，親会社による自己株式の取得と実質的に等しいことから，同様に禁止されていたのである。判例も，完全子会社による親会社株式の取得は，旧商法210条（自己株式取得禁止規定）により許されないとし，当該子会社の資産は，親会社株式の購入額と売却額との差額に相当する額が減少しており，それにより親会社も同額の損害を

---

[3] もっとも会社法改正前の商法においても連結計算書類における連結子会社の範囲は，議決権の過半数という形式的な基準ではなく，経営がコントロールされているか否かという実質的な基準が取り入れられている。会社を場とするさまざまなステークホルダー（特に株主，債権者）の妥当な利害調整を目指す会社法ルールにおいても，実質的な基準を積極的に取り入れていく必要があり，それを会社法は実現させたといえる。

受けたとした（最判平成5年9月9日民集47巻7号4814頁）。

しかし，平成13年（2001年）商法改正により，会社による自己株式の取得は，配当可能利益の範囲内で原則として自由になり，この点は会社法でも基本的に維持されている（156条）。それにもかかわらず，子会社による親会社株式取得の制限が維持されている理由は何であろうか。子会社による親会社株式の取得に親会社の財源規制をかけようとすると，立法技術上困難が生じることから，子会社による親会社株式取得の制限が維持されたとされる。そうだとすると，この規制を今後も維持するのが立法論として妥当かは問題があるといわねばならない。

(b) **株式相互保有の場合の議決権規制**　例えば，A会社が他の会社であるB会社の議決権を保有している場合，その保有割合のいかんによっては，B会社が保有しているA会社の議決権の行使がゆがめられる危険性がある。なぜならA会社がその議決権保有を利用してB会社に圧力をかけ，自社に有利な方向でA会社株式の議決権を行使させる余地があるからである。

そこで会社法308条1項かっこ書は，A会社がB会社の総株主の議決権の4分の1以上を有するなど，その経営を実質的に支配することが可能な関係にあるものとして法務省令[4]で定める場合には，B会社が有するA会社の議決権を行使できないと定めた[5]。これが株式相互保有の場合の議決権規制である。ところで会社法改正前の商法では，相互保有規制が働く基準は，議決権の4分の1を超える保有とする形式基準であった（改正前商法241条3項）が，会社法ではここでも実質基準がとられている点に注意する必要がある。

(c) **監査役・監査委員会・監査等委員会関係の規制**

(i) 監査役関係　親子会社関係における監査役の規制は，2つある。第1は，親会社の監査役の子会社調査権である（381条3項）[6]。親会社による子会社を利用した経理操作や不正行為が行われる可能性があり，それに対処する必

---

4) 会社則67条・95条5号。
5) A会社が単独で実質的に支配できる関係のみならず，A会社とその子会社を合わせて，あるいはA会社の子会社単独であっても，そのような関係が認められればよい。またA会社とB会社とがお互いにそうした関係にある場合（例えば，25％ずつ持ち合う）は，ともに議決権が行使できなくなる。
6) なお，会計監査人にも子会社調査権がある（396条3項）。

要があるからである。

　第2は，親会社の監査役については，当該親会社・子会社の取締役，支配人その他の使用人，当該子会社の会計参与・執行役との兼職が禁止されることである（335条2項）[7]。監査する者が監査される者を兼ねるのは適当ではないからである。

　(ii) 監査委員会関係　　指名委員会等設置会社では，監査役制度はなく，監査委員会が取締役・執行役の職務執行を監査し，監査委員会が指名する監査委員は，子会社に対する調査権限を有する（405条2項）。また，監査委員会の監査委員は，その過半数は社外取締役でなければならず，兼職禁止規制を受ける。すなわち，その指名委員会等設置会社もしくはその子会社の執行役・業務執行取締役または当該子会社の会計参与・支配人その他の使用人を兼ねることはできない（400条4項）。これは，前記(i)の第2についてと同様の趣旨による。

　(iii) 監査等委員会関係　　監査等委員会設置会社では，監査役は置かれず，監査等委員会が取締役の職務執行を監査するが，同委員会が選定した監査等委員は，子会社に対する報告徴収・調査の権限を有する（399条の3第2項）。また特定責任追及訴訟等の会社代表権を有する（399条の7第3項・4項）。さらに監査等委員についても兼職禁止規制がある（331条3項・333条3項1号）。

(d) **親会社株主の情報収集権**

　(i) 親会社株主の子会社会計帳簿閲覧・謄写権　　この権利は，会社法433条3項・4項が規定している。この権利を行使するためには，総株主の議決権（株主総会において決議できる事項の全部につき議決権を行使できない株主を除く）の100分の3以上の議決権を有する株主または発行済株式（自己株式を除く）の100分の3以上の数を有する株主でなければならず（少数株主権），また裁判所の事前の許可が必要である。

　(ii) 親会社株主の子会社取締役会議事録閲覧・謄写権　　この権利は，会社法371条3項・5項が規定している。この権利は，単独株主権であるが，裁判所の事前の許可が必要である[8]。

---

7) なお，会計監査人について会社法337条3項・396条5項を参照。
8) 指名委員会等設置会社の各委員会議事録についても同様な権利が認められる（413条4項・5項）。監査等委員会設置会社も同様である（399条の11第3項・4項）。

(iii) **親会社株主の子会社定款等の閲覧・謄写権** この権利は，会社法31条3項（定款）・125条4項（株主名簿）・252条4項（新株予約権原簿）・684条4項（社債原簿）が規定している。この権利は，単独株主権であり，子会社の定款，株主名簿，新株予約権原簿，社債原簿等が閲覧できるが，裁判所の事前の許可が必要である。

(iv) **親会社株主の子会社株主総会議事録閲覧・謄写権** この権利は，会社法318条5項が規定している。この権利は，単独株主権であるが，裁判所の事前の許可が必要である。

(v) **親会社株主の子会社計算書類・付属明細書・監査報告閲覧・謄写権** この権利は，会社法442条4項が規定している。この権利は，単独株主権であるが，裁判所の事前の許可が必要である。

(vi) **親会社株主の子会社社債原簿閲覧・謄写権** この権利は，会社法684条4項・5項が規定しており，同様に裁判所の許可が必要である。

(e) **連結計算書類** 平成14年（2002年）商法改正で，商法特例法上の大会社について連結計算書類が導入された（会社法改正前商法特例法19条の2・21条の32）。この趣旨は，会社グループの状況に関するディスクロージャーの充実を図るためである。すなわち，企業グループとしての財産と損益の状況を明らかにするため，当該大会社，その子会社および連結子会社からなる企業グループを一体とみた連結計算書類の作成を義務づけた。

この制度は，会社法においても引き継がれており，連結計算書類（その作成については，会社計算規則121条〜132条が規定する）については，444条が定めを置いている。すなわち，事業年度の末日において大会社であり，かつ，金融商品取引法上の有価証券報告書提出義務を負う会社は，連結計算書類の作成が義務づけられ，またすべての会計監査人設置会社は，連結計算書類の作成ができるとしている。

連結計算書類は，グループ会社の財産・損益の状況を開示させるのが目的であるから，分配可能額の算定のためのものではなく，したがって，その算定には個別の貸借対照表が基準となる。ただし連結配当規制対象会社（会社計算2条3項51号）は，連結ベースを基準とすることもできる（会社計算158条4号）。

(f) **親会社・子会社間の取引開示等** 親会社がその支配力を利用して子会

社との間での取引を一方的に有利なものとすれば，子会社に損害が出る可能性がある。しかし連結計算書類においては，親子会社間の取引の内容は，相殺消去の対象となり，開示されない。そこで会社計算規則98条1項15号は，関連当事者間の取引の内容の注記として開示することを義務づけている。そして平成26年（2014年）会社法改正は，子会社の少数株主の保護の観点から，親会社との取引に関する開示事項をさらに充実させ，それに関する監査役・監査委員会・監査等委員会の意見を監査報告で明らかにすることを求めた。

すなわち，関連当事者間の取引の注記に表示された取引について，第1に，当該取引に関し，当該会社の利益を害さないように留意した事項，第2に，当該取引が当該会社の利益を害さないかどうかについての当該会社の取締役（会）の判断・理由，第3に，社外取締役を置く会社においては，前記取締役（会）の判断・理由が社外取締役の意見と異なるときは，その意見を事業報告の内容としなければならないとされた（会社則118条5号・128条3項）。またこれらの事項に対する監査役，監査委員会，監査等委員会の意見は，監査報告の内容としなければならない（会社則129条1項6号・130条の2第1項2号・131条1項2号）。

また当該事業年度末日において公開会社（2条5号）であるときは，他の会社の業務執行取締役，執行役等の兼務の状況の明細についても，事業報告の付属明細書へ記載することを求められる（会社則128条）。

(g) **その他** 親子関係の生成の局面では，公開買付規制（前記第11章3(2)）があり，関係の消滅の局面では，特別支配株主による株式等売渡請求等（キャッシュアウト）規制（前記第11章3(6)）等がある。また株式交換等により完全子会社化された旧株主による子会社役員に対する責任追及の訴えが導入された（旧株主による責任追及等の訴え）（847条の2）。これは，完全子会社化等される前の段階で取締役等の責任原因事実が発生しており，それにつき株主代表訴訟を提起できた子会社株主（旧株主）は，株式交換等により完全子会社の株主でなくなったとしても，対価として受けとった完全親会社の株式を有していれば，完全子会社の取締役等に対して代表訴訟を提起できるものであるから，その意味で子会社株主の保護に資するものである。さらに会社グループの内部統制に関する規定が規則から会社法本体の規定に格上げされ（362条4項6号），

*291*

そのシステムの運用状況の概要は，事業報告に記載しなければならない（会社則118条2号）（後記4参照）。

## 3　解釈による対応問題

### (1)　子会社の少数株主保護
**(a)　問題の所在**　親会社は，支配株主として子会社に対して大きな影響力を有するから，それを利用して子会社の利益を無視して親会社の利益を図る行動に出る可能性がある。つまり，親会社は，子会社の支配株主であるから，親会社の利益を図るために，子会社の利益を害する行動が可能であり，そのようなことが行われると，子会社の少数株主の利益が害される。しかし，わが国の株式会社法には，特にこの問題に関する明文の責任規定は存在しない。したがって，明文の規定がない場合は，解釈で対応していかなければならない。

少数株主の保護が問題となる場合は，いくつか考えられるが，ここでは，親会社・子会社間の取引の場合を例にとろう。親会社・子会社間の取引においてよく問題となるのは，親会社が子会社から物品を購入する場合に，親会社の子会社に対する影響力を行使して，子会社がその物品を市場で売却した場合と比較するとはるかに安い値段で購入する取引をする場合である[9]。この取引により，親会社は市場価格よりも安い価格で物品を購入できるから，その差額相当分は親会社の利益となり，他方，子会社は，市場価格より安く売却した分が損失となる。こうした取引がなされると，子会社の利益は減少し，例えば，子会社の少数株主は配当を受けられなくなる。

**(b)　解釈による対応**
（ⅰ）子会社取締役の責任　現行株式会社法には，前記の通り，親会社が子会社の利益を害する行動をとる場合を直接的に規律する明文の責任規定はないから，解釈による解決が必要となる。そこで子会社と親会社とを分けてその

---

[9]　この取引が，子会社の利益を少なくさせる目的で行われる場合等では，税法では，いわゆる移転価格（transfer pricing）問題として早い段階から議論されている。税法では，独立当事者間で取引したとしたら決まるであろう価格をもってその取引価格として扱う対応が一般に認められている。

## 3 解釈による対応問題

解釈による対応を考えてみよう。

まず，子会社においては，子会社取締役の責任が問題となる。子会社の取締役は，子会社の利益を図るべき善管注意義務を子会社に対して負っているからである。子会社も，法人格を有する独立の会社であるから，その取締役は，子会社の株主全体の共通利益を図る義務があるのである。

ところで，先の例における取引は，親会社の利益にはなるが子会社の利益にならないものであり，子会社取締役は，こうした利益対立があると判断される場合は，子会社の利益を最優先にする経営行動をとらねばならない。したがって，そうした行動をとらずに子会社に損害を与えた場合は，子会社の取締役には善管注意義務違反が認められるから，子会社の少数株主は，代表訴訟により子会社の取締役の責任を追及することが考えられる。

この例の場合の取引が，例えば，子会社の利益は害するが，会社グループ全体の利益を増加するものであったとした場合，このことを主張して子会社の取締役は責任を免れることができるだろうか。例えば，先の例において親会社が，子会社から市価よりも安く入手した物品を販売すると，親会社には強いブランド力・市場競争力があるため，それにより親会社が上げる利益は，子会社が親会社に売却したことによる損失をはるかに上回り，したがって会社グループ全体の利益はより増加したという場合である。しかしながら，子会社の取締役は，子会社の利益を第1に図らねばならない善管注意義務があるから，こうした場合でも，取締役としての任務懈怠責任は免れないというのが一般の解釈である。

さらに困難な立場になるのが，親会社の取締役が子会社の取締役も兼任している場合である。兼任取締役は，親会社に対しても，子会社に対しても，それぞれの利益を最優先にすべき善管注意義務を負うことになるからである。親会社と子会社の利害が対立したときに，いかにすれば兼任取締役は，善管注意義務違反の責任を免れることができるかは困難な解釈問題となる[10]。

(ii) **親会社の責任**　次に，先にあげた例において親会社の責任を問題にできないか。この問題の検討は，子会社の取締役に責任がない場合，あるいは

---

[10]　もっとも兼任取締役が代表取締役であって一方の会社を代表して取引をすれば，取締役の利益相反取引として取締役会の承認による対応が考えられるが，この対応を広く拡張していくことは困難である。

子会社の取締役にその賠償資力がないような場合に実益がある。

　子会社の株主は，親会社，すなわち子会社の大株主としての責任を追及できないかが問題となるが，そのためのいくつかの解釈論が唱えられている。

　第1は，親会社は，子会社の事実上の取締役であるから，子会社取締役としての責任を負うべきであるとの見解である。事実上の取締役とは，取締役ではなく，その登記もないが，実質的にその会社の経営を決定し，実行している者を意味し，事実上，取締役として行動しているのだから，法的に取締役でないからといって責任を免れるのはおかしいとの考えによる。しかし，どのような場合に事実上の取締役として責任を負うかの要件を明確にするのは困難があり，したがって，法ルールとしての予測可能性が低くなり，法的安定性に乏しい等の問題点がある。

　第2は，親会社は，隠れた剰余金配当を受けたことになるから，子会社は，不当利得の返還請求により，また会社債権者は，会社法463条2項により親会社に対して違法配当額の返還を請求できるとする見解がある。先の例のような取引を隠れた剰余金配当とみてよいかがそもそも問題があるし，またそれが可能であるとしても，その判定の明確な基準の定立は，きわめて難しい等の問題点がある。

　第3に，親会社は，子会社取締役の会社に対する債務不履行に加担したとして，積極的債権侵害による不法行為責任を負うとの見解がある。この見解も，いかなる場合に積極的債権侵害の不法行為責任が成立するかの基準が不明確等の問題点がある。

　第4に，親会社は，会社法120条が定める利益供与禁止規定違反として，返還義務を負うとの見解がある。子会社は，親会社の株主としての権利行使に関し財産上の利益を供与したと考えるのであるが，そもそも利益供与禁止規定は，いわゆる総会屋対策のために導入された規定であり，この規定の趣旨からしてそこまでの拡張ができるかがそもそも問題となる。

　このようにみてくると，結局のところ解釈による対応には，いずれも相当の難点があるといわざるを得ない。

　(c)　**親会社等と子会社の取引開示の充実**　　平成26年（2014年）会社法改正は，親会社等の責任を定める規定の創設ではなく，開示の充実を図る定めが

設けられることとなった。すなわち，子会社とその親会社との間の取引であって，当該事業年度に係る個別注記表において関連当事者との取引に関する注記（会社計算112条1項）がある場合，次の3つの事項を子会社の事業報告の内容とすることである（会社則118条5号）。まず子会社の利益を害さないように留意した事項であり，次いで子会社の利益を害さないかどうかについての取締役（会）の判断・理由であり，最後は取締役（会）の判断が社外取締役の意見と異なるときは，その意見である。またさらにこれらの事項についての意見を監査役（会）等の監査報告の内容とすることも定められた（会社則129条1項6号）。

### (2) 子会社の債権者保護

(a) 問題の所在　　子会社の少数株主保護で述べたように，親会社は，支配株主として子会社に対して大きな影響力を有するから，それを利用して子会社の利益を無視して親会社の利益を図る行動をとる可能性がある。こうした子会社の利益無視は，子会社を倒産に導くことがあり，子会社の債権者の利益が害されるという問題が生じる。

例えば，会社グループ全体の経営戦略から，グループ内のある子会社が行っている事業をグループ内の他の子会社に安い価格で譲渡させ，その会社を赤字にして最終的には倒産させることがあり得る。

また，例えば，親会社が会社グループ全体の経費節約のため各子会社にその旨の指示を出したところ，グループ内のある子会社は工場の安全管理設備の費用を削減した結果，その工場のガス・タンクが爆発し，多数の死傷者が出る大事故となったが，親会社が，子会社に対して事故被害者賠償のための資金援助をしなかったため，結局，その子会社は倒産し，被害者をはじめとする多くの債権者が弁済を受けられなくなった場合等も考えられる。

(b) 解釈による対応

(i) 子会社の取締役の責任　　子会社の取締役の職務執行につき悪意・重過失があって，債権者が損害を被ったならば，会社法429条1項の責任を問題とすることができる。また，子会社の取締役に故意・過失があれば，民法の不法行為責任も考える余地がある[11]。しかし，債権者の被害が巨額となる場合

は，子会社の取締役の個人資産では，到底不足するであろうから，親会社の責任を追及できるかが実際上は重要となる。

　(ii) 親会社の責任　　債権者が親会社の責任を追及するには，前記(1)(b)(ii)の第2として述べた他に，例えば，次のような対応が考えられる。

　第1は，法人格否認の法理の主張である。親会社は，子会社の株主であるから，株主有限責任の原則によって子会社の債務について責任を負わない。したがって，この有限責任原則を排除するためには，考えられる対応として，まず法人格否認の法理があげられるのである。

　第2に，親会社の指揮命令に従って子会社が行動したと評価できる場合であれば，民法の不法行為における使用者責任を追及することが考えられる。つまり，当該事実関係において親会社を使用者，子会社を被用者とみることが可能であれば，使用者責任が主張できると考えるのである。

　第3に，親会社は，子会社の事実上の取締役であるとみて，会社法429条1項の責任を追及することが考えられる。

　親会社の責任を追及するためのここで述べたような解釈による対応は，いずれも会社グループ問題を本来念頭にしていない法的ルールをあえて転用することにより対処しようとするものであるから，どうしても適用上の困難が生じることは避け得ないし，いずれの解釈も隔靴掻痒の感がある。

## 4　親会社株主の権利縮減

### (1) 意　義

　例えば，子会社がその重要な事業を全部譲渡することは，親会社にとって，またひいては親会社株主にとっても相当な影響が生じる場合があり得る。しかしその譲渡が親会社にとっても重要な事業の譲渡と評価されるようなときでない限り，親会社の株主がその譲渡につき議決権の行使をもって関与することは困難である。

　また子会社の取締役に善管注意義務違反があって子会社に損害を与えた場合

---

11) 迂遠ではあるが，債権者が株主でもあれば，子会社の取締役に対する423条1項の責任を代表訴訟により会社に損害を賠償させ，それを会社債務の弁済資金とさせることも考えられる。

には，親会社の財産状況にも影響が生じ得る（親会社が保有する子会社の株式の価格が下落する損害が生じる）から，親会社株主にとってもそれは重要な関心事となり得る。しかしその場合に親会社の取締役には，子会社管理上の善管注意義務違反がないような場合には，親会社株主は，親会社の取締役を相手に代表訴訟を提起できない。また子会社の取締役の責任を子会社が追及せず，他方，親会社も株主代表訴訟による追及をしない場合は，親会社の株主はどうすることもできなかった。そこで親会社の株主が子会社の取締役を相手に代表訴訟を提起することができないかが問題となっていた（いわゆる2段階あるいは多重代表訴訟といわれる）。

　このような問題は，純粋持株会社の解禁に伴う親会社株主の権利の縮減として議論がなされ，一般に親会社株主の権利縮減はおかしいとの論調が支配的であった。しかし持株会社の形成は，会社グループの経営を効率化させる目的・メリットがあるから，株主権の縮減の問題は，それ自体が当然にマイナスというわけではなく，持株会社になることによって生じる親会社株主のメリットとのバランスのなかで慎重な検討を要する問題である。さらにいえば，株主と経営者の権限分配をいかにすべきかとの根本問題のなかで考えるべきものである。所有と経営が分離した公開的会社においては，持株会社化するかどうかは，当該会社の経営戦略であって，まさに経営者の経営判断事項であり，したがって，情報を十分にもたない株主が介入すべきことではないからである。

### (2) 平成26年会社法改正

　平成26年（2014年）会社法改正は，親会社株主の権利保護の観点から，次のような手当てを行った。

　第1に，当該子会社についての支配権を失うような子会社株式等の譲渡について，親会社の株主総会の決議を必要としたことである（前記第11章2(2)(c)参照）。

　第2に，明文をもって多重代表訴訟（特定責任追及訴訟）が認められた（前記第8章3(3)参照）。

　第3に，グループ内部統制に関する定めが，会社法施行規則から会社法本体に格上げされた。すなわち，362条4項6号（取締役会非設置会社の場合は，348

条3項4号・会社則98条1項5号，監査等委員会設置会社の場合は，399条の13第1項1号ハ・会社則110条の4第2項5号，指名委員会等設置会社の場合は，416条1項1号ホ・会社則112条2項5号）の「当該株式会社及びその子会社から成る企業集団の業務の適正を確保するために必要なものとして法務省令（会社則100条1項5号）で定める体制の整備」であり，また会社法施行規則118条2号は，グループを含めた内部統制システムの運用状況の概要を事業報告に記載することを求めている。もっともこの格上げは，立法担当者の説明では，親会社取締役の子会社監督義務に関する現行法の定めを変更するものではないとされている。

しかしこの格上げは，親会社取締役の子会社監督義務の解釈に影響がないとはいえず，親会社取締役が子会社取締役に違法行為等を直接指図した場合のみならず，例えば，親会社がグループ内部統制を定めたにもかかわらず，それが効果的に機能しない状況を認識可能であったのに漫然放置していた結果，子会社に不祥事が発生した場合等には，親会社取締役の子会社監督義務が問題となり得る。

なお，グループに属する子会社取締役に内部統制の構築・運用を含めてどれだけ独立性を与えるか，換言すれば，経営の自由をどの程度認めるかは，グループ全体としての経営戦略の問題であるから，親会社取締役の経営判断事項であり，広い裁量が認められる。したがって，子会社取締役に経営の自由度を広く認めており，そうすることが合理的なものであるならば，子会社取締役がその裁量を誤り，会社に損害を与えたとしても，経営に広い裁量を与えていたことそれだけで親会社取締役の子会社監督義務違反となるものではない。

## 5 会社グループ法規制の基本的方向

### (1) グループ経営の効率性と法ルールとの相克

会社グループは，グループとして活動することが経済的に効率的であるからこそ現代経済社会において広く利用されている。会社グループとしての統一的な企業戦略を適確に実行することにより，効率的にグループ全体の利益の向上が図れるからである。しかし，それだからといって，会社グループを構成する各メンバー会社の株主・債権者の正当な利益が不当に害されることがあっては

ならない。したがって、会社グループ規制の基本的なあり方は、この2つの要請の適切なバランスをとることに他ならない。

しかし、それにしてもわが国の会社グループに関する現行の株式会社法のルールは、断片的であり、そのため会社グループ経営の現場においては、さまざまな困難が生じている。例えば、先に述べた通り、現行の法的ルールからすれば、親会社の指示に従い子会社の取締役が、子会社に不利益な取引を行ったとき、たとえその取引が会社グループ全体としての利益の増加になっているとしても、その取締役は善管注意義務違反の責任を免れないとするのが一般の解釈である。この解釈は、取締役は会社に対して善管注意義務を負うのであるから、子会社の取締役が子会社の利益よりも親会社の利益を優先させた以上、子会社取締役としての責任は免れないとの考え方からの当然の帰結である。

しかしそもそもなぜ会社グループを形成するかといえば、グループ全体の利益を効率的に実現させることができるからであり、そうであるとすると、それぞれ各個の会社ごとの利益のみを問題とし、したがって、各個の会社ごとにその取締役の善管注意義務を考えることは、個々の会社がそれぞれ独立して活動していた時代の会社法の論理であり、現代のグループ経営の時代にはそぐわないような気がすることは否定できない。むしろグループ全体の利益を正面から認めたうえで、その実現の結果、グループに属する個々の会社の株主・債権者が不当に不利益を受けた場合の救済は、別途、その救済のための法ルールを用意するといった方向が考えられてもよいと思われる。

### (2) 子会社取締役のジレンマ

また子会社の取締役は、子会社のために善管注意義務を負うから、たとえ親会社の指示であっても、子会社の利益に反する場合には、子会社の取締役は、親会社の指示に反対しなければならない。しかし会社グループ経営の現実からすると、子会社の取締役に対してこうした行動が実際に期待できることなのであろうか。親会社の指示に従わなければ、子会社取締役の選解任権は支配株主である親会社にある以上、当該取締役は、再選されないか、あるいは解任される可能性があることになる。現実にはその脅威に打ち勝って子会社の利益を守る取締役はどれほどいるのであろうか。

他方，さりとて子会社取締役は，子会社の利益を最優先にしないと，会社法は，当該取締役に善管注意義務違反の責任を課すことになる[12]。親会社のために行動すべきか，それとも子会社のために行動すべきかにつき，大いに悩まねばならない現状の法ルールは，子会社取締役にとっての深刻なジレンマであり，こうした現実を法は無視してよいのであろうか。

要するに現行の会社法ルールが要求する善管注意義務の対象は，個々の会社ごとに考えねばならないのであるが，その立場を維持・貫徹することは，会社グループ経営のメリットの否定につながる危うさがあり，それは，会社グループに属する各社の経営者に深刻なジレンマを生み出すことになっているのである[13]。

この子会社取締役のジレンマは，会社グループにおいて広くみられる兼任取締役においてさらに深刻化する。いずれにしてもこの問題は，早急な解決が必要であり，そのためには前記(1)で述べた方向の会社法ルールの改善を今後積極的に進める必要があるであろう。

### (3) グループ全体の利益を目指す経営の方策

親会社が，現行法の枠内においてグループ全体の利益を目指す経営を行うためには，どのような方策が考えられるだろうか。若干，この点を考えてみると，まず，親会社がグループ全体の利益を目指す経営をし易くするためには，グループに属する子会社は，すべて完全子会社（100％子会社）とすることが考えられる。完全子会社であれば，当該会社に少数株主は存在しないから，当該子会社の株主利益を親会社の利益とは別個に考慮する必要はなくなるからである。すなわち，完全子会社であれば，グループ全体の利益の向上のためにグループに属するある子会社に不利益を与えたとしても，その不利益を最終的に負担するのは，子会社の株主＝親会社に他ならず，その意味で子会社株主に固有の利

---

[12] 子会社の取締役が親会社の意向に逆らうのは，現実の問題として難しい。現実には親会社の意向に従わざるを得ないような場合でも，子会社取締役の責任を認めるのが法の解釈として公平かの問題は残る。

[13] もっとも，その場合の親会社の利益あるいは子会社の利益とは何かの判断に，取締役には裁量の余地があるであろうから，その限りでわずかながら両者の利益対立が緩和され得る場合もあるであろう。

益はないからである。しかしその場合でも，子会社の債権者の正当な利益の保護は依然として考慮する必要がある。したがって，完全子会社化は，グループ全体の利益を目指す経営をやり易くするものと判断される。

　次に，完全子会社ではなく，少数株主が存在する場合は，少数株主の利益を考慮する必要が生じる。より正確にいえば，子会社の取締役は，当該子会社の株主全体の長期的利益（剰余利益）を増加させるべき経営を行う善管注意義務を負うことになるからである。そうすると，グループ全体の利益の増加を目指す経営が，当該子会社の株主全体の長期的利益の低下となるようであると，親会社のそうした経営は，法的な制約を受けることになる。したがって，親会社がなおそうした経営を実行しようとする場合には，当該子会社の株主全体の長期的利益の減少部分に相当する代償措置を提供する必要がでてくるであろう。また子会社の債権者の利益は，少数株主が存在する子会社においても問題となるのは，いうまでもない。

# 事 項 索 引

## 0-9, a-z

100% 減資 …………………………………… 193
100% 子会社 ………………………………… 300
100% の株式取得 …………………………… 270
1株1議決権の原則 ………………………… 167
2項モデル …………………………… 277, 282
2親等内の親族 ……………………………… 77
2段階代表訴訟 ……………………………… 297
3委員会 ………………… 68, 89, 90, 145, 146
　　──の有機的連携 ………………………… 152
CAPM ………………………………………… 161
CEO ………………………………… 88, 95, 146
"Comply or Explain" のアプローチ ……… 94
D&O 保険 …………………………………… 130
　　──保険料 ……………………………… 131
DCF …………………………………………… 276
economic efficiency ……………………… 134
JASDAQ ………………………………………… 94
MBA …………………………………………… 73
MBO ………………………………………… 266
　　──価格の決定 ………………………… 268
　　──の取引過程の諸段階 ……………… 269
　　──の取引における問題点 …………… 268
ROE …………………………………………… 162
SOX 法 ………………………………………… 88
TOB …………………………………………… 256

## あ 行

相対取引による取得 ……………………… 256
悪　意 ………………………… 85, 125, 177, 227
　　──のあるべき解釈 …………………… 177
　　職務を行うにつき── ………………… 127
預合い ……………………………………… 235
預合罪 ……………………………………… 236
アドバイザリー・ボード ………………… 88
アパマンショップホールディングス株主代表
　　訴訟判決 ……………………………… 117
新たな富の創出 ……………………………… 45
安全運転の経営 …… 15, 42, 53, 54, 103, 105, 113
委員会等設置会社 ……………………… 35, 87
異　議 ……………………………………… 178
意見陳述権 ……… 139, 141, 149, 150, 151, 152
一人会社 ……………………………… 30, 167, 192

一種の包括承継 …………………… 248, 249
一般管理費 ……………………………… 218
一般に公正妥当と認められる企業会計の慣行
　　………………………………… 210, 214
移転価格 ………………………………… 292
伊藤レポート …………………………… 162
委任状合戦 ………………………… 167, 174
委任状勧誘規則 ………………………… 168
イノベーション ………………………… 113
違法行為差止請求権 ……………… 152, 160
違法性 …………………………………… 152
　　──の監査 ………………………… 148
違法な社債発行 ………………………… 206
違法な剰余金の配当等に関する責任 … 226
違法抑止機能 ……………………… 101, 130
インカムゲイン ………………………… 183
印紙貼付金額 …………………………… 176
インセンティブ …… 18, 22, 53, 54, 55, 61,
　　　　　　　　　　　　154, 163, 173, 221
　　──の付与 ………………………… 156
インターネットによる開示 ……… 213, 214
インターネットによる議決権行使 …… 165
インフォームド・ディシジョン … 107, 121
打切り発行 ……………………………… 196
　　──の許容 ………………………… 204
訴えの利益 ……………………………… 171
売上原価 ………………………………… 218
売上高 …………………………………… 218
売渡株主 ………………………………… 271
売渡請求の手続 ………………………… 271
営　業 …………………………………… 240
　　──の意義 ………………………… 240
営業外収益 ……………………………… 218
営業外費用 ……………………………… 218
営業利益 ………………………………… 218
営利社団法人 ……………………… 27, 28, 30
営利性 ………………………………… 27, 28
営利法人 ………………………………… 28
エクイティ・リンク債 ………………… 202
エージェンシー（agency） …………… 21
エージェンシー・コスト ……………… 22
エージェンシー問題 …… 21, 22, 25, 37, 68
縁故募集 ………………………………… 197
エンフォースメント ……………… 185, 189

303

エンロン事件 …………………………88
応預合罪 ………………………………236
黄金株 …………………………………193
大株主 …………………………38, 163
お手盛り ………………………………156
オフィサー（officer） …………………88
オプション ……………………………194
　——の公正価値 ……………………156
親会社 …………………………………286
　——・子会社間の取引開示 …………290
　——による子会社株式等の譲渡 ……242, 281
　——の監査役の子会社調査権 ………288
　——の責任 …………………293, 296
親会社株主
　——の権利縮減 ……………………296
　——の権利保護 ……………………297
　——の子会社会計帳簿閲覧・謄写権 …289
　——の子会社株主総会議事録閲覧・謄写権
　　……………………………………290
　——の子会社計算書類・付属明細書・監査
　　報告閲覧・謄写権 ………………290
　——の子会社定款等の閲覧・謄写権 …290
　——の子会社取締役会議事録閲覧・謄写権
　　……………………………………289
　——の情報収集権 …………………289
親会社取締役の子会社監督義務 …………298
親会社等 ………………………77, 259, 286
　——と子会社の取引の開示 …………294
親子会社
　——関係における監査役の規制 ……288
　——関係の法的ルール ………………287
　——関係を定める基準 ………………286
　——間の取引 ………………………292
　——間の取引の内容 ………………291
　——の定義 …………………………286
オン・ザ・ジョブ・トレーニング（OJT）
　　……………………………73, 138

## か 行

外観信頼の保護 …………………………85
会議の目的事項（議題）…………………82
開業準備行為 …………………………238
会計監査 ………………………………142
会計監査権限 …………………138, 139
会計監査人 ………35, 136, 139, 211, 212, 213
　——設置会社 ………………212, 213, 226
　——の解任 …………………………91, 148
　——の選解任等の議案の決定権限 …146, 153
　——の選解任・不再任に関する議案 ……143
　——の選任 …………………………91, 148
　——の報酬 …………………………143
　——を再任しないことに関する議案 ……148
会計監査報告 …………………………213
会計参与 ………………………………35, 211
会計帳簿 ………………………174, 209, 214
　——閲覧請求権 ……………………174
解　散 ……………………64, 69, 162, 245, 283
　——事由 ……………………………30, 283
　——判決 ……………………………283
　——命令 ……………………………283
会　社 …………………………………28
　——と執行役との関係 ………………92
　——と取締役の利益衝突 …………124
　——内部組織 ………………………135
　——に対する責任 …………………100, 239
　——の営利性 ………………27, 45, 221
　——の合併 …………………………244
　——の機関 …………………………231
　——の機関の具備 …………………234
　——の基礎的変更 …………………274
　——の業務執行機関 …………………84
　——の業務執行権 …………………74, 80
　——のグループ活動 ………………285
　——の経営意思決定 ………………75, 80
　——の経営権 ………………………72
　——の権利能力 ……………………29
　——のコントロール権 ……………261
　——の債権者 ………………………32
　——の財産状況が著しく悪化している場合
　　……………………………………259
　——の債務 ……………………34, 60
　——の財務 ……………………69, 128, 209
　——の事業 …………………………240
　——の事業に関して有する権利義務の全部
　　または一部 ………………………249
　——の事業の部類に属する取引 ………122
　——の事業目的 ………………28, 29, 50
　——の資金調達 ……………………69, 187
　——の慈善活動 ……………………51
　——の支配権 ………………257, 258, 270
　——の社会的な存在意義 …………44, 45
　——の種類 …………………………32
　——の正味資産 ……………………218
　——の政治献金 ……………………50, 51
　——の損害回復 ……………………175
　——の存在意義 ……………………27

事項索引

――の代表権 ·················· 91, 92
――の費用負担 ·················· 167
――のフォーマット ················ 33
――の不成立 ······················ 239
――の不存在 ······················ 239
――の分割 ························ 247
――の分類 ························· 35
――の目的 ··················· 28, 134
一般法上の―― ···················· 39
会社法上の―― ···················· 27
特別法上の―― ···················· 39
会社グループ ············ 70, 285, 298
――全体の経営戦略 ··············· 295
――全体の利益 ············· 298, 300
――の意義 ······················· 286
――の内部統制 ············· 291, 297
会社経営 ······················· 113
――に関する株主と経営者の権限分配の趣旨 ······························· 106
――の意思決定 ··················· 37
――の意思決定機関 ··············· 164
――の効率性 ···················· 262
――の専門家 ····················· 72
会社債権者 ········ 18, 35, 44, 59, 60, 61, 125
会社財産 ························· 69
会社支配権市場（Market for Corporate Control） ············· 105, 186, 260
会社設立時の新株発行の場合の瑕疵 ········ 200
会社代表 ························· 34
会社代表権 ······················· 75
会社不成立 ······················ 239
会社分割 ··················· 225, 239
会社法
――5 条 ························· 30
――355 条 ······················· 57
――429 条 1 項 ·················· 295
――会計 ···················· 211, 212
――規範 ························· 49
――の目的 ······ 25, 41, 43, 44, 45, 46, 47
――ルール ······················· 57
形式的意義の―― ··················· 5
実質的意義の―― ·················· 5, 44
会社役員賠償責任保険　→ D & O 保険
解　職 ··························· 82
買取価格決定の申立て ············· 273
買取請求権 ······················ 281
買取請求の効力発生日 ········ 273, 281
解　任 ··························· 79

――決議 ························· 79
――の訴え ···················· 79, 80
外部資金 ·················· 69, 187, 188
価格決定
――手続 ························ 280
――の申立て ···················· 192
――前の仮払制度の創設 ··········· 280
――前の支払制度 ················· 273
確定額 ··························· 19
格別の催告を受けなかった不法行為債権者
································ 250
隠れた剰余金配当 ················· 294
貸　方 ·························· 217
仮装した金銭等の支払により発行された株式
································ 237
仮装に関与した他の発起人・設立時の取締役
································ 236
仮装の払込み ···················· 237
仮装を行った発起人・株式引受人 ····· 236
家族企業 ························· 38
合　併 ················ 69, 225, 239, 283
――と事業の譲渡との比較 ········· 244
――に対する意義 ················· 204
――の効果 ······················ 245
――の無効 ······················ 247
合併契約書 ······················ 245
合併契約の締結 ·················· 246
合併差止請求権の付与 ············· 247
合併対価等の柔軟化 ··············· 245
合併手続 ························ 246
合併登記 ························ 245
合併比率の不公正 ················· 247
合併無効の訴え ·················· 247
合併無効判決 ···················· 247
過程の合理性 ···················· 108
過度のリスクテーキング ··········· 119
株　価 ··························· 54
株　券 ························ 65, 66
――の交付 ······················· 66
――の提出の強制 ················· 280
――の不発行 ················· 65, 201
――発行前の譲渡 ················· 66
株　式 ·················· 69, 159, 270
――等の買取りの効力発生時点の統一化
································ 280
――の共有 ······················ 160
――の譲渡 ······················· 66
――の取引市場 ··············· 61, 65

305

| | |
|---|---|
| ──の払込み ……………………… | 34 |
| ──の併合 ……………………… | 256, 270 |
| ──発行（equity） ……………… | 187, 188, 190 |
| 株式移転 ……………………………… | 225, 239, 253, 254 |
| 　　　計画 ………………………… | 254 |
| 　　　──の無効の訴え …………… | 255 |
| 株式会社 ……………………………… | 6, 11, 27, 35 |
| 　　　形態の濫用 ………………… | 230 |
| 　　　──の機関構成 ……………… | 35 |
| 　　　──の存在意義 ……………… | 41 |
| 株式会社法の基本原則 ……………… | 59 |
| 株式会社法の基本的な存在意義 …… | 43 |
| 株式会社法の目的 …………………… | 43 |
| 株式買取請求権 ……………………… | 160, 193, 241, 246, 251, 254, 272, 273, 282 |
| 　　　──制度の目的 ……………… | 274, 279 |
| 株式買取請求の撤回制限の実効化 … | 279 |
| 株式交換 ……………………………… | 69, 225, 239, 253 |
| 　　　──契約 …………………… | 254 |
| 　　　──による取得 …………… | 256 |
| 　　　──の効力 ………………… | 254 |
| 　　　──の無効の訴え ………… | 255 |
| 株式債権説 …………………………… | 160 |
| 株式市場 ……………………………… | 55 |
| 　　　──の規律 ………………… | 182, 183 |
| 　　　──の形成 ………………… | 183 |
| 　　　──の健全性 ……………… | 185 |
| 　　　──の効率性 ……………… | 183, 185 |
| 　　　──の発展 ………………… | 183 |
| 株式自由譲渡性の原則 ……………… | 61, 64, 65, 183 |
| 　　　──の意義 ………………… | 64 |
| 株式相互保有 ………………………… | 288 |
| 　　　──の場合の議決権規制 …… | 288 |
| 株式等売渡請求の撤回 ……………… | 271 |
| 株式引受人 …………………………… | 197 |
| 株式併合 ……………………………… | 232, 273 |
| 　　　──差止請求権 …………… | 273 |
| 　　　──の際に端数が生じる場合 | 281 |
| 株式割当比率（合併比率）の公正性 … | 245 |
| 株式を取引する市場 ………………… | 36 |
| 株　主 ……… | 25, 34, 37, 43, 48, 55, 60, 67, 69, 185 |
| 　　　──ごとに異なる取扱いについての定款の定め | 170 |
| 　　　──と経営者とのエージェンシー問題 … | 99 |
| 　　　──と経営者の権限分配 …… | 165, 262, 297 |
| 　　　──と債権者の利害 ………… | 43 |
| 　　　──との建設的な対話 ……… | 96 |
| 　　　──に対する善管注意義務 … | 128 |

| | |
|---|---|
| ──による差止請求 …………… | 29, 179 |
| ──の監督是正権 ……………… | 174 |
| ──の議決権 …………………… | 161 |
| ──の議決権の行使 …………… | 162 |
| ──の経営監督 ………………… | 173 |
| ──の経営監督機能 …………… | 174 |
| ──の経営監督への関与 ……… | 173 |
| ──の権利 ……………………… | 159 |
| ──の行動傾向 ………………… | 104 |
| ──の合理的無関心 …………… | 163 |
| ──の代表訴訟提起権 ………… | 174 |
| ──の半数以上（頭数） ……… | 170 |
| ──の役割 ……………………… | 159 |
| ──への剰余金の配当の原資 … | 222 |
| 株主権の行使に関する利益供与 …… | 102 |
| 株主権の縮減 ………………………… | 297 |
| 株主資本 ……………………………… | 217, 218 |
| 株主資本コスト ……………………… | 24, 25 |
| 株主資本等変動計算書 … | 210, 214, 215, 218, 219 |
| 株主全体の長期的利益 …… | 72, 88, 108, 263 |
| 株主全体の利益 ……………… | 177, 178, 179 |
| 株主総会 ……… | 35, 49, 64, 68, 78, 164, 213 |
| 　　　──運営 …………………… | 169 |
| 　　　──決議取消事由 ………… | 171, 215 |
| 　　　──決議取消しの原告適格 … | 273 |
| 　　　──決議の瑕疵を争う権利 … | 174 |
| 　　　──参考書類 ……………… | 167 |
| 　　　──招集通知 ……………… | 212 |
| 　　　──における動議 ………… | 169 |
| 　　　──の活性化 ……………… | 162, 164 |
| 　　　──の特別決議 …… | 206, 240, 246, 250, 254 |
| 　　　──の無機能化 …………… | 263 |
| 株主代表訴訟 ………………………… | 102, 236 |
| 株主提案権 …………………………… | 166 |
| 株主名簿 | |
| 　　　──の振替口座 …………… | 280 |
| 　　　──の閲覧拒否事由 ……… | 174 |
| 　　　──の書換え ……………… | 66 |
| 　　　──の書換えの禁止 ……… | 280 |
| 株主有限責任の原則 …… | 59, 60, 61, 62, 65, 69, 183, 221, 296 |
| 　　　──の意義 ………………… | 59 |
| 株主利益 ……………… | 49, 51, 54, 55, 99, 121, 133, 135, 153, 173 |
| 株主利益最大化原則 …… | 46, 47, 48, 50, 53, 54, 55, 57, 58, 108, 121, 221 |
| 　　　──の意義 ………………… | 49 |
| 株主利益実現の経営 ………………… | 135 |

事項索引

株主利益と自己の個人的利益の対立 ……… 263
株主利益の代表 …………………………… 88
株主割当て ……………………… 197, 196
借入（debt） ……………………………… 187
借入債務 …………………………………… 201
借　方 ……………………………………… 217
仮代表取締役 ……………………………… 84
仮取締役の権限 …………………………… 79
仮取締役の選任 …………………………… 79
カルドア・ヒックス効率性（Kaldor-Hicks Efficiency） …………………………… 134
簡易合併 …………………………………… 247
簡易株式交換 …………………… 254, 255
簡易組織再編 ……………………………… 255
簡易な事業全部の譲受け ………………… 242
簡易の事業譲渡 …………………………… 241
簡易分割 …………………………………… 250
簡易・略式事業譲渡 ……………………… 281
簡易・略式組織再編 ……………………… 281
監査委員 …………………… 90, 148, 213, 289
監査委員会 ……… 88, 89, 91, 145, 148, 213, 289
　　──の決議 ……………………………… 148
　　──を組織する取締役 ……………… 148
監査等委員 ………………………………… 151
　　──である取締役 …………………… 152
　　──である取締役の解任 …………… 151
　　──である取締役の任期 …………… 151
監査等委員会 …………… 92, 149, 152, 289
　　──が選定する監査等委員 …… 149, 157
　　──の権限 …………………………… 152
　　──の承認 …………………………… 151
監査等委員会設置会社 ……… 75, 92, 93, 125, 149, 157, 214
　　──の業務執行 ……………………… 151
　　──の取締役 ………………………… 151
監査報告 ……………… 91, 148, 152, 291, 295
監査報告の謄本 …………………………… 166
監査法人 …………………………………… 139
監査役 ……………… 35, 68, 83, 139, 211, 288
　　──解任請求権 ……………………… 174
　　──監査の評価 ……………………… 144
　　──制度 ………………………………… 91
　　──選任議案への拒否権付与 ……… 141
　　──による差止請求 ………………… 29
　　──の会社に対する責任 …………… 144
　　──の監査範囲 ……………………… 136
　　──の権限 …………………… 139, 142
　　──の構成 …………………………… 139

　　──の責任 …………………………… 144
　　──の全員の同意 …………………… 143
　　──の第三者に対する責任 ………… 144
　　──の任期 …………………… 139, 141
　　──の報酬 …………………………… 141
監査役会 ……………… 35, 68, 136, 138, 212
　　──監査報告 ………………… 143, 212, 213
　　──設置会社 ………………… 138, 226, 93
　　──の構成 …………………………… 139
　　──の同意権 ………………………… 141
　　──のモニタリング ………………… 136
　　──の問題点 ………………………… 136
監視義務 ……………… 120, 129, 137, 138
完遂尽力義務 ……………………………… 267
間接金融 …………………………………… 202
間接損害 …………………………………… 128
間接的な資金調達 ………………………… 187
間接取引 …………………………… 123, 124
完全親会社 ……………………… 251, 254
　　──の債権者 ………………………… 255
完全子会社 ……………………… 251, 300
　　──等 ………………………………… 180
完全無議決権株式 ………………………… 191
監督機能 …………………………………… 81
管理体制の構築・維持 …………………… 113
関連当事者 …………………… 219, 291, 295
議　案 ……………………………………… 166
議案上程権 ………………………………… 169
議案提案権 ……………………… 160, 166
機関投資家 ………………………………… 164
企　業 …………………………… 4, 6, 11, 13
　　──の公正性 ………………………… 22
　　──の効率性 ………………………… 22
　　──の所有者 ……………… 17, 18, 19, 20
　　──の法ルール ……………………… 13, 22
企業会計 …………………………………… 211
　　──の向上の有無 …………………… 268
企業価値の向上及び公正な手続確保のための
　　経営者による買収（MBO）に関する指針
　　……………………………………………… 268
企業間取引 ………………………………… 8
企業グループ ……………………………… 215
　　──全体の財産・損益の状況 ……… 215
　　──の法規制 ………………………… 285
企業経営の決定権 ………………… 18, 23
企業形態 ……………………… 11, 26, 34
企業行動規範 ……………………………… 258
企業再編 …………………………………… 69

307

| | |
|---|---|
| ——の公正性 …………………… 278 | ——の差止請求権 …………………… 251 |
| 企業自体の理論 ……………………… 13 | 休眠会社の整理 ……………………… 283 |
| 企業組織 ……………………………… 57 | 共益権 ………………………………… 160 |
| ——法 ………… 5, 6, 7, 9, 10, 12, 13, 25, 35 | 競業取引 ………………………… 122, 123 |
| 企業取引 ……………………………… 7, 9 | ——の規制 …………………………… 122 |
| 企業取引法 …………… 5, 6, 7, 8, 9, 10 | 競業避止義務 ………………………… 240 |
| ——の現代化 ………………………… 7, 8 | 強行法規 ……………………………… 7, 9 |
| 企業買収 ……………………… 240, 256, 257 | 強制開示規制 ………………………… 189 |
| 企業法 ………………………………… 3, 5 | 行政的な取締法規 …………………… 185 |
| 企業法総則 …………………………… 5, 10 | 共同体固有の価値 …………………… 13 |
| 議決権 ………………………… 160, 166, 193 | 共同代表の定め ……………………… 86 |
| ——行使書 …………………………… 168 | 業務監査 ……………………………… 142 |
| ——制限株式 …………………… 190, 191 | 業務監査権限 ………………… 136, 138, 139 |
| ——の過半数基準 …………………… 287 | 業務執行 ………………… 33, 34, 35, 68 |
| ——の行使 …………………………… 164 | ——権限 ……… 35, 74, 86, 89, 90, 91, 261 |
| ——の代理行使 ……………………… 83 | ——取締役 ………………… 74, 90, 151 |
| ——のない株式 ……………………… 190 | ——取締役等 ………………………… 77 |
| 議事進行上の動議 …………………… 169 | ——に属する問題 …………………… 262 |
| 議事整理権 …………………………… 169 | ——の監督 …………………………… 81 |
| 擬似発起人 …………………………… 239 | ——の決定 ……………………… 80, 81 |
| 希釈化率 ……………………………… 258 | ——のモニタリング ………………… 87 |
| 議事録の閲覧 ………………………… 84 | 寄与度に応じた因果関係の割合的認定 …… 101 |
| 議事録の謄写 ………………………… 84 | 拒否権付種類株式 …………………… 193 |
| 既存株主 | 規律確保のメカニズム ………… 105, 106 |
| ——から新株主への富の移転 ……… 198 | 均一の割合的単位 …………………… 65 |
| ——の議決権比率維持 ……………… 198 | 金庫株 ………………………………… 224 |
| ——の経済的地位 ……………… 198, 199 | 金銭以外を報酬とする場合 ………… 155 |
| ——の経済的利益 …………………… 266 | 金銭債権 ……………………………… 201 |
| ——の支配権 …………………… 197, 198 | 金融商品取引法 ……… 185, 188, 189, 211, 213, |
| ——への通知・公告 ………………… 259 | 214, 215, 226, 257 |
| 議題 …………………………… 82, 166 | ——の規制 …………………………… 188 |
| 期待可能性 …………………………… 121 | 金融庁 ………………………………… 185 |
| 期待収益率 …………………… 24, 161, 162 | 金融庁長官 …………………………… 189 |
| 議題提案権 …………………… 160, 166 | クラス・ボーディング ……………… 193 |
| 議長 …………………………………… 169 | グリーン・メイラー ………………… 226 |
| 期末に欠損が生じた場合の責任 …… 227 | 繰延資産 ……………………………… 217 |
| 義務償還株式 ………………………… 192 | グループ経営 ………………………… 116 |
| 記名式の新株予約権付社債券 ……… 206 | ——の効率性と法ルールとの相克 …… 298 |
| 記名社債 ……………………………… 205 | グローバリゼーション ……………… 68 |
| キャッシュアウト ……… 255, 270, 271, 272, | 経営 |
| 276, 278, 291 | ——の意思決定 ………………… 73, 87 |
| 株式併合による—— ………………… 273 | ——の基本方針 ………………… 74, 90 |
| キャッシュフロー …………………… 211 | ——の決定と責任 ……………… 71, 99 |
| キャピタルゲイン ……………… 183, 221 | ——の執行と監督の分離 …………… 150 |
| 旧株主による責任追及等の訴え …… 291 | ——の専門家ではない裁判官 …… 104, 114 |
| 吸収合併 ……………………… 242, 244 | ——のモニタリング(監督) ……… 96, 182 |
| 吸収分割 ……………………………… 248 | 経営監督 ……………………… 133, 134, 135 |
| ——契約 ……………………………… 250 | ——の制度 …………………………… 182 |

# 事項索引

経営決定…………………25, 46, 47, 49, 50, 55,
　　　　　　　　　102, 105, 106, 116, 120
　──が違法でないこと ……………………121
　──権 ………………………………18, 25
　──に至るプロセスの検証 ……………117
　──の時点 ………………………………120
　──の内容 ………………………………119
　──の内容の妥当性 …………108, 121
経営権 ……………………………………72
経営者…………………25, 31, 37, 41, 42, 46, 47,
　　　　　　　50, 53, 54, 55, 56, 60, 61, 68,
　　　　　　　69, 72, 75, 88, 91, 146, 185
　──からの独立性 ………………………88
　──間の競争圧力 ………………………73
　──市場 …………………72, 103, 138
　──同士の仲間意識 ……………………175
　──と株主との権限分配問題 …………261
　──に対する規律づけ …………………260
　──の意見表明書 ………………………257
　──の解任 ………………………………97
　──の過失 ………………………………119
　──の義務のレベル ……………………110
　──の規律 ………………………105, 182
　──の経営 …………72, 153, 173
　──の行動パターン ……………………103
　──の裁量 ……………………54, 108
　──の恣意的判断 ……………………55, 57
　──の責任 ………………………………99
　──の善管注意義務の意義 ……………99
　──の報酬 …………135, 153, 155
　──の報酬規制 …………………………153
　──のモニタリング（監督）……87, 92, 93,
　　　　　　　　　　　　　　　97, 150
　──のリスクテーキング …………95, 119
　──を動機づける法ルール ……………104
経営専門家のマーケット　→経営者市場
経営大学院 ………………………………73
経営判断 …………………………178, 179
　──介入への消極姿勢 …………………105
　──介入への積極姿勢 …………106, 113
経営判断の原則 ……54, 99, 102, 103, 104, 108,
　　　　　　113, 116, 117, 119, 130, 182, 264
　──の意義 ………………………………102
　──の正当化根拠 ………………………102
　──の適用範囲 …………………………106
　──の適用要件 …………………………119
　──の法律上の根拠 ……………………106
　アメリカの── ………………108, 119

計算書類 ………139, 210, 212, 213, 214, 217
　──等の正確性・適法性 ………………211
　──の承認決議 …………………………172
刑事制裁 …………………………………105
経常損益金 ………………………………218
形成訴訟 …………………………171, 200
　──の効力 ………………………………200
継続企業 ……………………………37, 218
契約条件 …………………………………20
契約の束 ……………………………13, 41
欠　員 ……………………………………79
欠格者 ……………………………………76
結果責任論の否定 ………………………107
決　議 ……………………………………170
　──事項 …………………………165, 204
　──取消しの訴え ………………84, 171
　──取消しの原告適格 …………………172
　──の瑕疵 ………………………………170
　──の定足数 ……………………………259
　──不存在確認の訴え …………………173
　──無効確認の訴え ……………………172
結合企業 …………………………………286
決　算
　──期 ……………………………212, 213
　──情報の開示 …………………………210
　──の意義 ………………………………209
　──の流れ ………………………………212
欠損が生じた場合の責任 ………………225
減価償却費 ………………………………187
現経営陣の支配権維持 …………………265
原告適格 …………………171, 180, 220
検査役
　──選任請求権 …………………………174
　──の検査 ………………………………233
　──の選任の申立て ……………………233
　──の調査 ………………………233, 235
原始定款 …………………………………231
兼職禁止 …………………………………289
　──規制 …………………………………289
兼任禁止 …………………………………139
兼任取締役 ………………………………293
現物出資 …………………233, 235, 239
　──の全部給付 …………………………235
現物配当 …………………………………223
現物返還の原則 …………………………251
憲　法 ……………………………………57
権利外観法理規定 ………………………86
権利関係の画一的確定 …………………170

309

権利行使者の選定・通知 ………………160
権利能力なき社団 ………………30, 237
権利能力の制限 ………………………29
公益社団法人 ……………………………30
公開会社 ………………………36, 76, 257
　——法 ………………………………185
　　会社法上の—— ……………………36
　　講学上の—— ………………………36
公開買付け …………………………226, 256
　　——開始公告 ……………………257
　　——規制 …………………………291
　　——の手続 ………………………257
　　強圧的な—— ……………………269
公開的会社 …………36, 37, 39, 54, 60, 61,
　　　　　　　　64, 67, 71, 173, 188, 261
　　——の経営管理組織 ………………67
　　——の権限分配 …………………262
　　——の法ルール ……………………38
交換可能性 ………………………………16
後継者計画 ………………………………95
公　告 …………………213, 214, 216
合資会社 ……………6, 11, 12, 27, 31, 34, 38
行使価額 ……………………………154
公衆の縦覧 …………………………188
公証人による認証 ……………231, 282
公序良俗 ………………………51, 203
構成員 ……………………………………23
公正性 ……………………………45, 63
　　——の確保 ……………45, 121, 134
公正な価格 …………………………275
　　——と認める額 …………………281
　　——に関する判例 ………………277
　　——の決定手続 …………………275
　　——の算出方法 …………………276
公正な株価形成 ……………………185
合同会社 …………………6, 11, 27, 32, 34, 38
公認会計士 ………………………………139
公　募 …………………………197, 199, 258
合名会社 …………………6, 11, 12, 27, 30, 33
効率性 ……………………………45, 134
　　——の確保 ……………25, 45, 134
効率的市場仮説 ……………………184
効率的な企業再編 …………………279
効率的な経営 ………………………134
子会社 ……………………………………286
　　——株式等の譲渡 ……………242, 297
　　——調査権 ………………………143
　　——等 …………………………77, 286

　　——による親会社株式取得の禁止 ………246
　　——による親会社株式取得の制限 ‥287, 288
　　——の債権者の利益 ……………301
　　——の債権者保護 ………………295
　　——の少数株主 ……………285, 292
子会社取締役 ………………………300
　　——のジレンマ …………………299
　　——の責任 …………………292, 295
　　——の任務懈怠 …………………180
個人営業 ……………………38, 60, 62
個人企業 ………6, 11, 12, 15, 16, 17, 23, 24, 31
　　——の所有者 ……………………17, 26
個人財産 …………………………………60
個人的に重要な利害関係 ……………120
個人的利益 ………………………………117
個人別の報酬 ……………………………148
国家によるパターナリスティックな積極的な
　介入 ……………………………………230
固定資産 …………………………………217
固定負債 …………………………………217
個別注記表 ………………………………294
コーポレート・ガバナンス ………68, 71, 73, 99,
　　　　　　　　133, 159, 161, 265
　　——の基本的課題 ………………260
　　——の主要問題 ……………………25
　　——の中心的課題 ……………72, 153
　　——の目的 ………………………134
　　——の問題 …………………………67
コーポレートガバナンス・コード …76, 94, 97,
　　　　　　　　　　135, 162, 264
　　——報告書 …………………………97
コマーシャル・ペーパー ……………202
雇用契約 …………………………………20
コール・オプション ……………154, 194
コンプライアンス部門 …………………148

### さ　行

採決の手続 …………………………169
債　権 ………………………………159
財源規制がかからない場合 …………225
債権者 ……15, 16, 17, 19, 20, 21, 24, 27, 31, 41,
　　42, 43, 46, 48, 49, 53, 59, 61, 69, 104, 185
　　——との関係 ……………………128
　　——の利益 ………………………221
　　——の利害状況 ……………………19
債権者保護手続 ………219, 220, 225, 245, 247,
　　　　　　　　248, 251, 255, 283
再交渉 ………………………………203

事項索引

| | |
|---|---|
| 財産引受け | 233, 238, 239 |
| 最終完全親会社等 | 180 |
| ——の株主 | 179 |
| 最終事業年度 | 216 |
| 再訴禁止の効果 | 178 |
| 最低資本金制度 | 229, 230, 231 |
| 裁判所の許可 | 84 |
| 裁判所の認可 | 204 |
| 財務状況の比較可能性 | 210 |
| 財務上の特約 | 203 |
| 財務諸表規則 | 211 |
| 債務超過 | 58, 60, 128 |
| 債務引受け | 245 |
| 債務不履行責任の特則 | 101 |
| 裁量棄却 | 171 |
| 詐害行為取消権 | 250, 251 |
| 詐害的事業譲渡 | 244 |
| 詐害的分割の債権者保護 | 250 |
| 先買権者 | 192 |
| 詐欺の行為の禁止 | 189 |
| 差止事由 | 256 |
| 差止請求権 | 195, 270 |
| 三角合併 | 246 |
| 残存債権者 | 244, 250, 251 |
| 算定の基準時 | 277 |
| 残余財産の分配 | 45, 190, 193, 284 |
| 自益権 | 160 |
| 事業 | 241 |
| ——全部の経営委任 | 242 |
| ——全部の賃貸 | 242, 243 |
| ——全部の譲受け | 225, 242 |
| ——の重要な一部の譲渡 | 240 |
| ——の譲渡等 | 239, 240, 241 |
| ——の全部の譲渡 | 241 |
| 事業年度 | 209, 210, 212, 214, 215, 217 |
| ——における会社の経営成績 | 217 |
| 事業報告 | 142, 210, 213, 291, 292, 295 |
| ——の付属明細書 | 291 |
| 資金調達 | |
| ——コスト | 183 |
| ——の経済的意義 | 69 |
| ——の方法 | 187 |
| ——の目的 | 265, 266 |
| 自己株式 | |
| ——の帳簿価額 | 223 |
| ——の無償取得 | 224 |
| ——の有償取得 | 221, 224 |
| 自己株式の処分 | 201 |

| | |
|---|---|
| ——の差止請求 | 201 |
| ——無効の訴え | 201 |
| 自己株式の取得 | 288 |
| 売渡請求に基づく—— | 225 |
| 株主との合意による—— | 225 |
| 株主との合意による——の手続 | 225 |
| 公開買付けによる—— | 225 |
| 子会社からの—— | 225 |
| 市場取引による—— | 225 |
| 特殊な—— | 224 |
| 自己監査 | 140, 141, 148 |
| 自己資本利益率 | 162 |
| 自己責任 | 230 |
| 事後設立 | 233 |
| 事後的時点 | 119 |
| 事後的な救済策 | 255 |
| 事後的判断 | 114 |
| 事後の後発事象 | 219 |
| 自己の個人的利益 | 263 |
| 事後の情報開示手続 | 271 |
| 自己のために直接取引をした取締役 | 125 |
| 自己の保身 | 263 |
| 自己の利益 | 133 |
| 事後備置手続 | 272, 273 |
| 事後報告 | 122 |
| 自己または第三者のために | 123 |
| 自己利益追求行為 | 267 |
| 自己利益の実現の場 | 41 |
| 資産（assets） | 216 |
| 資産の評価基準 | 214 |
| 資産の部 | 217 |
| 事実上の取締役 | 294, 296 |
| 事実の開示 | 122 |
| 事実の認識につき重大な不注意による誤り | 107 |
| 自主規制 | 97 |
| 市場価格 | 276 |
| 市場監督 | 189 |
| 市場による規律 | 105, 114, 135, 182 |
| 市場の効率性 | 184, 189 |
| 市場の不正行為の規制 | 185 |
| 市場の法ルール | 185 |
| 市場流動性ディスカウント | 279 |
| システミック・リスク | 104 |
| 慈善事業等への寄付 | 28 |
| 事前の救済手段 | 255 |
| 事前の情報開示手続 | 271 |
| 事前の提訴請求 | 175 |

| 事前備置手続 …………………………… 272, 273
| 執行文付与の訴え ……………………………… 63
| 執行役 ………………………… 35, 68, 74, 91, 145, 213
|   ――解任請求権 …………………………… 174
|   ――との兼任 ……………………………… 147
|   ――との兼任取締役 ……………………… 145
|   ――の違法行為の差止請求権 ………… 174
|   ――の員数 ………………………………… 92
|   ――の解任 ………………………………… 92
|   ――の業務執行のモニタリング ……… 87, 90
|   ――の職務執行 …………………………… 89
|   ――の職務の分掌 ………………………… 90
|   ――の選任 ………………………………… 92
|   ――への決定権限の委譲 ……………… 147
| 執行役員制度 ……………………………………… 86
| 実質的な基準 …………………………………… 287
| 実質動議 ………………………………………… 169
| 実定法上の根拠 ………………………………… 106
| 失念株 ……………………………………………… 66
| 質問状 …………………………………………… 170
| シナジーが生じない場合 …………………… 277
| シナジーが生じる場合 ……………………… 277
| 支配株主 …………………………………… 95, 258
|   ――である親会社 ……………………… 299
|   ――の異動を伴う募集株式の発行等の場合
|     ……………………………………………… 199
|   ――の忠実義務 ………………………… 278
| 支配権 …………………………………………… 266
|   ――の異動 ……………………………… 258
|   ――の異動を伴う新株発行 …………… 196
|   ――の異動を伴う第三者割当て ……… 258
| 支配従属企業 …………………………………… 286
| 支払不能テスト ………………………………… 222
| 支払利子 …………………………………………… 24
| 四半期決算 ……………………………………… 216
| 資　　本 ………………………………………… 216
|   ――の払戻し …………………………… 274
| 資本金 ……………………………………… 219, 222
|   ――減少無効の訴え …………………… 220
|   ――の額 ………………………………… 219
|   ――の額の減少 …………………… 219, 220
| 資本コスト ………………………………… 161, 162
| 資本資産評価モデル（CAPM）………… 161
| 資本市場 ………………………………………… 188
|   ――の健全性 …………………………… 189
|   ――の効率性 …………………………… 189
| 資本準備金 ……………………………………… 220
|   ――の額 ………………………………… 220

指名委員会 ……………………… 88, 89, 145, 149
指名委員会等設置会社 ……… 35, 68, 74, 88, 93,
                144, 145, 213, 88, 91, 145, 157
  ――によるモニタリング ……………… 145
  ――の経営機関 …………………………… 87
  ――の社外取締役 ……………………… 146
  ――を選択できる会社 …………………… 89
社　　員 ………………………………… 23, 31, 46
  ――の確定 ……………………………… 234
  ――の出資 ……………………………… 231
  ――の地位 ………………………………… 33
  ――の持分 ………………………………… 36
社員権 …………………………………………… 160
社員権説 ………………………………………… 160
社外監査役 ………………………………… 139, 140
  ――の強制 ……………………………… 140
社外性 ……………………………………… 88, 90, 146
  ――の要件 ………………………… 76, 140, 151
社外取締役 ………………… 76, 81, 87, 88, 90, 126,
                146, 148, 179, 264, 291
  ――の導入 ………………………………… 78
  ――を置くことが相当でない理由 ……… 78
  独立性のある―― ………………………… 89
社　　債 …………………… 69, 188, 201, 202, 205
  ――による資金調達 …………………… 201
  ――の意義 ……………………………… 201
  ――の期限の利益喪失 ………………… 204
  ――の集団性 …………………………… 203
  ――の譲渡等 …………………………… 205
  ――の発行 ……………………………… 204
  ――の法ルール ……………………… 202, 203
  ――の問題状況 ………………………… 202
社債, 株式等の振替に関する法律 ………… 202
社債管理者 ……………………………… 202, 203, 204
  ――の設置強制 ………………………… 203
  ――の善管注意義務 …………………… 203
社債契約 ………………………………………… 203
社債券 ……………………………………… 205, 206
  ――の発行 ……………………………… 201
  ――を発行していない場合 …………… 205
  ――を発行している場合 ……………… 205
社債権者 …………………………………… 203, 204
  ――の意思 ……………………………… 204
  ――の保護 ………………………… 203, 204
社債権者集会 ………………………… 202, 203, 204
社債原簿 …………………………………… 205, 206
社債発行 ………………………………………… 188
社　　団 …………………………………………… 30

事項索引

——の集団性 ……………………………… 202
社団性 ……………………………………… 30, 31
社団法人 ………………………………………… 30
収益（revenues）……………………………… 217
重過失 ……………………………………… 85, 125
　職務を行うにつき—— ………………………… 127
従業員 …… 16, 17, 20, 21, 22, 23, 25, 31, 41, 42,
　　46, 47, 48, 49, 53, 69, 85, 104, 110, 128, 185
　　——の利益 ………………………… 54, 55, 56, 57
　　——の利害状況 ……………………… 20, 25, 56
従業員持株制度 ………………………………… 65
従属性 …………………………………………… 16
終任事由 ………………………………………… 78
重要な使用人 …………………………………… 77
重要な利益相反関係の不存在 ……………… 120
従来型 ………………………………………… 226
　　——の会社 …………………… 35, 68, 73, 136, 212
　　——の経営管理 ……………………… 136, 145
　　——の経営管理期間 …………………………… 89
　　——の経営機関 ……………………………… 76
　　——の取締役会 …………………… 80, 82, 87
　　——の報酬額決定 …………………………… 155
出　資 ……………………………… 26, 33, 34, 55, 60, 65
　　——の仮装 ……………………………… 235, 236
　　——の仮装責任 …………………………… 240
出資額 ………………………………………… 59, 60
出資者 …………………………………………… 65
取得価格決定の申立て ……………… 193, 272
取得財源規制 ……………………………… 224, 226
取得条項付株式 ……………………………… 192
取得請求権付株式 ……………………… 190, 192
取得の差止請求権 …………………………… 273
主要目的ルール ……………………… 257, 265
種類株式 ……………………………… 190, 282
　　——間の利害調整 ………………………… 194
　　——発行会社 ……………………………… 271
種類株主総会 ………………… 78, 190, 272, 282
　　——により取締役・監査役を選任できる株
　　　式 ……………………………………… 193
　　——の決議 ………………………………… 194
純資産（equity）…………………………… 216
　　——の額 ………………………………… 216
純資産額 ……………………………………… 222
純資産の部 ……………………… 217, 218, 220
純税効果 ……………………………………… 24
準備金 ……………………………… 219, 220, 222
　　——の額の減少 ……………………… 219, 220
　　——の計上の義務づけ ………………… 249

純利益（income）…………………………… 217
小会社 ………………………………………… 39
商業使用人 …………………………………… 16
商業登記の効力 ……………………………… 86
常勤監査役 …………………………………… 140
承継会社 ……………………………………… 248
承継した財産の価額 ……………………… 251
証券取引市場 ………………………………… 72
証券取引等監視委員会 …………………… 185
商　号 ………………………………………… 231
商行為 ………………………………………… 30
商号を続用する譲受会社責任 …………… 250
商事消滅時効 ………………………………… 30
使用者責任 …………………………………… 296
招集権者 ……………………………………… 165
招集通知 ……………………………………… 82
招集手続 ……………………………………… 165
招集の方法 …………………………………… 82
上場会社 ……… 36, 37, 54, 72, 74, 89, 92, 94, 96,
　　　　　97, 163, 184, 212, 224, 257, 261, 264
　　——の株式 ………………………………… 66
　　——の株式価格算定 ……………………… 276
　　——の経営 ………………………………… 99
上場規則 ……………………………………… 258
少数株主 ………………………………… 96, 270
　　——権 ……………………………… 160, 166
　　——の利益 ……………………… 270, 301
少数派株主 …………………………………… 274
　　——が受けた不当な不利益を救済する手段
　　　　　　　　　　　　　　　　　　 275
勝訴株主 ……………………………………… 177
商的色彩論 …………………………………… 4
譲渡承認請求 ………………………………… 192
譲渡制限株式 ………………… 190, 191, 197, 225
商　人 ……………………………… 27, 30, 32
　　——概念 …………………………………… 32
使用人兼務取締役 ……………………………… 90
商人性 ………………………………………… 32
使用人部分の報酬 ……………………… 146, 157
消費者契約 …………………………………… 203
消費者契約法 ………………………………… 203
消費者取引市場 ……………………………… 105
消費者の保護水準 ……………………………… 9
消費者法 ………………………………………… 8
商　法 ……………………………………… 1, 2
　　—— 503条2項 …………………………… 30
　　——の意義 ………………………………… 1
　　——の独自性 ……………………………… 3, 4

313

| | |
|---|---|
| 形式的意義の―― | ……………1, 2, 3 |
| 実質的意義の―― | ……………2, 3, 4 |
| 情報開示 | ……………257 |
| ――の規制 | ……………185 |
| 情報格差の不当利用 | ……………276 |
| 情報収集 | ……………107 |
| ――権 | ……………174 |
| ――のコスト | ……………121 |
| 情報と交渉力の格差 | ……………268 |
| 賞　与 | ……………153 |
| 剰余金 | ……………222 |
| ――の配当 | ……190, 193, 216, 221, 222, 225, 227 |
| ――の配当等の算定 | ……………211 |
| ――の配当等の分配計算 | ……………216 |
| ――の配当の手続 | ……………223 |
| ――の分配 | ……64, 69, 224 |
| ――の分配可能額 | ……………219 |
| ――配当請求権 | ……………160 |
| 剰余権者（residual claimant） | ……17, 18, 23, 25, 42, 47, 48, 49, 53, 54, 55, 153, 154, 159, 182, 266 |
| ――性 | ……………48 |
| ――である株主全体の長期的利益 | ……266 |
| ――の利益最大化 | ……………52 |
| 剰余利益 | ……………18 |
| 将来キャッシュ・フロー | ……………222 |
| 将来発行する予定の株式数 | ……………199 |
| ショート・ターミズム | ……………37 |
| 職務執行の監督権限 | ……………91 |
| 職務の分掌・指揮命令関係 | ……………91 |
| 所在不明株主の株式の買取り | ……………225 |
| 書面決議 | ……………83 |
| 書面投票制度 | ……………168 |
| 所有者 | ……15, 18, 21, 23, 31, 41, 42 |
| ――の持分 | ……………17 |
| ――の利害状況 | ……………17 |
| 所有と経営の一致 | ……………38 |
| 所有と経営の分離 | ……35, 37, 68, 71, 72, 99, 153, 262 |
| 知れている債権者 | ……………219, 250 |
| 新株発行 | ……………196, 201 |
| ――差止仮処分命令 | ……………200 |
| ――等の不存在確認の訴え | ……………200 |
| ――による既存株主利益の保護 | ……198 |
| ――の瑕疵 | ……………200 |
| ――の差止め | ……………200 |

| | |
|---|---|
| ――の無効事由 | ……………200 |
| ――無効の訴え | ……………200 |
| 通常の―― | ……195, 196, 200 |
| 特殊の―― | ……………195 |
| 新株予約権 | ……69, 194, 205, 217, 218, 270 |
| ――原簿の閲覧拒否事由 | ……………174 |
| ――の承継 | ……………253 |
| ――の意義 | ……………194 |
| ――の公正な価格 | ……………282 |
| ――の発行手続 | ……………194 |
| ――の発行の無効確認の訴え | ……206 |
| ――の付与 | ……153, 154, 154, 156 |
| 新株予約権付社債 | ……202, 205, 206, 255, 270 |
| 新株予約権の無償割当て | ……………195 |
| ――通知の期間 | ……………195 |
| 新株予約権発行無効の訴え | ……………195 |
| 信義則 | ……………51, 203 |
| 新旧株主間の利益調整 | ……………198 |
| 新設会社 | ……………248, 254 |
| 新設合併等 | ……………232, 244 |
| 新設分割 | ……………248 |
| 新設分割計画 | ……………250 |
| 人的会社 | ……………35 |
| 人的責任 | ……………33 |
| 人的分割 | ……………248 |
| 人的無限責任 | ……………26 |
| 信用リスク | ……………20 |
| 信頼の原則 | ……………121 |
| 随意償還株式 | ……………192 |
| ステークホルダー | ……12, 18, 25, 32, 41, 42, 47, 49, 53, 54, 56, 96, 185, 230 |
| ――の利害状況 | ……………23 |
| ――論 | ……………47, 48, 49 |
| 会社の―― | ……31, 46, 47, 49, 69 |
| 株主以外の―― | ……………161 |
| 企業をめぐる―― | ……………11 |
| 個人企業をめぐる―― | ……………12 |
| 主要な―― | ……………17 |
| 剰余権者以外の―― | ……………53 |
| すべての――の利益 | ……………56 |
| 団体企業をめぐる―― | ……………23 |
| ストック・オプション | ……154, 156, 173 |
| 制限議決権株式 | ……………167 |
| 制限される賠償額 | ……………126 |
| 税効果会計 | ……………219 |
| 清　算 | ……………69, 283 |
| ――事務 | ……………284 |
| ――手続 | ……239, 245, 283 |

事項索引

――の結了 …………………283, 284
――の結了の登記 …………………284
清算中の会社 …………………284
清算人 …………………284
政治献金 …………………28
誠実かつ合理的に確信 …………………120
政党への寄付 …………………28
税引前当期純利益金額 …………………218
税法会計 …………………212
成立後の会社 …………………239
責任限定契約 …………………144
責任制限 …………………126
責任追及ができなくなる要件 …………181
責任追及の訴え …………………176, 177
責任の一部免除 …………………126
責任の消滅時効 …………………102
是正権限 …………………143
積極経営 …………………114
積極的債権侵害による不法行為責任 …294
絶対的記載事項 …………………231
説明義務 …………………169, 170
設 立
  ――に関する民事責任 …………239
  ――の登記 …………………237
  ――の方法 …………………230
  ――費用 …………………233
  ――無効の訴え …………………239
  ――無効判決 …………………239
  違法な―― …………………239
設立時株式の発行 …………………196
設立時監査役 …………………234, 239
設立時取締役 …………………234, 239
設立時発行株式の総数 …………………232
設立中の会社 …………………237, 238
  ――における執行機関 …………237
  ――の機関 …………………238, 239
設立登記 …………………231
責めに帰すべき事由 …………………101
攻めの経営 …………………94
善意取得 …………………66
善意の第三者 …………………85, 86
善意・無過失 …………………81
全員出席総会 …………………167, 173
全株式の買付義務 …………………257
善管注意義務………46, 50, 53, 92, 99, 103, 105,
    109, 112, 114, 116, 122, 125, 204, 266, 299
  ――違反…………………108, 112, 114, 122,
    123, 142, 256, 296

――違反の有無 …………………107
――違反の有無の判断基準 …………107
子会社管理上の―― …………………297
債権者に対する …………………128
選任議案についての同意権・提案権 ……151
全部取得条項付種類株式 …………193, 272
  ――による株式取得 …………………270
  ――の取得 …………………255, 271
専門家責任 …………………102
専門職大学院 …………………73, 138
総株主通知 …………………67
総株主の同意…………125, 144, 178, 181, 227
総株主の半数以上（頭数） …………170
相互会社 …………………28
総数引受契約 …………………195, 197
相対的記載事項 …………………232, 233
相対的無効 …………………124
相対取引 …………………203
相場操縦の禁止 …………………189
創立総会 …………………234, 235
遡及効 …………………255
属人的みなし種類株式 …………………190
組織再編 …………………239
  ――等の差止請求 …………………255
  ――無効の訴え …………………255
組織変更 …………………69, 282
  ――計画 …………………283
  会社法上の―― …………………282
  講学上の――概念 …………………282
組織法上の行為 …………………239, 244, 248
訴訟委員会 …………………178
訴訟参加 …………………177
訴訟上の和解 …………………178
訴訟費用 …………………176
その他資本剰余金 …………………222
その他利益剰余金 …………………222
ソフトロー …………………94, 96, 135
損益計算書………210, 214, 216, 217, 218
  ――の意義 …………………217
損害額の推定 …………………123
損害填補機能 …………………101, 130
損害賠償の制裁 …………………105
存続会社の親会社の株式 …………………246

た 行

大会社 …………………35, 39, 89, 139
対価の著しい不当性 …………………256
大規模会社 …………………36

315

| | |
|---|---|
| 対抗問題 …………………………… 86 | 妥当性 ……………………… 137, 152 |
| 第三者委員会 ………… 177, 178, 264, 269 | ──の監査 ……………………… 148 |
| ──の判断 …………………… 179 | ──の監査権限 ……………… 142 |
| 第三者異議の訴え ……………………… 63 | 他人と事業上の損益全部を共通にする契約 |
| 第三者に対する責任 …………… 102, 239 | …………………………… 242 |
| 第三者割当て ………… 197, 199, 257, 258 | 他人名義で株式を引き受けた場合 ……… 197 |
| ──による取得 ……………… 256 | 短期社債 ……………………… 202 |
| 退　社 …………………………… 34 | 短期的経営 …………………… 155 |
| 貸借対照表 ……… 210, 214, 216, 218, 220, 221 | 短期利益主義 …………………… 95 |
| ──上の純資産額 …………… 222 | 単元未満株主の買取請求 ……… 225 |
| ──テスト …………………… 221 | 団体企業 ……………… 6, 11, 23, 24, 26, 35 |
| ──の純資産の部 …………… 222 | 団体性 ……………………………… 33 |
| 最終の決算期の── ………… 222 | 団体の構成員 …………………… 23 |
| 大衆株主 ……………………… 163 | 単独株主権 …………… 160, 166, 175 |
| 退職慰労金 …………………… 156 | 担保付社債 …………………… 202 |
| 対世的効力 …………… 171, 172, 173, 200, | 担保提供 ……………………… 177 |
| 239, 247, 252, 255 | 秩序維持権 …………………… 169 |
| 代表機関 ………………………… 75 | 中会社 ……………………………… 39 |
| 代表権 ……………………………… 84 | 中間的社団法人 ………………… 30 |
| ──の範囲 …………………… 84 | 中間配当 ……………………… 223 |
| 代表執行役 ……………………… 75, 92 | 注記表 ………………… 210, 214, 215, 218 |
| 代表訴訟 ……………… 168, 174, 177 | 忠実義務 ………… 46, 50, 53, 92, 99, 109, 122 |
| ──提起権 …………… 160, 174 | 中性法人 …………………………… 28 |
| ──と株主全体の利益確保 …… 178 | 中長期的な企業価値の向上 ……… 94, 96 |
| ──の対象となる取締役の責任 …… 175 | 中長期的な業績と連動報酬 ……… 95 |
| ──の判決 …………………… 178 | 調査権限 ………………… 143, 148, 152 |
| ──を提起した株主 ………… 176 | 調査費用 ……………………… 177 |
| 代表取締役 ………… 35, 68, 74, 75, 82, 84, | 直接金融 ……………………… 202 |
| 87, 112, 116, 137, 151 | 直接損害 ……………………… 128 |
| ──の解職 …………… 80, 82, 83 | 直接的な資金調達 ……………… 187 |
| ──の業務執行権限 ………… 86 | 直接取引 ……………………… 123 |
| ──の権限濫用 ……………… 85 | 追　認 ………………………… 239 |
| ──の終任 …………………… 84 | 通常清算 ……………………… 284 |
| ──の選定 …………… 80, 82, 83, 84 | 通常の過失の判断 …………… 103 |
| 代理関係 ………………………… 21 | 通常の経営者 ………………… 107 |
| 代理権 ……………………………… 16 | 通常の取引行為 ………… 239, 240, 244 |
| ──の制限 …………………… 29 | 通知・公告 …………………… 271, 272 |
| 代理人 ……………………………… 21 | 株式併合の── ……………… 273 |
| 大量の株式の発行 …………… 258 | 定　款 ……………… 34, 35, 49, 64, 76, |
| ターゲット会社 ……… 256, 260, 261, 263 | 83, 164, 210, 231, 235 |
| ──の経営者 ………………… 260 | ──違反行為 ………………… 29 |
| 多重代表訴訟 ………… 176, 179, 297 | ──所定の事業目的 ………… 30 |
| ──提起権 …………………… 179 | ──に記載のない財産引受け …… 239 |
| 多数決原理の導入 …………… 274 | ──による譲渡制限 …………… 64 |
| 多数派株主 …………………… 274 | ──の記載事項 ……………… 28 |
| ──と少数株主の利害 …… 51, 52, 278 | ──の作成 …………………… 231 |
| ただ乗り ……………………… 163 | 定款変更 ……………………… 69, 282 |
| ──問題 ……………………… 164 | ──の効力発生日 ………… 272, 281 |

事項索引

ディスカウント ………………………… 199
ディスクロージャー ……………………… 269
　　——規制 …………………………… 188, 189
　　——の充実 ……………………………… 268
提訴期間 …………………………………… 171
　　——の定め …………………………… 172
定足数 ……………………………… 78, 170
適切な情報開示 …………………………… 95
敵対的買収 ………… 105, 186, 257, 260, 261, 263
　　——のターゲット …………………… 260
　　——の買収者 ………………………… 260
適法意見 …………………………………… 214
適法性の監査 ……………………………… 142
手続的公正配慮義務 ……………………… 267
テレビ会議 ………………………………… 83
電子投票制度 ……………………………… 168
電話会議 …………………………………… 83
同意権 ……………………………………… 143
同一性説 …………………………………… 238
統一的な財源規制 ………………………… 225
投下資本の回収 ……………………… 64, 274
登記事項 …………………………………… 28
当期純利益 ………………………………… 218
登記の効力 ………………………………… 86
登記簿上の取締役 ………………………… 129
東京株式市場の効率性 …………………… 185
東京証券取引所 ……………………… 258, 264
倒産必至の状況 …………………………… 58
倒産法 ……………………………………… 57
投資家 ………………………… 65, 183, 189
　　——に対するディスクロージャー …… 188
同族企業 …………………………………… 38
透明性の確保 ……………………………… 95
特殊決議 …………………………………… 190
特殊の義務 ………………………………… 170
特定企業に固有のリスク ………………… 104
特定承継 …………………………………… 241
特定責任 …………………………………… 180
　　——追及訴訟 …………………… 179, 297
　　——追及訴訟提起権 ………………… 179
　　——追及の提訴請求 ………………… 181
　　——の原因となった事実 …………… 182
　　——の免除 …………………………… 181
特に有利な価額 ……………………… 200, 257
特に有利な条件 ……………… 194, 199, 206
独任制 ………………………… 142, 143, 144, 148
特別決議 …………………………… 170, 193, 194
特別口座 …………………………………… 67

特別支配会社 …………………………… 242
特別支配株主 …………………………… 271
　　——による株式売渡請求 ……… 255, 270
特別清算 ………………………………… 284
特別損失 ………………………………… 218
特別取締役 ………………………… 76, 81
特別の法的責任 ………………………… 127
特別の利害関係 ………………………… 83
特別利益 ………………………………… 218
特別利害関係者 ………………………… 82
特別利害関係人 ………………………… 83
匿名組合 …………………………… 26, 34
匿名組合員 ……………………………… 26
独立社外取締役 ………………………… 96
独立性基準 ……………………………… 146
独立当事者 ……………………………… 20
　　——間の関係にある場合 …………… 278
　　——間の関係にない場合 …………… 278
　　——間の取引 ………………… 268, 277
独立取締役 …………… 87, 88, 90, 93, 97,
　　　　　　　　　　　　136, 144, 146, 179
特例有限会社 …………………………… 6
トラッキング・ストック ……………… 191
取消事由 ………………………………… 171
取締役 ………………… 28, 35, 67, 76, 89, 112, 114
　　——解任請求権 ……………………… 174
　　——個人の利益 ……………………… 121
　　——等の報酬決定の方針 …………… 95
　　——との兼任 ………………………… 92
　　——任用契約 ………………………… 100
　　——の違法行為 ……………………… 143
　　——の違法行為の差止請求権 …… 143, 174
　　——の会社に対する責任の軽減・免除 … 125
　　——の過半数 ………………………… 83
　　——の業務執行監督権限 …………… 80
　　——の個人的利益 …………………… 121
　　——の職務執行 ……………………… 89
　　——の責任 …………………………… 179
　　——の責任の免除 …………………… 125
　　——の善管注意義務 ………… 100, 116, 121
　　——の選任 …………………………… 78
　　——の第三者に対する責任 ……… 127, 128
　　——の第三者に対する責任の性質 …… 127
　　——の忠実義務 ……………………… 109
　　——の任期 …………………… 78, 79, 90
　　——の任務懈怠責任 ………………… 126
　　——の利益相反取引の規制 ………… 263
取締役会 …………… 35, 80, 91, 112, 136, 137

317

──のあり方 …………………………… *95*
　　──の監督権限 ………………………… *81*
　　──の議事録 …………………………… *84*
　　──の議長 ……………………………… *83*
　　──の決議 ………………………… *83, 84*
　　──の決定 ……………………………… *74*
　　──の権限 ……………………………… *80*
　　──の重要な意思決定 ………………… *96*
　　──の招集 ……………………………… *82*
　　──の承認 ………………………… *64, 122*
　　──の問題点 …………………………… *87*
　　──の役割 ……………………………… *74*
　　──への報告権限 ……………………… *143*
　　──による監督の機能不全 …………… *137*
　　──による監督のねらい ……………… *137*
　　──によるモニタリング（監督）
　　　　　　　　　　………………… *81, 137, 145*
　　アメリカの── …………………………… *147*
取締役会設置会社 ……………… *51, 68, 165, 226*
取締役会全体の実効性に関する分析・評価
　　　　　　　　　　………………………………… *96*
取締役・監査役のトレーニング ……………… *96*
取締役・経営幹部の候補者の指名 ………… *95*
取引債権者 ……………………………… *20, 23*
取引市場 ………………………………………… *64*
　　──の規律 …………………………… *36*
取引所金融商品市場外 ……………………… *256*
取引の安全 ………………… *85, 125, 207, 226*
　　──の確保 …………………………… *85*
取引の束 ………………………………………… *41*
取引費用 ………………………………………… *9*
取引法的行為 ………………………………… *248*

### な 行

内部監査部門 ………………………………… *148*
内部資金 ……………………………… *69, 187, 188*
内部者取引 ……………………………… *185, 189*
内部情報 ……………………………………… *189*
内部統制システム ……………………………… *152*
　　──の運用状況の概要 ………………… *142*
　　──の構築・維持 ……………………… *112*
内部統制・リスク管理体制 …………………… *95*
内部留保 ……………………………………… *187*
ナカリセバ価格 ……………………………… *277*
馴れ合い訴訟 ………………………………… *177*
日本再興戦略 …………………………………… *94*
日本証券業協会の自主ルール ……………… *199*
日本版スチュワードシップ・コード

　　　　　　　　　　……………………… *38, 94, 97*
任意規定 ………………………………………… *9*
任意の委員会の設置 ………………………… *96*
任意法規 …………………………………… *7, 33*
任期の満了 …………………………………… *78*
任務懈怠 ……………………………… *101, 125*
　　──の抑止 …………………………… *175*
任務懈怠責任 ……………………… *101, 125, 239*
農業協同組合 ………………………………… *28*

### は 行

バイアウトファンド …………………………… *266*
配偶者 …………………………………………… *77*
配当決定機関 ………………………………… *223*
配当政策 ……………………………………… *187*
売買価格決定申立権 ………………………… *271*
ハイリスク・ハイリターン ………… *15, 42, 43,*
　　　　　　　　　　　　　　　　*58, 103, 154*
　　──の経営決定 …………………… *104*
破　産 ………………………………………… *283*
端数処理 ……………………………………… *225*
発行会社の資産の悪化 ……………………… *203*
発行可能株式総数 …………………… *231, 232*
発行差止め …………………………………… *258*
発行市場 …………………………… *37, 38, 188*
発行者が開設した買取口座への振替の強制
　　　　　　　　　　………………………………… *280*
発行手続 ……………………………………… *206*
ハードロー ………………………… *94, 96, 97, 135*
パフォーマンス株式 ………………………… *155*
払込み ………………………………………… *195*
　　──の仮装 ……………………… *235, 237*
　　──の仮装責任 ……………………… *240*
　　──のない株式 ……………………… *197*
払込金額全額の払込み ……………………… *235*
払込取扱期間 ………………………………… *235*
払込取扱場所 ………………………………… *235*
払込保管証明書 ……………………………… *235*
バランス・シート（Balance Sheet）……… *217*
パレート効率性 ……………………………… *134*
反対株主の買取請求 ………………………… *225*
反対通知 ……………………………………… *282*
販売費 ………………………………………… *218*
非業務執行取締役の活用 …………………… *96*
非公開会社 …………………………… *193, 199*
　　──が定款を変更して公開会社になる場合
　　　　　　　　　　………………………………… *232*
被告適格 ……………………………… *171, 220*

事項索引

| | |
|---|---|
| ビジネスの常識 …………………… 105, 107 | プリンスパル（principal） …………… 21 |
| 被支配会社 ………………………… 242, 254 | ブルドックソース事件 ………………… 265 |
| 被支配株主持分 …………………………… 217 | プロフィット・アンド・ロス・ステイトメン |
| 筆頭独立社外取締役 ……………………… 96 | 　ト（Profit and Loss Statement） …… 217 |
| 被買収会社 ………………………………… 256 | 分　　割 …………………………………… 69 |
| 費用（expenses） ………………………… 217 | 　――に対する意義 …………………… 204 |
| 評価・換算差額等 …………………… 217, 218 | 　――の効果 …………………………… 249 |
| 表見代表執行役 …………………………… 92 | 　――の対象 …………………………… 249 |
| 表見代表取締役 …………………………… 85 | 　――の無効 …………………………… 252 |
| 　――の責任 ……………………………… 85 | 分割無効の訴え ………………………… 252 |
| 評判等による規律 ……………………… 105 | 分割無効判決 …………………………… 252 |
| 評判の失墜 ……………………………… 105 | 分散投資 ………………………………… 104 |
| ピラミッド型の業務執行体制 …………… 87 | 分配可能額 ………… 125, 222, 223, 226, 227 |
| 非累積的 ………………………………… 191 | 　――による財源規制 ………………… 225 |
| 広い裁量 …………………………… 100, 116 | 　――の算定 …………………… 215, 219, 222 |
| 不確実な未来に向かっての跳躍 … 107, 113 | 　――の制限 …………………………… 248 |
| 不確定金額を報酬とする場合 ………… 155 | 　――の範囲 …………………………… 225 |
| 附合契約 ………………………………… 203 | 分離型タイプ …………………………… 205 |
| 附合契約性 ……………………………… 202 | 併合の割合等 …………………………… 273 |
| 　――の対応 …………………………… 203 | 閉鎖会社 ………………………………… 36 |
| 不公正な行為の禁止 …………………… 257 | 閉鎖的会社 …… 36, 38, 38, 61, 64, 65, 162, 188 |
| 不公正な取引 …………………………… 189 | ペーパーレス化 …………………… 65, 202 |
| 　――禁止規制 ………………………… 189 | ペン・セントラル鉄道会社事件 ……… 88 |
| 負債（liability） ………………………… 216 | 弁護士である監査役 …………………… 140 |
| 負債コスト ……………………………… 24, 25 | 弁護士費用 ……………………………… 176 |
| 負債の部 ………………………………… 217 | 変態設立事項 …………………… 232, 235 |
| 負債の利子率 …………………………… 24 | 防衛策の発動 …………………………… 262 |
| 不足額の支払責任 ……………………… 233 | 　――の決定権 ………………………… 263 |
| 付属明細書 …………… 139, 210, 212, 213, 215 | 　――の是非 …………………………… 263 |
| 普通株式 ………………………………… 190 | 　――の是非の決定 …………………… 261 |
| 　――に全部取得を付す旨の定め …… 271 | 包括承継 ………………………… 240, 245 |
| 普通決議 ………………………………… 79, 170 | 包括的移転 ……………………………… 244 |
| 普通取引約款 …………………………… 124 | 報告権限 ………………………… 143, 148 |
| ブックビルディング …………………… 199 | 報告事項について説明義務違反 ……… 171 |
| 物の会社 ………………………………… 35 | 報　酬 |
| 物の分割 ………………………………… 248 | 　――規制 ……………………………… 155 |
| 部分的公開買付け ……………………… 257 | 　――の意義 …………………………… 155 |
| 部分的包括承継 ………………………… 248 | 　――の決定 …………………………… 151 |
| 不法行為債権者 ……………… 16, 20, 23, 24 | 報酬委員会 ……………… 88, 89, 145, 148, 157 |
| 不法行為責任 …………………………… 127 | 法　人 …………………………………… 76 |
| ブラック・ショールズ・モデル … 277, 282 | 法人格 ………………………… 26, 27, 30, 31, 41 |
| 振　替 …………………………………… 65 | 　――の形骸化 ………………………… 32 |
| 振替株式 …………………………… 66, 280 | 　――の消滅 …………………………… 283 |
| 　――の質入れ ………………………… 66 | 　――の同一性 ………………………… 282 |
| 　――の譲渡 …………………………… 66 | 　――の否認 …………………………… 32 |
| 振替口座 ………………………………… 202 | 　――の濫用 …………………………… 32, 232 |
| 振替社債 ………………………………… 205 | 法人格否認の法理 ……… 31, 32, 61, 62, 251, 296 |
| 振替制度 ………………………………… 201 | 法人性 …………………………………… 31 |

319

| | |
|---|---|
| 法定準備金の減少 | 204 |
| 法定の委員会 | 150 |
| 法的安定性 | 200 |
| 法的義務 | 50 |
| 法的責任 | 50 |
| 法的対応のインプット | 268 |
| 法の一般原則 | 84 |
| 法の適用順序 | 49 |
| 法律関係の安定性の確保 | 170 |
| 法　令 | 45 |
| ──の遵守 | 121 |
| ──違反の経営決定 | 106 |
| 法令・社会規範の遵守 | 134 |
| 法令・定款違反 | 256 |
| 簿記・会計の原則 | 209 |
| 補欠の取締役 | 79 |
| 募集株式の発行等 | 196, 201 |
| 募集社債 | 204 |
| 募集新株予約権 | 259 |
| 募集設立 | 230, 233, 234, 235 |
| 補助参加 | 177 |
| 補助参加の利益 | 177 |
| 発起設立 | 230, 233, 234, 235 |
| 発起人 | 31, 229, 230, 233, 234, 237, 239 |
| ──の権限 | 238 |
| ──の氏名・住所 | 231 |
| ──の特別利益 | 232 |
| ──の報酬 | 233 |
| 発起人組合 | 237, 238 |
| 本店の所在地 | 231, 237 |

## ま　行

| | |
|---|---|
| マイナス効果 | 119 |
| マイノリティ・ディスカウント | 276, 279 |
| マザーズ | 94 |
| 見せ金 | 235, 236 |
| 未払いの設立費用 | 234 |
| 民法上の組合 | 6, 11, 25, 26, 28, 30, 34, 38 |
| 無額面株式 | 191 |
| 無過失 | 121 |
| 無記名式の新株予約権付社債権 | 206 |
| 無記名社債 | 205 |
| 無限責任 | 17, 18 |
| 無限責任社員 | 31, 33, 34 |
| 無限の人的責任　→人的無限責任 | |
| 無　効 | 84 |
| ──の主張 | 255 |
| 無効の訴え | 271 |
| ──の提訴期間 | 200 |
| 無効判決 | 255 |
| 無担保社債 | 202 |
| 名義書換 | 66 |
| 名目的取締役 | 129 |
| 目的物不足額塡補責任 | 239 |
| 目論見書 | 188 |
| 持株会社 | 251 |
| 持　分 | 33 |
| ──の譲渡 | 34 |
| 持分会社 | 6, 27, 35, 282 |
| 持分法損益等 | 219 |
| モニタリング（監視） | 60, 75, 81, 87, 91, 92, 144, 173 |
| モニタリング機関 | 144 |
| モニタリング効果 | 152 |
| モニタリングの機能 | 138 |
| モニタリングの実効性 | 146 |
| モニタリング・ボード | 87, 88, 97 |
| モニタリング・モデル | 75, 87, 93, 147 |
| モラル・ハザード | 130 |

## や　行

| | |
|---|---|
| 役員権利義務者 | 79, 80 |
| 役員退職慰労金贈呈の総会決議 | 172 |
| 役員報酬 | 153 |
| 約　款 | 9 |
| 有価証券 | 65, 201 |
| 有価証券届出書 | 188, 189 |
| 有価証券報告書 | 189, 212, 213, 214 |
| ──の提出義務 | 257 |
| 有機的一体性のある組織的財産 | 240 |
| 有限会社 | 6 |
| 有限会社法 | 6 |
| 有限責任 | 18, 27, 32, 35, 42 |
| 有限責任社員 | 34 |
| 友好的な買収 | 257 |
| 優先株式 | 190, 191 |
| 優先順位 | 46 |
| 誘導法 | 214 |
| 有利発行 | 196, 199, 257 |
| 横滑り監査役 | 140 |
| 予測可能性 | 46 |

## ら　行

| | |
|---|---|
| ライツ・オファリング | 195 |
| 利益供与の禁止 | 168, 294 |
| 利益準備金 | 220 |

事項索引

利益相反 …………………………………… 95
　——の可能性 ………………………… 178
利益相反状況 …………………………… 263
利益相反取引 ……………… 122, 123, 151
　——規制 ……………………… 121, 123
　——における取締役の責任 ………… 125
　承認を受けない——の効力 ………… 124
利益相反問題 ……………………… 263, 268
　——への対応 ………………………… 264
利害状況の分析 ………………………… 14
利子率 …………………………………… 162
リスク …………………………………… 20
　——を取る経営 ……………… 103, 119
リスク回避的行動 ……………………… 104
リスク管理体制 ………………… 110, 112
　——構築義務違反 …………………… 110
リスク分配 …………………………… 60
　——の定め ………………………… 60
リターン ………………………………… 24
立証責任 ……………………… 30, 101, 119
略式合併 ………………………………… 247
略式株式交換 …………………………… 255
略式事業の譲渡等 ……………… 242, 243
略式組織再編の差止事由 ……………… 256
略式分割 ………………………………… 251
掠奪的買収 ……………………………… 260
流通市場 ……………………… 37, 38, 188, 189

　——における買入れ ………………… 256
流動資産 ………………………………… 217
流動負債 ………………………………… 217
両損害包含説 …………………………… 128
臨時計算書類 …………………………… 216
臨時決算書類 …………………… 216, 223
臨時決算日 ……………………………… 216
累積投票 ………………………………… 78
劣後株式 ………………………………… 191
レブロン義務 …………………………… 264
連結計算書類 ……………… 212, 214, 215, 290
連結財務諸表 …………………………… 215
連結貸借対照表 ………………………… 217
連結配当規制 …………………………… 215
　——対象会社 ………………………… 290
労働契約 ………………………………… 249
労働契約承継法 ………………………… 249
労働法 ……………………………… 49, 57
労　務 …………………………… 26, 55

わ　行

割合的地位 ……………………………… 159
割当て …………………………………… 197
割当比率 ………………………… 271, 277
　——の公正性 ………………………… 277
　——の公正性の判断の基準日 ……… 278
ワールドコム事件 ……………………… 88

321

# 判例索引

大判明治 41 年 1 月 29 日民録 14 輯 22 頁 ……………………………………………… *230*
大判昭和元年 12 月 27 日民集 5 巻 906 頁 …………………………………………… *28*
大判昭和 2 年 7 月 4 日民集 6 巻 428 頁 ……………………………………………… *234*
大判昭和 7 年 4 月 30 日民集 11 巻 706 頁 …………………………………………… *219*
大判昭和 10 年 11 月 16 日判決全集 1 輯 24 号 19 頁 ………………………………… *239*
大判昭和 19 年 8 月 25 日民集 23 巻 524 頁 ………………………………………… *247*
最判昭和 27 年 2 月 15 日民集 6 巻 2 号 77 頁 ………………………………………… *29*
最判昭和 28 年 12 月 3 日民集 7 巻 12 号 1299 頁 …………………………………… *239*
最判昭和 30 年 10 月 20 日民集 9 巻 11 号 1657 頁 …………………………………… *66*
最判昭和 33 年 10 月 24 日民集 12 巻 14 号 3228 頁 ………………………………… *238*
最判昭和 35 年 10 月 14 日民集 14 巻 12 号 2499 頁 ………………………………… *85*
最判昭和 35 年 12 月 9 日民集 14 巻 13 号 2994 頁 …………………………………… *239*
最判昭和 36 年 3 月 31 日民集 15 巻 3 号 645 頁 ……………………………………… *196*
最判昭和 37 年 4 月 20 日民集 16 巻 4 号 860 頁 ……………………………………… *66*
最判昭和 38 年 9 月 5 日民集 17 巻 8 号 909 頁 ……………………………………… *85*
最判昭和 38 年 12 月 6 日民集 17 巻 12 号 1633 頁 …………………………………… *236*
最判昭和 39 年 12 月 11 日民集 18 巻 10 号 2143 頁 ………………………………… *156*
最判昭和 40 年 9 月 22 日民集 19 巻 6 号 1656 頁 …………………………………… *81*
最大判昭和 40 年 9 月 22 日民集 19 巻 6 号 1600 頁 ………………………………… *241*
最判昭和 40 年 11 月 16 日民集 19 巻 8 号 1970 頁 …………………………………… *66*
最判昭和 41 年 7 月 28 日民集 20 巻 6 号 1251 頁 …………………………………… *66*
最判昭和 41 年 11 月 10 日民集 20 巻 9 号 1771 頁 …………………………………… *85*
最判昭和 41 年 12 月 23 日民集 20 巻 10 号 2227 頁 ………………………………… *234*
最判昭和 42 年 7 月 25 日民集 21 巻 6 号 1669 頁 …………………………………… *169*
最判昭和 42 年 9 月 28 日民集 21 巻 7 号 1970 頁 …………………………………… *171*
最判昭和 42 年 11 月 17 日民集 21 巻 9 号 2448 頁 …………………………………… *197*
最判昭和 42 年 12 月 14 日刑集 21 巻 10 号 1369 頁 ………………………………… *236*
最判昭和 42 年 12 月 15 日民集 25 巻 7 号 962 頁 …………………………………… *284*
最判昭和 43 年 11 月 1 日民集 22 巻 12 号 2402 頁 …………………………………… *167*
最判昭和 43 年 12 月 24 日民集 22 巻 13 号 3334 頁 ………………………………… *79*
最判昭和 43 年 12 月 24 日民集 22 巻 13 号 3349 頁 ………………………………… *86*
最判昭和 43 年 12 月 25 日民集 22 巻 13 号 3511 頁 ………………………………… *125*
最判昭和 44 年 2 月 27 日民集 23 巻 2 号 511 頁 ……………………………………… *31*
最判昭和 44 年 3 月 28 日民集 23 巻 3 号 645 頁 ……………………………………… *82, 83*
最大判昭和 44 年 11 月 26 日民集 23 巻 11 号 2150 頁 ……………………………… *127*
最判昭和 45 年 12 月 2 日民集 23 巻 12 号 2396 頁 ………………………………… *83*
最判昭和 45 年 1 月 22 日民集 24 巻 1 号 1 頁 ………………………………………… *160*
最判昭和 45 年 4 月 2 日民集 24 巻 4 号 223 頁 ……………………………………… *172*
最判昭和 45 年 4 月 23 日民集 24 巻 4 号 364 頁 ……………………………………… *123*
最大判昭和 45 年 6 月 24 日民集 24 巻 6 号 625 頁 ………………………………… *28, 109*
最判昭和 45 年 7 月 15 日民集 24 巻 7 号 804 頁 ……………………………………… *160*
最判昭和 45 年 11 月 6 日民集 24 巻 12 号 1744 頁 ………………………………… *80*
最判昭和 45 年 11 月 24 日民集 24 巻 12 号 1963 頁 ………………………………… *223*
最判昭和 46 年 3 月 18 日民集 25 巻 2 号 183 頁 ……………………………………… *171*

判例索引

最判昭和 46 年 6 月 24 日民集 25 巻 4 号 596 頁 ………………………………… *167*
最判昭和 46 年 7 月 16 日判時 641 号 97 頁 ………………………………… *196, 200*
最判昭和 46 年 10 月 13 日民集 25 巻 7 号 900 頁 ………………………………… *125*
最判昭和 47 年 6 月 15 日民集 26 巻 5 号 984 頁 ………………………………… *129*
最判昭和 47 年 11 月 8 日民集 26 巻 9 号 1489 頁 ………………………………… *66*
最判昭和 48 年 5 月 22 日民集 27 巻 5 号 655 頁 ………………………………… *129*
最判昭和 48 年 6 月 15 日民集 27 巻 6 号 700 頁 ………………………………… *192*
最判昭和 48 年 10 月 26 日民集 27 巻 9 号 1240 頁 ………………………………… *32*
最判昭和 48 年 12 月 11 日民集 27 巻 11 号 1529 頁 ………………………………… *125*
最判昭和 49 年 3 月 22 日民集 28 巻 2 号 368 頁 ………………………………… *86*
最判昭和 49 年 9 月 26 日民集 28 巻 6 号 1306 頁 ………………………………… *125*
最判昭和 49 年 12 月 17 日民集 28 巻 10 号 2059 頁 ………………………………… *129*
最判昭和 50 年 4 月 8 日民集 29 巻 4 号 350 頁 ………………………………… *199*
最判昭和 50 年 6 月 27 日民集 29 巻 6 号 879 頁 ………………………………… *80*
最判昭和 51 年 12 月 24 日民集 30 巻 11 号 1076 頁 ………………………………… *172*
最判昭和 52 年 10 月 14 日民集 31 巻 6 号 825 頁 ………………………………… *85*
最判昭和 53 年 9 月 14 日判時 906 号 88 頁 ………………………………… *63*
最判昭和 54 年 11 月 16 日民集 33 巻 7 号 709 頁 ………………………………… *172*
最判昭和 55 年 3 月 18 日判時 971 号 101 頁 ………………………………… *129*
東京地判昭和 56 年 3 月 26 日判時 1015 号 27 頁 ………………………………… *122*
最判昭和 56 年 4 月 24 日判時 1001 号 110 頁 ………………………………… *86*
最判昭和 57 年 1 月 21 日判時 1037 号 129 頁 ………………………………… *79*
最判昭和 58 年 6 月 7 日民集 37 巻 5 号 517 頁 ………………………………… *172*
最判昭和 59 年 10 月 4 日判時 1143 号 143 頁 ………………………………… *129*
最判昭和 60 年 3 月 26 日判時 1159 号 150 頁 ………………………………… *156*
最判昭和 60 年 12 月 20 日民集 39 巻 8 号 1869 頁 ………………………………… *167*
最判昭和 61 年 2 月 18 日民集 40 巻 1 号 32 頁 ………………………………… *140*
東京高判昭和 61 年 2 月 19 日判時 1207 号 120 頁 ………………………………… *170*
最判昭和 61 年 9 月 11 日判時 1215 号 125 頁 ………………………………… *239*
最判昭和 62 年 4 月 16 日判時 1248 号 127 頁 ………………………………… *130*
最判昭和 62 年 4 月 21 日商事 1110 号 79 頁 ………………………………… *140*
最判昭和 63 年 3 月 15 日判時 1273 号 124 頁 ………………………………… *192*
東京地決平成元年 7 月 25 日判時 1317 号 28 頁 ………………………………… *265*
最判平成 2 年 4 月 17 日民集 44 巻 3 号 526 頁 ………………………………… *173*
東京地判平成 2 年 9 月 28 日判時 1386 号 141 頁 ………………………………… *102*
最判平成 2 年 12 月 4 日民集 44 巻 9 号 1165 頁 ………………………………… *160*
最決平成 3 年 2 月 28 日刑集 45 巻 2 号 77 頁 ………………………………… *236*
東京地判平成 4 年 2 月 13 日判時 1427 号 137 頁 ………………………………… *175*
最判平成 4 年 10 月 29 日民集 46 巻 7 号 2580 頁 ………………………………… *172*
最判平成 4 年 12 月 18 日民集 46 巻 9 号 3006 頁 ………………………………… *156*
最判平成 5 年 3 月 30 日民集 47 巻 4 号 3439 頁 ………………………………… *192*
最判平成 5 年 9 月 9 日民集 47 巻 7 号 4814 頁 ………………………………… *288*
最判平成 5 年 10 月 5 日資料商事 116 号 196 頁 ………………………………… *247*
最判平成 5 年 12 月 16 日民集 47 巻 10 号 5423 頁 ………………………………… *200*
最判平成 6 年 1 月 20 日民集 48 巻 1 号 1 頁 ………………………………… *80*
最判平成 6 年 7 月 14 日判時 1512 号 178 頁 ………………………………… *196*
最判平成 7 年 4 月 25 日裁判集民 175 号 91 頁 ………………………………… *65*
東京高判平成 8 年 2 月 8 日資料商事 151 号 143 頁 ………………………………… *84*

*323*

東京地判平成 8 年 6 月 20 日判時 1572 号 27 頁 …………………………………………*102*
最判平成 9 年 1 月 28 日民集 51 巻 1 号 71 頁 …………………………………………*200*
最判平成 9 年 1 月 28 日判時 1599 号 139 頁 …………………………………………*160*
最判平成 9 年 9 月 9 日判時 1618 号 138 頁 ……………………………………………*192*
最判平成 12 年 7 月 7 日民集 54 巻 6 号 1767 頁 ………………………………………*121*
福岡高宮崎支判平成 13 年 3 月 2 日判夕 1093 号 197 頁 ……………………………*215*
最判平成 15 年 2 月 21 日金判 1180 号 29 頁 ………………………………………*156, 157*
最決平成 15 年 2 月 27 日民集 57 巻 2 号 202 頁 ………………………………………*192*
最判平成 15 年 3 月 27 日民集 57 巻 3 号 312 頁 ………………………………………*201*
東京地決平成 16 年 6 月 23 日金判 1213 号 61 頁 ……………………………………*114*
最判平成 16 年 7 月 1 日民集 58 巻 5 号 1214 頁 ………………………………………*174*
最判平成 17 年 2 月 15 日判時 1890 号 143 頁 …………………………………………*157*
最判平成 17 年 7 月 15 日民集 59 巻 6 号 1742 頁 ………………………………………*63*
最判平成 18 年 4 月 10 日民集 60 巻 4 号 1273 頁 ……………………………………*168*
最決平成 19 年 8 月 7 日民集 61 巻 5 号 2215 頁 ………………………………………*265*
東京地判平成 19 年 12 月 4 日金判 1304 号 33 頁 ……………………………………*118*
東京地決平成 19 年 12 月 19 日判時 2001 号 109 頁 …………………………………*275*
最判平成 20 年 1 月 28 日民集 62 巻 1 号 128 頁 ………………………………………*102*
最判平成 20 年 2 月 22 日民集 62 巻 2 号 576 頁 …………………………………………*30*
最判平成 20 年 2 月 26 日民集 62 巻 2 号 638 頁 …………………………………………*80*
最判平成 20 年 6 月 10 日判時 2014 号 150 頁 …………………………………………*252*
最判平成 20 年 7 月 18 日刑集 62 巻 7 号 2101 頁 ……………………………………*210*
東京高決平成 20 年 9 月 12 日金判 1301 号 28 頁 ……………………………………*275*
東京高判平成 20 年 10 月 29 日金判 1304 号 28 頁 ……………………………………*118*
最決平成 21 年 1 月 15 日民集 63 巻 1 号 1 頁 …………………………………………*174*
最判平成 21 年 2 月 17 日金判 1317 号 49 頁 ……………………………………………*65*
最判平成 21 年 3 月 10 日民集 63 巻 3 号 361 頁 ………………………………………*175*
最判平成 21 年 3 月 31 日民集 63 巻 3 号 472 頁 ………………………………………*175*
最判平成 21 年 4 月 17 日民集 63 巻 4 号 535 頁 …………………………………………*81*
最判平成 21 年 7 月 9 日判時 2055 号 147 頁 …………………………………………*110*
最判平成 22 年 3 月 16 日判時 2078 号 155 頁 …………………………………………*156*
最判平成 22 年 7 月 12 日民集 64 巻 5 号 1333 頁 ……………………………………*250*
最判平成 22 年 7 月 15 日金判 1347 号 12 頁 …………………………………………*117*
最決平成 22 年 12 月 7 日民集 64 巻 8 号 2003 頁 ………………………………………*66*
最決平成 23 年 4 月 19 日民集 65 巻 3 号 1311 頁 ……………………………………*277*
最決平成 24 年 2 月 29 日民集 66 巻 3 号 1784 頁 ……………………………………*277*
最決平成 24 年 3 月 28 日民集 66 巻 5 号 2344 頁 ……………………………………*272*
最判平成 24 年 4 月 24 日民集 66 巻 6 号 2908 頁 ……………………………………*196*
最判平成 24 年 10 月 12 日民集 66 巻 10 号 3311 頁 …………………………………*252*
最判平成 24 年 2 月 25 日民集 68 巻 2 号 173 頁 ………………………………………*160*
神戸地判平成 26 年 10 月 16 日金判 1456 号 15 頁 ……………………………………*267*
最決平成 27 年 3 月 26 日民集 69 巻 2 号 365 頁 ………………………………………*279*
最判平成 28 年 3 月 4 日金判 1490 号 10 頁 ……………………………………………*172*
最決平成 28 年 7 月 1 日金判 1497 号 8 頁 ……………………………………………*278*

〈著者紹介〉

落合 誠一（おちあい・せいいち）
1968年 東京大学法学部卒業
現　在 東京大学名誉教授

〈主　著〉
『運送責任の基礎理論』（弘文堂，1979年）
『運送法の課題と展開』（弘文堂，1994年）
『消費者契約法』（有斐閣，2001年）
『わが国 M&A の課題と展望』（編著）（商事法務，2006年）
『商法 II――会社』（共著）（有斐閣，第8版，2010年）

会社法要説　第2版
The Elements of Corporate Law, 2nd ed.

2010年12月20日　初　版第1刷発行
2016年11月30日　第2版第1刷発行

著　者　落　合　誠　一
発行者　江　草　貞　治
発行所　株式会社　有　斐　閣
　　　　郵便番号 101-0051
　　　　東京都千代田区神田神保町 2-17
　　　　電話　(03)3264-1314〔編集〕
　　　　　　　(03)3265-6811〔営業〕
　　　　http://www.yuhikaku.co.jp/

印刷・株式会社理想社／製本・大口製本印刷株式会社
Ⓒ2016, Seiichi Ochiai. Printed in Japan
落丁・乱丁本はお取替えいたします。

★定価はカバーに表示してあります。

ISBN 978-4-641-13756-1

JCOPY　本書の無断複写(コピー)は、著作権法での例外を除き、禁じられています。複写される場合は、そのつど事前に、(社)出版者著作権管理機構（電話 03-3513-6969、FAX 03-3513-6979、e-mail: info@jcopy.or.jp）の許諾を得てください。

本書のコピー，スキャン，デジタル化等の無断複製は著作権法上での例外を除き禁じられています。本書を代行業者等の第三者に依頼してスキャンやデジタル化することは，たとえ個人や家庭内での利用でも著作権法違反です。